民间金融系列研究型教材

金融科技理论与实践

李建军　主编

中国财经出版传媒集团
中国财政经济出版社

图书在版编目（CIP）数据

金融科技理论与实践/李建军主编． －－北京：中国财政经济出版社，2021.1

民间金融系列研究型教材

ISBN 978 － 7 － 5223 － 0298 － 0

Ⅰ.①金… Ⅱ.①李… Ⅲ.①金融 － 科学技术 － 教材 Ⅳ.①F830

中国版本图书馆 CIP 数据核字（2021）第 013710 号

责任编辑：苏小珺　　　　　　　责任校对：徐艳丽
封面设计：楠竹文化　　　　　　责任印制：党　辉

金融科技理论与实践

JINRONGKEJI LILUN YU SHIJIAN

中国财政经济出版社 出版

URL：http：//www.cfeph.cn

E － mail：cfeph@ cfeph.cn

（版权所有　翻印必究）

社址：北京市海淀区阜成路甲 28 号　邮政编码：100142

营销中心电话：010 － 88191522

天猫网店：中国财政经济出版社旗舰店

网址：https：//zgczjjcbs.tmall.com

北京时捷印刷有限公司印刷　各地新华书店经销

成品尺寸：185mm ×260mm　16 开　23.5 印张　398 000 字

2021 年 2 月第 1 版　2021 年 2 月北京第 1 次印刷

定价：88.00 元

ISBN 978 － 7 － 5223 － 0298 － 0

（图书出现印装问题，本社负责调换，电话：010 － 88190548）

本社质量投诉电话：010 － 88190744

打击盗版举报热线：010 － 88191661　QQ：2242791300

民间金融系列研究型教材编审委员会

主　编：李建军　廖检文
副主编：刘　中　周　芳　黄　翔　吴煜晖
委　员：方兴锋　唐红军　张晓慧　龚文艳　郭超群　张志峰
　　　　谢小凤　单小芳　刘星君　孙晓娟　林　嘉　程军强
　　　　许　昀　邓　波　吴丽婷　董方玉　曾培伟　黄鸿鑫
　　　　林玟敏

序言

我曾在广州工作、生活了8年,直接参与并见证了广州金融业在党的十八大以来的快速发展历程。应该说,金融业在广州的城市战略定位举足轻重,在地区经济中发挥了重要作用。2019年,广州市金融业增加值占GDP的8.6%,对GDP的贡献率达到10.4%,成为当地经济发展的四大支柱产业之一。

广州是中国民间金融创新比较活跃的城市,以小贷公司、融资性担保公司、金融科技公司等为代表的地方金融发展很快,在服务小微企业等方面发挥了积极作用,是现代金融体系的重要补充。与此同时,我们也应当看到,由于民间金融机构监管不充分、自身业务能力局限等内外部问题,发展过程中也出现了一些风险,有的案例影响还比较大。在如何规范民间金融发展方面,广州市进行了很长时间的探索,并积累了一定的经验,具体要从"广州民间金融街"的建设说起。

2012年,在"民间金融街"还处于概念雏形的时候,温州小微企业危机给广州带来了触动。温州小企业面临的融资难的困境在广州也普遍存在。当时我们就设想:能不能办一条街,让一些银行、小贷、担保、保险、证券(类)等金融机构或公司聚集于此,以解决企业融资难、融资贵的问题。这对于小微企业来讲,既可以货比三家,选择适合自己的融资方式,又可以完成一站式融资。对于进驻机构而言，聚集效应可以使彼此产生合作，同时也可以形成良性竞争，以改善固有的金融服务。

经过多方调查研究，"民间金融街"最终落在了长堤大马路。长堤大马路，位于珠江北岸，这条全长仅800米的老街，在历史上不仅是全国商贸最繁华之地，还书写过中国金融业发展史的辉煌一笔，被香港媒体称为"中国金融第一街"。经过8年多的发展，广州民间金融街建设成效显著，这主要表现在以下3个方面：

第一，与旧城改造相结合，将一条"脏乱差"的旧街巷转型升级为保留传统文化、年收入过10亿元的"白富美"。数据显示，2012年长堤大马路规划范围内税收不到2000万元，沿街商铺平均租金为50元/平方米，有不到10家的银行网点。仅仅8年多时间，截至2020年6月底，金融街入驻机构超300家。其中，小贷公司88家，商业保理33家，融资租赁10家，典当行5家。12家世界500强、26家中国500强、60余家国内外上市公司投资设立机构，实缴注册资本超500亿元，累计提供融资额超5000亿元，缴纳税收近50亿元。广州民间金融街也先后获批数字普惠金融试验区、公益金融试验区，连续4年在广州市11个区的金融稳定综治考评中排名第一。

第二，贷款效率和透明度高，有效解决了中小企业融资难问题。一方面，有助于疏导民间资本，促进经济活力和公平竞争。民间金融街作为民间资本的集聚试验区，为资金盈余者和资金需求者提供了解决信息不对称问题的新机制和新平台，为民间资本找到了新的投资出路，同时可以有效解决中小微企业的融资难问题。另一方面，广州民间金融街的存在，有助于抑制非法集资和民间高利贷，对稳定地方金融市场环境起到重要作用，同时还创造了大量的就业机会，新增金融类就业岗位超8000个。

第三，形成了完整的价格体系，构建起市场化的民间资本利率机制。小额贷款公司的资金90%源自民间资本，这意味着企业在用自己的钱放贷，对风险的考虑比政府要成熟，在此基础上搭建的民间融资"广州价格"体系，有助于形成市场化、阳光化、规范化的贷款利率机制。事实也证明了这一点，经过8年多的实践，广州民间金融街已逐渐发展为"立足广州、辐射珠三角、影响全国"的民间资本集散地、民间金融研发中心、民间金融创新中心和民间融资价格风向标。

广州民间金融街的探索和实践，为地方金融监管和规范民间发展提供了一个成功的模式。在此背景下，广州民间金融街提出了民间金融企业高管与从业人员金融能力提升计划，通过举办高端研修项目和专题培训班等形式开展持续性的继续教育，这就需要编辑出版一套适合民间金融企业管理需要的培训教材。

广州民间金融街"民间金融系列研究型教材"编写出版项目包括5本教材，分别是《信贷类民间金融理论与实务》《投融资增信类民间金融理论与实务》《金融科技理论与实践》《交易平台类民间金融理论与实务》《民间金融监管理论与实践》。其中，《信贷类民间金融理论与实务》主要选取针对小贷公司、典当行、融资租赁、农民专业合作社等民间金融组织开展研究；《投融资增信类民间金融理论与实务》主要选取针对私募股权、融资担保、商业保理、信用评级等民间金融业开展研究；《金融科技理论与实践》主要针对科技与金融融合产生的新业态，选取数字货币、支付科技、互联网借贷、网络众筹、互联网消费金融、供应链金融等科技类民间金融业开展研究；《交易平台类民间金融理论与实务》主要选取针对股权交易平台、互联网财富管理、资产证券化、衍生商品类交易中心等交易平台类民间金融业开展研究；《民间金融监管理论与实践》主要对民间金融监管理论、地方金融监管实践、监管机制设计等重要问题开展研究。这套教材突出了研究特色，加强了对实践发展的归纳总结，对于民间金融理论的创新与发展具有重要的意义。相信本系列研究型教材能够满足民间金融企业高管和从业人员培训学习的需要。

据我所知，国内并没有专门针对民间金融领域的系列化教材，同类研究多以专著形式呈现。从这个角度讲，本系列研究型教材的出版是开创性的，具有重要的学术和实用价值。本教材采用招标形式确定编写团队，广州民间金融街组织了面向全国高校、研究机构、企事业单位的招标工作，最后由中央财经大学金融学院团队中标。该团队由我国民间金融与普惠金融研究领域知名专家李建军教授负责，组织广东财经大学、暨南大学、广东技术师范大学、上海财经大学、华中师范大学、云南财经大学等高校的学者共同编写完成。本教材实现了理论、实务、案例、专题分析、延伸学习、思考与训练等方面的有机融合，通俗易懂，适合继续教育培训使用。

最后，希望广大民间金融领域的监管者、从业者、专家学者们，能够以此为契机，共同为我国民间金融的发展积累经验、提供范式，共同打造好民间金融品牌，为地方金融稳健发展做出贡献。

欧阳卫民
2020年7月19日

前言

金融科技（FinTech）作为金融与科技深度融合创新而形成的新业态和新模式，在全球范围迅速发展、备受瞩目。金融科技以数据科技为核心驱动力，凭借智能性、便捷性、高效性的优势快速切入传统金融领域，对促进金融资源供求的有效对接和平衡匹配、优化金融服务组织流程、推进金融新业态和新模式迈向更高阶段起到了积极作用。与此同时，金融科技创新也面临着法律法规、技术、业务等多方面的风险，为监管机构提出新的挑战，加强金融科技监管已成为各国共识。

无论是金融科技催生的一系列新业务和新应用，如无人银行、数字货币、互联网保险、监管科技等，抑或是金融科技带来的新的风险，如技术风险、伦理风险等，均对传统金融及金融科技领域的从业和监管人员提出了新的要求和挑战。基于此，本书的定位是面向地方金融监管部门和从业机构的金融科技知识培训教材，旨在帮助相关人员全面了解金融科技的理论、概念、技术方向及风险管理等。

本书共分为十章，由中央财经大学金融学院、上海财经大学金融学院、华中师范大学经济与管理学院教师组成的课题组撰写。其中，第一章为导论，探讨金融发展与科技的关系，厘清金融科技的概念范畴，为后续章节奠定基础，本章由中央财经大学李建军教授完成。第二章为分析货币支付与数字货币发展，探究货币形态发展演进的规律，理解数字货币发展的基础，本章由中央财经大学王忏副教授完成。第三章为支付清算科技，讲解支付技术的发展与支付模式的变革，阐释现代支付制度与支付技术体系，本章由中央财经大学郭豫媚副教授完成。第四章为现代金融业中的金融科技，分别介绍银行金融科技、证券金融科技和保险金融科技，刻画现代金融科技的运行模式，本章由中央财经大学李建军教授、夏聪助理教授、吴锴助理教授、张宁教授完成。第五章为金融科技与非正规金融，重点介绍非正规金融领域的金融科技应用与创新，分析发展趋势，本章由中央财经大学方意副教授、上海财经大学于研教授编写完成。第六章为大数据征信管理，从现代征信体系应用大数据角度，分析大数据征信的优势与存在的问题，本章由华中师范大学杨柳副教授完成。第七章为金融科技与货币均衡，从宏观视角分析金融科技发展对货币供求与货币均衡的影响，本章由中央财经大学鄢莉莉副教授完成。第八章为金融科技与货币政策，探讨金融科技发展对货币政策目标、传导机制、政策工具、政策有效性的影响，分析货币政策转型的路径，本章由中央财经大学黄昌利副教授完成。第九章为金融科技风险及其管理，探讨金融科技发展过程中产生的风险，并提出相应的对策建议，本章由中央财经大学彭俞超副教授完成。第十章为金融科技创新与监管，探讨金融科技创新的技术基础，金融科技创新发展趋势与金融科技监管问题，本章由中央财经大学丁娜助理教授完成。全书由李建军教授设计框架，修订。中央财经大学博士生包宏、陈鑫承担了书稿的校对和排版工作，在此一并致谢。非常感谢广州民间金融街管理委员会、越秀区金融工作局为本教材编写、出版提供的支持。

作者
2020 年 8 月 30 日

目录

基本原理篇

第一章 导 论 ······ 3

本章导读 ······ 3
本章学习目标 ······ 3
第一节 金融与科技的关系 ······ 4
  一、经济社会发展的两大动力 ······ 4
  二、经济社会发展中金融形态的演进 ······ 5
  三、技术革命与金融创新 ······ 9
  四、科技改变金融 ······ 13
第二节 金融科技范畴、理论与问题 ······ 15
  一、金融科技范畴的形成 ······ 15
  二、金融科技理论 ······ 18
  三、金融科技中的几个关键问题 ······ 21
第三节 金融科技理论与实践的主要内容 ······ 23
  一、货币支付与支付清算技术的发展 ······ 23
  二、金融科技与现代金融业的实践发展 ······ 24

三、金融科技对宏观金融管理的影响与改进 ……………………………… 25

本章小结 …………………………………………………………………………… 27

本章重要概念 ……………………………………………………………………… 28

本章思考题 ………………………………………………………………………… 28

本章参考文献 ……………………………………………………………………… 28

第二章　货币支付与数字货币 …………………………………………………… 30

本章导读 …………………………………………………………………………… 30

本章学习目标 ……………………………………………………………………… 30

第一节　货币与支付 …………………………………………………………… 31

一、货币的交易清算与支付功能 ……………………………………………… 31

二、支付清算便捷性要求下货币形态的演进 ………………………………… 33

三、货币形态演进的基本规律 ………………………………………………… 39

第二节　支付电子化与电子货币 ……………………………………………… 44

一、现代电子技术发展与支付电子化 ………………………………………… 44

二、电子货币的发行与基础设施 ……………………………………………… 51

三、电子货币支付中的问题 …………………………………………………… 54

第三节　虚拟货币与数字加密货币 …………………………………………… 57

一、互联网技术与虚拟货币 …………………………………………………… 57

二、数字加密货币 ……………………………………………………………… 61

三、数字加密货币理论问题 …………………………………………………… 79

本章小结 …………………………………………………………………………… 83

本章重要概念 ……………………………………………………………………… 83

本章思考题 ………………………………………………………………………… 83

本章参考文献 ……………………………………………………………………… 84

第三章　支付清算科技 …………………………………………………………… 86

本章导读 …………………………………………………………………………… 86

本章学习目标 ……………………………………………………………………… 86

第一节　支付清算功能的技术基础 …………………………………………… 87

一、金融的支付清算功能 ········· 87
　　二、支付清算功能与技术进步 ········· 96
　　三、支付清算对技术的要求 ········· 102
第二节　现代支付清算体系 ········· 106
　　一、现代支付清算体系概述 ········· 106
　　二、现代支付结算工具 ········· 109
　　三、现代支付清算系统 ········· 115
第三节　现代科技与支付创新 ········· 121
　　一、依托现代技术的第三方支付 ········· 121
　　二、移动支付 ········· 127
　　三、科技改善支付体验 ········· 132
本章小结 ········· 132
本章重要概念 ········· 133
本章思考题 ········· 133
本章参考文献 ········· 133

业务实践篇

第四章　现代金融业的金融科技 ········· 137
本章导读 ········· 137
本章学习目标 ········· 137
第一节　银行科技 ········· 138
　　一、银行业与金融科技 ········· 138
　　二、商业银行金融科技业务创新 ········· 140
　　三、金融科技与商业银行管理 ········· 142
第二节　证券科技 ········· 144
　　一、证券发行与交易的电子化 ········· 144
　　二、证券发行与交易的互联网化 ········· 145

三、证券程序化交易 ……………………………………………… 147
四、量化投资交易 ………………………………………………… 149
五、智能投顾 ……………………………………………………… 152
第三节 保险科技 …………………………………………………… 155
一、保险科技概述 ………………………………………………… 155
二、互联网保险 …………………………………………………… 158
三、现代科技在保险业务中的应用 ……………………………… 162
本章小结 …………………………………………………………… 171
本章重要概念 ……………………………………………………… 171
本章思考题 ………………………………………………………… 172
本章参考文献 ……………………………………………………… 172

第五章 金融科技与非正规金融 …………………………………… 173

本章导读 …………………………………………………………… 173
本章学习目标 ……………………………………………………… 173
第一节 金融科技与非正规金融创新 ……………………………… 174
一、非正规金融概述 ……………………………………………… 174
二、非正规金融与科技的融合 …………………………………… 178
三、非正规金融与科技融合的动因 ……………………………… 182
第二节 技术支持下的非正规借贷 ………………………………… 184
一、网络平台与互联网借贷 ……………………………………… 184
二、非银行网络消费金融 ………………………………………… 192
三、非银行供应链金融 …………………………………………… 195
第三节 非正式权益类网络融资 …………………………………… 200
一、股权众筹 ……………………………………………………… 200
二、私募股权基金的互联网化 …………………………………… 207
三、网上财富管理 ………………………………………………… 211
本章小结 …………………………………………………………… 214
本章重要概念 ……………………………………………………… 215

本章思考题	215
本章参考文献	215
本章推荐阅读书目	216

第六章　大数据征信管理 … 217

本章导读 … 217
本章学习目标 … 217

第一节　征信与征信制度 … 218
一、征信概述 … 218
二、征信制度的经济学分析 … 222
三、征信体系框架 … 224

第二节　大数据征信 … 226
一、大数据征信概述 … 226
二、大数据征信流程 … 230

第三节　大数据征信的理论和主要模式 … 233
一、大数据征信的信息经济学分析 … 233
二、大数据征信体系的主要模式 … 236

第四节　大数据征信的问题与监管 … 240
一、大数据征信存在的问题 … 240
二、大数据征信监管 … 243

本章小结 … 247
本章重要概念 … 247
本章思考题 … 247
本章参考文献 … 247

宏观管理篇

第七章　金融科技与货币均衡 … 251

本章导读 … 251

本章学习目标 ·· 251

　第一节　金融科技与货币需求 ·· 252

　　　一、货币需求基本理论 ··· 252

　　　二、金融科技改变货币需求 ·· 256

　　　三、电子货币流通与货币需求 ··· 259

　　　四、虚拟货币、数字货币与货币需求 ··· 261

　第二节　金融科技与货币供给 ·· 264

　　　一、现代货币供给机制 ··· 264

　　　二、金融科技对货币供给机制的影响 ··· 266

　　　三、电子货币供给对货币供给的影响 ··· 269

　　　四、虚拟货币、数字货币对货币供给的影响 ··· 271

　第三节　金融科技与货币均衡 ·· 273

　　　一、货币供求均衡与总供求均衡 ··· 273

　　　二、金融科技对货币均衡的影响 ··· 275

　　　三、金融科技与总供求 ··· 279

　本章小结 ·· 281

　本章重要概念 ··· 282

　本章思考题 ·· 282

　本章参考文献 ··· 282

第八章　金融科技与货币政策 ·· **284**

　本章导读 ·· 284

　本章学习目标 ··· 284

　第一节　金融科技与货币政策目标 ··· 285

　　　一、货币政策目标 ··· 285

　　　二、金融科技对金融稳定的影响 ··· 286

　　　三、金融科技对物价稳定的影响 ··· 288

　第二节　金融科技与货币政策操作指标和中介目标 ······································· 289

　　　一、货币政策操作指标和中介目标 ·· 289

二、金融科技与货币政策中介目标有效性 ………………………………………… 291

第三节 金融科技与货币政策工具 …………………………………………………… 292
  一、货币政策工具 ………………………………………………………………… 292
  二、金融科技与货币政策工具的有效性变化 …………………………………… 293

第四节 金融科技与货币政策传导机制 ……………………………………………… 295
  一、货币政策传导机制理论 ……………………………………………………… 295
  二、金融科技改变货币政策传导机制 …………………………………………… 296

第五节 金融科技与货币政策有效性 ………………………………………………… 298
  一、货币政策有效性的内涵 ……………………………………………………… 298
  二、金融科技改变货币政策时滞 ………………………………………………… 298

第六节 金融科技与货币政策转型 …………………………………………………… 299
  一、货币政策的类型 ……………………………………………………………… 299
  二、金融科技促使货币政策调控向价格型转变 ………………………………… 300

本章小结 ………………………………………………………………………………… 302
本章重要概念 …………………………………………………………………………… 302
本章思考题 ……………………………………………………………………………… 302
本章参考文献 …………………………………………………………………………… 302

第九章 金融科技风险及其管理 …………………………………………………… 304

本章导读 ………………………………………………………………………………… 304
本章学习目标 …………………………………………………………………………… 304

第一节 金融科技风险概述 …………………………………………………………… 305
  一、金融科技风险的内涵与特征 ………………………………………………… 305
  二、金融科技风险的形成 ………………………………………………………… 307

第二节 金融科技风险的影响与评估 ………………………………………………… 312
  一、金融科技风险分类 …………………………………………………………… 312
  二、金融科技风险的影响 ………………………………………………………… 319
  三、金融科技风险评估方法 ……………………………………………………… 321

第三节 金融科技风险管理 …………………………………………………………… 323

　　　　一、金融科技风险管理的内涵与理念 …………………………………………… 323

　　　　二、金融科技风险管理组织与机制设计 ………………………………………… 326

　　　　三、金融科技风险管理技术 ……………………………………………………… 329

　本章小结 …………………………………………………………………………………… 331

　本章重要概念 ……………………………………………………………………………… 331

　本章思考题 ………………………………………………………………………………… 331

　本章参考文献 ……………………………………………………………………………… 331

第十章　金融科技创新与监管 …………………………………………………………… 333

　本章导读 …………………………………………………………………………………… 333

　本章学习目标 ……………………………………………………………………………… 333

　第一节　金融创新的技术与制度基础 …………………………………………………… 334

　　　　一、金融创新的内涵 ……………………………………………………………… 334

　　　　二、金融创新的技术基础 ………………………………………………………… 334

　　　　三、技术改革推动的金融创新 …………………………………………………… 336

　第二节　金融科技创新发展 ……………………………………………………………… 337

　　　　一、金融科技创新的内涵与特点 ………………………………………………… 338

　　　　二、金融科技创新表现 …………………………………………………………… 341

　　　　三、金融科技创新的动力 ………………………………………………………… 343

　第三节　金融科技监管 …………………………………………………………………… 344

　　　　一、金融科技监管的必要性 ……………………………………………………… 345

　　　　二、金融科技监管的内容 ………………………………………………………… 346

　　　　三、监管科技的逻辑 ……………………………………………………………… 350

　　　　四、监管科技的技术应用 ………………………………………………………… 352

　本章小结 …………………………………………………………………………………… 355

　本章重要概念 ……………………………………………………………………………… 355

　本章思考题 ………………………………………………………………………………… 355

　本章参考文献 ……………………………………………………………………………… 356

基本原理篇

第一章 导 论

本章导读

2019年8月23日中国人民银行印发《金融科技（FinTech）发展规划（2019～2021年）》，《规划》指出，金融科技的快速发展使金融业务边界逐渐模糊，金融风险传导突破时空限制，给货币政策、金融市场稳定、金融监管等方面带来新挑战。那么开始于2010年左右的金融科技（FinTech）一词，在其后近10年时间里，热度不减，实业界、理论界、教育界、政界等都对这一领域的发展高度关注，金融科技创新企业、金融科技学术研究、金融科技学科建设、金融科技监管设计等，都在不断向前推进。那么，我们如何认识理解金融科技的内涵、功能与本质、动力与决定因素、经济社会影响与未来的发展趋势？本章将回答这些基本理论问题。

本章学习目标

本章从金融与科技的关系入手，揭示金融形态演进与科技进步内在逻辑，归纳技术革命带来的金融创新；在历史分析基础上，厘清金融科技、科技金融、互联网金融、数字金融等相关范畴的范围边界和相互关系，从理论视角概括金融科技的发展动力、效率与效应，对金融科技发展中的法律规制、伦理道德、技术边界问题进行分析。通过本章学习，可以掌握金融与科技两个范畴发展的内在关系，认清楚金融科技的内涵和外延，对金融科技发展中的理论问题及学科框架有一个清晰的把握。

第一节　金融与科技的关系

在人类历史长河中，经济发展中的科技与金融相辅相成，科技是第一生产力，通过创新，改进生产效率，推动物质创造与社会进步；金融是经济的核心，配置资源、润滑生产，成为实体经济发展的保障。

一、经济社会发展的两大动力

曾被比喻为经济社会发展两大车轮的金融与科技也在不断相互作用，相互融合。金融更多地体现为社会关系，科技更多地体现为生产力。

（一）金融的贡献：生产关系的视角

在了解金融的贡献之前，需要先界定金融。在理论界，金融的定义林林总总，仁者见仁、智者见智，但归结起来，"凡是既涉及货币，又涉及信用的所有经济关系和交易行为的集合"都属于金融的范畴。抽象一点描述的话，金融是指围绕资源跨期配置所形成的信用关系和由此进行的资产交易、定价、风险管理等经济活动的总称。资源包括货币、资本、商品和服务等。如果资源进行了跨期配置，必然产生信用关系，由于跨期内部的不确定性形成了风险，相关交易要围绕风险因素进行合理定价以促成交易。无论是债权、股权，还是收益权、选择权，存续期内的风险管理成为金融活动的重要内容。

金融在经济发展中的贡献主要体现在协调生产关系方面。在经济货币化进程中，金融促进了经济增长。其中的机制是，在实体经济发展过程中，各类经济主体之间的经济活动，如生产、流通、交换、分配、消费、投资等，彼此结成了各种各样的关系，关系链接是价值转移或转换，实现这种转换，需要信用的维系，而信用关系内在是债权债务关系，无论是直接形成的信用，还是间接达成的信用，以及在信用基础上衍生出来的财富管理、投资定价、风险管理等内容，本质上都是金融关系。良性的金融关系可以润滑社会关系，推进生产关系的协调，进而使生产过程、分配过程、消费过程、投资过程各环节能够顺畅运转。总之，金融是社会生产关系的一种外在体现，金融运行顺畅代表生产关系流畅，有利于价值创造和生产力发展。

（二）科技改变效率：生产力的提升

科技是科学与技术的复合词，科学解决理论问题，技术解决实际问题。科学要解决的问题，是发现自然界中确凿的事实与现象之间的关系，并建立理论把事实与现象联系起来；技术解决的是实际问题，注重现实应用。技术的进步需要科学理论的方向引领，科学与技术构成了社会进步的基石，解决了思想问题和实践应用问题，形成了实实在在的生产力。1988年9月，邓小平同志根据当代科学技术发展的趋势和现状，在全国科学大会上提出了"科学技术是第一生产力"的论断。这一论断体现了马克思主义的生产力理论和科学观。

生产力包括三要素：劳动者、劳动工具和劳动对象。劳动者是社会经济活动的主体，是智力与体力的融合体；劳动工具是劳动者在生产等活动过程实现目标借助的手段，劳动工具影响劳动效率；劳动对象包括自然物经劳动加工后的原材料等。劳动者一旦掌握了劳动工具，便成为劳动过程的生产力；科学技术物化为劳动工具和劳动对象，就成为物质的生产力。劳动者在管理过程中的管理智慧、技能等也是生产力的范畴。现代科学的向前发展，为生产管理不断提供科学理论、方法和手段，使生产力诸要素更有效地组成一个整体，从而使其最大限度地发挥作用。因此，科技发展有力推动生产力的提升。

二、经济社会发展中金融形态的演进

（一）从计算到货币

人类的经济活动需要计量和计算，计算就需要数字、单位和标准。人类最早的技术应该是制陶技术，陶器作为早期人类文明主要的工具，不仅仅是器皿，更是计量容器、计量单位和计算标准。陶罐的大小就是一个计量尺度，为了增加计量的公信力，作为计量器皿的陶罐底座下面刻有特殊标识，体现了当时人们的信仰和价值观。应该说，金融最早的形式应该是计算，计算产品类债权债务。一个特定容积的陶罐，就可能成为标准的计量单位。有了计量单位和计量容器，原始农业类交易活动就可以进行下去，也就出现了一件兽皮换两罐黍米的交易。在那个时代，粮食是最主要的生活资料，粮食交易都需要容器来计量，因此，在众多的交易等价物中，陶罐逐步成为一般等价物，具备了货币的一些属性。在早期文明中，无论是两河流域的苏美尔文明，还是南美的玛雅文明，都曾经出现过太阳崇拜寓意的万字符号，刻在重要的物件上。中国黄河流域的马家窑遗址出土的陶罐，同样有类似的情况。作为计量工具、计量尺度或计算单位，标准的陶罐需要有公信力，需要由当时人们崇拜或信仰的标识来支撑这种价值内涵。

（二）支付清算形式演进

随着经济交易的不断升级，债权债务的结清成为人类社会经济关系的最主要形式。由此，采用什么手段进行支付、如何进行支付成为交易能否达成的关键问题。从历史的视角看，支付是金融发展的第一功能要求，也是金融的第一形态，围绕支付需要产生了支付手段和计算标准，这种支付中介固定在金属上的时候，标准的货币也就产生了。金属货币相较于早期的非金属类货币而言，具有价值稳定、容易保管、分割技术简单等特点，成为交易的主导媒介。但是，金属货币质量比较大、不容易携带的缺陷制约了它作为交易和支付手段的功能发挥。随着造纸术与印刷术的进步，纸质票据和替代金属货币的纸质货币成为重要的交易支付工具，一度占据支付主流地位数千年之久，直到今天也发挥着重要的作用。人类进入到电气化时代，电报和电子支付成为主要支付结算形式。在此基础上，20 世纪 90 年代中期以后，依托互联网等技术的支付清算体系建立起来。在互联网经济快速发展的带动下，电子货币支付、虚拟货币支付、数字货币支付等得到一定的发展。在非实体的有形货币支付大发展的背景下，现代支付清算体系也构筑起来，万事达、维萨等国际信用卡组织，中国银联等金融机构共建的支付清算组织，科技公司、电子商务公司等运作的第三方清算组织，各国中央银行建设的支付清算系统等，构建起了现代支付清算系统。依托现代科技，支付清算的安全性和效率得到极大的提升，促进了货币流通和经济各环节的高效运转。随着现代通信技术、区块链技术、人工智能技术等前沿科技的发展，支付清算模式还会有变革性的进步，支付清算追求的效率与安全性更具有保障。

（三）金融组织与市场的变化

在自然经济占主导地位的原始社会和奴隶制社会，金融的支付清算功能发挥先后经历了偶然的等价物、商品形式的一般等价物、商品货币、金属货币作为媒介的阶段，对应的借贷活动多发生在人与人之间、氏族部落之间，自然人借贷或集体之间的借贷是主要形式，经营货币的金融组织很少，基本没有标准的金融组织形式。随着金属冶炼技术的进步，冷兵器使得族群的武力提升，奴隶制城邦出现，在城邦中，经济活动具有了市场属性，集市经济活动变得很普遍，交易借贷需要催生了高利贷放款组织，多由奴隶主庄园提供。平民借贷不慎，破产后可能沦为奴隶。金融活动形态多以高利贷为主，专门经营借贷的钱庄出现。进入封建社会以后，封建地主成为资本的主要拥有者，与农民、手工业者之间时有借贷关系，借贷形式多以实物借贷为主。在经济相对发达的城市，或者贸易中心，逐步产生了经营银钱保管生意的组织，最初是提供金属货币的鉴定、保管和结算，之后逐步发展成为借贷性质的钱庄，中国北宋时期的钱庄已经比较发达，在东京汴梁（今河南开封）、成都等地，钱庄快速发展，比西方的近代银行（如威尼斯银行、纽伦堡银行等）出现的时间要早。随着异地贸易、跨境贸易的发展，资金的远距离清收、运送、安保等成为突出的问题，于是，在商人组织的商会内部，开始发展出专门经营异地汇兑业务的组织，这就是票号，中国的票号出现在明代，清代达到鼎盛，后由于各类战争衰落。山西票号中的平遥日升昌（1824～1932年）和祁县乔家的大德通票号（1884～1949年）具有一定的代表性。近代银行组织模式从西方兴起，随着蒸汽机的工业应用，股份制流行起来。第一家股份制组织形式的现代银行——英格兰银行在1694年诞生。历经300多年，现代银行业组织不断创新变化，成为现代金融体系的最主要支撑。随着当代金融的发展，大型金融组织通过全球化布局组成了混合型金融财团，组织治理日趋复杂化和标准化。

金融市场的初期形态是集市型自发市场，交易对象主要是不同国家的货币和有价证券。1602年，荷兰东印度公司成立，成为世界上第一家联合股份公司。建立东印度公司的目的是派遣商船前往南洋，通过买卖交易换回当时欧洲没有的货物，如瓷器、香料、纺织品等，东印度公司通过发行股票，实现了资本的集聚，开展了大规模的贸易业务。公司股票流通交易形成了场外市场，直接推动了1609年阿姆斯特丹证券交易所的建立。在金融市场发达的美国，证券市场的建立与美国建国较晚有关系。在证券发行之初，并没有集中的证券交易所，证券交易大都在咖啡馆和拍卖行里进行。1792年5月17日，24个证券经纪人在纽约华尔街68号外一棵梧桐树下签署了《梧桐树协议》，规定了经纪人的"联盟与合作"规则，通过华尔街现代老板俱乐部会员制度交易股票等商品；1817年3月8日，这个组织起草了一项章程，并把名字更改为"纽约证券交易委员会";直到 1863 年,才改为"纽约证券交易所"。期货交易最初主要是为了规避农产品等价格波动风险,1848 年美国芝加哥期货交易所(Chicago Board of Trade-CBOT)建立,与其并行的还有 1874 年成立的芝加哥商业交易所(Chicago Mercantile Exchange-CME)。1972 年 5 月开始推出七种货币的期货合约;1975 年推出抵押担保证券的期货合约;2006 年 10 月 17 日芝加哥商业交易所(CME)和芝加哥期货交易所(CBOT)合并,成立 CME 集团。全球交易所市场组织还有无形市场,如美国全国证券交易商协会自动报价系统(National Association of Securities Dealers Automated Quotations-NASDAQ),简称纳斯达克市场。现代金融市场是多层次的市场,例如,在资本市场层次当中,还有三板市场、粉单市场等;债券市场中还有银行间债券交易市场等;按照市场交易品种来看,还有外汇市场、黄金市场等。基本可以分为有组织的场内市场和基于报价系统形成的场外市场。中国的金融市场组织,大部分为会员制,交易所市场以股票、债券、基金、黄金、期货、期权等金融产品交易为主,银行等交易商市场报价系统多以债券、票据、单证等交易为主。现代金融市场具有融合化发展趋势。

(四)中央银行与监管制度

在金融发展过程中,货币发行经历了由商业银行分散发行到中央银行集中发行的过程。中央银行制度的形成也是在金融实践中探索出来的。现代商业银行组织模式发展起来以后,银行市场竞争愈发激烈。银行为了营利,往往利用手中的发钞权来加强竞争。支付清算、银行流动性困难时最后贷款人由谁来承担,都成为重要的问题。发钞的无序、支付清算的竞争等,影响金融稳定性,需要一个权威的金融组织来发挥中央银行的职能。1844 年英格兰银行垄断了发钞权,1854 年承担起了最后贷款人的角色,1872 年成为最后贷款人,已经成为事实上的中央银行。中央银行推出法定准备金制度以后,事实上已经承担了对商业银行监管的职责。中央银行与政府财政之间的联系是通过政府赤字融资连接起来的。财政当局代表政府融资,发行国库券、中长期国债等,一般多经由中央银行办理,在法制约束比较弱的时候,财政往往通过账户透支来向中央银行融资。证券市场的发展,最初的监管职责也由中央银行来承担。第一次世界大战结束后,世界主要国家都建立起中央银行制度,相应的货币发行、货币政策、金融监管的职能又由中央银行统一行使。之后,证券、保险等行业的快速发展,以及为防范金融风险系统传递,以美国等为代表的西方国家,逐步建立起单独的证券监管系统、保险监管系统，甚至建立了独立的货币监管系统。中央银行的职责主要是通过货币政策实施来调控宏观经济运行。当代世界各国的金融制度多数为独立中央银行和独立金融监管体系，少数实施综合金融监管制度。尽管中央银行也承担了资金清算等方面的监管职能，但金融监管的其他职能都由专业分工明确的组织承担。中央银行与金融监管制度的建立和完善，体现了现代金融在社会经济发展中的重要作用和影响力。

三、技术革命与金融创新

人类在探寻自然规律的过程中，以自身发展需要为出发点，通过技术变革，实现生产工具的不断创新，提高了生产效率，发展了生产力。同时，技术革命也带来了金融的创新。尤其是第二次工业革命后，电报、电器、电子时代，使金融创新更加频繁。

（一）前电报时代的几次关键技术与金融变革

在工业革命之前，人类的重大技术进步可以归纳为制陶技术、冶炼技术、造纸与印刷技术。制陶技术促进了计量与计算，解决了早期部落、氏族之间的交换计量难题，也使得"债务"能够被记录与标准化，为商品货币发展提供了条件。之后的冶炼技术，早期以铜的冶炼为主，后来发展的铁和其他金属，包含金和银等贵金属。冶炼技术为商品货币过渡到金属货币提供了可能，也促进了城邦经济和民间高利贷发展，成为奴隶社会、封建社会的主要金融形式。造纸术与印刷术的出现，推动了文明的发展，为文明进步留下了可以阅读的记录。造纸和印刷技术为钱庄、银号、票号、近代银行的发展打开了空间。世界最早的纸质货币是中国北宋的"交子"，从1008年到1023年，经历了私人发行到政府发行的演变。纸币比金属货币容易携带，可以在较大范围内使用，有利于商品的流通，促进了商品经济的发展。纸质货币的出现也打破金属货币的自然产量约束，为贵金属准备金支撑下的信用货币发行奠定了基础。近代银行分散的银行券发行机制，打破了资金供给瓶颈，但是也为通货膨胀埋下了隐患。正是在这样的背景下，中央银行制度开始萌芽并在工业革命后得到了发展。

第一次工业革命以蒸汽机的工业化应用为标志。蒸汽动力带来了生产力的极大提升，推动了机械、铁路、钢铁、冶金、纺织等行业的发展，也推动了城市化进程。新型产业的大发展是以社会化大生产为特征的，产业投资需要大量的资本，特别是铁路等的建设，由此，股份制组织模式成为集聚资本到新兴产业最快的渠道，资本市场由此得以大发展。1792年，《梧桐树协议》的签署开启了美国资本市场发展的大幕，200多年来，纽约证券交易所见证了金融发展与创新的历史进程。技术推动了产业变革，促进了金融组织形态变革，推动了金融市场快速发展。

（二）电报与计算机技术带来的金融创新

第二次工业革命以电力的应用为标志，电力逐步替代蒸汽机动力，围绕电力的各种发明创造出现，电气时代来临。1837年，英国人查尔斯·惠斯通（Charles Wheastone）与威廉·库克（William Cooke）发明的电报机取得了专利，人类进入电报时代。电报给金融发展带来的是革命性的影响，金融的第一功能汇兑与支付清算，突破已有的依托信件、票汇等的约束，通过电报来传输汇兑信息。这种方式时间效率高、保密性强，为银行拓展跨地区乃至跨境业务提供了技术基础。正是从19世纪40年代开始，西方国家的银行掀起跨境经营的潮流，国际业务的时空约束在电报时代逐步被削弱。1860年，安东尼奥·穆齐（Antonio Meucci）发明了电话机，但在1876年亚历山大·格拉汉姆·贝尔（Alexander Graham Bell）注册了专利。电话的出现改进了信息传达的效率，为金融市场的国际化发展提供了基础条件。电报和电话在金融领域的应用，凸显了金融是信息敏感性行业的特征，对于解决信息传递效率问题起到了至关重要的作用，也为金融组织和金融市场的创新插上了翅膀。

金融信息触达范围决定了金融市场的广度和深度，决定了金融机构的稳健性和营利能力。金融本身也是计算型的行业，计算收益风险，计算价格与期限，跨期配置资源需要深度有效的计算。计算效率取决于算力，计算机的发明正是人类算力进步的产物。人类的计算工具经历了由简单到复杂、从低级到高级的不同阶段演化，从"结绳记事"中的绳结到算筹、算盘、计算器、机械计算机、电子计算机等，电子计算机俗称电脑，算力要比人脑强大。世界上第一台电子计算机于1946年2月14日在美国宾夕法尼亚大学诞生，重30余吨，占地约170平方米，装有18 000只电子管。到了20世纪60~70年代，计算机在金融市场得到应用，为交易和衍生品定价提供了技术支持。这一时期，现代资本市场理论快速发展，资本资产定价模型、BS期权定价模型、二叉树定价模型等金融理论模型得以检验印证。货币期货、抵押债券类期权等金融产品出现。在银行领域，1967年，巴克莱银行安装了世界首台ATM机；1966年，万事达卡（MasterCard）组织成立，致力于为金融机构、政府、企业、商户和持卡人提供领导全球性的商务链接；1974年，美洲银行信用卡公司与西方国家的一些商业银行合作成立了国际信用卡服务公司,并于 1977 年正式改为维萨(VISA)国际组织,1976 年开始发行 VISA 卡。ATM 机和支付卡组织的信用卡、借记卡、预付卡产品被视为早期代表性金融科技产品。这些产品的出现,得益于计算机技术的发展和在金融领域的应用。

计算机广泛应用与技术本身升级换代周期缩短导致用户成本增加,以及信息交换问题,为解决这些问题,产生了算力共享的理念。计算机连接在一起成为互联网。早期的阿帕网是出于军事目的,但理念也是确保军事指挥系统不会因为一个节点被打击而瘫痪。进入 20 世纪 80 年代后,互联网开始逐步民用化,美国国家科学基金委员会的 NSFNET 逐步替代了阿帕网中民用部分,90 年代初成为 T3 主干网,加上万维网的出现,互联网商业应用的大门被开启。企业、机构单位都纷纷建设自己的门户网站。商业银行通过互联网实现账户网络化。1996 年出现了纯互联网银行,但是纯互联网银行技术成熟是在 20 年后。证券市场也通过互联网进行开户、交易、理财管理等服务。在云计算技术成熟以后,基于互联网的金融服务快速发展,非正规金融出现。2009 年以后,区块链技术出现,数字加密货币得到发展。如今,5G 通信、大数据、人工智能、物联网等技术推动金融不断创新,网络移动支付、互联网借贷与理财、众筹融资、程序化交易、智能投顾、智能银行等服务快速发展。新技术赋能金融发展,推动了金融创新。

(三) 当代金融科技创新

1. 电子支付、移动支付与分层清算系统

电子支付是指经济活动的交易主体之间使用电子手段把支付信息通过网络安全地传送到银行或相应的支付处理机构,实现货币支付或资金流转的方式。

早期的电子支付是银行利用计算机处理行间业务,办理资金结算;之后发展到银行计算机与其他机构计算机之间连接开展资金结算;银行自己也利用网络终端向客户提供各项银行服务,如 24 小时自助银行服务,还有利用银行销售终端向客户提供的自动扣款服务。最新发展是基于互联网的电子支付,实现随时随地直接转账结算,电子商务交易支付平台实现了银行、商家、消费者等的连接。

移动支付是指客户利用手机等移动类电子产品来进行支付,移动支付将互联网、终端设备、金融机构有效地联合起来,形成了一个新型的支付体系。移动支付是第三方支付的衍生品。根据支付金额的大小,可以将移动支付分为小额支付和大额支付。小额支付业务指运营商与银行合作,建立预存费用的账户,用户通过移动通信的平台

发出划账指令代缴费用。大额支付指将用户银行账户和手机号码进行绑定，用户通过多种方式对与手机捆绑的银行卡进行交易操作[①]。

清算系统是由结算和清算过程诸要素组成的有机整体，包括一笔款项从付款人账户上付出，中间经过清算到收款人账户，或从收款人账户，中间经过清算到付款人账户的全过程[②]。清算系统一般是以各商业银行行内系统为基础，票据交换系统、卡基支付系统等并存的系统。中国现代化支付系统建有两级处理中心，即国家处理中心（NPC）和全国省会及深圳城市处理中心（CCPC）。国家处理中心分别与各城市处理中心连接，其通信网络采用专用网络，以地面通信为主，卫星通信备份。各政策性银行、商业银行可利用行内系统通过省会（首府）城市的分支行与所在地的支付系统CCPC连接，也可由其总行与所在地的支付系统CCPC连接。农村信用合作社自建通汇系统，比照商业银行与支付系统的连接方式处理；城市商业银行银行汇票业务的处理，由其按照支付系统的要求自行开发城市商业银行汇票处理中心，依托支付系统办理其银行汇票资金的移存和兑付的资金清算。公开市场操作、债券发行及兑付、债券交易的资金清算，由公开市场操作系统、债券发行系统、中央债券簿记系统在物理上通过一个接口与支付系统NPC连接，处理其交易的人民币资金清算。外汇交易中心与支付系统上海CCPC连接，处理外汇交易人民币资金清算。

2. 金融市场技术、程序化交易与智能投顾

金融市场的科技化进程更快一些。以外汇、证券等交易为例，20世纪80年代中后期，电子交易系统就开始得到了应用，计算机系统形成的局域网络，为证券发行、交易、清算管理等提供便捷高效的平台。随着移动通信技术、互联网技术的成熟，以及智能手机和移动终端的广泛使用，金融市场在线交易、移动端交易越来越普及，这些技术的应用，拓展了市场的深度，提高了市场交易的效率。

程序化交易是把可量化的分析方法，用计算机编成交易策略进行自动下单交易，程序化交易是量化交易的一部分，或者是某些量化交易的进一步升级。程序化交易系统由四部分组成：极其开放模型（策略）的设计、风险动态管理技术、误差矫正反馈检验准确率、快捷的下单速度。

智能投顾又称机器人理财，是虚拟机器人基于客户自身理财需求，通过算法和产品来完成以往人工提供的理财顾问服务。根据个人投资者提供的风险承受水平、收益

---

① 彭鼎翔：《我国移动支付现状研究》，《科学与信息化》2019年第5期，第12页。
② 李伟民：《金融大辞典》，黑龙江人民出版社，2002，第11页。

目标及风格偏好等要求，运用一系列智能算法及投资组合优化等理论模型，为用户提供最终的投资参考，并依据市场动态对资产配置再平衡提供建议。

3. 银行数字服务、互联网银行与智能银行

银行数字化服务出于提升效率、绿色金融发展目标，数字化借助计算机系统、网络系统、智能机具等开展服务，数字化只是一个过程或标志，无人银行、智能柜台等都是数字化服务的重要形式。

银行在数字化服务推进过程中，网上银行服务或者建设纯互联网银行服务是重要的形式。借助移动终端和网络技术，移动银行不断发展，客户的感受和体验得到改善。目前，国内外已经出现了无人银行或者是硅谷银行，依托现代科技，提供 7×24 小时的服务。无人银行也是智能银行的一种形式，未来智能银行借助 5G 通信、人工智能技术，会逐步走向更具科技含量的智慧银行模式。

4. 保险科技、征信与评级技术系统

保险科技体现在互联网保险产品和服务方面，实现保险信息咨询、保险计划书设计、投保、交费、核保、承保、保单信息查询、保全变更、续期交费、理赔和给付等保险全过程的网络化。

现代征信系统已经从过去小数据模型研发和评分，转变为依托大数据，进行立体化和可复制的形式进行综合评价。征信与评级技术不断进步，为借助深度学习、区块链技术、人工智能等改造提升征信和普及系统。

5. 金融规制与监管科技

金融发展过程中，主要解决各种利益主体之间的矛盾。这就需要建立起相应的制度和框架，依据制度规则开展业务。金融科技本身的发展有很多需要制度建设加以规范，规制建设需要不断加强。

在监管领域，对使用技术手段不断创新的金融企业或金融科技企业来说，逃避监管是容易的，监管当局依托科技手段开展监管，成为必然趋势。监管科技是更加有效和高效地解决监管与合规要求而使用的新技术，能够提高监管的效率和有效性。监管科技不断优化发展有助于监管目标的实现。

四、科技改变金融

（一）技术改变金融形态

从社会发展的历史视角看，人类社会的重大技术变革都带来了金融形态的变化。

第一次工业革命，促进了股份制组织形式，进而产生了资本市场交易需求，金融市场得以快速发展。这种推动力是内生的。现代互联网技术、通信技术为互联网银行的发展提供了可能。人工智能等技术改变了银行形态和投资机构形态，促进了金融产品和服务形态的创新。技术进步直接带来了金融形态的改变，包括组织形态、市场形式、产品形态、服务模式等。

（二）技术创新金融模式

金融实现资源配置功能，形成了以资本市场为主要载体的直接金融模式和以银行信用中介为主体的间接金融模式。新技术应用，如互联网技术、移动通信技术、大数据技术、人工智能技术等，推动了互联网金融的发展，由技术型企业提供的金融服务平台，如人与人之间通过平台进行直接借贷，企业与个人之间的直接借贷或投资关系形成，与传统的金融模式不同，成为介于直接金融与间接金融之间的第三种金融模式[①]。

（三）技术提升金融服务效率

技术提升金融服务效率主要体现在节约时间成本、信息搜寻成本、交易主体匹配成本方面。在支付结算方面，现代科技支撑下的支付、汇兑和清算系统，实现了资金转移的实时到账，头寸快速结清；金融市场交易技术系统在客户报价、下单、成交、结算、交割过户等各环节实现自动化管理；互联网银行与投融资平台为投融资双方搜寻匹配提供了快速达成机制；现代征信系统为信用管理提供了高效率的大数据信用评分机制。金融服务效率的提升，助力商业经济活动的运转，对于整个社会资源利用效率的提升意义重大。

（四）技术促进金融制度建设

新技术应用于金融服务业，带来了金融服务模式、金融组织形态、金融运行机制的变化，金融创新层出不穷。新的模式、新的机制、新的产品等都需要有相应的制度来维系，以规范其秩序，实现金融稳定。历次金融创新，都会有新的金融规制设计出现，金融制度在技术推动下也在快速发展。近年来，移动制度、网络金融、监管科技

---

① 谢平、邹传伟、刘海二：《互联网金融的基础理论》，《金融研究》2015 年第 8 期，第 1~12 页。

等的发展，催生了一批新的法规制度，美国、英国、新加坡、澳大利亚等国家，不断推出新的金融法规，引导规范新金融的发展，中国也在这方面进行了相应的制度建设。未来，随着技术推动的金融创新深化，还会有更多的问题需要规制来解决。

（五）技术提高金融管理水平

技术应用于金融机构、金融组织和金融市场，有助于提升金融管理水平。技术替代人力，大数据替代一般信息数据，智能系统替代常规管理系统，管理目标清晰，管理运行高效，金融运行有序。这是技术带来的管理水平的变化，减少了管理过程中人为的、随机的、不规范的操作或干预，降低了管理风险。管理水平高低取决于对制度的有效执行和对管理各环节的有效控制。利用现代技术加强金融管理，是后续金融发展的重要趋势。

第二节　金融科技范畴、理论与问题

"金融科技"一词出现时间并不长，它是一个复合词汇，是金融与科技的融合术语。金融科技是偏重科技，还是侧重金融，这是需要厘清的理论问题。与金融科技相似或相关的术语还有科技金融、互联网金融、数字金融等，它们之间存在怎样的区别和联系，本节将做重点分析。

一、金融科技范畴的形成

（一）从科技金融、互联网金融、数字金融到金融科技

1. 科技金融范畴提出与专属内涵

科技金融属于产业金融的范畴，是国内特有的一个概念，是由科技创新活动引发的一系列金融创新行为。"科技金融"一词最早出现在1993年，即在《中华人民共和国科学技术进步法》通过后成立了中国科技金融促进会。科技金融概念真正被使用是在1994年广西南宁中国科技金融促进会首届理事会上。理论界对科技金融的定义进行了探讨。

学界给出的基本定义有很多种，例如，科技金融是促进科技开发、成果转化和高

新技术产业发展的一系列金融工具、金融制度、金融政策与金融服务的系统性、创新型安排，是由科学和技术创新活动提供金融资源的政府、企业、市场、社会中介机构等各种主体及其在科技创新融资过程中的行为活动共同组成的一个体系，是国家科技创新体系和金融体系的重要组成部分①。也有学者从企业的生命周期理论和金融资源整合理论的角度提出，科技金融是金融资源供给者依托政府科技与金融结合的创新平台，通过对创投、保险、证券、担保及其他金融机构主体等在内的金融资源进行全方位的整合创新，为科技型企业提供贯穿其整个生命周期的创新性、高效性、系统性的金融资源配置、金融产品设计和金融服务安排②。

《国家"十二五"科学和技术发展规划》给出了官方定义，科技金融是指通过创新财政科技投入方式，引导和促进银行业、证券业、保险业金融机构及创业投资等各类资本，创新金融产品，改进服务模式，搭建服务平台，实现科技创新链条与金融资本链条的有机结合，为初创期到成熟期各发展阶段的科技企业提供融资支持和金融服务的一系列政策和制度的系统安排。科技金融是一个国家社会经济发展到一定阶段后，科技创新活动与金融资源配置之间形成的相互融合、共同促进的系统性、整体性制度安排，对于我国推进经济结构调整、转变经济发展方式，以及建设创新型国家都具有重要意义。

2. 互联网金融的理论与实践认识分歧

互联网金融的概念界定在理论界存在较大分歧。代表性的观点主要有两类：第一类观点认为，互联网金融的本质属性是金融，因此现有的经济学和金融学理论，如信息经济学、交易费用理论、金融中介理论等仍然是适用的。第二类观点认为，互联网金融是一种新的金融模式或金融现象，互联网金融的理论支撑来源于复杂系统论和平台经济学③；也有从网络效应的理论视角对互联网金融发展进行的分析④。

互联网金融是一个谱系概念，涵盖互联网技术和互联网精神的影响，从传统银行、证券、保险、交易所等金融中介和市场，到瓦尔拉斯一般均衡对应的无金融中介或市场的所有金融交易和组织形式的总称⑤。但从本质上看，互联网金融实际上是一个基础设施而非金融中介，无论是支付平台、信息平台，还是众筹平台，本质上都是基础

---

① 赵昌文、陈春发、唐英凯：《科技金融》，科学出版社，2009，第26页。
② 李心丹、束兰根：《科技金融——理论与实践》，南京大学出版社，2013，第31页。
③ 钟伟：《互联网金融的理论支撑：复杂系统理论和平台经济学》，《第一财经日报》2014年4月2日第B05版。
④ 孙明春、唐俊杰：《从网络经济学看余额宝的未来》，《新金融评论》2014年第5期。
⑤ 谢平、刘海二：《互联网金融的基础理论》，《金融研究》2015年第8期，第1~12页。

设施，等同于过去的支付技术或者交易所设施。金融活动基于这些平台进行，平台效率取决于技术水平，金融活动无非还是支付清算、资金融通、风险管理与资产定价等内容。因此，互联网金融可以表述为：它是基于互联网技术平台基础的金融活动、金融形式等的总和，是技术平台与金融活动的融合形态。

3. 数字金融与金融科技概念的提出与实践快速发展

数字金融（Digital Finance）是指通过互联网及信息技术手段与传统金融服务业态相结合的新一代金融服务。根据易观智库的产业结构分类，数字金融包括互联网支付、移动支付、网上银行、金融服务外包及网上贷款、网上保险、网上基金等金融服务。2012年，中国学界提出了"互联网金融"的概念，从国外文献找到的对应词汇是"数字金融"。随着金融科技的发展，数字金融的内涵也会不断变化。

金融科技是2011年被正式提出的。之前主要是美国硅谷和英国伦敦的互联网技术创业公司将一些信息技术用于非银行支付交易的流程改进、安全提升，后来这些科技初创公司将车联网、大数据、人工智能等各种最前沿的信息与计算机技术应用到证券经纪交易、银行信贷、保险、资产管理等零售金融业务领域，形成不依附于传统金融机构与体系的金融科技力量并独自发展起来。

数据积累、人工智能等前沿科技的发展，GPU及NPU等硬件技术的革命性是金融科技快速发展的主要推动力。全球数据积累存量已达到引爆新一轮行业变革的规模和水平，全球数据正以每年40%左右的速度快速增长，2017年全球的数据总量为21.6ZB（1个ZB等于十万亿亿字节），金融数据在其中占比很高。

（二）金融科技的定义

1. 对金融科技的不同理解

从业务上看，金融科技可分为支付结算、网络借贷、数字货币、股权众筹、智能投顾、市场设施。从技术上看，金融科技技术支撑包括大数据、云计算、人工智能、区块链、移动互联网及生物科技。从属性上看，金融科技是金融，还是科技，始终存在争议。从金融科技的参与者上看，主要分为三类，一是科技公司，二是持牌金融机构，三是部分互联网金融公司、网络小贷公司等。

2. 官方组织的定义

国际金融稳定理事会（FSB）于2016年3月首次发布了关于金融科技的专题报告，其中对"金融科技"进行了初步定义，即金融科技（FinTech）是指技术带来的金融创新，它能创造新的业务模式、应用、流程或产品，从而对金融市场、金融机构或金融服务的提供方式造成重大影响。

中国人民银行发布的《金融科技（FinTech）发展规划（2019～2021年）》定义金融科技是技术驱动的金融创新（该定义由金融稳定理事会（FSB）于2016年提出，目前已成为全球共识），旨在运用现代科技成果改造或创新金融产品、经营模式、业务流程等，推动金融发展提质增效。

3. 金融科技的内涵与外延

关于金融科技的内涵，无论是国际金融稳定理事会还是中国人民银行，都认为金融科技本质上是一种金融创新，由技术驱动，却不等于技术。更进一步地，在金融科技所覆盖的范围与领域方面，巴塞尔银行监管委员会区分出四个核心应用领域："存贷款与融资服务""支付与清结算服务""投资管理服务"及"市场基础设施服务"。

由于中外的金融监管环境与社会环境存在一定差异，中外金融科技概念的发展与演变也存在较大的区别。就美国而言，其语境上的FinTech公司以初创型企业为主，大部分是经营移动支付、财富管理、网贷等业务。而中国更多是强调前沿技术对持牌合规的金融业务的辅助、支持和优化作用，技术的运用仍需遵循金融业务的内在规律、遵守现行法律和金融监管要求，侧重点在"市场基础设施服务"。

二、金融科技理论

（一）技术与制度支撑下的金融

1. 金融计算与技术算力

金融本质上也是计算，支付清算需要计算，资金融通配置需要计算，资产定价与组合配置需要计算，风险管理与信用评估更需要计算。贯穿于金融全过程的就是计算。金融产品设计的是否好、是否完善、是否稳健，计算过程、计算模式与计算能力最为关键。算力来自技术，从算盘到计算器，再到电子计算机、量子计算机、云计算，人类的算力通过技术进步不断拓展边界。算力的高低依托技术，因此，金融、计算、算力、技术之间形成了一个协力模型，相互推动。算力基于技术，算力决定金融发展质量和模式。可以说，技术决定算力，算力决定金融水平。

2. 技术提升金融信息传递时效与触达范围

金融是信息敏感型行业，信息决定了金融的价格、资金的流动、风险的转移与转化。随着电报、电话、计算机、互联网、数据通信和数据处理技术的发展,信息传递的时效性不断提升,信息触达的范围也越来越广。依托信息技术、人工智能技术、大数据技术等发展起来的互联网金融跨越了地理和时间限制,能够使得享受金融服务的客户节省大量的时间成本和交易成本,金融服务体验得到提升。

3. 金融关系需要制度规范方行为

在金融科技时代,信息的真实性越发重要,为收集信息,必须拥有符合一定标准的软硬件设施。随着信息爆炸式增长,虚假信息和无用信息也大量产生,增加了人们识别、判定和利用信息的难度。这意味着,金融科技总体上在降低资金供需双方的搜寻匹配成本的同时,也不可避免地增加了信息识别成本。金融欺诈损害了金融消费者的权益,金融关系需要相应的制度约束,通过规范交易双方的行为,提供保护机制,来促进金融科技健康发展。因此,金融科技发展需要相应的金融规制来加以规范。

4. 金融配置资源需要监管与调控实现均衡

金融科技提高了金融资源的配置效率,但是,能否将资源配置到最有效的部门中去,需要协调监管,通过有效的调控机制来实现,不能自发实现配置均衡。相应的监管制度、监管体系和调控机制也需要建立起来。

(二) 金融服务的成本、效率与体验

1. 技术带来的金融服务成本节约

技术的进步能够有效节约金融服务的成本。第一,金融科技可以部分替代传统金融中介的营业部门和人工服务的部分功能,从而减少人工成本和办公网点成本,降低管理成本。第二,利用互联网技术优化运营,网络支付、网络融资、智能金融服务等降低交易成本。第三,金融机构发展金融科技,利用大数据和云计算技术更好地控制风险。第四,金融科技以较低的成本获取信息,从而降低了每笔交易的交易成本。第五,在证券科技领域,网络证券开户、交易等竞争激烈,券商纷纷通过下调佣金吸引客户,基金、保险等金融机构也通过互联网销售,降低买卖双方的交易成本。

2. 技术带来金融服务效率提升

在信贷领域,金融科技针对客户小额融资、创业融资的特点,利用大数据分析结果,提供有针对性的金融服务,甚至可以为客户提供跟踪放款服务。在证券领域,金融科技根据投资者的投资习惯分析其风险偏好,从而掌握投资者的投资需求,并通过构建信息图谱,更科学地揭示投资产品及服务的特征,满足长尾投资者的投资需求。

在保险市场上，金融科技根据保险人群的特点，利用大数据和云计算推断出潜在客户的风险偏好，从而设计出符合其需求的险种。在基金领域，金融科技根据基金发行者融资需要，动态为投资者提供股票、债券和混合型投资产品；而投资者也可以按照各自的风险收益偏好动态调整自己的投资组合，确保投资产品的流动性。精准的匹配提高了金融服务效率。

3. 技术改进客户的金融服务体验

利用大数据支持下的信息过滤技术、推荐技术，为客户提供了"刻画需求"和"推荐喜好"等新的信息搜寻功能，可以为客户定制供给信息，提供服务场景。支付清算技术、信用评估技术、风险管理等技术，为客户资金汇兑、转账结算、投资交易、授信获取、资产组合等提供了高效率的服务，客户体验得到改善，增加了客户的黏性。

（三）金融科技与资源配置效率

1. 市场搜寻成本

搜寻理论认为，搜寻就是决策者将样本空间中的选择对象转变成选择空间中的选择对象的活动。假定消费者知道市场上价格的分布，但不知道每一个销售者的报价，有两种情况，一种是固定样本搜寻：消费者可预先选定几个销售者，寻找其中的最低报价；另一种是连续搜寻：消费者连续不断地搜寻，直到找到可以接受的价格，或者放弃搜寻。人们对信息的搜寻是有成本的。搜寻成本是指搜寻活动本身所要花费的费用，这种费用有时指搜寻活动所需要的开销，有时也可以指等待下一次机会所付出的代价。因为存在搜寻成本，那么对搜寻者而言，他所面临的选择就是"搜寻"或"停止搜寻"。如果搜寻者决定"停止搜寻"，就意味着他在已有的机会集合中选择一项行动，搜寻过程结束；如果搜寻者决定"搜寻"，就意味着他继续搜寻新的选择对象。随着搜寻次数的增加，搜寻的边际收益总是下降的。当搜寻活动使搜寻的预期边际收益等于边际成本时，搜寻活动才会停止。这里搜寻额外价格的预期边际收益是指追加一次搜寻所带来预期最低价格的减少量乘以购买量。搜寻额外价格的边际成本由时间、交通和信息等费用构成。

金融市场，尤其是信贷市场特征具备一般商品市场信息特点，如果信贷市场中资金的需求者具有非完全市场信息和正的搜寻成本，融资过程表现为融资搜寻过程。以往的信贷市场均衡更多地是从一个静态角度来观察信贷执行过程，实际上融资过程是一个不断搜寻交易机会的过程，也体现为交易主体为达到借贷条件不断调整资质和认证，以改善信息不对称的过程，因此融资过程表现为一个动态融资搜寻过程。

2. 搜寻匹配效率提升与成本降低

金融科技有助于搜寻匹配效率的提升和控制搜寻成本。在金融科技服务产品中，互联网技术支撑的银行信贷市场与非正规金融平台市场借助网络效应，提升了搜寻匹配效率，降低了搜寻成本。

无论是在银行互联网金融平台，还是在非正规金融交易平台，技术支持下融资方可以给出自己的报价，平台依据信用评级和市场风险报酬水平给出建议性价格，投资人通过平台信息和自己的风险承受能力，确定是否进行投资。银行平台市场与非正规金融市场众多的融资项目为投资人的选择提供了对比参照对象。同时，技术平台提供了搜索比价模块，可以为投资人进行关键词筛选。从搜寻时间和搜寻服务成本的角度看，搜寻总成本比较低。对于银行和平台而言，尽职调查大多依靠大数据技术，可以降低调查成本。技术平台具有自动配对功能，为融资者和投资者建立了信息对称机制，资金配置速度快，加上资金在第三方监管下，安全性比较高，对于投融资双方都具有吸引力。

三、金融科技中的几个关键问题

（一）法律与规制问题

1. 金融科技产品层出不穷

目前，由于 AI、区块链和大数据等技术迅速发展，科技与金融的结合及科技在生活领域的迅速拓展，科技公司和各类支付、贷款平台及传统金融机构的金融科技产品创新层出不穷。例如，阿里推出的规避监管的保险产品相互宝、腾讯成立的 AI Lab、国外社交网络 Facebook 计划推出的数字货币 Libra，以及国外部分金融科技公司建立的连接中小企业和资金方的信息平台等。金融科技产业和产品的野蛮生长对金融监管、法律法规的完善提出了挑战。

2. 以 Libra 为例，看国外的金融科技监管

Facebook 计划推出去中心化货币 Libra。Facebook 计划与其他支付机构合作，同时成立 Libra 协会，协会成员可为用户提供数字货币存取平台，赚取投资收益。同时，Facebook 与其他消费场景端合作，使用户在任何场景消费、转账、跨境支付等都可使用 Libra。目前，美国政府对其监管没有采取积极的态度，只是提出了一些不能触及的

底线。那么,央行研发的数字货币采取怎样的监管措施是监管部门需要探索的问题。以往我国银保监会和证监会出台的法律法规相对于产品的发展较滞后,为应对迅速发展的金融科技创新项目,监管机构应提前预期可能出现的问题,相应地调整法律法规的边界和内涵。

3. 我国的数据法亟须进一步完善

建立了支付平台、个人消费平台等的金融科技公司拥有大量个人信息和消费、支付等数据,目前这一类数据被金融科技公司视为重要的商业机密。关于个人数据和信息的所有权和使用权等的规范和研究,目前我国法律体系没有给出明确的界定。大量金融科技公司将群体的数据视为己有,以用于自身未来的产品开发等。金融科技公司未经消费者许可使用其信息和数据,并用于商业用途,这一行为是否合规是我国法律体系值得进一步完善的内容和部分。

(二)伦理与道德问题

1. 个人/企业隐私是重要的伦理道德问题

金融科技目前涉及最多的伦理道德问题是个人/企业的隐私问题。很多平台企业,如支付宝、国外的P2P平台等收集了大量个人/企业的支付、消费、融资等信息。个人/企业的数据应该怎样处理,怎样既使平台企业充分利用大数据进行科技和产品的创新以改善社会福祉,同时又保护消费者的隐私和保障信息安全是金融科技行业发展过程中面临的重要伦理道德问题。

2. 国际货币体系面临数字货币提出的挑战

Libra数字货币运行机制的推出对监管当局提出了挑战,基于Libra在跨境支付的布局,其他国家的支付体系、支付货币也将因此而发生改变。那么,Libra是否进入其他国家的支付体系,以及以怎样的方式进入,是Libra协会需要考虑的问题。同时,美国监管当局也应对Libra走出国门说明其监管态度和范围。然而,目前由于Libra尚未完全面向市场,其他国家监管部门尚未出台明确的监管条例。Libra的价值是盯住一篮子货币,Libra将对国际货币支付体系产生怎样的影响,是否会影响其他国家货币政策的独立性,也是金融科技发展面临的挑战。

(三)技术的边界问题

目前金融科技的技术边界基本围绕在BASIC——区块链(Blockchain)、人工智能

（Artificial Intelligence）、安全（Security）、物联网（Internet of Things）和云计算（Cloud Computing）五项技术中。

区块链的技术边界在于其无法解决信息的真实性问题。区块链将信息上链，链上成员互相监督以确保数据的可追溯，但是上链信息的真实性无法确保。

人工智能的技术边界在于其发展应避免由于算法设计对公众产生危害，不得以牺牲用户隐私为代价。人工智能如果被赋予情感，则超出了社会伦理范畴。需要引起警惕的是，人工智能技术的开发应该有边界，不能无限开发。

物联网的技术边界在于如何更好地解决数据的安全问题，如何因万物互联给人们带来方便、智能的同时，提供更有保障、更安全、更可靠的服务。物联网的所有终端都为实物，实物又被智能网络互联在一起，信息安全尤为重要。感知识别层的设备、节点等无人看管，容易受到物理操纵。攻击者很容易就能接触到这些设备，从而对设备或其嵌入其中的传感器节点进行破坏。攻击者甚至可以通过更换设备中的软硬件，对它们进行非法或者破坏性操控。

云计算的技术边界在于安全性，尽管黑客对云系统不构成真正的威胁，但是大部分风险发生在内部，而不是来源于外部。Gartne 的研究表示，预计到 2020 年，80% 的云漏洞将来自客户配置错误、凭证管理不善或内部盗窃。避免这些缺陷的最佳方法是使用自动化平台运行策略来确保安全合规性。

第三节　金融科技理论与实践的主要内容

一、货币支付与支付清算技术的发展

从人类货币历史演进来看，作为计价交易手段的媒介，货币经历了商品货币、金属货币、纸质信用货币、电子货币阶段，目前数字货币正在兴起，能否成为重要发展阶段还须要观察。随着电子技术、计算机技术和网络技术的发展使精神产品日益电子化和虚拟化，虚拟货币则为电子化、虚拟化的精神产品交易提供了计价标准和交换手段。2009 年比特币（Bitcoin）诞生之后，就逐步成为互联网空间里最活跃的数字投资品，引起了政府部门、机构和个人的高度关注。从货币的演进历程来看，商品生产交换的扩大要求货币从以发挥价值储藏职能为主的实物货币，演进到以发挥交易媒介职

能为主的纸币及电子货币。在这一演进过程中，交易支付的便捷性、安全性、低成本要求起到了重要的推动作用，价值储藏要求则逐步弱化。按照支付工具的演进发展，支付可以分为三个阶段：实物支付阶段、信用支付阶段、电子支付阶段。电子支付采用先进的技术通过数字流转完成信息传输，并采用数字化的方式进行款项支付。电子支付系统的参与者包括客户、商家、支付工具、交易双方的开户行、支付网关、银行专用网络、认证机构和支付协议。广义虚拟货币是指产生于虚拟世界，可以在虚拟世界中流通，并作为虚拟世界中商品交易的一般等价物的货币。数字货币支付还无法像电子货币那样完善，还处于试验阶段。私人数字货币多为投资品，支付应用很少。而法定数字货币是由中央银行发行，采用特定数字密码技术实现的货币形态，未来可能成为部分替代现金的重要支付工具。

金融的基本功能之一是支付清算，支付清算的发展本质上是技术推动的创新过程，支付清算的技术要求始终是一条主线。从历史视角分析，支付清算功能的强化与早期文明、历代技术进步和现代科技的发展密切相关。进入现代社会以后，支付清算体系的建构基于信息科技和金融规制等基础设施，是由多种支付结算工具和不同层次的支付清算系统组织成大系统。当下，依托互联网技术和云计算技术的第三方支付和移动支付改进了支付体验，提升了支付效率，促进了经济与金融的良性循环。

二、金融科技与现代金融业的实践发展

现代银行业、证券业和保险业构成了金融体系的"三驾马车"。随着科技的发展，银行逐步开始发展基于电子通信渠道的金融科技业务，降低成本，增加利润。而大数据、人工智能、区块链等技术引入金融科技后，银行进一步智能化、互联网化，银行的业务范围、经营方式、风险控制都发生了进一步的改变。商业银行的技术化改造使得互联网银行、移动银行、自助银行等成为新兴金融服务形式，突破了时空限制，改进了金融服务效率。在证券投资领域，证券发行与交易经历电子化、互联网化和智能化阶段，证券科技的发展表现为证券程序化交易、量化交易和智能投顾产品服务。证券科技改变着市场结构与效率，形成新的市场特征。在保险领域，保险业的技术进步很快，应用人工智能、机器学习、物联网装置和区块链等新技术，保险公司使客户更方便地选购保险产品、投保及理赔，使得公司提高运营分销能力，更准确地进行风险评估并定价。互联网保险和智能保险顾问是最具达标性的保险科技，在保险产品销售、

定价过程、理赔过程等方面实现了技术化，可以远程无接触式服务，互联网保险、智能保顾提升了保险服务的客户体验。

在现代金融业融入现代科技而不断创新发展的过程中，非正规金融也在不断拥抱科技。非正规金融是指不在金融当局的监管范围内、不在官方金融统计上反映的金融活动。其作用包括缓解资金供求矛盾、促进资源的合理配置和促进金融体系的优化。非正规金融与科技融合的表现有科技性企业开展非正规金融服务和民间金融组织开展互联网金融业务，其中，前者包括获得牌照前的第三方支付、网络小贷、非银行消费金融和非银行供应链金融四种模式。非正规金融与科技融合的动因包括金融准入与监管约束、技术进步与普惠金融结合。在金融科技加持下的非正规金融体系正在慢慢重塑整个金融行业的面貌，也日益成为助力企业成长和经济发展的重要动力。从投融资功能角度来看，非正规金融在债务和股权两类融资方式上均有各种创新和实践。非正规股权融资则聚焦于对非上市、成长型企业股权融资的渠道拓展。网络财富管理也成为非正规金融的重要形式。非正规金融风险控制成为地方金融管理的重要内容，非正规金融需要在合理规则和制度约束下成长，加强规制建设非常必要。

现代金融业的发展离不开信用体系建设，征信是重要一环。征信是指为防范信用风险而由独立的第三方提供信用信息服务。征信体系是指由征信机构进行信息采集、加工和对外提供产品和服务相关的法律法规、行业标准、机构体系、行业监管、市场规则和文化建设等要素共同构成的体系。当前，大数据技术发展为征信体系建设提供了新的动力。大数据征信是通过网上非定向地全面抓取各种数据，获取海量网络信息，从而实现对信息主体的信用轨迹和信用行为进行综合描述，以全面刻画信息主体的诚信度、行为合规度和践约度。大数据从数据来源、数据准确性、数据应用场景和数据覆盖范围四个方面重构了传统的征信模式。世界各国的大数据征信模式可以分为市场主导型征信模式、政府主导型征信模式和同业共享型发展模式。与传统征信系统相比，大数据征信尚存在数据权威性和质量有待检验、大数据征信机构独立性不足、个人隐私保护和信息安全以及信息共享机制不完善四个方面的问题，给监管带来了挑战。大数据征信规范发展是现代金融业应用金融科技发展的重要基础条件。

三、金融科技对宏观金融管理的影响与改进

宏观金融管理主体涉及中央银行、金融监管部门等，金融科技快速发展对金融宏

观管理有何影响？金融科技的发展会直接影响货币的供给和需求，例如，比特币的出现直接形成了一个独立于传统货币供给的全新体系，又如移动支付的广泛应用改变了民众的持币行为：越来越多的人已经形成了"无现金"的生活习惯。金融科技改变了货币需求的结构和总量。移动支付和电子货币的广泛应用减少了现金需求，第三方支付和电子货币的广泛应用减少了交易性货币需求和预防性货币需求，而互联网财富管理的兴起和电子货币的流通则会增加投机性货币需求。数字加密货币对货币需求的影响也十分有限，但它具备发挥所有货币职能的潜力，因而，具有替代传统的货币需求的可能。在货币供给方面，金融科技对货币供给机制产生了深远的影响，以比特币为代表的数字加密货币，直接冲击了传统的信用货币供给体系，使得部分金融工具的流动性得到了极大提高，拓宽了货币统计范畴，这也使得部分非存款性公司直接进入了货币供给体系。由此，金融科技发展必然对货币均衡产生影响，货币均衡框架构建需要将金融科技纳入综合考量。

金融科技的快速发展已开始对货币政策的基本框架有所影响，在可预见的未来其影响有望进一步深入。首先，金融科技影响货币政策目标中的币值稳定和金融稳定目标，由于金融科技改变了货币供求机制和均衡条件，那么其必然会影响货币币值进而影响物价稳定。另外，金融科技发展过程中由于规制建设滞后，非正规金融的快速成长过程中出现了各种各样的风险事件，对金融稳定造成了比较大的影响。其次，在对货币政策中介指标影响方面，金融科技将削弱货币供应量的可测性和相关性，但是增强了利率的可测性和可控性，也增强了利率与最终目标的相关性。再次，金融科技的发展削弱了法定准备金政策、再贴现政策效果，不过，它会强化公开市场业务的效果。最后，在货币政策工具方面，金融科技业务降低了各类金融资产之间的转换成本和时间成本，使得金融市场对利率变得更敏感，有助于提高价格型政策工具的有效性。从市场角度来看，金融科技有助于提升基准收益率曲线的完备性和有效性，降低资产转换和资产组合成本，减少系统中的交易摩擦，促进货币政策传导的畅通。金融科技也使货币需求结构发生变化，交易性货币需求、预防性货币需求下降，投机性货币需求上升，削弱了货币需求的稳定性，导致传统货币政策传导渠道的梗阻效应扩大，传导效果受到干扰。金融科技的发展促进直接融资比重提高，银行体系外的信用创造增加，导致货币供应量与实体经济的相关性减弱，通过货币供给量目标来实现经济增长的效果减弱；虚拟货币的发展也增加了体系外的货币供给，银行对货币供给的控制力度减弱。货币政策未来可能会从以调节货币供应量为主的数量型货币政策，逐步转化为以调节利率为主的价格型货币政策。

金融科技快速发展的风险是不容忽视的,从引发风险的因素来看,金融科技风险既有内在风险,也有外在风险,既有技术层面的客观因素,也有人的层面的主观因素。金融科技风险的影响因素主要包括技术自身的不成熟、金融市场的波动性、信息不对称以及科技伦理等。金融科技的技术风险是大数据、云计算、人工智能、区块链等数字技术不成熟而带来的潜在风险,金融科技的业务风险包括信用风险、市场风险和操作风险等;此外,金融科技的政策风险与伦理道德风险也是不容忽视的。针对金融科技风险要采取一系列措施对金融科技风险进行监测、评估、防范和应对,管控主体以特定的金融科技机构及其关联方为对象,在发起设立、业务模式和市场行为等方面,予以局部或具体的指导、监督、检查、协调、控制和处置等管理,针对金融科技领域的特定风险应采用相应的风险管理技术。

金融科技以数据科技为核心驱动力,凭借智能性、便捷性、高效性的优势快速切入传统金融领域,对促进金融资源供求的有效对接和平衡匹配、优化金融服务组织流程、推进金融新业态和新模式迈向更高阶段起到了积极作用。金融科技作为金融创新与科技创新相互融合的产物,横跨多个金融子市场和金融子行业,混业经营及综合化运作特征明显。金融科技的跨界混业经营也使得风险的关联性大幅提高,增加了系统性风险发生的概率。在发展金融科技监管的同时,也应该学习其他国家地区对于金融科技领域监管的先进实践。金融科技需要全新的监管范式。作为传统金融监管体系和合规管理框架下应对金融科技创新的有效监管策略,监管科技是基于金融科技创新衍生出的新型监管手段,也是现阶段发展金融科技必不可少的一个环节。

本章小结

金融科技学是一门新型课程,属于学科交叉课程。本章从经济社会发展中的金融与科技关系入手,分析了经济社会发展的两大动力。之后,对经济社会发展中金融形态的演进进行了梳理。在此基础上,分析了技术革命与金融创新关系,分别就前电报时代的几次关键技术与金融变革、电报与计算机技术带来的金融创新和当代金融科技创新进行归纳;探讨技术将如何改变金融服务业,包括技术改变金融形态、金融模式、金融效率、金融制度、金融管理水平等。对金融科技范畴、理论与相关问题进行分析,对比了科技金融、互联网金融与金融科技的关系,给出了金融科技的规范定义。从技术与制度支撑下的金融，金融服务的成本、效率与体验，金融科技与资源配置效率等方面对金融科技理论进行了探讨。提出了金融科技学中的三个关键问题，包括法律与规制、伦理与道德、技术的边界问题。金融科技理论与实践的主要内容包括货币支付与支付清算技术的发展、金融科技在现代金融业中的实践发展、金融科技对宏观金融管理的影响与改进等。

本章重要概念

金融　金融科技　科技金融　互联网金融　数字金融　大数据金融

本章思考题

1. 金融的基本功能有哪些？是如何发展演进的？
2. 金融与科技发展有何内在关系？
3. 历史上几次重要技术革命带来哪些金融创新？
4. 如何理解金融科技与科技金融、数字金融的关系？
5. 金融科技发展中有哪些关系问题需要解决？

本章参考文献

［1］黄达. 金融学：精编版［M］. 北京：中国人民大学出版社，2009.

［2］李伟民. 金融大辞典［M］. 哈尔滨：黑龙江人民出版社，2002：11.

［3］李心丹，束兰根. 科技金融——理论与实践［M］. 南京：南京大学出版社，2013：31.

［4］彭鼎翔. 我国移动支付现状研究［J］. 科学与信息化，2019（5）：12.

［5］孙明春. 从网络经济学视角看互联网金融［J］. 新金融评论，2014（3）：140 – 158.

［6］王广谦. 经济发展中金融的贡献与效率［M］. 北京：中国人民大学出版社，1997.

［7］谢平，邹传伟，刘海二. 互联网金融监管的必要性与核心原则［J］. 国际金融研究，2014（8）：3 – 9.

［8］谢平，邹传伟，刘海二. 互联网金融的基础理论［J］. 金融研究，2015

(8): 1-1.

[9] 谢平. 互联网金融的现实与未来 [J]. 新金融, 2014 (4): 4-8.

[10] 赵昌文, 陈春发, 唐英凯. 科技金融 [M]. 北京: 科学出版社, 2009: 26.

[11] 钟伟. 互联网金融的理论支撑: 复杂系统理论和平台经济学 [N]. 第一财经日报, 2014-04-02 (B05).

第二章　货币支付与数字货币

本章导读

有人说货币是人类历史上最伟大的发明之一，它的诞生对人类历史的发展产生了重要的推动作用。货币从交易中产生，服务于经济活动形成的债权债务清算，计价、交易、支付是其最本质的功能。从人类货币历史演进看，作为计价交易手段的媒介，货币经历了商品货币、金属货币、纸质信用货币、电子货币阶段。2009年1月3日，世界上第一个数字货币——比特币（Bitcoin）诞生，之后10多年时间里，比特币成为互联网空间里最耀眼的数字投资品，引起了政府部门、机构和个人的高度关注。那么，依托区块链技术诞生的数字加密货币是否是真正意义上的货币，它存在与发展的理论基础和技术基础是什么，值得我们深思。

本章学习目标

本章从货币的交易清算与支付功能开始，分析从支付清算便捷性要求的角度看货币形态的演进，梳理其中的规律和趋势；考察现代电子技术推动的电子货币发展及电子货币的在支付中的主要问题；分析互联网空间的虚拟货币、数字加密货币的形成与发展及其依托的技术基础，探讨数字货币的本质。通过本章的学习，要求掌握货币的基本功能、货币形态演进的规律和推动力，理解虚拟货币的作用、数字加密货币的技术及其本质。

第一节 货币与支付

一、货币的交易清算与支付功能

从对货币起源的探讨来看,中国古代的先王制币说和司马迁的交换需要说均认为货币的出现便利了商品的交换,而西方的创造发明说和便于交换说也认为货币的出现解决了直接物物交换的困难。因此,国内外学者普遍的共识是货币的出现与商品交换有关。货币在经济中发挥着交换媒介和资产两种职能。货币发挥交换媒介职能通过三种方式实现,分别是交换手段、计价标准和支付手段。

(一)货币在交易中产生

在原始社会早期,人类的生产力水平低下,面临巨大的生存挑战,为了生存下去,人们共同劳动,所得的劳动成果平均分配。此时不存在剩余的物品,没有交易,因此不需要货币。但人类开始使用工具以后,由于工具制造者的不同,出现了私人占有财产[①]。此外,农业和畜牧业的分工提高了劳动生产率,增加了社会产品。私有制和社会分工的出现要求人们为交换而生产产品,即商品。早期的商品交换是物物交换,交换是否成功取决于交易双方的需求是否双重巧合。

而随着人们需要交换的商品种类越来越多,交换发生的地理范围越来越广,要交易双方在商品种类、数量、质量、时间、地点等方面满足双重巧合越来越难。这限制了交易规模的扩大,阻碍了商品生产的发展。随着生产交换的发展,人们发现某种物品在一定范围内比较受大家欢迎,于是人们先用自己的物品换回该物品,然后再用该物品去交换自己需要的物品。随着该种交换模式的普及,这种普遍受大家欢迎的物品就变成了交换媒介,即一般等价物,原来直接的物物交换逐渐被间接交换所替代。当一种物品从几种充当一般等价物的物品竞争中脱颖而出,被大家一致认可固定充当一般等价物时,这种物品就变成了货币。

历史发展表明,货币是在交易中产生的,是商品交易发展的必然产物。虽然交易

---

① 关于私有制的起源,请参考恩格斯的著作《家庭、私有制和国家的起源》。

过程由物物直接交易变成了由货币做交易媒介的间接交易，但交易效率却大幅提升，这进一步促进了生产的发展。

理论上，货币经济学的早期建模方法直接假定货币会给人们带来效用（Money in utility）或者人们在购买商品时必须先持有货币（Cash in advance），但是在这些模型中，并不能看到货币如何能使交易双方在商品种类、数量、质量、时间、地点等方面满足双重巧合。Kiyotaki & Wright（1989）首先用搜寻理论证明当交易存在信息、跨期和空间摩擦时，交换媒介即商品货币会内生出现，从而改进交易效率、增进福利。Kiyotaki & Wright（1991）用搜寻理论进一步证明即使法币的回报率比其他资产低，但仍会作为交易媒介而被人们持有。Kiyotaki & Wright（1993）在一个纯交换经济中证明货币作为交易媒介能使交易双方满足双重巧合，从而提高交易效率。

（二）交易中的直接清算手段（现金支付）

货币的交换媒介职能首先体现在其作为交换手段上。交换手段是指货币在商品交换中作为中介，通过"一手交钱，一手交货"作为商品流通的媒介[①]。与物物直接交换相比，货币作为交换手段把交易分割成了买和卖两个独立的环节。在商品交换中，买方用货币买进自己所需要的商品，卖方卖掉商品取得货币，买和卖两个过程均通过"一手交钱，一手交货"实现了商品的流通。由于存在商品种类、数量、质量、时间、地点等方面的双重巧合难题，在直接物物交换模式下，寻找合适的交易对手需要花费大量的成本。而以货币作为交换手段克服了交易双方的双重巧合难题，提高了商品交换效率，促进了社会分工的进一步发展，进而提高了劳动生产率，促进了社会生产的发展。

货币作为交换手段在经济中发挥作用时，交易者持有的必须是现实的货币。人们为了实现商品交换必须要持有一定量的货币，这是基于交易动机产生的货币需求[②]。在货币作为交换手段的商品交换中，货币本身是手段而不是目的，只要货币本身能换回自己所需要的商品，人们便愿意持有它，而不是关心货币本身的价值。因此，不足值的货币、纸币等可以在经济中流通。

货币作为交换手段把物物直接交换分割成了两个独立的环节，这虽然提高了交易的效率，但如果卖出去商品的人持币观望而不是购买其他商品，就会导致供需失衡，

[①] 李健：《金融学》，高等教育出版社，2018。
[②] 凯恩斯认为人们对货币的需求基于三个动机，分别是交易动机、预防动机和投机动机。

商品交换无法周转下去，买卖脱节严重时会导致经济危机。

（三）延期清算中的支付功能

货币的交易媒介职能还体现在其作为支付手段上。支付是指社会经济活动中引起的债权债务清偿及货币转移行为①。支付手段是指货币作为延期支付的手段来结清债权债务关系②。

在经济生活中，经常会出现商品买卖与货币收支在时间先后上不同步的情形，有的先发货后收款，有的先收款后发货，无论哪种情形发生，买卖双方均先建立了债权债务关系。此时货币不是作为交换手段而存在，而是作为跨期交换中结清债权债务关系的手段，此时货币是作为支付手段而发挥作用的。值得注意的是，当货币作为支付手段来结清债权债务关系时，货币的运动作为交换价值而独立存在。

随着经济的发展，货币作为支付手段逐渐扩展到商品流通范畴之外。在借贷、工资发放、财政收支、捐赠或赔款等活动中，货币作为独立的价值单方面转移均发挥着支付手段的职能。货币作为支付手段充当交换媒介会使人们产生一定的货币需求，此种需求和货币作为交换手段产生的需求一样，均是交易性需求。

货币作为支付手段克服了现货交易对商品生产的限制，促进了商品生产的发展。但是货币作为支付手段造成了买卖进一步脱节，使经济主体之间形成了错综复杂的债务链条，当某个个体发生信用违约时，会放大违约的冲击，严重时会发生债务危机。

二、支付清算便捷性要求下货币形态的演进

货币自诞生之日起，其形式一直不断演进。最早出现的货币是实物货币，然后是金属货币，这两种货币自身具有商品的使用价值，因此也被统称为商品货币。纸币诞生于金属货币流通过程中，但直到 20 世纪 30 年代金本位制崩溃以后，纸币才完全取代金属货币。在银行体系出现以后，银行存款也开始发挥货币的职能。随着电子技术和网络技术的发展，电子货币开始出现，货币从有形转向无形。网络经济的发展还催生了网络虚拟货币，其支付能力和支付功能日益增强。进入 21 世纪，云计算、大数据、移动互联网和人工智能等信息技术的发展进一步改变了货币的形态，出现了数字

---

① 帅青红、李忠俊：《电子支付与结算》，东北财经大学出版社，2018。
② 李健：《金融学》，高等教育出版社，2018。

货币。货币形式的演进一方面体现了人们对支付清算便捷性的要求，另一方面也体现了技术进步的推动。

（一）从实物货币、金属货币到纸质货币

在人类历史发展进程中，许多物品曾经充当过货币。据记载，在古罗马、古波斯、古印度等地，牛、羊都曾经充当过货币。此外，美洲曾经用烟草、可可豆作为货币，埃塞俄比亚曾经用盐作为货币。据记载并经考古发现证实，中国在公元前2000年时就用贝充当过货币。我国古代还曾经用刀、铲、纺轮、弓、箭、皮、帛、牛、马、羊、猪、盐等充当过货币。某种物品能被大家选为交易媒介充当货币，一定会在某一区域内相对珍贵而受到大家普遍欢迎，这样才容易转让换回自己所需要的其他物品。

从支付清算的便捷性角度来看，一般而言，能够充当货币的材料或物品应具备以下特点：一是价值较高，这样便于充当大额交易的媒介；二是易于分割，且分割后不影响其价值，这样便于充当小额交易的媒介；三是易于保存，且经长期保存而价值不变，这样才能便于跨期交易和实现价值储藏；四是便于携带，这样便于跨区域交易；五是供给弹性，即货币的数量随着商品交换规模的变化而做出调整。

对照以上特点，我们发现实物货币并不是理想的货币。实物货币不易分割、不易保存，也不便携带，供给弹性较小，而且由于规格和质量问题导致其价值不稳定。

随着金属开采及冶炼技术的发展，以铜、银、金等作为币材的金属货币逐渐取代实物货币而广为人们接受[①]。金属货币因其具有价值稳定、易于分割、易于保存等特点，比实物货币更适合充当货币。金属货币的发展经历了从称量货币到铸币的过渡。早期的金属货币以条块状流通，没有统一的重量和成色，每次交易时都需要称重及鉴定成色，因此称为称量货币。很显然，从支付清算的便捷性角度来看，称量货币虽然克服了实物货币的一些缺点，但仍然不便于人们的交易。随着经济的发展，国家开始统一铸造金属货币并印记证明其成色和重量，此即为铸币。最初，各国铸币有各种各样的形状，但慢慢均过渡到圆形，因为圆形货币便于携带且不易磨损。和称量货币相比，铸币有了统一的标准，从而提高了交易的效率，促进了生产和贸易的发展。

随着商品交换的发展，金属货币的一些缺点也逐渐开始出现。首先，当重量轻、成色低的铸币和足值货币并行流通时，足值货币会退出流通，出现劣币驱逐良币的现

---

① 币材是指充当货币的材料或物品。

象；其次，由于受储藏和开采等条件限制，金属货币的数量很难满足经济繁荣时对货币的需求，导致通货紧缩而使经济陷入衰退；最后，金属货币不易携带的特点影响了大额远距离交易。

随着造纸业和印刷业的发展，同时也为了克服金属货币的不足，纸币开始出现。中国北宋时期在四川出现的交子是世界上最早出现的纸币，由于当时流通的铁钱不便于携带，商人把铁钱存入铺户，铺户给予商人纸质的存款凭证即交子①。由于当时商品经济繁荣，社会信用状况良好，交子逐渐成为交易媒介，并得到了政府的认可，政府开始设置专门机构统一发行交子。欧洲商业银行出现以后，开始通过自己的存贷等信用业务发行可兑换成金属货币的银行券来弥补流通中金属货币的不足。最初，各家商业银行均可发行银行券，但由于各个银行的发行量和兑现能力有差异，银行券的流通开始出现混乱。这客观上要求实力较强、信誉良好的大银行发挥中央银行的功能在全国集中统一发行银行券，或者由政府直接组建中央银行垄断发行银行券。政府发行的银行券经历了完全可兑换到不完全兑换金属货币的历程，布雷顿森林体系瓦解以后，各国政府发行的纸币完全由政府的信用做支撑，依靠国家权力强制流通，成为纯粹的信用货币。

图 2-1　刀币、五铢钱、交子

虽然纸币克服了金融货币供给弹性较小的缺点，但其本身不像金属货币一样具有自动调节机制，需要中央银行执行货币政策来调控货币供给，使货币市场处于均衡之中。一旦货币供给超过货币需求，就会引发通货膨胀，造成货币贬值，从而影响货币发挥其正常的功能。

---

① 据李攸著《宋朝事实·财用》记载："川界用铁钱，小钱每十贯，重六十五斤，折大钱一贯，大钱一贯重十二斤，街市买卖至三、五贯文，即难以携持。"见《世界经济通史》上，高德步主编。马端临著《文献通考·钱币考》亦记载："初蜀人以铁钱重，私为券，谓之交子，以便贸易。"见吕思勉著《吕著中国通史》。

(二) 技术推动存款货币与电子货币的发展

随着二级银行体系的建立和信用制度的发展，银行存款账户逐渐开始发挥货币的职能，这被称为存款货币。存款货币是指能够发挥货币交易媒介和资产职能的银行存款，包括可以直接进行转账支付的单位活期存款和单位定期存款、个人存款等[①]。与纸币一样，存款货币也是信用货币，但和纸币不一样的是，存款货币是一种无形的信用货币。

在二级银行体系下，客户把一部分款项存入商业银行，而各商业银行均在中央银行开设存款账户。客户可依据存款向银行签发支付命令书即支票，通过支票的收付，可以把付款人银行账户上的相应款项转到收款人的银行存款账户上。当账户间的存款货币转移发生在同一银行内时，该银行本身即可完成账户内资金的结算。当账户间的存款货币转移发生在不同商业银行间时，与整个支付过程和转移发生在同一银行内时相比，多了一个环节，即银行间账户存款货币的清算环节[②]。由于各商业银行均在中央银行开设存款账户，它们之间的票据交换和资金清算业务可以通过这些账户的转账来完成。和现金相比，存款货币方便、安全、高效，更加适合大额异地交易，是现代商品经济中非常重要的货币形式。

随着电子信息技术与网络技术的发展及信用制度的完善，货币从有形转向无形，电子货币开始出现。关于电子货币的定义，目前尚未统一。巴塞尔委员会认为："电子货币是指在零售支付机制中，通过销售终端、不同的电子设备之间，以及在公开网络上执行支付的储值和预付支付机制。"这里的储值是指保存在物理介质（硬件或卡介质）中可用来支付的价值，如智能卡、多功能信用卡等。预付支付机制是指存在于特定软件或网络中的一组可以传输并可用于支付的电子数据，也被称为数字现金或代币（Token），由二进制数据和数字签名组成，持有人只需输入电子货币编码、密码和金额，就可以在网络中使用[③]。中国人民银行《电子货币发行与清算办法》规定："本办法所称电子货币是指存储在客户拥有的电子介质上、作为支付手段使用的预付价值。根据存储介质不同，电子货币分为卡基电子货币和网基电子货币。卡基电子货币是指存储在芯片卡中的电子货币。网基电子货币是指存储在软件中的电子货币。仅在

[①] 李健：《金融学》，高等教育出版社，2018。
[②] 结算是指清偿商务活动中债权债务的最终结果，而清算是结清银行间资金账户往来债权债务关系最终结果的一个过程，具体见帅青红和李忠俊主编的《电子支付与结算》。
[③] 周光友：《互联网金融》，北京大学出版社，2017。

单位内部作为支付手段使用的预付价值,不属于本办法所称电子货币。"周光友在《互联网金融》一书中对电子货币做了广义和狭义之分:巴塞尔委员会给出的电子货币定义是狭义的;广义的电子货币是指以计算机网络为基础,以各种卡片或数据存储设备为介质,借助各种与电子货币发行者相连接的终端设备,在进行支付和清偿债务时,使预先存放在计算机系统中的电子数据以电子信息流的形式在债权人和债务人之间进行转移的,具有某种货币职能的货币。

与纸币相比,电子货币减少了货币印钞、发行、现金流通、物理搬运和点钞等社会成本。此外,电子货币的交易瞬间即可通过电子流通媒介完成识别、认证和簿记工作,电子货币的使用也不受时间、区域、金额及对象的限制。因此,电子货币极大地降低了物理成本及时间成本,拓展了交易对象和领域,降低了交易费用。

(三) 现代货币制度外的虚拟货币与加密数字货币

随着经济的发展,人们对精神产品的需求日益增加,而电子技术、计算机技术和网络技术的发展使精神产品日益电子化和虚拟化,虚拟货币则为电子化、虚拟化的精神产品交易提供了计价标准和交换手段。

虚拟货币有广义和狭义之分:广义的虚拟货币是指产生于虚拟世界,可以在虚拟世界中流通,并作为虚拟世界中商品交易的一般等价物的货币;狭义的虚拟货币是指由虚拟世界的中央银行或特定机构发行,在虚拟世界中流通的法定货币。从该定义可以看出,它不同于现实社会中已经存在的虚拟货币,如腾讯 Q 币、网易 POPO 币、新浪 U 币、百度币及盛大点券等,这些属于初级虚拟货币。初级虚拟货币是指由非金融机构发行,借助于计算机网络在发行者与持有者或发行者和少数几个商家与持有者之间流通,能购买现实商品、虚拟财产或电子化服务的充当等价物的近似货币[①]。

初级虚拟货币是一种近似货币,主要是指其只能在一个狭小范围内充当商品的等价物,而不能固定充当所有商品的一般等价物。例如,腾讯 Q 币可以购买 QQ 表情、QQ 头像、QQ 武器、瑞星升级服务,以及腾讯公司其他增值服务等商品及服务,但不能购买华为手机、联想电脑等商品。因此,初级虚拟货币的使用范围具有有限性。不同于商品货币及纸币,初级虚拟货币只是以磁信号、光信号等形式存于发行者计算机系统中的一段数据,因此具有虚拟性。

---

① 苏宁:《虚拟货币的理论分析》,社会科学文献出版社,2008。

人们在互联网上消费的虚拟财产、网上音乐和视频点播等电子服务通常价格在几角到几元之间,这既非大额支付,也非小额支付,而是属于微型支付。为了实现快捷、安全、免费的支付,虚拟世界的商家和用户均希望实现微型支付电子化。但是,目前我国的支付系统不支持电子化微型支付,因此,支持电子化微型支付的虚拟货币便应运而生。

和商品货币、信用货币不同,初级虚拟货币是由非金融机构发行的,旨在提供满足电子化微型支付需要的便捷安全支付手段。由于发行是一种市场行为,必然会出现不正当竞争或限制竞争行为。为了避免不正当竞争或限制竞争所带来的不利影响,金融主管部门有必要针对初级虚拟货币的发行、流通和回笼等行为制定政策予以规范。

始于20世纪60年代的第五次信息技术革命带动了电子商务的兴起,电子商务的出现改变了人们的购物习惯,催生了交易电子化。进入21世纪,随着云计算、大数据、移动互联网及人工智能技术的快速发展,交易电子化浪潮不断发展。交易电子化对支付的安全性、便捷性及低成本要求催生了各种电子货币和虚拟货币,而电子货币和虚拟货币的出现改变了社会公众的支付习惯,这为数字货币的诞生创造了基础。

1983年,David Chaum利用盲签名技术实现了完全匿名的数字货币。此后,各种基于不同技术模式的数字货币相继涌现[1]。数字货币是指以数字形式存在的货币,有广义和狭义之分:狭义的数字货币是指纯数字化、不需要物理载体的货币;广义的数字货币等同于电子货币,泛指一切以电子形式存在的货币。按照发行主体,数字货币可分为私人数字货币和法定数字货币[2]。

但是,关于数字货币的定义,目前并没有统一的标准。有人把所有依托于现代通信技术流转的货币都定义为广义电子货币,广义电子货币又分为狭义电子货币、虚拟货币和数字货币。电子货币本质上是法定货币的电子化和网络化,按发行主体和应用场景可分为储值卡、银行卡和第三方支付(支付宝、微信支付等)等;虚拟货币是指由网络运营商发行,应用于虚拟网络,购买互联网服务的类法币,如Q币、论坛币等;数字货币是指基于节点网络和数字加密技术的虚拟货币,如比特币等[3]。在对文献中的电子货币、虚拟货币和数字货币做了对比后,有人把数字货币限定为私人发行

---

[1] Chaum D., "Blind Signatures for Untraceable Payments," in *Advances in Cryptology* (US: Springer, 1983), pp. 199—203.
[2] 姚前:《数字货币初探》,中国金融出版社,2018。
[3] 朱阁:《数字货币的概念辨析与问题争议》,《价值工程》2015年第31期,第163~167页。

的数字货币或者央行发行的有国家信用保障的数字货币①。

由于电子货币、虚拟货币和数字货币既有区别又有联系,为了便于分析,本章数字货币的定义是,按发行主体把数字货币分为私人数字货币和法定数字货币,其中私人数字货币特指比特币等基于分布式P2P网络系统、发行去中心化、使用密码学原理确保流通安全性的虚拟货币②。

私人数字货币虽然具有开放、安全等优点,但是也有一些缺点:工作量证明机制浪费大量能源;价格不稳定;支付确认延时长;缺乏有效监管,易滋生非法交易。此外,私人数字货币的匿名性、低成本、去中心化、高扩散率及高波动性也给支付体系和金融稳定带来了冲击。比较而言,央行发行法定数字货币则有如下优点:降低纸币发行、流通的高成本;完善支付体系,提高支付清算效率;提高经济交易活动的便利性和透明度;提升央行对货币供给和流通的控制力。因此,从未来发展来看,法定数字货币将成为数字经济时代发展的重要基石③。

图 2-2 银行卡、Q 币、比特币

三、货币形态演进的基本规律

货币形态演进发展的内在动力主要取决于交换媒介职能与资产职能之间的张力,货币的交换媒介职能要求降低交易成本,而资产职能要求保持货币购买力。市场参与者在交易时希望货币轻便、易于携带,流动性越强越好;而在价值储藏时希望货币能实现保值增值,购买力越大越好,这种要求的不一致导致货币形态不断演进④。从币材上来看,货币的演进沿着从实物货币到金属货币,再到信用货币的路径发展。货币形态的每一次改变都降低了交易成本、提高了支付清算便捷性,但同时货币中所体现

---

① 钟伟、魏伟、陈骁等:《数字货币:金融科技与货币重构》,中信出版集团,2018。
② 在本章的第三节,我们将详细介绍私人数字货币。
③ 姚前:《数字货币初探》,中国金融出版社,2018。
④ 李秀辉:《货币形态转变的机制与趋势——从交子与比特币的比较说起》,《社会科学战线》2016 年第 12 期。

的信用形式也不断改变以保持其购买力。

（一）交易过程中支付清算便捷性

在经济生活中，无论是"一手交钱，一手交货"，还是延期支付，人们都希望成本尽可能低；而当价值储藏时，人们希望货币能够实现价值的跨期转移。在商品货币时代，商品货币的内在价值保证其能实现价值储藏，但不能保证交易支付的安全、便捷、低成本。在信用货币时代，货币提高了交易支付的安全性、便捷性，降低了成本，但是由于货币只有名义价值而无内在价值，人们接受货币的前提是其可兑换成贵金属或者有国家信用做担保。在很大程度上，是信用货币的交换媒介职能衍生出了其资产职能。随着国际贸易的发展，国际资本流动日趋频繁，国际经济活动要求世界货币出现。在金、银等贵金属充当货币的时代，金、银由于其内在价值而被各国广泛接受。在信用货币时代，国际货币主要靠国家信用做保证，使其能在国际市场上充当一般等价物。

1. 内在价值的信用支撑

人类早期使用的实物货币或者是存在于自然界的某种物品，或者是人们生产出来的某种物品，这些物品本身具有内在价值而受到人们喜爱，因而容易转让，适合做一般等价物。从交易媒介的角度来看，实物货币由于存在不易分割、不便携带、价值不稳定等缺点，并不满足交易支付的便捷性、安全性、低成本要求。但由于实物货币本身有内在价值做信用支撑，人们可以用其实现价值储藏。

称量货币[①]在发挥交易媒介功能时，需要经常过秤，而且价值未必能与所购买的商品相称，因此从发挥交易媒介的角度来看，称量货币并不理想。正如亚当·斯密在《国富论》中所言："在这样粗陋状况下，金属的使用，有两种极大的不便。第一是称量的麻烦；第二是化验的麻烦。贵金属在分量上有少许差异，在价值上便会有很大差别。"但是称量货币由于本身具有内在价值能够实现价值储藏，从而被人们广泛接受。从这个角度来看，称量货币是从价值储藏功能衍生出了交易媒介功能。

为避免称量货币在商品交易时所带来的不便，人们需要国家在金属货币上加盖公印以确定金属的品质与纯度，铸币制度由此出现。铸币制度在保持金属货币内在价值的同时提高了交易的便捷性，这其中货币内在价值的面值标记起了重要作用。但是，

[①] 称量货币是指以金属条块的形式按重量流通的金属货币。

随着足值的与经过磨损不足值的金属铸币在市场上发挥着同样的作用,人们意识到铸币的名义价值与内在价值可以不一致。足值的货币被人们用来作为价值储藏的手段而逐渐退出流通,不足值的货币则在流通领域充当交易媒介,铸币的两种职能开始分离。

2. 国家制度支撑的主权货币信用

随着技术进步和社会生产力的提高,受储藏、开采等限制,金属货币的数量难以满足日益增长的货币需求。此外,携带的不便也限制了金属货币的使用。而铸币制度下,人们已经认识到货币的名义价值与内在价值可以不一致,货币可以由不足值或无价值的符号来代替。铸币制度下交易媒介和价值储藏职能分离的极限导致新的货币形态——纸币——的出现。纸币有名义价值而无内在价值,它被接受缘于可兑换成金属货币或者有国家信用担保。和金属货币相比,纸币提升了交易支付的便捷性和安全性,降低了交易支付的成本。从货币的交易媒介和价值储藏职能的分析来看,是纸币的交易媒介职能衍生出了其价值储藏职能。"在很大程度上,货币因为交换媒介的作用,所以才必然地行使价值储藏的职能"[①]。

3. 主权信用与价值担保支撑下的国际货币信用

国际贸易和国际金融的发展,要求在国际市场有某种货币发挥交易媒介和价值储藏职能。在国际金本位制下,黄金充当国际货币,各国之间的汇率由各国货币中含金量比例,即金平价来决定。黄金自由地输出、输入国境,在"黄金输送点"的调节下,汇率保持稳定,国际收支可以自动调节。国际金本位制下,货币的发行以黄金做支撑,本位币的名义价值与实际价值保持一致,国内价值与国际价值保持一致,这推动了国际贸易的发展。1880~1914年是国际金本位制的黄金时代,1914年第一次世界大战爆发后,各国纷纷禁止黄金输出,并停止兑换黄金,国际金本位制受到严重削弱,之后的金块本位制和金汇兑本位制均未能维持长久。1929~1933年,经济大萧条导致国际金本位制最终瓦解,之后到1944年布雷顿森林体系建立之前,国际货币秩序始终处于混乱之中。

1944年7月建立的布雷顿森林体系建立了以美元为中心的国际货币制度。布雷顿森林体系实行"双挂钩",即美元与黄金挂钩,而其他国家货币与美元挂钩,1美元可兑换35盎司黄金,其他国家以法律形式规定货币含金量,通过含金量的比例确定和美元的兑换比例。各国有义务干预外汇市场以稳定汇率,保证自己国家货币兑换美元的

---

① Newlyn, W. T., Bootle, R. T., *Theory of Money*, 3rd ed. (Oxford: Clarendon Press, 1978), p. 2.

汇率在含金量上下1%幅度内浮动。由此可见，黄金以其内在价值充当了布雷顿森林体系的锚。此外，布雷顿森林体系能否有效运转还取决于美国的国际信用，即美国政府能否信守承诺以规定的比例用黄金兑换其他国家持有的美元。

由于"特里芬难题"①，以美元为中心的布雷顿森林体系在1974年最终瓦解，此后国际货币秩序又一次陷入混乱。1976年1月，国际货币基金组织在牙买加举行会议，签署了"牙买加协定"，从而形成了牙买加体系。在牙买加体系下，各国货币均与黄金脱钩，金属货币制度彻底退出历史舞台，各国可自行选择国际储备货币。如图2-3所示，目前，美元仍然是最主要的国际储备货币，其他货币如欧元、日元、英镑等也是重要的国际货币。根据国际货币基金组织提供的数据，2018年第四季度，在各国的外汇储备中，美元占61.7%，欧元占20.7%，日元占5.2%，英镑占4.4%，人民币占1.9%，加元占1.8%，澳元占1.6%，瑞士法郎占0.15%，其他国家货币占2.48%。各国在外汇储备中之所以愿意持有美元、欧元等货币，主要是这些货币的发行国或发行地区政治经济实力强大，金融体系发达，国际信用良好，可以满足持有国的国际交易支付及价值储藏需求。

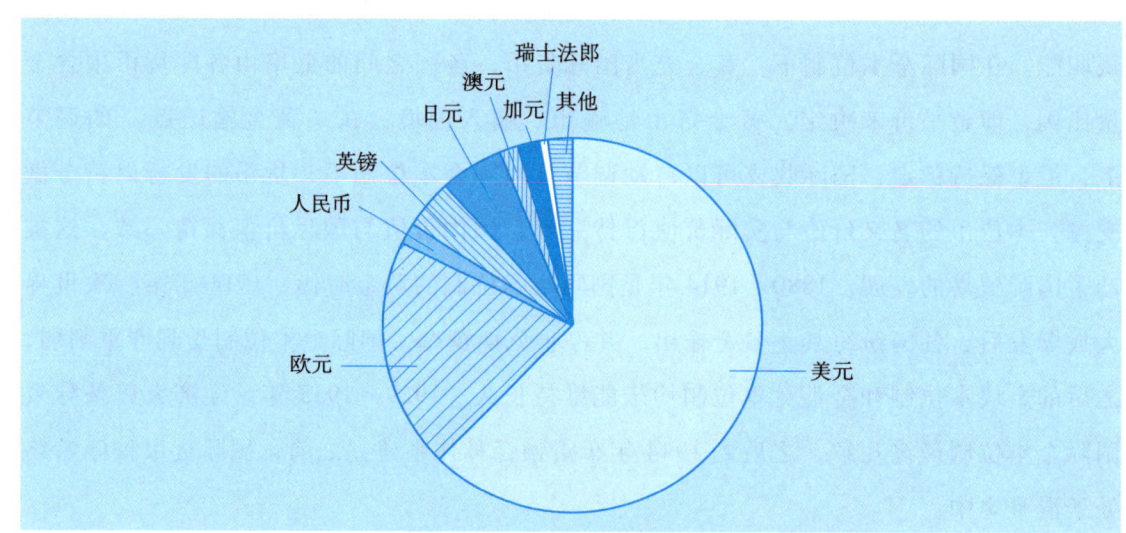

图2-3 2018年第4季度全球外汇储备中的货币构成

资料来源：http://data.imf.org/? sk = E6A5F467 - C14B - 4AA8 - 9F6D - 5A09EC4E62A4.

---

① 1960年，美国经济学家特里芬在《黄金与美元危机——自由兑换的未来》一书中提出："由于美元与黄金挂钩，而其他国家的货币与美元挂钩，美元虽然取得了国际核心货币的地位，但是各国为了发展国际贸易，必须用美元作为结算与储备货币，这样就会导致流出的美国货币在海外不断沉淀，对美国来说就会发生长期贸易逆差；而美元作为国际核心货币的前提是必须保持美元币值稳定与坚挺，这又要求美国必须是一个长期贸易顺差国。这两个要求互相矛盾，因此是一个悖论。"这一悖论被称为"特里芬难题"。

（二）价值属性逐步消失，支付属性不断增强

1. 货币的价值与使用价值分离，价值不再重要

相比于交易媒介功能，早期的实物货币更加强调价值储藏功能，称量货币也是从价值储藏功能衍生出了交易媒介功能。虽然称量货币在价值较高、易于分割和易于保存方面比实物货币有所改进，但在便于携带和供给弹性方面仍不能满足日益增长的生产交换活动对交易媒介的需求，尤其是称量货币在每次交易时需要称重验金属纯度，这不利于货币更有效地发挥其交易媒介职能。铸币由于克服了称量货币的缺点而更便于充当交易媒介，同时由于其内在价值的外化导致其价值储藏功能和交易媒介功能开始分离。良币发挥价值储藏功能而逐渐退出流通，不足值的货币作为足值货币的价值代表在流通中发挥着交易媒介的职能，价值储藏和交易媒介功能分离的终极形式便是纸币替代铸币流通。

2. 满足交易过程中的媒介手段要求

和金属铸币相比，纸币本身不是商品，并没有价值，它只是以其发行者信用为担保的价值符号。纸币克服了金属铸币的缺点而凭其发行者信用充当交易媒介，其交易媒介职能衍生出了价值储藏职能。电子技术与网络技术的发展及信用制度的完善催生了电子货币。和纸币相比，电子货币具有以下优点：资金汇划更快捷；携带更方便；交互更方便；兑换更快捷；管理更方便。这使得电子货币在做交换手段和支付手段时，比纸币更有优势。但是，由于电子货币是以数字化形式存储的，受持有者手中原有通货的限制，因此，电子货币并不能独立发挥价值储藏职能。

3. 支付属性需要交易主体的制度共识与价值共识

从货币的演进历程来看，商品生产交换的扩大要求货币从以发挥价值储藏职能为主的实物货币演进到以发挥交易媒介职能为主的纸币及电子货币。在这一演进过程中，交易支付的便捷性、安全性、低成本要求起了重要的推动作用，价值储藏要求则逐步弱化。

纸币与电子货币虽然便利了交易，但是其发行流通却取决于交易主体的制度共识与价值共识。商业银行发行的银行券是通过银行的存贷款等信用业务发行的，其在流通中被接受的前提是商业银行保证随时可以把银行券兑换成金属货币。中央银行成立以后，银行券由中央银行垄断发行。在布雷顿森林体系瓦解之前，纸币流通的前提条件是政府用信用担保货币的持有者能自由兑换金属货币，这保证了纸币与金属货币具

有相同的效力。在牙买加体系下，纸币完全与金属货币脱钩，其在流通中被人们接受的基础是国家的信用。为了取得人们的信任，各国央行都把维持价格稳定、保持货币购买力作为其最重要的目标。电子货币能执行货币职能需要两个前提条件：一是电子货币在任何时候都可以与实体货币以 1∶1 的比率进行兑换；二是电子货币能够用于包括个人之间支付的所有结算，而且任何人都愿意并预期其他人也都愿意接受并持有到下一次支付[①]。

第二节 支付电子化与电子货币

一、现代电子技术发展与支付电子化

（一）现代电子技术发展及其在金融业的应用

1946 年，世界上第一台电子计算机 ENIAC 在美国宾夕法尼亚大学诞生。ENIAC 的计算速度是每秒钟 5 000 次加法或 400 次乘法，是使用继电器运转的机电式计算机的 1 000 倍、手工计算的 20 万倍。由于计算速度的提升，银行业开始利用计算机提升记账效率、降低经营成本。同时，银行业应用软件改善会计系统，在后台更新账目和打印报表。从电子计算机诞生到 20 世纪 60 年代，银行业处于电子化的初级阶段，这一时期被称为"后台电子化时期"。20 世纪 70 年代，银行业开始在前台使用计算机终端，客户在终端输入交易信息，主机响应并处理，这极大地提高了前台的工作效率，这一时期被称为"前台电子化时期"。

20 世纪 80 年代，随着网络技术信息技术的发展，银行业不但实现了内部联网，而且开始把网络连接到商业公司的财会部门和超市，同时银行业开始大力推广 ATM 机、POS 机及电话银行。随着银行业对网络技术的应用推广，许多银行开始开发新的软件，增加应用系统的安全性及提升账目更新的及时性，同时也开始开发客户信息系统。进入 20 世纪 90 年代，银行业利用外部集成服务来增加以前内部信息技术处理的价值，综合利用内外部资源，不断提供创新型金融产品和服务[②]。

[①] 周光友：《互联网金融》，北京大学出版社，2017。
[②] 樊忠、丁彩虹：《美国金融电子化的发展及其启示》，《金融电子化》1999 年第 11 期。

在银行业利用计算机技术、通信技术和网络技术创新金融产品和服务的过程中，出现了许多创新形式。电子银行业务就是在金融电子化的全面深入发展过程中产生的新型银行服务方式。根据中国银行业监督管理委员会 2006 年 3 月 1 日施行的《电子银行业务管理办法》，电子银行业务是指商业银行等银行业金融机构利用面向社会公众开放的通信通道或开放型网络，以及银行为特定自助设施或客户建立的专用网络，向客户提供的银行服务。电子银行提供的业务主要包括利用计算机互联网开展的网上银行业务，利用电话等声讯设备和电信网络开展的电话银行业务，利用移动电话和无线网络开展的手机银行业务，以及利用自助终端、ATM 机、POS 机等电子服务设备和网络，由客户自助完成金融交易业务。下面分别介绍电子银行的业务：电话银行、自助银行、网上银行及手机银行。

学术界对于电话银行并没有统一的定义，帅青红和苗苗在其《网上支付与电子银行》一书中认为：电话银行是指银行利用计算机电话集成（CTI）技术，借助公共电话网络，通过电话自主和人工服务的方式为客户提供服务的系统。简单地说，电话银行就是通过电话办理银行业务。杨青在其《电子金融学》一书中认为：电话银行是指采用先进的计算机技术、通信网络技术和数字与语音转换技术，采用预先分配用户编号和个人密码控制，充分利用电话在时间上的及时性和空间上的无限性，为客户提供诸如查询、密码修改、挂失、转账等金融服务的一种新型银行服务系统。

电话银行的发展经历了人工服务、自动语音服务和电话银行中心三个阶段[①]。电话银行主要为客户提供两类服务功能，分别是交易处理功能和交易处理功能以外的功能。注册客户可以通过电话银行的交易处理功能来办理除现金业务以外的各类金融服务。其中单位注册用户可以通过电话银行的交易处理功能来办理账户查询及其他业务[②]；个人注册用户可以通过电话银行的交易处理功能来办理的业务包括账户查询、账务处理、代理交费、银证通[③]及其他业务。对于非注册用户则可以利用电话银行获得公共金融信息查询、业务咨询、投诉及建议等服务。交易处理功能以外的功能是指金融业务咨询、处理客户投诉、提供应急服务、推荐金融产品。

自助银行系统是指在一个独立、安全的室内区域，根据银行提供的各种自助设备，

---

① 电话银行人工服务出现于 1956 年，语音服务出现于 20 世纪 80 年代初期，电话银行中心出现于 20 世纪 80 年代末期。
② 对单位注册用户而言，其他业务包括办理支票挂失、查询支票挂失止付情况、查询公共金融信息和修改客户密码。
③ 银证通是指客户使用电话银行直接用指定账户买卖股票，同时可进行对股票的委托查询、成交查询、行情查询等。

由客户自己操作,能够独立完成存取款业务、外币兑换业务、账户金融信息查询等一系列操作的银行系统[①]。自助银行系统一般由自动柜员机(ATM)、现金存款机(CDM)、外汇兑换机、存折补登机、夜间金库、自助查询终端等多种自助设备组成。自助银行系统可为客户提供全天候 24 小时全面金融服务,包括交易服务、销售服务、客户服务及资讯服务。

网上银行又称网络银行,是指金融机构利用计算机和互联网技术在互联网上开设的银行,网络银行可以为客户提供不受时间和空间限制的全新银行服务。按照服务对象的不同,网络银行可以分为企业网络银行和个人网络银行。按照经营组织方式的不同,网络银行可以分为分支型网络银行和纯网络银行。分支型网络银行是指传统银行把互联网作为新的服务平台,建立网上银行站点,提供在线金融服务而设立的网络银行。纯网络银行是指通过一种或多种移动互联网技术,借助大数据、云计算等方式,为客户提供存款、取款、转账、支付、结算、理财等传统银行业务的纯网络金融机构[②]。世界上第一家纯网络银行是 1994 年成立的美国第一安全网络银行(Security First Network Bank,SFNB),该银行于 1998 年 10 月成为加拿大银行金融集团(Royal Bank Financial Group)旗下全资子公司。我国第一家纯网络银行是 2014 年 12 月成立的深圳前海微众银行。

手机银行是指利用移动网络与移动通信技术实现银行与手机的连接,通过手机界面操作或者发送短信完成各种金融服务的一种电子银行创新业务。目前,我国国内各大商业银行均已推出了手机银行服务,银行的各类基础业务,如查询账户、转账、支付、汇款、交费等均可在手机上完成。除了基础业务外,有的手机银行还提供许多创新型服务,如储蓄、贷款、理财、信用卡、基金、直销银行、跨行通等。

值得注意的是,电话银行和手机银行是两个不同概念。电话银行提供的是语音服务,在语音的提示下办理银行业务,同时用语音方式告知处理结果;手机银行提供的是可视操作服务,可以利用手机键盘或者触屏书写输入数据,在屏幕上看到提示和处理结果。

(二) 支付电子化

在社会经济生活中,支付无时无刻不在发生。支付是指由社会经济活动引起的债权债务清偿及货币转移行为。支付包含两个层次的含义:一是付款人向收款人转移可

[①] 帅青红、苗苗:《网上支付与电子银行》,机械工业出版社,2015。
[②] 李建军:《互联网金融》,高等教育出版社,2018。

图 2-4　电话银行、自助银行、网络银行、手机银行

以接受的货币债权行为；二是不仅包括现金支付，还包括转账支付。支付活动包括交易、结算和清算三个过程。清算是指发生在银行同业之间的货币收付，用以清讫双边或多边债权债务的过程和方法。清算过程包括在付款人金融机构和收款人金融机构之间交换支付工具或相关支付信息；计算出结算债权。结算是指清偿双方或多方当事人之间资金债务的一种行为。结算过程是把清算过程产生的待结算债权债务在收、付款人金融机构之间进行相应的账簿记录、处理，完成货币资金最终转移，并通知有关各方的过程。

　　根据支付过程的组成部分，可把支付活动分为三类。第一类是单一债权债务关系的支付活动，这类支付活动多出现在没有银行参与的面对面交易活动中。买家向卖家支付货币购买商品，支付既完成了交易过程，又完成了由于商品买卖所形成的单一债权债务关系的清偿。第二类是有债权债务关系但不清算的支付活动，这类支付活动发生在买卖双方的资金划转是在同一银行内进行的。当购物交易发生以后，买家利用银行发放的支付工具进行支付，银行从买家的资金账户存款数额扣除商品的货币价值金额记入卖家的存款账户，卖家就获得了交易的货币资金。第三类是有债权债务关系且需要清算的支付活动，这类支付活动买卖双方的资金划转发生在不同的银行资金账户之间。和第二类支付活动相比，第三类支付活动多了一个环节，即银行间资金账户的清算。从以上支付活动可以看出，在需要清算的支付活动中，只有清算完成了，结算才能最终完成[①]。

　　支付体系是一国重要的金融基础设施。支付体系是指为实现和完成各类支付活动所做的一系列法规制度安排和相关基础设施安排的有机整体。支付体系主要由支付服

---

① 帅青红、李忠俊：《电子支付与结算》，东北财经大学出版社，2018。

务组织、支付工具、支付系统、支付体系监督管理等要素构成。支付服务组织是指向客户提供支付账户、支付工具和支付服务的金融机构，以及为这些机构运行提供清算和结算网络服务的支付清算组织。支付服务组织包括中央银行、商业银行和支付清算组织等。支付工具是指传达债权债务人的支付指令，实现债权债务清偿和货币资金转移的载体。支付工具可分为现金支付和非现金支付工具，其中，非现金支付工具主要包括票据、银行卡和电子支付工具等。支付系统是支撑各种支付工具应用，实现资金清算，并完成资金最终转移的通道。支付系统可分为支付清算系统和支付结算系统。支付体系监督管理是在一系列相关法规制度的约束下，综合运用经济、法律和行政手段对支付结算活动实施监督管理的行为。

按照支付工具的演进发展，支付可分为三个阶段：实物支付阶段、信用支付阶段、电子支付阶段[①]。

实物支付阶段包括最初的以物易物阶段，以牛、马、羊、贝、盐等充当一般等价物进行交换的阶段，以及以黄金与白银等固定充当一般等价物进行交换的阶段。

信用支付包括使用纸币现金实现的支付，使用本票、汇票和支票等票据实现的支付，使用转账实现的支付，自动清算所支付及金融卡支付。

商业票据是在商业信用中被广泛使用的表明买卖双方债权债务关系的凭证，市场上流通较广泛的商业票据有本票、汇票和支票。本票是指由出票人签发的，承诺自己在见票时无条件支付确定的金额给收款人或持票人的票据。汇票是指由出票人签发的，委托付款人在见票时或者在指定日期无条件向持票人或者收款人支付确定金额的票据[②]。支票是指由出票人签发的，委托办理支票存款业务的银行或者其他金融机构在见票时无条件支付确定的金额给收款人或者持票人的票据。

转账支付包括贷记转账和借记转账。贷记转账是由付款人发出支付指令，指令其银行将一定金额转移到指定收款人账户中的转账支付。借记转账是由收款人发出支付指令，指令对方银行将一定金额从对方银行客户的账户转移到收款人的银行账户中。

自动清算所支付（Automated Clearing House，ACH）是由成员存款机构达成的在成员机构间以电子借记或贷记方式进行支付的一种安排，一般用于支付小额交易，通常以净额结算的方式，对支付指令的处理采取批量处理方式。自动清算所的运作过程和纸质清算过程类似，只不过是以电子方式进行。

---

① 周虹：《电子支付与网络银行》，中国人民大学出版社，2016。
② 汇票有银行汇票和商业汇票之分，银行汇票中付款人为银行，而商业汇票中付款人为非银行的企业或个人。

金融卡可分为三类，分别是预付卡（储值卡）或称为电子钱包（先支付）、借记卡（实时支付）、信用卡（后支付）。预付卡（储值卡）或电子钱包是指先把银行账户中的金额存入，然后消费的卡品。借记卡（如储蓄卡、ATM 卡）是持卡人银行账户在交易发生的同时进行支付的卡片。信用卡是贷记卡，是指持卡人无须存款，发卡银行给予持卡人一定的信用额度，持卡人可在信用额度内先消费、后还款的银行卡。

电子支付是指交易双方通过电子终端，直接或者间接地向金融机构发出支付指令，实现货币支付与资金转移的一种支付方式，它是以电子方式处理交易支付的各种支付方式的总称[①]。

电子支付具有如下特征：电子支付采用先进的技术通过数字流转完成信息传输，并采用数字化的方式进行款项支付；电子支付的工作环境基于一个开放的系统平台（如互联网）；电子支付使用最先进的通信手段，对软、硬件的要求高，一般要求有联网的计算机、相关的软件及其他一些配套措施；使用电子支付方便、快捷、高效、成本低，用户只要拥有一台联网的个人计算机，就可以足不出户，快速、低成本地完成支付。

电子支付的发展经历了五个阶段。第一阶段：银行内部电子管理系统与其他金融机构的电子系统连接起来，从而能实现银行之间的货币汇兑、资金划拨与结算，以及交割等业务。第二阶段：银行计算机与其他机构（企业、事业单位与政府机关等）的计算机之间实现资金划拨，这不仅节约了交易成本，而且保证了大额资金转移的安全性。第三阶段：通过网络终端向客户提供各种自主银行服务，如 ATM 系统。第四阶段：利用网络技术为消费者在商家消费时提供自动扣款服务，如 POS 系统。第五阶段：电子货币可随时随地通过 Internet 直接转账结算。

电子支付可以通过三种形式实现：以电子转账的方式对银行账户借记或贷记；通过卡片或者终端设备（计算机或手机等）进行支付（卡基支付工具）；以电子现金、虚拟货币或数字货币的形式对某网站上的电子账户借记或贷记。

（三）电子货币的产生与范畴界定

随着人类商品经济的发展，货币形式不断演进。最初的货币形式是固定充当一般等价物的实物货币，实物货币解决了物物交换中所面临的矛盾，促进了商品经济的发展和社会的进步。但随着商品经济的发展和社会生产力的提高，实物货币的不足之处

---

① 李洪心：《网上支付与结算》，北京师范大学出版社，2018。

使之开始限制商品经济发展，金属货币开始登上历史舞台。最初金属货币足值流通，但是随着足值与经磨损后不足值的金属货币同时在市场上流通，发挥同样的货币职能的时候，人们意识到货币可以由不足值或无价值的符号来代替，加之金属货币自身的缺点，可以兑换成金属货币的纸币开始出现。布雷顿森林体系瓦解以后，纸币完全与金属货币脱钩，人类社会进入了信用货币阶段。随着计算机、电子通信和互联网技术的发展，以及信用制度的完善，出现了电子货币，货币形式开始由有形转为无形。

信用卡是电子货币的雏形，是电子货币产生的重要标志。从信用卡的产生来看，电子货币的产生需要具备几个条件。首先，信用是电子货币产生的基础。信用卡是根据持卡人的信用等级给予相应的贷款额度，电子货币是计算机中的数字账号或者价值符号，是信用制度发展的产物，为信用从虚拟到真实提供了载体。其次，市场形式的转变使电子货币有了需求市场。随着网络的发展，市场发生了从有形到无形，从固定到流动的变化。以卡基为载体的电子货币携带方便，可以满足持卡人在任何时间、地点和以任何形式进行交易的需求。最后，电子技术的发展与应用为电子货币提供了技术保障。

关于电子货币的定义，目前尚未形成共识。我们在本章已经介绍了巴塞尔委员会、中国人民银行给出的定义，也介绍了广义和狭义的电子货币。其中广义电子货币是指以计算机网络为基础，以各种卡片或数据存储设备为介质，借助各种与电子货币发行者相连接的终端设备，在进行支付和清偿债务时，使预先存放在计算机系统中的电子数据以电子信息流的形式在债权人和债务人之间进行转移的，具有某种货币职能的货币。我们在本书中采用广义电子货币的定义。

分析电子货币的各种定义可知：电子货币以卡介质或虚拟数字流为基础，应用领域主要是零售支付、实行储值和预付支付机制，即电子货币的使用者须先向发行人预付实体货币，购买后才能使用电子货币。

（四）电子货币的分类与功能

按照不同的分类标准，电子货币有不同的分类，我们只介绍一种较重要的分类。按照载体的不同，把电子货币分为卡基（Card-based）和数基（Soft-based）电子货币。

卡基电子货币的载体是含有计算机芯片的物理卡片，它将货币价值预先存入芯片，然后利用芯片的计算、存储等功能实现货币价值转移。持卡人必须携带卡介质才能使用电子货币。典型的卡基电子货币包括储值卡、智能卡、预付卡、电子钱包、电话卡、礼金卡等。

数基电子货币是虚拟的数字流，其存储和流通基于软件技术或计算机的存储器，接入网络以后，电子货币的持有者就可以通过特定的数字指令完成支付。典型的数基电子货币是数字现金。

货币发挥交换媒介和资产两种职能，其中交换媒介职能通过交换手段、计价标准和支付手段三种方式实现。电子货币是以实体信用货币为基础的"二次货币"，在发挥货币交换媒介和资产职能方面，有的比实体信用货币表现好，有的必须依赖实体信用货币。

电子货币发挥计价标准依赖于实体信用货币。电子货币的发行主体要以央行法定信用货币作为自己的计价标准，保证其与实体信用货币以 1∶1 的比例兑换。在发挥交换手段时，电子货币和实体信用货币相比有如下优势：第一，资金汇划快捷，电子货币使用者可以使用电话、电脑或互联网向国内外实现快速支付；第二，携带方便，比较而言，携带现金不方便，而且不安全；第三，交互方便，可以通过电话或者网络，利用声音或者画面传递信息；第四，兑换快捷方便，可以直接兑换货币，汇率立即可知；第五，便于管理，利用电子货币在交易时留下的记录，电子货币的使用者便于管理自己的消费方式和时间，监管部门由于掌握了资金流向而便于调控经济。类似地，电子货币在发挥支付手段时也比实体信用货币有优势。例如，单位利用银行卡发放工资奖金、吸收存款、办理代收代付业务（电话费、水电煤气费等）。在发挥资产职能时，由于电子货币是以实体信用货币为基础的"二次货币"，因此无法独立完成该职能，必须依赖于传统实体货币。

二、电子货币的发行与基础设施

（一）电子货币的发行主体

实体信用货币是由中央银行或者特定机构垄断发行，商业银行即使可以创造存款货币，但社会总体货币供给量（现金和存款货币之和）也受央行货币政策调控[①]。相比较而言，电子货币的发行主体呈现出分散化态势，发行主体既有中央银行，又有银行等金融机构，还有信用卡公司或 IT 企业等非金融机构。在电子货币发行市场上，大部分电子货币是由不同机构自行开发设计的带有个性特征的产品，其流通由各发行机构的信誉和资产做担保，其使用范围也受设备状况、相关协议等条件的限制。

---

① 央行可以通过公开市场操作、法定存款准备金政策及再贴现政策来影响货币供给量。

央行发行电子货币主要是替代流通中的现金，能够严格控制电子货币的数量。由银行等金融机构发行的电子货币主要是替代存款货币，央行可以通过货币政策来影响存款货币，从而调控电子货币的数量。而对于电信和IT企业等发行的电子货币则会对央行货币政策产生较复杂的影响。

央行垄断发行电子货币和非央行竞争发行两种机制各有利弊。央行垄断发行电子货币不存在违约问题，可以保证支付清算体系的安全性和稳定性。此外，央行垄断发行电子货币还可以避免铸币税损失和电子货币对央行货币政策带来的影响。由于电子货币技术复杂，电信和IT企业等发行电子货币具有天然技术优势，如果央行垄断发行电子货币可能对本国电子货币技术创新不利，导致本国电子货币技术发展落后于其他国家，成为易受攻击的货币。央行垄断发行电子货币还面临着协议多样性、防伪成本高及难防国外电子货币渗入等问题。

比较而言，由非央行机构竞争发行电子货币则有利于竞争，从而降低交易成本，提高经济效益。此外，竞争性发行还可以提高电子货币的技术水平与安全性，从而满足电子货币使用境域开放性要求。

（二）电子货币支付系统

电子支付系统的参与者包括客户、商家、支付工具、交易双方的开户行、支付网关、银行专用网络、认证机构和支付协议。目前，在电子支付系统中经常使用的电子支付工具有银行卡、电子现金及电子支票等[①]。

客户是指与商家达成交易需要进行电子支付的一方，是电子支付流程的起点。商家是指在交易中提供商品或服务的一方，商家一般通过银行等金融机构安装在自己经营场所的专用机器设备来处理用户发起的支付指令，包括客户身份的认证和不同支付方式的处理，后根据用户发起的支付指令向银行等金融机构申请交易结算。

客户银行是指客户开户行，在电子支付系统中，当客户利用开户行提供的支付工具发出支付指令时，开户行根据客户的支付指令将资金划拨出客户的账户，央行的清算系统再把资金转入商家开户行的账户。商家银行是指商家开户行，在电子支付系统中，商家把客户的支付申请提交给其开户行，商家银行通过清算系统把资金调拨进商家的账户，从而完成电子支付。银行专用网络是指银行内部及银行之间进行通信的网

---

① 电子支票（Electronic Check）是客户向收款人签发的、无条件的数字化支付指令。它可以通过Internet或者无线接入设备来完成传统支票的所有功能。

络，具有较高的安全性和稳定性。

支付网关（Payment Gateway）是银行专用网络和互联网网络之间的接口，是由银行操作的将互联网上传输的数据转换为银行内部数据的一组服务器设备，或由指派的第三方处理商家支付信息和顾客的支付指令。支付网关一方面把用户的支付信息从互联网网络安全可靠地传递到银行专用网络，另一方面又起到隔离和保护银行专用网络的作用。

认证机构是一公开、公正的代理机构，接受客户和商家的申请，和客户银行、商家银行一起核对支付申请资料是否一致，并负责电子证书发放、管理及取消等事宜。认证机构是在线交易的监督者和担保人，主要进行电子证书管理、电子贸易伙伴关系的建立和确认、密钥管理、为支付系统的各参与方提供身份认证等。

支付协议主要是对交易中的购物流程、支付步骤、支付信息的加密和认证等方面做出规定，以保证互联网上的交易能快速、有序、安全地实现支付与结算。目前，国际上比较有代表性的安全交易协议是 SSL（Secure Socket Layer Protocol）协议和 SET（Secure Electronic Transaction）协议。SSL 协议提供在互联网上的安全通信服务，是目前包括网络支付在内的电子商务业务中广泛应用的安全通信协议。SET 协议是为使用银行卡在互联网上安全地进行交易提出的一整套完整的安全解决方案。

电子支付系统的基本构成如图 2-5 所示。

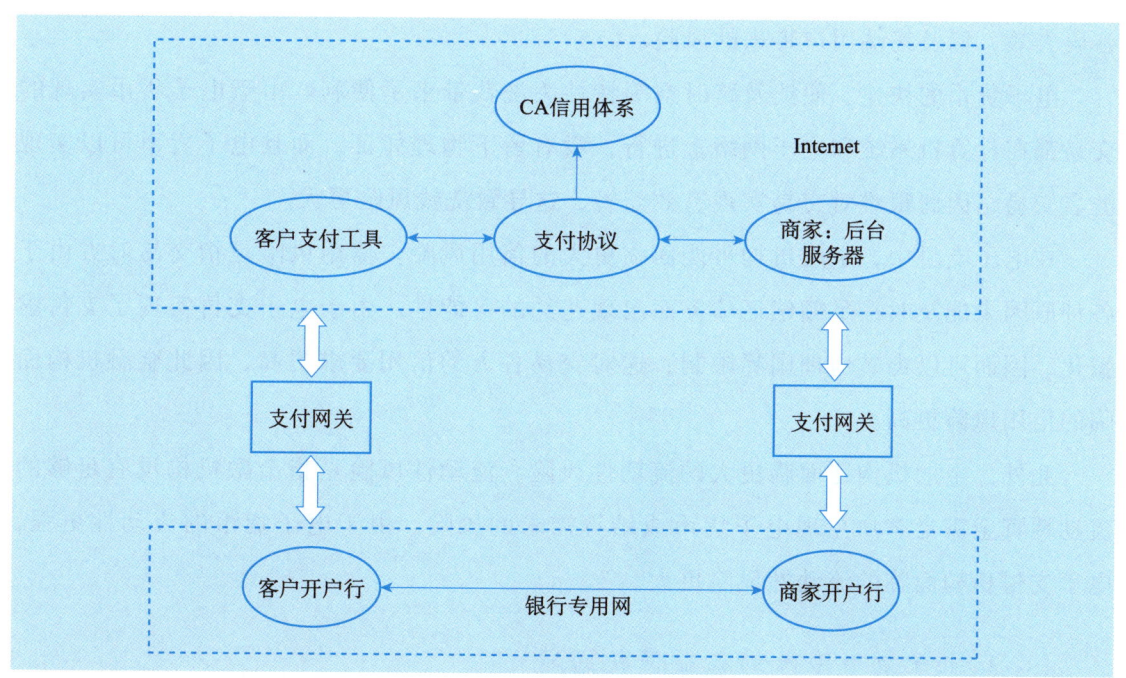

图 2-5 电子支付系统的基本构成

资料来源：李洪心：《网上支付与结算》，北京师范大学出版社，2018。

三、电子货币支付中的问题

(一) 电子货币的安全性问题

由于电子货币比实体信用货币更依赖于网络,因此一旦发生风险,传播的速度会更快,对金融安全的影响会更大。在安全性方面,和实体信用货币相比,电子货币面临的操作风险更大。操作风险主要源于系统的可靠性和完整性不足,或者内部控制的失效。内部控制的失效会导致失误、欺诈,系统对侵入未能及时做出反应而造成资金或信誉等损失。操作风险主要包括信息系统安全风险、交易安全风险和电子货币洗钱风险。

信息系统安全风险主要体现在以下五个方面:第一,系统设计不足导致的风险,例如,系统故障导致数据丢失或者无法交易、黑客入侵等意外事故造成系统失灵或瘫痪等;第二,计算机病毒造成的系统失灵、瘫痪或者数据泄露;第三,内部人员欺诈或失误危及电子货币支付系统的安全;第四,信息技术的发展导致现有系统陈旧过时和人员知识老化带来的风险;第五,外包导致的安全性降低或者损失。

交易安全性是指交易的唯一性、可鉴别性、真实性、完整性和不可否认性得到保证。交易安全风险主要体现在欺诈风险、黑客攻击或者计算机病毒造成的信息暴露和密码失效,以及终端用户带来的风险。

电子货币的快速、便捷及跨时空等特性为洗钱带来了便利。由于电子货币实现的交易都在计算机系统和电子网络上进行,没有留下物理凭证,而且电子货币可以实现匿名交易,因此很难对交易实现有效监管,这导致洗钱风险更大。

在电子支付中,金融机构可能面临更大的信用风险。信用风险是指交易对方由于各种原因未能及时、足额偿还债务而出现违约的可能性。由于电子支付实现了支付虚拟化,因而可以突破地理国界限制,这对交易各方的信用要求更高,因此金融机构面临的信用风险更高。

此外,金融机构还面临更大的流动性风险。流动性风险是指金融机构没有足够的流动性资金满足客户兑现电子货币或结算需求的风险。由于电子货币的流动性更强,电子支付机构面临的流动性风险更大。

(二) 电子货币涉及的权益保护问题

电子支付突破了传统支付的时空限制,提高了支付效率,但在监管落后于技术进步的背景下，消费者权益保护问题也日益严重。之所以在电子支付中保护消费者权益，主要是基于以下两点：一是消费者多为自然人个体，在与提供电子支付服务的机构签订合同中处于弱势地位。在很多情况下，消费者别无选择，只能签订对方拟好的合同，而对方为了自己的利益，可能将一些侵害消费者权益的条款写进合同。在签约双方地位不对等的情况下，消费者的权益自然无法得到保障。二是消费者受专业知识和其他方面的限制，对提供电子支付服务机构错误的资金转移识别能力不足，保留证据的能力也不足，在发生纠纷时很难使自己的合法权益受到保障[①]。

在电子支付中，消费者的知情权可能会受到侵害。知情权是指消费者依法享有知悉其购买、使用的商品或接受的服务的真实情况的权利。在电子支付中，对消费者知情权的侵害主要表现为：

一些提供电子支付服务的机构在客户未指定的账户上办理电子支付业务，致使消费者在不知情的情况下使用了有偿电子支付服务。

消费者在和提供电子支付服务的机构签订格式合同时，由于处于弱势地位及缺乏专业知识，一般而言，只能接受格式合同而很难理解合同中一些损害消费者权益或对自身义务不完全承诺的条款。

提供电子支付服务的机构履行合同的过程中也会侵害消费者的知情权。例如，提供电子支付服务的机构更改服务条款中涉及消费者权益的内容未能及时使消费者知悉，或者未能及时向消费者提供其资金转移信息而妨碍了其对自己账户资金流动的知悉权，或者在不能正常提供电子支付服务时未能及时通知消费者使其不能按预定时间支付而遭受损失。

在电子支付过程中，消费者的隐私权可能会受到侵害。隐私权是指公民不愿公开或让他人知悉个人秘密的权利。消费者需要向提供电子支付服务的机构提交姓名、住址、工作单位、银行卡号、银行卡密码等个人信息才能使用电子支付服务。这些信息保存在这些机构的数据库里，如有不法分子侵入数据库盗取这些信息，或者这些机构不法经营出卖这些信息，则使用电子支付服务的消费者的隐私权无法得到保证。

在电子支付过程中，消费者的公平交易权可能会受到侵害。提供电子支付服务的机构通过和消费者签订格式合同来免除自己应承担的不利后果或者把风险转移到消费者身上，其对未经授权的电子资金划拨或者系统、设备故障引发的错误资金支付的责

---

① 王卉：《我国小额电子支付消费者权益保护制度研究》，硕士学位论文，重庆大学，2008。

任划分上存在着侵害消费者的公平交易权。

在电子支付过程中,消费者的求偿权可能会受到侵害。消费者的求偿权是指消费者在因购买、使用商品或者接受服务而受到人身、财产损害时,享有依法请求获得赔偿的权利。和使用传统支付方式不一样,消费者在使用电子支付服务时往往忽略对终端物理收据的索取。这样当资金划拨问题出现争议以后,消费者很难提供证据证明自己的合法权益受到侵害而不能实现自己的求偿权。

在电子支付过程中,消费者的财产安全权可能会受到侵害。提供电子支付服务的机构可能在经营不善时把消费者存入其账户的资金卷走,也可能擅自挪用消费者资金账户里的资金,或者由于设备或技术问题导致消费者资金账户的资金被盗取,这些都侵害了消费者的财产安全权。

针对在电子支付过程中出现的侵害消费者权益的问题,政府应当专门立法保护消费者权益。此外,监管部门也应该出台一些管理办法或者条例加强对提供电子支付服务机构的监管。

(三) 电子货币流通中监管问题

由于电子货币比传统货币流动性更高,在现实经济中对现金和银行活期存款等流动性较高的货币具有明显的替代作用。此外,由于电子货币可以使不同流动性的金融资产实现快速地转化,这增加了货币层次划分的困难。显然,电子货币的广泛流通还加大了货币流通速度。电子货币的使用还加剧了货币乘数效应,增加了商业银行存款货币创造能力[①]。

电子货币在流通中,由于其虚拟性和跨时空性,在降低交易成本、提供交易支付便利的同时,也增加了监管的难度。

电子货币的发行与机构准入对金融监管提出了挑战。由于电子货币的发行主体既有中央银行,又有银行等金融机构,还有信用卡公司或IT企业等非金融机构。而像信用卡公司或IT企业等非金融机构并不受金融监管机构的监管,为避免信用风险,监管机构应明确电子货币发行主体的资格,出台监管措施,如建立电子货币发行的资产支持和发行准备机制来保证电子货币发行机构的信用水平。

电子货币的虚拟性对金融监管提出了挑战。电子货币的流通依托于互联网,具有

---

① 本书第十章将会详细分析。

快捷、隐蔽性强、在时间和地理位置上不确定等特征，这使得风险难以察觉、难以控制。互联网在提高电子货币支付速度的同时，也提高了负面信息的传递速度，这增加了提供电子支付服务机构的流动性风险。此外，病毒、黑客等对电子支付系统的入侵还会威胁发行机构的安全，一旦电子支付系统受到攻击或发生错误操作，资金会瞬间被转移出境，而且电子记录可以被无痕修改，这些都降低了金融监管的有效性[1]。

电子货币跨时空特性对金融监管提出了挑战。传统金融监管的权力在一国监管当局的手里，监管当局制定的监管政策和法规只对境内的金融机构有效。而电子货币打破了境域的限制，增加了一国监管当局金融监管的难度。

第三节 虚拟货币与数字加密货币

一、互联网技术与虚拟货币

（一）互联网技术推动电子商务与虚拟货币产生

互联网是以一组通用的网络通信协议、网络操作系统等相连接的，可以实现网络资源共享的信息交换的数据通信网。自 20 世纪 90 年代以来，互联网浪潮席卷全球，人类社会进入了信息社会的快车道。互联网具有开放、自由、平等、合作、免费、互动、虚拟、个性化、全球化及持续性等特点。互联网的快速发展催生了一种新的商业交易模式，即电子商务。

电子商务是网络信息技术和商务活动融合发展的必然产物，其定义有广义和狭义之分。狭义的电子商务是指交易双方从搜集信息、贸易洽谈、签订合同、货款支付到货物发运，无须当面接触，均可以通过网络运用电子化手段进行。广义的电子商务不仅包括通过互联网进行的商业数据交换和电子交易，还包括市场分析、客户联系、企业协作和企业内部信息化建设等。它把企业全部的商务活动，从市场预测、产品生产、商品营销、合同签订，到商品分拨、商品零售、消费者的商品选购及货款结算、售后服务通过网络进行整合，再形成一个把买家、卖家、厂家和合作伙伴在内部网络、外

---

[1] 周虹：《电子货币论》，中国人民大学出版社，2010。

部网络和互联网上利用互联网技术与现有系统结合起来进行商务活动的综合系统①。

根据电子商务交易对象的不同,可分为 B2C、B2B、C2C 三种基本形式。B2C (Business to Consumer) 是企业通过网站向消费者提供商品和服务的一种商务模式。天猫、京东和亚马逊均属于 B2C 模式。B2B (Business to Business) 是企业和企业之间开展的电子商务模式。阿里巴巴 Alibaba.com 是全球 B2B 电子商务的典范。C2C (Consumer to Consumer) 是消费者和消费者之间展开的电子商务模式。在 C2C 电子商务中,除买卖双方以外,还有一个电子交易平台提供商,负责对买卖双方交易行为和诚信进行监督和管理,保障双方的权益。美国的 eBay 网和中国的淘宝网开展的都是典型的 C2C 电子商务。

随着互联网用户的增加和电子商务的发展,网上出现了虚拟财产和网上音乐、视频点播等电子服务,其价格通常在几角到几元之间。人们在购买这些虚拟财产和电子服务时,希望采用电子化实现微型支付。互联网商家在销售商品、虚拟财产及电子化服务时,需要支付手段满足下列要求:能实现远程支付;具有新颖性,能吸引互联网用户;支付免费;能支持微型支付;支付安全。

但是,现代支付体系以银行等金融机构为主,而在互联网上开展电子商务的个人和商家无法直接参与,在这个意义上,现代支付体系不支持电子化微型支付。就我国而言,我国的现代支付体系包括大额实时支付系统、小额批量支付系统、清算账户管理系统和支付管理信息系统。即使小额支付系统其支付额度通常也在几十元到几千元之间。从支付额度上来看,我国现代化支付系统不支持电子化微型支付。根据规定,我国现代支付系统在提供支付服务时均收取一定的费用,这无法满足电子化微型支付的免费要求。在这种背景下,支持电子化微型支付的虚拟货币便应运而生。

(二) 虚拟货币的界定与分类

目前学界对虚拟货币的定义还没有统一。欧洲央行认为虚拟货币是一种不受监管的数字货币,通常由其开发者发行和控制,为特定虚拟社区的成员使用和接受。孙宝文、王智慧和赵胤钘在《网络虚拟货币研究》一书中把虚拟货币定义如下:虚拟货币是指由互联网网站发行、以互联网网络电子信息为载体、持有者能够在网上选择购买(或换取)物品的种类和数量,或在网络虚拟社区作为交易媒介且不同于法币名称与

---

① 李洪心:《网上支付与结算》,北京师范大学出版社,2018。

单位的有价虚拟物品。在本章的第一节我们也介绍了苏宁在《虚拟货币的理论分析》一书中对虚拟货币的界定,苏宁认为虚拟货币有广义和狭义之分:广义的虚拟货币是指产生于虚拟世界,可以在虚拟世界中流通,并作为虚拟世界中商品交易的一般等价物的货币;狭义的虚拟货币是指由虚拟世界的中央银行或特定机构发行,在虚拟世界中流通的法定货币。

典型的虚拟货币包括腾讯 Q 币、人大论坛币、林登币、京东京豆、网易 POPO 币、新浪 U 币、百度币及盛大点券等。有人把这些虚拟货币定义为初级虚拟货币,即由非金融机构发行,借助于计算机网络在发行者与持有者或发行者和少数几个商家与持有者之间流通,能购买现实商品、虚拟财产或电子化服务的充当等价物的近似货币。

在本书中,我们把传统虚拟货币、初级虚拟货币称为虚拟货币。虽然比特币等新型数字货币也属于虚拟货币,但为了统一,我们称其为数字货币。

按照支付方向,虚拟货币可以划分为单向支付型虚拟货币和双向支付型虚拟货币。单向支付型虚拟货币是指销售商品的经济主体在接受支付工具的支付以后,不能用其接受的支付工具在同一经济系统中购买生产性投入或者其所需要的其他商品。Q 币、U 币是典型的单向支付型虚拟货币。双向支付型虚拟货币是指销售商品的经济主体在接受支付工具的支付之后,能直接用其接受的价值物在同一经济系统中购买生产性投入或者所需要的商品。林登币、魔兽币及人大论坛币等是典型的双向支付工具。只有双向支付工具才是交易媒介,单向支付工具不能称之为交易媒介[①]。

虚拟货币具有四种经济功能,分别为微支付工具、交易媒介、促销工具及激励合作。按照经济功能,可相应地把虚拟货币分为支付工具型、交易媒介型、促销工具型和激励合作型。

支付工具型虚拟货币发行的主要目的是实现网络虚拟物品销售时的微型支付。典型的支付工具型虚拟货币包括 Q 币、U 币、百度币、魔兽点卡等。支付工具型虚拟货币一般是法币预付充值型虚拟货币,即直接或者间接使用法币预付充值,规定不能赎回。

交易媒介型虚拟货币发行的主要目的是实现虚拟社区居民之间的虚拟商品交易。这包括在网络游戏世界为了玩家之间的交易或者玩家与 NPC (No-Player Character) 之间的交易(魔兽金币),或者当存在虚拟交易税费时为了方便玩家之间的交易(林登

---

① 孙宝文、王智慧、赵胤钚:《网络虚拟货币研究》,中国人民大学出版社,2012。

币），而发行的网络游戏币。

促销工具型虚拟货币是指各种网络促销积分，发行这种虚拟货币的主要目的是吸引网民访问网站或者到网站购买商品。这主要包括三种：一是通过实际购买行为间接用法币换取的积分（折扣积分），如盛大积分；二是通过访问网站就可以获得的免费积分（促销积分），如新浪积分；三是折扣积分和促销积分合二为一，如天天易购网积分。

激励合作型虚拟货币的发行主要是为了促进网友之间的合作，相互提供资源，以提高网络资源的共享程度。典型的激励合作型虚拟货币有人大论坛积分、豆瓣小豆等。

（三）虚拟货币的支付范围

从虚拟货币的支付范围来看，目前的虚拟货币还不能实现在一个国家或者社会内向所有供应商购买所有商品，只能向有限范围内的供应商购买指定商品，而且通常不能购买生活必需品。

从支付范围上来看，目前虚拟货币有的只能购买发行网站某一类业务产品，或者只能在特定的网络游戏或虚拟社区中使用（征途币、新浪狭义道元宝）；有的能够对发行网站绝大多数商品进行支付（盛大点券、新浪U币等）；还有的虽然由某一主要网络厂商发行，但可以在其他网站支付使用，或者由几个厂商联合发行，在相关厂商的网站都可以使用（Q币）。

（四）虚拟货币存在的问题

虚拟货币在推动虚拟经济发展的同时，也带来了一些法律方面的问题。从财产属性上来分析：虚拟货币能够给在虚拟世界开展活动的个体带来效用，具有固有价值，这符合财产的价值型属性；人们还可以利用虚拟货币进行交易，这符合财产的交易性属性；虚拟货币不能随意获得或生产，这符合财产的稀缺性属性。如果把虚拟货币看成是一种财产，是否应对其征收财产税呢？是否应对虚拟货币的交易课税呢？对于虚拟货币的持有者而言，其权益容易受到下列形式的侵害：因盗窃行为而受到的侵害；因诈骗行为而受到的侵害；因运营商数据丢失而受到的侵害；因运营商停止运营而受到的侵害；因第三方对运营商的侵权而受到的侵害。此外，由于虚拟货币的匿名性、阔过交易性、载体隐形型及金融脱媒性，使得虚拟货币被不法分子用来实施如洗钱、赌博等犯罪活动。

从虚拟货币发行人的角度来看，其面临如下风险：流动性风险，即虚拟货币发行人无法满足虚拟货币持有人将虚拟货币兑换成法定货币的要求而导致的风险;信息披露风险,即虚拟货币发行人承担了过度的信息披露义务,导致信息披露成本增加,以至于使虚拟货币发行人的商业机密受到危害的可能性;信誉风险,即社会公众对虚拟货币发行人产生重大负面的看法,从而引发资金来源或者客户重大损失的风险,使其信用和名声在市场中、社会上受到损害,从而经营也处于风险之中的可能性;安全性风险,即虚拟货币发行人受到外部黑客攻击、内部人员或者内外勾结导致的蓄意破坏、计算机系统本身出现故障的可能性。

从虚拟货币的持有人来看,其面临如下风险:隐私权受侵害的风险,这可能由虚拟货币发行人内部对虚拟货币持有人的信息的不合理使用导致,也可能由虚拟货币发行人网络安全隐患造成个人信息泄露导致,或者由虚拟货币监管当局对个人信息的不恰当解密导致;支付风险,这可能由未经授权的资金划拨导致,也可能由错误地执行支付命令导致;破产风险,这可能由虚拟货币资金瞬间划拨加速持有人对发行人的挤兑导致,也可能由缺乏针对虚拟货币发行人的破产保护制度导致,或者由于虚拟货币持有人业务经营范围没有受到严格限制导致。

二、数字加密货币

(一) 基于区块链的数字加密货币

1. 比特币与区块链

1982 年,大卫·乔姆(David Chaum)提出能实现匿名性及不可追踪性的电子现金系统,从而揭开了开发数字货币的序幕。大卫·乔姆利用随机配序产生的唯一序列号来保证数字现金的唯一性,利用盲化签名技术确保银行对该数字现金的匿名背书。经过研究人员后续的努力,数字货币逐步实现了群盲签名、公平交易、离线交易、可分性。大卫·乔姆的电子现金系统需要银行、个人及商家三方参与。每次交易都需要交易系统验证电子现金序列号的唯一性,并把使用过的序列号存在银行的数据库中。但是,随着交易量的增加,验证和存储都会变得越来越困难。

2008 年,中本聪(Satoshi Nakamoto)发表了一篇论文《比特币:一种点对点的电子现金系统》,提出通过点对点技术建立去中心化的电子现金系统[①]。比特币是一个分

---

① Nakamoto Satoshi, "a Peer-to Peer Electronic Cash System," http://bitcoin.org/bitcoin.pdf. 2008.

布式的 P2P 网络系统，没有中心服务器，不存在中央控制点和服务，网络中所有的节点地位彼此对等，节点之间相互连通，节点遵守共同的协议规则，协同处理交易，每个节点在对外提供服务的同时也使用网络中其他节点所提供的服务。比特币使用密码学原理来确保只有真实的拥有者才能转移或支付比特币，并实现比特币所有者与支付交易的匿名性。P2P 的去中心化特征与算法设计可以避免系统被少数人操纵和破坏①。

大约每 10 分钟，比特币分布式系统把全网的交易记录保存起来生成电子账本，并按照时间顺序把电子账本链接起来，然后告知全网络节点。为了激励网络节点的参与者记录交易，比特币分布式系统通过预设的算法奖励给第一个记录成功并得到全网认可的节点一定数额的比特币。任何节点均可同步网络上的簿记记录，并有权利投入计算资源竞争记账权。这种机制保证了账本的不可篡改性，因为只有篡改者掌握了超过全网 50% 的算力，才能篡改成功，而这几乎是不可能的。

比特币并不是通过中央货币发行系统发行，而是通过预设的算法发行。比特币总量是 2 100 万个，随着发行数量的增加，新币发行的速度会下降。比特币完全是虚拟的，其价值来自于比特币社区群体形成的共识。比特币保护交易者的隐私：比特币用户可自己生成交易地址；地址背后的用户真实身份信息无人知道。但比特币又是世界上最透明的支付网路，所有的交易历史记录均公开，所有人都可以下载查看，验证分析，如图 2－6 所示。

最近出块

高度	播报方	大小(B)	块收益	时间	块哈希
574,432	ViaBTC	1,457,278	13.04698426 BTC	1 分钟前	0000000000000000001e0f1f7fddba47898da2259f302876b8a36c1b2bb34087
574,431	BTC.com	1,230,619	13.41801816 BTC	3 分钟前	0000000000000000002145c1e021fc5246f960ec5fdbd288f10d526b1b689647
574,430	BitClub	1,362,362	13.11048421 BTC	41 分钟前	000000000000000000155df8c90026a4326d43ebeb0fb25a866f63d85dbf809b
574,429	AntPool	1,417,075	13.14264381 BTC	56 分钟前	000000000000000000291d372906bbe7c601be003d5218da17fff54e6cda0227
574,428	SlushPool	1,246,909	13.10084612 BTC	1 小时 12 分钟前	00000000000000000018f0801f1a60e25d1ffeecc084711197cd9da1d0f5879d
574,427	ViaBTC	1,170,669	12.86398140 BTC	1 小时 23 分钟前	00000000000000000009dbaf868f370867343a5c1e89f23e81553894f5db468f
574,426	unknown	1,061,272	12.77104808 BTC	1 小时 30 分钟前	00000000000000000010fef5db566d7d834d99bd2b5a8139379903b565513023
574,425	unknown	1,274,021	12.97733876 BTC	1 小时 33 分钟前	00000000000000000022a5eb03423e0c87952d832cc5cbfd930ddc628b778bc2

图 2－6　比特币网站 http：//btc. com 出块记录

① 姚前：《数字货币初探》，中国金融出版社，2018。

区块链是数字货币的关键技术之一。狭义的区块链是一种按照时间顺序将数据区块以链条的方式组合成特定数据结构,并以密码学方式保证的不可篡改和不可伪造的去中心化共享总账(Decentralized Shared Ledger),能够安全存储简单的、有先后关系的、能在系统内验证的数据。广义的区块链是利用加密技术来验证与存储数据;利用分布式共识算法来新增和更新数据;利用运行在区块链上的代码,即智能合约,来保证业务逻辑自动强制执行的一种全新的多中心化基础架构与分布式计算范式。区块是指交易信息的集合,由包含数据的区块头和构成区块主体的交易构成。

在比特币系统中,一个完整的区块链由数据层、网络层、共识层、激励层、合约层和应用层构成。其中,数据层封装了底层数据区块及相关的数据加密和时间戳等技术;网络层包括分布式组网机制、数据传播机制和数据验证机制等;共识层主要包括保障节点数据一致性的各类共识算法和协议;激励层将经济因素集成到区块链技术体系中来,主要包括经济激励的发行机制和分配机制,以及相对的惩罚机制等;合约层主要封装各类脚本、算法和智能合约,是区块链可编程特性的基础;应用层则封装了区块链的各种应用场景和案例,如图2-7所示。

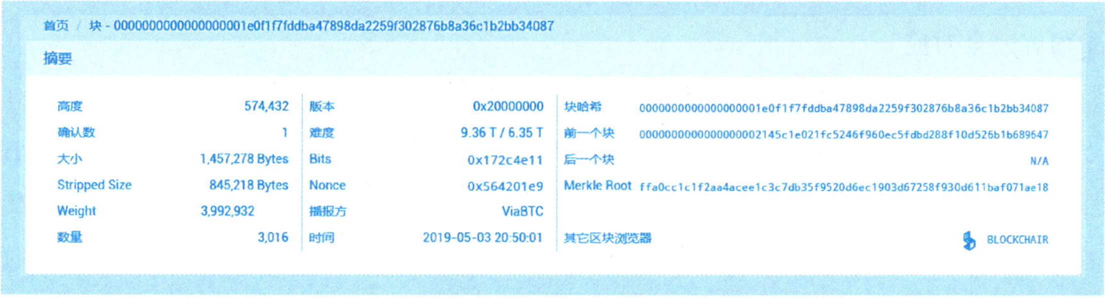

图2-7 块的结构示意

下面我们通过一个例子来说明比特币和区块链的工作原理①。

小青、小红、小皂、小白四个人租住在一起,她们的日常开销有时相互之间垫付,但是相互约定把垫付情况记录在客厅的白板上,月底再结清。例如,白板上记着小青需要付50元给小红,小青需要付50元给小皂,小红需要付50元给小白。但是,这种记账方式有缺点,例如,有人恶作剧擅自在白板上添加了一笔记录就会造成记录失真。为了避免这种情况,大家约定在记账时需要付账的一方签名认可。但这样还有问题,白板的空间有限性解决不了记录太多的问题。

---

① https://www.youtube.com/watch?v=obRzfcvMshM.

于是，大家约定在计算机上记账。但在计算机上记账手写签名不方便而且容易复制，应该改为数字签名。数字签名和手写签名一样要满足对应性要求。数字签名对应性是指每个签名只能用于和其对应的记录，数字签名必须与记录的内容严格对应，如果记录变了，原来的数字签名失效。例如，小青需要付 50 元给小红这条记录对应数字签名 1，则数字签名 1 不能再用于小青需要付 50 元给小皂这条记录，虽然付款人相同。如果把记录小青需要付 50 元给小红改为小青需要付 51 元给小红，则数字签名 1 也会失效。

制作数字签名一般采用 Hash 算法，但是 Hash 算法有很多种，有的算法有缺陷，因此最好选用 SHA256 算法，目前还没有公开资料显示 SHA256 算法有缺陷[①]。SHA256 算法保证无论输入什么值，算法的计算结果都是一个包含 256bit 的哈希值，称为消息摘要。这个消息摘要通常是一个长度为 64 的十六进制字符串来表示。把小青需要付 50 元给小红输入 SHA256 函数，就会得到一个长度为 64 的十六进制数[②]，把小青需要付 50 元给小皂输入 SHA256 函数会得到一个完全不同的值，即使两条记录有微小的变化，计算结果也完全不同，且无规律可循。但是只要记录内容不变，SHA256 的计算结果总是相同的。因此，使用 SHA256 的计算结果作为数字签名，可以保证签名与记录内容完全对应。

但是数字签名不但要满足对应性要求，还要满足可鉴别性要求。可鉴别性是指对于任何一个签名，例如，小红需要付 50 元给小白这条记录，必须能从签名判断出是小红的签名而不是别人的签名。但是 SHA256 函数在线计算工具公开，无论谁输入小红需要付 50 元给小白这条记录都能得到一模一样的结果。如何让数字签名体现出小红的签名而不是别人的签名呢？

采用非对称加密法对 SHA256 函数的计算结果加密，把加密后的结果作为签名可实现可鉴别性。例如，把 5201314 的每位数都加上 2 会得到 7423536，加 2 就称为加密，减 2 则称为解密，数字 2 称为密钥。可以把加密理解成为一个计算过程，密钥是计算过程中的一个参数，计算机把需要加密的数字和这个参数一起输入到用于加密的算式，就会得到加密后的结果。如果需要加密的是文字，计算机会先把文字变成数字再进行加密；解密时，再将解密出的数字换成文字。加密和解密使用同一个密钥的加密方法称为对称加密法。

---

① SHA 代表 Security Hash Algorism。
② 网上有现成的 SHA256 函数在线计算工具。

图 2-8　小青需要付 50 元给小红的 SHA256 值

非对称加密是指加密和解密时使用不同的密钥。加密时使用的密钥称为私钥，私钥不能公开，只有加密的人自己知道；解密时使用的密钥称为公钥，公钥需要公开，目的是让别人利用公钥进行解密。例如，加密者利用自己的私钥把 5201314 加密成一串数字，其他人利用加密者公开的公钥从这一串数字中解密出 5201314。公钥是将私钥输入某个算式计算出来的。由私钥可以计算获得公钥，但无法从公钥反推出私钥。

采用非对称加密法如何能实现可鉴别性呢？小红将"小红需要付 50 元给小白"这条记录输入 SHA256 函数，小红输入的文字是原始记录，将一串文字输入 SHA256 函数获得的值称为哈希值。小红用自己的私钥对这个哈希值进行加密，获得加密后的哈希值。私钥是随机生成的 256 位二进制数，对哈希值加密可以理解为将私钥和这个哈希值输入某个函数进行很复杂的计算获得一个数值，这个数值就是加密后的哈希值。小红把这条记录、自己的签名（加密后的哈希值）和公钥公布出来，任何人都可以根据小红的公钥对小红的签名进行验证。小白利用小红的公钥对小红的签名进行解密，获得解密后的哈希值（哈希值 1），小白再将接收到的记录"小红需要付 50 元给小白"输入 SHA256 函获得的一个哈希值（哈希值 2）。如果哈希值 1 等于哈希值 2，则说明这个签名是针对这条记录的，否则，解密后的哈希值 1 不会等于将这条记录输入 SHA256 函数获得的哈希值 2；这个签名是小红的签名，否则无法利用小红的公钥对签名进行解密获得哈希值 1；接收到的记录与原始记录相同，未被篡改，对签名解密后的哈希值 1 等于将原始记录输入 SHA256 函数获得的哈希值 2，说明接收到的记录等于原始记录。

2009 年 1 月，比特币上线，出现了比特币钱包客户端软件，人们可以利用比特币钱包转账和接收比特币。比特币系统和刚才例示的记账系统一样，但需要做一点改进。

第一个改进是把付款信息中的元改成比特币 BTC。

第二个改进是把付款信息中的需要付改成支付，立即支付避免延期支付找不到人。

第三个改进是需要确认付款方是否有足够的比特币进行支付。比特币系统中的每笔交易以前期交易为基础来确认比特币用户是否有足够的比特币进行支付，例如，小红支付 50BTC 给小白，交易成功前提是这笔交易前有人向小红支付了 X 比特币，X 必须大于等于 50，且这 X 个比特币没使用过。这样支付消息就变成"小青支付 50BTC 给小红→支付 50BTC 给小白"。在进行支付时，小红将支付消息"小青支付 50BTC 给小红→支付 50BTC 给小白"及小红对该支付消息的数字签名、小红的公钥一起发给小白。小白收到支付消息后，发现支付消息中的前一个数额为 50BTC（输入值），后一个数额为 50BTC（输出值），输入大于等于输出，这意味着小红有足够的比特币进行支付。如小红需支付 60BTC 给小白，而小青只支付了 50BTC 给小红，小红需要再添加一个之前转账给小红的消息。例如，"小青支付 50BTC 给小红 + 小皂支付 10BTC 给小红→支付 60BTC 给小白"。如果小皂以前支付 20BTC 给小红，支付消息则为"小青支付 50BTC 给小红 + 小皂支付 20BTC 给小红→支付 60BTC 给小白 + 支付 10BTC 给小红"，把先前的金额一次性用光。

第四个改进是把交易双方的名字改成账号，账号全球唯一。为避免重名，小青的账号是将小青的公钥输入某个函数计算得到，一般是包含 34 个字符的字符串。支付消息变成"小青的账号支付 50BTC 给小红的账号→支付 50BTC 给小白的账号"。

第五个改进是转账记录的存储和维护。为避免某个电脑出现故障，比特币系统把这些记录同时存在多台电脑上，让所有运行比特币客户端的计算机都存储所有的比特币交易记录，不用担心记录缺失。

但这会出现三个问题：第一是如何同步，有的计算机没运行客户端，有的没联网，有的关机，有的没收到网络上发来的比特币交易记录，不同计算机记录不一致，以谁为准？如何相互同步存储相同记录？第二是如何防止记录被篡改，黑客会篡改一些计算机上的一条或多条交易记录，导致交易记录不一致。第三是如何防止同一笔比特币收入被重复使用。如小红只收到一笔转账，是小青支付给她 50BTC，小红支付给小白（消息 1）后，马上又支付一次给小皂（消息 2）。小红几乎同时发了两个支付消息，有的计算机先收到消息 1，有的先收到消息 2，不同计算机对同一个交易记录有效性会产生分歧。

比特币系统利用区块链来解决这三个问题。区块链是由一个个区块串联而成，区块中存储的是经过检验的交易记录，比特币网络仅仅认可和维护同一条区块链。当新的交易记录被放入新生成的区块，且新生成的区块被添加到区块链上以后，这个新的交易记录才算得到比特币网络的确认。

新区块由比特币网络上被称作矿工的节点生成。矿工接收到发送到网络上的各个比特币交易记录，逐个检查这些交易记录是否符合要求，如每条记录是否有正确的数字签名、每条记录的输入值是否使用过等，然后将符合要求的交易记录放到自己正在制作的新区块中，矿工成功制作好这个新区块后，立即把这个新区块发送到网络上的各个节点。网络上的节点收到这个新区块，检查这个新区块是否符合要求，如符合要求，就把这个新区块添加到自己所存储的区块链的末尾。

比特币网络上有许许多多矿工，每个矿工都可以生成新区块，网络上可能同时生成许多新区块。虽然这些新区块包含的交易记录大致相同，都是检查好的近期交易记录，但每个区块具体包含哪些交易记录可能略有区别。为了保证记录的唯一性，比特币网络上的每个节点都必须选择同一个区块添加到现有区块链的末尾，但很难制定一个统一的选择标准。比特币系统不会按到达的时间先后顺序选择区块，因为节点分布在世界各地，每个节点接收到的第一个新区块一般不同。

比特币系统的做法是限制单位时间内生成的新区块的数量，大致每10分钟，整个网络只有一个矿工能把自己做好的一个新区块发布到网络上。这样，比特币系统就不需要进行选择，所有节点都把这个唯一的新区块放到区块链上，就保证了所有节点保存的区块链始终相同。当矿工把检查好的交易记录填入到新区块后，还要做一个额外的工作，完成该额外工作后，才能把生成的新区块发布到网络上。整个比特币网络在10分钟左右的时间内只有一个矿工能完成这个额外的工作，因此10分钟左右才能生成一个新区块。

这个额外的工作分为两步。

第一步是将新制作的区块所包含的内容，即前一个区块的 SHA256 函数值 + 这个新区块的基本信息 + 这个新区块所包含的所有交易记录，组合成一个字符串。前一个区块的 SHA256 函数值是指前一个区块的所有内容输入 SHA256 函数后得到的结果值，每一个区块和它自己的 SHA256 函数值一一对应。如果第 B 个区块包含第 X 个区块的 SHA256 函数值，则表示第 B 个区块的前一个区块是第 X 个区块。区块链就是依靠各个区块的 SHA256 函数值将这些区块有序地串联起来。

第二步是找一个随机数，在第一步得到的字符串末尾添加上这个随机数组成新字符串，将这个新字符串输入到 SHA256 函数计算哈希值，只有当该哈希值满足一定要求时（如前 20 位为 0），才算成功地完成额外的工作。这个额外的工作难度很高，使得整个网络在 10 分钟左右的时间内只有一个矿工能成功找到，原因是 SHA256 函数的特点，虽然每个输入值对应一个输出值，但每次运算的输出值是完全随机。找到符合要求的随机数唯一的方法是以最快的速度输入不同的随机数不停地试，哪个矿工能找到完全靠运气。

当有矿工找到这个随机数后，马上把这个随机数加到新区块中，并把这个新区块发布到网络上。其他节点收到后，将新区块中的所有内容，即前一个区块的 SHA256 函数值 + 这个新区块的基本信息 + 这个新区块所包含的所有交易记录 + 找到的随机数，组合成一个字符串，并将这个字符串输入 SHA256 函数，如果计算结果符合要求，则这个矿工确实完成了额外的工作。网上所有节点都检查区块的其他方面是否符合要求，以及区块中的记录是否符合要求，如无问题，就把这个新区块添加到自己区块链的末尾。

寻找这个符合要求的随机数的过程称为挖矿。挖矿拼的是设备的运算速度，矿工如果成功地完成工作，得到比特币网络的比特币作为奖励，此外，该区块内所有比特币转账交易的交易费也归该矿工所有。2017 年，每个区块内交易费为 1~4 个比特币不等，平均大约为 2 个。

如果两个矿工在差不多的时间内都成功完成了工作并各自制作了一个新区块（概率非常小），网络节点不知道最终会采纳哪个区块，暂时都会保留，从而区块链出现了分叉，矿工也会同时保留这两个新区块。制作下一个新区块时，每个矿工是在自己先接收到的区块基础上制作新区块，有的矿工在第一个支链基础上创建新区块，有的在第二个基础上创建。一般在下个 10 分钟，不会凑巧同时产生两个新区块。如果只产生一个新区块，如新区块是在第一个支链基础上创建的，则接收到这个区块的节点把它添加到第一个支链后面，同时放弃第二个支链。如果分叉，网络上所有节点只认可最长的支链，这保证了区块链的唯一性。被放弃支链上区块的记录，如没添加到主链上，则会被重新认定为未确认交易，等待被加入到新区块中。

这样，区块链技术解决了前面提出的三个问题。比特币网络只维护一个主链，大家都以主链为准，这样就解决了同步性问题。对任何一个区块的篡改都会改变其 SHA256 函数值，后面的区块都要改变，这会导致该链断裂，不会成为主链，但比特币网络只认可最长的主链。只有篡改者所拥有的计算能力高于全网计算能力总和时，篡改者制作区块链的生长速度才会超过现有完整区块链的生长速度，篡改者制作的区块链才可能成为主链。这种可能性微乎其微，这就防止了记录被篡改。矿工制作新区块时，会检查放入新区块的每个交易记录中的输入值是否在前面的区块所包含的交易记录中使用过。如被使用过，则认为该交易记录无效，不会被放入到新区块。如在制作新区块时，发现有两个交易记录的输入值中出现相同的先前交易，则矿工只认可一个交易记录有效，并将其添加到新区块中，从而防止同一笔收入被重复转给别人。

比特币的交易记账流程如图 2-9 所示：

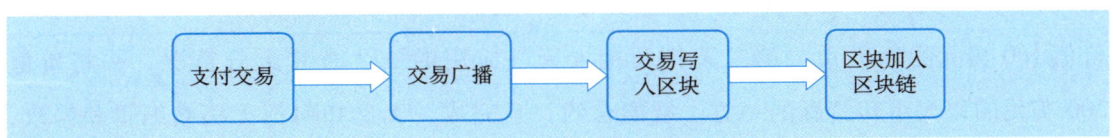

图 2-9　比特币交易记账流程

2. 其他加密数字货币

比特币系统能够实现去中心化支付，但其应用有限，以太坊从设计上解决了比特币系统的不足。虽然和比特币一样，以太坊可以在区块链上运行加密资产，但是以太坊还有其他的应用，利用图灵完备的虚拟机，开发者可以利用专用的编程语言创建各种智能合约，开发包括支付、众筹、域名、资产交易、基金管理、云存储、博彩、网络游戏等在内的各种去中心化应用，从这个意义上可以认为以太坊是一个"世界计算机"。

以太坊是一个分布式计算机网络，网络中的每一个节点执行智能合约，然后把结构的状态存储在区块链上。以太坊借助于以太币来计量和控制程序执行的资源开销。

2013 年 12 月，维塔利克·布特林（Vitalik Buterin）分享了一份白皮书，在白皮书中他提出了以太坊背后的思想：一个图灵完备的通用目的的区块链。2015 年 7 月 30 日，第一个以太坊区块被挖出，"世界计算机" 开始为全世界提供服务。

以太坊网络中的每一个节点（计算机）都运行一个以太坊虚拟机（Ethereum Virtual Machine）软件，为网络提供动力。可以把以太坊虚拟机当作一个操作系统，它能理解并执行通过以太坊特定编程语言编写的软件。由以太坊虚拟机执行的软件（应用程序）被称为智能合约。

使用以太坊计算机需要付费，该费用以以太币来衡量。以太币和比特币大体相同，但和比特币不同的是，以太币可以为在以太坊上执行智能合约而付费。在以太坊上，智能合约和人类用户一样，都可以收发以太币。但和人类用户不同的是，智能合约还可以执行预定义的计算机程序，在程序被触发时执行各种操作。

下面通过例子来说明智能合约的作用[1]。假设两个人关于明天的天气打赌，输家给赢家 100 美元，如何能确保输家履行诺言呢？传统上，我们有三种办法：相互信任，签署法定合同，寻求共同的朋友帮助。但是，这三种办法都有缺陷。如果打赌双方是陌生人，则无法相互信任，迫使对方履行诺言的成本过高；通过法律手段解决问题的成本有时比法定合同执行的金额本身还高；寻求共同的朋友帮助有时也会出现携款而逃等意外。

但是，打赌双方可以利用以太坊智能合约解决问题。智能合约就像是双方共同的朋友，只不过被编写成了代码。通过以太坊，我们可以编写一款软件，向双方各收取价值 100 美元的以太币。第二天打开接入天气应用的 API 查看天气情况，并将价值 200 美元的以太币转给赢的一方。智能合约一旦完成，无论如何都无法被编辑和修改，无论如何都会被执行。

为了创建和执行智能合约，以太坊的区块设计和比特币不同。以太坊的区块中多了一项用于创建记录和执行智能合约，这一项称为"数据"。当以太坊中人类用户之间转账时，和比特币交易类似，直接支付以太币即可，此时"数据"这一项会空置。当进行没有接收方的交易时，就意味着交易的目的是利用"数据"项创建一个智能合约。"数据"项中包含软件代码，该代码会像网络中其他用户一样进行操作。当人类用户（智能合约）想执行智能合约时，该用户与智能合约进行一次交易，把执行指令置于"数据"项中。

无论哪种情况发生，以太坊都会把结果发布在网络之上，每个节点都会记录下来，并执行收到指令的智能合约，让以太坊虚拟机的状态全网同步。然后，把执行的结果存储在区块链上，达到永久存储的目的。

用户使用智能合约需要支付一定的费用来执行合约，该费用支付给实际使用内存、硬盘、计算和电力来执行这一智能合约的节点。执行智能合约的每一个语句都有指定的成本，例如执行使用节点内存的语句有特定成本，执行使用节点硬盘存储器的语句则有另外特定的成本等。这类特定的成本的单位称为 Gas，Gas 可通过一定的比率兑换成以太币。

但是，在执行智能合约时有可能陷入无限循环之中，这是因为以太坊是图灵完备

---

[1] 《科普 | 以太坊到底是啥？》，以太坊爱好者公众号，2017。

的区块链系统①。这一点和比特币系统不一样,到目前为止,比特币系统几乎不支持开发程序应用的,在设计上,比特币系统是图灵不完备的。比特币系统的图灵不完备性保证了其安全性,但是由于其不能开发复杂的逻辑程序,使得早些年区块链的落地场景和应用非常少。以太坊系统克服了区块链系统的缺点,其图灵完备性理论上可解决所有的可计算问题,从而能尽最大可能满足各种现实应用场景的开发。但是以太坊语言有循环执行语句、判断分支语句等,虽然在理论上可以解决任何算法,但有可能进入死循环而导致程序崩溃。

为了避免智能合约在一个节点上不停地执行下去,造成资源浪费、内存消耗等问题,以太坊引入了 Gas 计量机制。当以太坊交易触发智能合约的执行时,交易中必须包括执行时所需要的 Gas 上限。如果合约执行完成或者达到 Gas 上限,就会停止执行该合约。

(二) 数字加密货币的基本工作原理

1. 密码技术

(1) 对称密钥加密。对称密钥加密法是指将明文和密钥一起提交给加密算法,然后加密算法返回密文,密文的解密则通过将密钥和密文提交给相应的解密算法来完成,由于加密和解密都使用相同的密钥②,因此这种算法被称为对称密钥加密法。

代表性的加密算法有 DES (Data Encryption Standard)、3DES (Triple DES)、AES (Advanced Encryption Standard) 等。DES 算法是 IBM 公司 1972 年开发出来的,后来经过美国政府的加密标准筛选后,获得了美国国家标准局和美国国家标准协会的承认。DES 密钥长度为 56 位,算法运算速度较快,适用于加密大量数据的情形。3DES 基于 DES 算法但可以用三个不同的 56 位密钥进行三次加密,相比 DES 算法,3DES 更加安全。AES 是美国政府 2002 年采用的用来代替 DES 的区块加密标准,目前已经成为对称加密算法中最流行的算法之一。AES 运算速度快、安全级别高,支持 128、192、256、512 位密钥加密。

对称加密算法的优点是算法公开、计算量小、加密速度快、加密效率高。但是密钥在发送方和接收方之间传输过程不安全,万一被破解或泄露,会威胁加密信息的安全。此外,发送方和接收方每次使用对称加密算法时,都需要使用其他人不知道的唯

---

① 图灵 (Turing) 是英国计算机科学家、数学家、逻辑学家、密码分析学家和理论生物学家。在可计算性理论中,如果一系列操作数据的规则 (如指令集、编程语言、细胞自动机) 按照一定的顺序可以计算出结果,就称为图灵完备。

② 密钥是一种参数,它是在明文转换为密文或将密文转换为明文的算法中输入的参数。

一密钥,这会造成发送方和接收方拥有的密钥数量巨大,密钥管理比较麻烦。

(2)哈希(Hash)算法。哈希算法(散列算法)是把一个任意长度的输入变换成一个固定长度的输出,该输出就是哈希值。哈希算法满足三点:第一是安全,即给定输入 I 能算出输出 O,但是给定 O 不能算出 I,或者说哈希算法是一个单向算法;第二是唯一性,即两个不同的输入,输出的哈希值不同;第三是长度固定,即不管输入的数据多长,输出的长度固定。

区块链的主要特点之一是其不可篡改性,这实际上是利用了哈希函数的特点。区块链是由一个一个区块组成的链条,其中每个区块都包含上一个区块的哈希值。一旦链条中的某个区块被篡改,其哈希值就会发生变化,进而导致与该区块相连的下一个区块内容发生变化,依次类推,后面相连的区块都会受影响。受影响的区块越多,重新计算并重构区块链所需要的算力就越多,一般超过 6 个区块就基本上无法篡改了。

SHA(Security Hash Algorithm,安全散列算法)是经美国联邦信息处理标准(Federal Information Processing Standards,FIPS)认证的一系列安全密码散列函数,能计算出一个数字消息所对应的长度固定的字符串(消息摘要)。SHA 系列有五种安全哈希标准,分别是 SHA-1、SHA-224、SHA-256、SHA-384、SHA-512。这五个算法是由美国国家安全局(NSA)所设计,并由美国国家标准与技术研究院(NIST)发布,是美国政府的标准。

比特币系统使用的是 SHA-256 算法,即给定任意长度的消息,SHA-256 都会产生一个 256bit 的哈希值(消息摘要),哈希值通常由长度为 64 的十进制字符串来表示。

(3)非对称加密。在对称加密中存在密钥发送问题,因为加密和解密使用的是同一个密钥,在发送密文的同时需要发送密钥,但是如果能安全地发送密钥,则可以安全地发送明文,这样就不需要加密了。此时,非对称加密应运而生。

非对称加密算法需要两个密钥:公钥(Public Key)和私钥(Secret Key)。通过私钥可以计算得到公钥,但是不能由公钥得到私钥。如果用私钥对数据进行加密,则必须用对应的公钥才能解密;如果用公钥对数据加密,只有用对应的私钥才能解密。因为加密和解密使用的是两个不同的密码,所以这种算法叫作非对称加密。

下面我们通过例子来说明比特币系统里如何通过非对称加密来解决支付问题[①]。假如小青欠小红 100 元钱,要在比特币系统里完成支付需要解决两个问题:第一,小

---

① https://www.jianshu.com/p/8a32290aaabe.

红收到 100 元钱，小青如何证明这 100 元是小青还的；第二，如果小青还给小红 100 元钱，小红说小青没还给自己，还给小皂了，小青该怎么证明确实把 100 元钱还给小红了。

小青首先用自己的私钥把这次交易加密，然后小红用小青的公钥来解密，因为只有小青的公钥才能解密，如果用小青的公钥解开了小青私钥加的密，就证明这 100 元支付的发起人一定是小青。

那小青如何证明自己确实是还给小红了，而不是小皂？小青可以用小红的公钥加密，然后小红用自己的私钥来解密，只要能解密，就证明这 100 元确实还给小红了。因为用小红公钥加的密，只有小红的私钥才能解密，小皂的私钥不能解密。因此小红不能说小青把钱支付给小皂了，因为只有小红才能接受该支付。

在该笔支付中，用私钥加密、公钥解密，证明了谁是支付发起人；用公钥加密、私钥解密，证明了支付由谁接收，其他人无法窃取。

（4）数字签名技术。从我们前面的例子中，我们知道在比特币系统中，为了防止别人复制你的数字签名，需要你每次签的名不一样。但如果你每次签的名不一样，怎样才能让别人知道是你的签名呢？怎样让人知道你签了名的信息没改动过呢？

比特币系统用非对称加密来解决这个问题。当你向对方发起支付时，你会把支付信息用你的私钥生成数字签名，只要支付信息稍有改变，数字签名就会完全改变，这样就能防止别人复制你的签名，而且还可以防止别人更改你签了名的支付信息。然后你把你的数字签名和公钥发给对方，对方就能用公钥对数字签名解密，从而确认支付确实是由你发出的。图 2-10 给出了比特币的交易流程图。

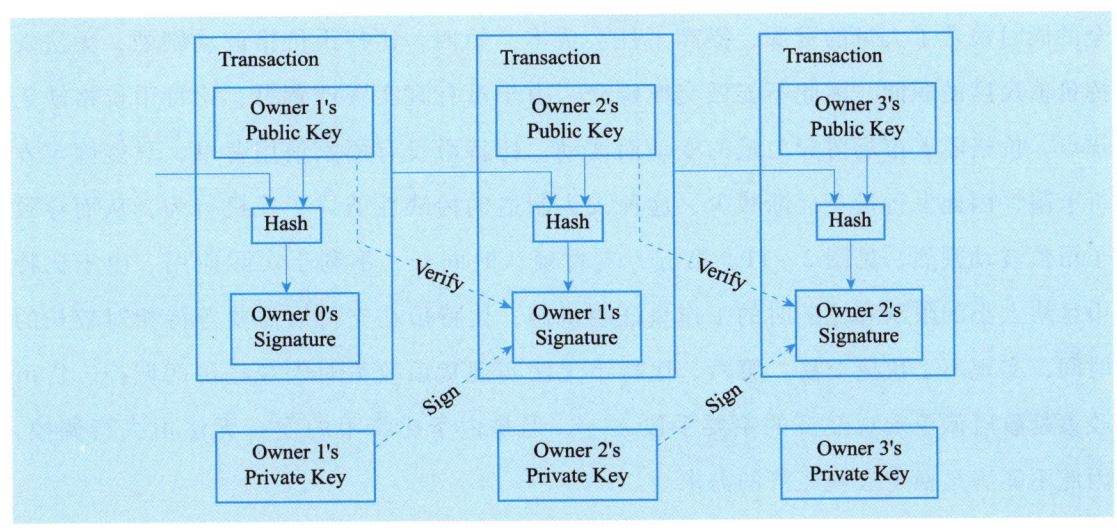

图 2-10　比特币交易流程图

资料来源：Satoshi Nakamoto, *Bitcoin: A Peer-to-Peer Electronic Cash System*（2008）.

比特币系统是通过 ECDSA（Elliptic Curve Digital Signature Algorithm，椭圆曲线数字签名算法）来实现数字签名和非对称加密。ECDSA 数字签名算法先使用椭圆曲线密码（Elliptic Curve Cryptograph，ECC）来实现数字签名方案、加密和密钥传输方案及密钥协商方案。然后利用生成的私钥和公钥、待签名信息来生成数字签名[①]。

2. 区块链技术

数字货币的关键技术还包括区块链，区块链核心技术包括共识协议、安全与隐私保护机制、可扩展性与效率及区块链系统（协议）的安全分析与评估。本书的第四章将会详细介绍这些技术。

（三）数字加密货币的属性与法律问题

1. 数字货币还是数字资产

相比于传统法定货币，比特币有自己的优点：能实现去中心化，无须第三方机构即可实现价值转移；基于互联网，便于跨国交易；使用密码技术、区块链技术等，能够实现不可篡改性。

但是，比特币目前还不完全具备货币的职能。第一，比特币作为私人数字货币，其发行由挖矿产生，缺乏国家信用的背书，没有稳固的价值基础，很难普及。第二，比特币的匿名性和去中心化使其缺乏有效监管，容易滋生非法交易。比特币一直是暗网世界、勒索软件、洗钱和黑市的主要支付手段，这为全球范围内的非法交易提供了便利，引起了各国监管机构的注意。第三，比特币使用工作量证明机制在保护账本安全的同时浪费了大量的资源，提高了社会成本。第四，比特币价格波动剧烈，无法发挥价值尺度的职能，因此不能做交换媒介。由于没有真实资产背书，比特币价格缺乏锚点，价格随着市场博弈力量的变动而波动。比特币没有国家信用背书，只能固定发行上限，因此发行量会逐渐减少，这种人为制造的稀缺性诱导了投机行为，从而导致了币值波动剧烈，见图 2-11。第五，支付确认时间长，不利于实际应用。由于比特币区块大小的限制和挖矿时的工作量证明机制，比特币在支付后需要等待相对较长的时间，实现不了快捷交易。第六，比特币无法实现货币政策对宏观经济的调控。货币政策是政府调控宏观经济的主要手段之一，但是由于比特币的发行无法由央行调控，因此不能满足稳定宏观经济的需求。

---

① 关于算法的详细介绍，请参见姚前著《数字货币初探》第三章，中国金融出版社，2018。

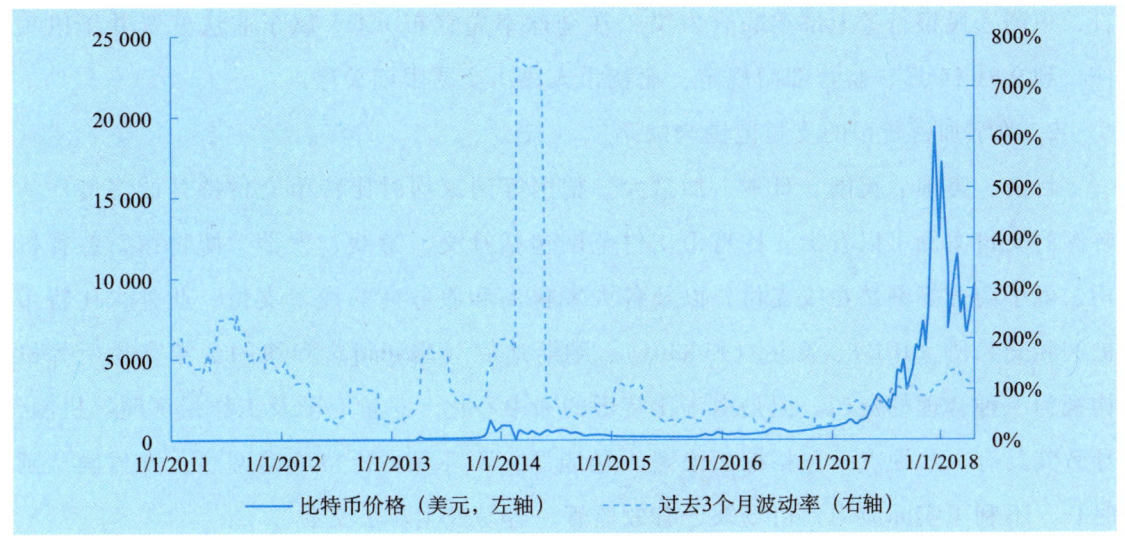

图 2-11　比特币价格和波动率

资料来源：邹传伟：《泡沫与机遇——数字加密货币和区块链金融的九个经济学问题》，《金融会计》2018 年。

关于比特币是否是资产，需要从资产的几个属性来分析。从避险属性上来看，目前比特币不能成为国际储备资产。比特币系统的正常运转高度依赖于互联网，一旦发生战争或者其他形式的网络崩溃，比特币系统就不能运转，因此，比特币对冲不了战争等系统性危机而导致的货币风险。从资产安全性角度来看，比特币也不能成为国际储备资产。比特币系统会受到黑客攻击。例如，2014 年 3 月，比特币交易所运营商 Mt. Gox 因 85 万个比特币被盗而破产。比特币的价格波动率非常高，收益安全性无法保证。从资产流动性角度来看，比特币还是不能成为国际储备资产。比特币支付确认具有随机性，确认时滞长，交易费用高，这限制了比特币的流动性。从投资工具的角度来看，这取决于投资者的风险偏好。由于比特币价格波动率较高，比较适于风险偏好型的投资者。市场上有很多人看多比特币，但是也有许多人看空比特币，如斯蒂格利茨、席勒等[①]。

2013 年，中国人民银行与工信部、银监会、证监会、保监会联合发布的《关于防范比特币风险的通知》指出："比特币应当是一种特定的虚拟商品，不具有与货币同等的法律地位，不能且不应作为货币在市场上流通使用。"这是迄今为止中国政府对比特币性质进行界定的重要规范性法律文件。因此，在我国，比特币不是货币，而只是一种特定的虚拟商品，可以进行买卖。但是，由于存在各种乱象，2017 年 9 月 4

---

① 姚前、陈华：《数字货币经济分析》，中国金融出版社，2018。

日，中国人民银行等七部委联合发文，在全球率先宣布 ICO① 属于非法集资并予以关停，到 9 月 14 日，监管部门规定：比特币人民币交易限期关停。

2. 数字加密货币的支付范围与缺陷

目前，美国、英国、日本、加拿大、德国等国家均对比特币支付持开放态度。从各国的支付案例可以看出，比特币支付范围包括社交、游戏、大学、博物馆、慈善机构、电子商务等网站在线支付，以及各大零售商和服务商的线下支付。此外，比特币被洲际交易所（ICE）、富达（Fidelity）、纳斯达克（Nasdaq）和纽约证券交易所等机构视为一种合理的资产。但是由于比特币的去中心化、总量有限及工作量证明等机制，导致其具有一些缺点，包括挖矿浪费大量能源，不环保；价格波动剧烈；支付确认延时长，不利于实际应用；市场缺乏有效监管，容易滋生非法交易。

私人部门发行的去中心化数字货币的各种创新实验为央行探索发行数字货币带来了挑战和机遇。2016 年 1 月 20 日，中国人民银行数字货币研讨会在北京召开，参会者就数字货币发行的总体框架、货币演进中的国家数字货币、国家发行的加密电子货币等专题进行了研讨，提出争取早日推出央行发行的数字货币。2017 年 3 月 10 日，在"金融改革与发展"记者会上，央行行长周小川表示："央行高度鼓励金融科技发展，数字货币、区块链等技术会产生不容易预测到的影响。在发展过程中出现的问题，需要进行规范。"目前，我国基于区块链技术的数字票据交易平台已经测试成功，由央行发行的法定数字货币也在该平台运行，意味着中国央行将成为首个发行数字货币并开展真实应用的中央银行②。

下面，我们介绍一下法定数字货币的应用场景。在这部分，我们简单介绍一下数字票据交易平台、数字货币与银行账户、跨行调款③。

传统票据业务主要有三个方面的问题：票据真实性问题、划款及时性问题和违规交易问题④。区块链技术的防篡改性可以解决票据真实性问题。票据链中引入法定数字货币可以自动实现 DVP（Delivery Versus Payment）券款对付，并可以监控资金流向。利用区块链的分布式记账结构，能够消除信息不对称，实现票据价值传递的去中介化，从而消除由交易中介引发的违规交易问题。此外，由于每张数字票据都运行在

---

① ICO 是区块链公司或者去中心化组织发行初始加密代币，出售给参与者从而融得资金，用于项目开发的一种融资方式，是区块链项目的资产证券化。ICO 融得的资金往往不是法币，而是比特币、以太币或其他数字加密代币。
② 李志杰：《法定与非法定数字货币的界定与发展前景》，《清华金融评论》2017 年。
③ 详细介绍请参考姚前：《数字货币初探》，中国金融出版社，2018。
④ 违规交易是指票据交易主体或者中介机构，存在一票多卖、清单交易、出租账户等违规行为。

区块链上，拥有独立的生命周期，能通过智能合约自动执行，因此提高了票据交易的效率，降低了监管成本。

法定数字货币技术路线可分为基于账户和不基于账户两种，也可以分层并用而设法共存。数字货币的具体形态可以是一个来源于实体账户的数字，也可以是记于名下的一串由特定密码学与共识算法验证的数字。

当在商业银行传统账户体系上引入数字货币钱包属性时，就能在一个账户下既管理电子货币又管理数字货币。电子货币和数字货币在账号管理、身份确认、资金转移等方面有共性，但也存在一些差异。数字货币管理应根据央行有关钱包设计标准设计，这类似于保管箱。在这种模式下，银行根据与客户的约定权限管理保管箱，数字货币也保留了加密货币的属性。由于商业银行还会管理客户与账户，这不会导致商业银行被边缘化。数字货币则可以不依赖于银行账户，通过发钞行确权后，直接利用客户端的数字货币钱包实现点对点的现金交易。

在央行自主发行和授权发行模式下，无论是商业银行银行库中的数字货币，还是商业银行客户账户中的数字货币都属于中央银行（发钞行）的负债。客户之间点对点交易数字货币，由央行（发钞行）数字货币系统进行交易确认和管理。例如在传统模式下，某部委若发放专项补贴款，由于很难跟踪款项流向，会出现在执行中有落实不到位、款项下发不到应补贴的企业和个人的情况。但是如果使用数字货币，由于可以跟踪数字货币的流向，加之可以使用智能合约管理，部委可以绕过传统模式下的其他业务参与方而直接掌握补贴款的发放情况，实现专款专用。

当商业银行实物货币出现剩余或短缺情况时，按照传统的跨行调款业务模式，大多数商业银行并不直接进行实物货币交易，而是通过央行来调剂。央行根据商业银行每天发起的预约进行配款，生成跨行调款任务并发送到商业银行。交款行接到跨行调款任务以后，向取款行派送实物货币，取款行确认收款以后，派人把转账支票送到央行，央行手工入账到交款行存款准备金账户，交款行派人到央行取回支票回单。在这种模式下，会出现重复清分和冠字号码信息无法跟踪的问题①。

目前，冠字号码流通系统从技术上对传统的跨行调款业务模式进行了改进。当交款行和取款行通过跨行调款业务系统提交申请以后，央行在系统上进行匹配并生成调

---

① 清分是清算的数据准备阶段，主要是将当日的全部网络交易数据按照各成员行之间本代他、他代本、贷记、借记、笔数、金额、轧差净额等进行汇总、整理、分类。冠字号码是指人民币纸币上的编码，冠字是印在纸币上用来标记印刷批次的两个或三个英文字母，由印钞厂按一定的规律编排和印刷；号码是印在冠字后面的阿拉伯流水号，用来标明每张钞票在同冠字批次中的排列顺序。

款任务。交款行通过系统查询到调款任务后,把实物现金通过清分系统自动扫描、打捆并组包,系统自动上传冠字号码文件和捆包号信息。交款行通过跨行调款业务系统完成出库确认并对捆包号的出库信息在分布式账本上登记,所有调款参与方对分布式账本上的实物现金信息(捆包号信息和冠字号码信息)同步。按照流程,交款行将登记出库的实物现金送至取款行。取款行收到实物现金后,通过清分系统扫描收款捆包号后,会自动从冠字号码信息平台获取对应冠字号码文件,无须二次清分。通过跨行调款业务系统,取款行完成入库确认操作,对应捆包号的入库信息在分布式账本上登记,代表该现金权属转至收款行,同时调款参与方对分布式账本上的实物现金信息(捆包号信息和冠字号码信息)同步。

但是冠字号码流通系统也存在缺点,即现金交款与支票结算过程分离,交款和结算过程不同步,这可以通过设计数字货币的条件支付功能来解决。取款行先确定数字货币支付条件,通过智能合约控制支付交易执行过程,暂时冻结相应的数字货币,当交款行完成交款后,同步进行数字货币转移。这改变了现有的信用交易模式,实现了实物现金和数字货币的同步兑付。

(四) 数字加密货币的支付

下面我们介绍一下数字加密货币在保理业务中的应用。保理是指保理商(银行或者商业保理公司)以受让企业因销售货物或提供服务所产生的应收账款为前提,所提供的贸易融资、销售分户账管理、应收账款催收、信用风险控制与坏账担保等服务功能的综合性信用服务,它可以广泛渗透到企业业务运作、财务运作等各方面。只要有贸易和赊销,保理就可以存在,它适用于各种类型的企业[①]。在现有业务及支付模式下,买方支付贸易款项的支付方式多样化及卖方账户分散化导致保理商系统对接和操作处理成本高。此外,在还款路径不变的情况下,买方把本应支付给保理商的回款资金支付给卖方,这对保理商而言存在卖方信用风险。

使用数字货币可解决上述问题。买方、卖方和保理商可统一使用数字货币进行支付。在这种模式下,保理商使用数字货币放款给卖方,买方使用数字货币支付贸易款项给保理商作为融资回款。各方统一基于数字货币付款,能简化保理商系统对接和操作处理成本,便于保理商对卖方资金进行监管。买方以数字货币向卖方支付货款时,

---

① 中国服务贸易协会商业保理专业委员会:《中国商业保理行业研究报告 2012》,2013。

通过数字货币的支付合约来限制或者控制卖方将所收到的数字货币中属于保理商的金额付款给保理商，避免由于卖方信用风险给保理商带来的损失[①]。

其他支付应用可以利用数字货币解决传统扶贫资金管理中存在的问题。传统扶贫资金管理中存在如下问题：不易控制资金流向，导致上级民政部门拨款后，资金会被挤占挪用；不能追踪资金去向，因为民政部门扶贫款项是逐级划拨的，上级部门难以越级追踪。如果上级民政部门使用数字货币进行拨款扶贫，可以根据扶贫资金的使用要求来设定支付合约，合约由数字货币系统自动执行，这可保证资金按照指定路径使用。从而实现了上级民政部门自主控制后续扶贫资金的使用用途，达到专款专用。同时，数字货币的流转信息可以通过央行授权的方式转给扶贫主管部门，实现对扶贫资金的精准追踪。

三、数字加密货币理论问题

（一）共识经济理论

1. 工作量证明（Proof of Work，PoW）共识

在比特币系统决定账本数据变化时，任何人都可以生成一个包含交易的区块并广播，该区块得到其他节点确认加入主链的前提是生成该区块节点的工作量证明。工作量证明是矿工不断计算哈希值直到得到一个满足难度值的输出后，才能获得创建区块的权利。由于SHA256的输出值分布是均匀的，总体上矿工付出的计算量与难度值成正比。矿工在不断寻找满足难度值的哈希值过程中会耗费大量的资源，但是验证其是否正确却非常简单，而且速度很快。

2. 权益证明（Proof of Stake，PoS）共识

为了克服工作量证明耗费资源多、成本高的问题，出现了权益证明共识。在权益证明共识下，节点获得创建区块权的概率取决于该节点在系统中所占有的权益比例大小。PoS一般需要用户时刻在线，这对应用提出了很大的挑战。为解决该问题，出现了DPoS（Delegated Proof of Stake）共识。在DPoS下，系统先从全网节点中选出部分节点，保证这些节点的有效性，然后在该子节点中实施PoS共识。

---

① 姚前：《数字货币初探》，中国金融出版社，2018。

（二）中心化与去中心化

传统法定货币的发行和流通是通过中央银行、商业银行二级银行体系实现的，而比特币是一种去中心化货币，其运行依赖于整个比特币社区的有序合作。比特币社区主要包括持有使用比特币的用户、受理比特币的商户、负责比特币兑换的交易所、提供增值服务的第三方服务供应商等。比特币用户主要是指持有或使用比特币的个人与组织，按照持有或使用比特币的用途可以把用户分为投资（投机）交易类、消费支付类与比特币矿工等。比特币交易所主要提供比特币与法定货币及其他虚拟货币间的兑换服务，并收取一定比例的服务费。目前，全球有几十家交易所提供比特币与美元、欧元、英镑、人民币等法定货币的兑换服务，兑换价格实时更新。第三方服务供应商主要为用户提供资产托管、资金充值、在线钱包、支付接入、套期保值支付处理和数据分析等增值服务。比特币市场可分为发行市场、兑换市场与支付市场。

传统法定货币是由中央银行凭借国家信用发行的，而比特币的发行是去中心化的，货币的发行通过挖矿完成，通过 PoW 机制获得记账权的矿工可以凭空发行一定数量的比特币作为自己工作的回报，最早是每个区块奖励 50 枚比特币，然后每 21 万个区块减半，直到总量 2 100 万枚发行完毕。使用传统法定货币支付可由金融机构提供验证和记账服务，但比特币系统利用密码技术和区块链技术实现了记账节点的去中心化。任何人都可以运行比特币节点软件加入到比特币系统，可以直接发起转账交易并广播，也可以接收其他节点广播的交易并进行验证和创建新区块。由于区块链技术中的 PoW 共识机制，每个节点可以不依赖于权威中心而独立验证交易的合法性。传统法定货币的流通发行及支付实现均以金融机构体系的有效运作为前提，而比特币实现了组织方式的去中心化。比特币核心社区包括改进比特币的软件开发者社区，提供记账服务、维护账本安全的矿工和矿池社区，为用户提供服务的交易所、钱包、媒体等社区。

（三）中央银行数字加密货币

私人发行的数字加密货币有一些优点，如去中心化、不可篡改性及可追踪性，并且有一定的应用场景，但是也有一些缺点。作为技术发展和金融创新的产物，私人发行数字货币仍处于不断发展之中。面对私人数字货币的兴起和竞争，许多央行也在积极研究和探讨法定数字货币。

法定数字货币是由中央银行发行，采用特定数字密码技术实现的货币形态。在实现形式上，央行数字货币（Central Bank Digital Currency，CBDC）可以是体现在传统账户的数字，即基于账户的央行数字货币；也可以不基于账户，是基于名下的一串由特定密码学与共识算法验证的数字，这可称为基于价值或基于代币（Token）的央行数字货币。根据不同的应用场景，可分为批发端和零售端央行数字货币。前者仅应用于银行间支付清算、金融交易结算等资金批发市场；而后者则流通于社会公众间，央行资产负债表向公众开放。

法定数字货币体系的核心要素主要有三点，即"一币、两库、三中心"[①]。

"一币"是指央行负责数字货币的"币"本身的设计要素和数据结构。在表现形态上，数字货币是央行担保并签名发行的代表具体金额的加密数字串，而不是以电子货币表示的账户余额。

"两库"是指数字货币发行库和数字货币商业银行库。数字货币发行库是央行在央行数字货币私有云上存放央行数字货币发行基金的数据库。数字货币商业银行库是商业银行存放央行数字货币的数据库（金库），可以在本地，也可在央行数字货币私有云上。"两库"设计可以实现分门别类地保存数字货币，既能防止内部人员非法领取数字货币，也能对抗入侵者的恶意攻击，同时也可以承载一些特殊的应用逻辑。

"三个中心"是指认证中心、登记中心和大数据分析中心。

认证中心：央行对央行数字货币机构及用户身份信息进行集中管理，这是系统安全的基础组建，也是可控匿名设计的重要环节。认证中心可设计两到三层认证体系以针对不同的用户，例如金融机构用户、高端用户可以用公开密钥基础设施来认证，而低端用户可以用基于标识的密码技术来认证。

登记中心：记录央行数字货币及对应用户的身份，完成权属登记；记录流水，完成央行数字货币产生、流通、清点核对及消亡全过程登记。登记中心可基于区块链，也可基于传统集中方式，但应优先考虑后者。因为现在还不确定区块链技术是否可以经受得住海量实时交易的冲击。

大数据分析中心：在数字货币环境下，央行可以运用大数据深入分析货币的发行、流通、储藏等，从而了解货币运行规律，为货币政策制定、宏观审慎监管及金融稳定分析等提供数据支持。

[①] 姚前、汤莹玮：《关于央行法定数字货币的若干思考》，《金融研究》2017 年第 7 期。

（四）智能化协议与技术

1994 年，计算机科学家和密码学家 Nick Szabo 首次提出了智能合约的概念。智能合约主要是指以数字形式指定的一系列承诺，包括各方履行这些承诺的协议。但其后智能合约的想法一直没有实现。2008 年，比特币系统引入了区块链技术并引发了社会的广泛关注。2013 年，智能合约首次在以太坊系统得以实现。

智能合约是一套以数字形式定义的承诺，承诺控制着数字资产并包含了合约参与者约定的权利和义务，由计算机系统自动执行。智能合约允许我们在不需要第三方的情况下，执行可追溯、不可逆转和安全的交易。但是智能合约程序不仅能够自动执行，它本身还可以作为系统的一个参与者能够回应接收到的信息、接收和存储价值及向外发送信息和价值等。从这个角度来看，智能合约就像一个可以被信任的人，可以临时保管资产，按照事先的规则执行操作。

（五）数字加密货币监管规制

从目前各国实践来看，针对数字加密货币的监管主要包括交易监管、税收监管、支付监管、ICO 监管及金融稳定监管等几个方面[1]。

交易监管：由于比特币等私人加密数字货币存在非法交易风险及投资风险，为治理私人发行数字加密货币所带来的乱象及保护消费者权益，一些国家制定了相关监管规则。这主要包括要求从事私人数字货币业务需要获得许可证；约束交易平台及参与主体的行为；施加反洗钱和充分了解客户要求。

税收监管：目前在税收上许多国家面临着以财产形式还是货币形式处理私人数字货币的问题。有的国家倾向于把私人数字货币看成财产来处理，但如何对新发行的私人数字货币课税仍是个难题。许多国家为了防止私人数字货币成为逃税手段，要求纳税人对每次使用或处置比特币的收益和损失进行计算和报告。

支付监管：虽然大部分国家不承认私人数字货币是法定货币，但有一些国家允许使用私人数字货币进行支付，并通过立法和税收政策来规范私人数字货币的支付监管。例如，2017 年 4 月 1 日，日本承认比特币和其他货币拥有同样的法律地位，可以合法用于支付，但是比特币交易要满足反洗钱和充分了解客户的要求。

---

[1] 姚前、陈华：《数字货币经济分析》，中国金融出版社，2018。

ICO 监管：目前各国正倾向于按照实质重于形式的监管原则把 ICO 视为一种证券行为，向投资者警示欺诈与洗钱风险。例如，美国证券交易监管委员会（SEC）目前把符合联邦证券法关于"证券"定义的 ICO 项目及相关交易平台所提供的数字资产均纳入 SEC 的监管范畴。但是我国目前不允许任何组织和个人非法从事代币发行融资活动[①]。

金融稳定：目前各国对私人数字货币可能威胁金融稳定的监管措施还处于早期阶段，一般是限制金融机构参与私人数字货币交易。

本章小结

货币是在商品交易中出现的，发挥着交换媒介和资产两种职能。从货币诞生起，其形态就一直在满足支付清算便捷性要求下不断演变。货币形态从实物货币过渡到金属货币，再过渡到纸质信用货币，银行体系诞生后，又出现了存款货币；计算机、通信及网络技术的发展催生了电子货币和虚拟货币；进入 21 世纪，随着大数据、云计算、移动互联网及人工智能等信息技术的进步，出现了数字加密货币。电子货币的出现虽然便利了交易，促进了电子商务的发展，但是也会面临安全性和消费者权益保护等问题，需要监管创新。虚拟货币满足了电子商务和网络经济中支付电子化和微型化的要求。

本章重要概念

货币职能　存款货币　电子货币　虚拟货币　数字加密货币　清算　结算　支付体系　卡基数基电子货币　电子支付　比特币　区块链　去中心化　以太坊　哈希算法　非对称加密　央行数字货币

本章思考题

1. 货币的职能是什么？货币的形态是如何演进的？
2. 请解释什么是支付，什么是支付活动，什么是清算，什么是结算。
3. 请根据支付过程的组成部分对支付活动进行分类。
4. 从支付工具的角度来回答支付是如何演进的。

---

① 中国人民银行等七部委：《关于防范代币发行融资风险的公告》，2017 年 9 月 4 日。

5. 请介绍电子货币的定义及分类。

6. 请介绍央行垄断发行电子货币和非央行竞争性发行的利弊。

7. 什么是虚拟货币？虚拟货币如何分类？

8. 什么是比特币？比特币有何优点和缺点？

9. 什么是以太坊？以太坊和比特币的区别是什么？

10. 请简单介绍一下区块链技术。

11. 什么是法定数字货币？请具体介绍一下法定数字货币的应用场景。

12. 法定数字货币体系的核心要素包括哪些？

13. 工作量证明和权益证明的区别是什么？

14. 对私人发行的数字加密货币，应做哪些监管？

本章参考文献

[1] 姚前，陈华. 数字货币经济分析［M］. 北京：中国金融出版社，2018.

[2] 姚前. 数字货币初探［M］. 北京：中国金融出版社，2018.

[3] 孙宝文，王智慧，赵胤钚. 网络虚拟货币研究［M］. 北京：中国人民大学出版社，2012.

[4] 李洪心. 网上支付与结算［M］. 北京：北京师范大学出版社，2018.

[5] 周虹. 电子货币论［M］. 北京：中国人民大学出版社，2010.

[6] 帅青红，李忠俊. 电子支付与结算［M］. 大连：东北财经大学出版社，2018.

[7] 周虹. 电子支付与网络银行［M］. 北京：中国人民大学出版社，2016.

[8] 李建军，罗明雄. 互联网金融［M］. 北京：高等教育出版社，2018.

[9] 帅青红，苗苗. 网上支付与电子银行［M］. 北京：机械工业出版社，2015.

[10] 周光友. 互联网金融［M］. 北京：北京大学出版社，2017.

[11] Newlyn, W. T., Bootle, R. T. Theory of Money, 3rd ed. ［M］. Oxford：Clarendon Press, 1978：2.

[12] Chaum D. Blind Signatures for Untraceable Payments ［M］. Advances in Cryptology. Springer US, 1983：199 – 203.

[13] 钟伟，魏伟，陈骁等. 数字货币：金融科技与货币重构［M］. 北京：中信出版集团，2018.

［14］苏宁. 虚拟货币的理论分析［M］. 北京：社会科学文献出版社，2008.

［15］李健. 金融学［M］. 北京：高等教育出版社，2018.

［16］姚前，汤莹玮. 关于央行法定数字货币的若干思考［J］. 金融研究，2017（07）：78－85.

［17］李志杰，李一丁，李付雷. 法定与非法定数字货币的界定与发展前景［J］. 清华金融评论，2017（4）：28－31.

［18］邹传伟. 泡沫与机遇——数字加密货币和区块链金融的九个经济学问题［J］. 金融会计，2018（3）：5－18.

［19］SatoshiNakamoto. Bitcoin：A Peer-to-Peer Electronic Cash System，2008.

［20］王卉. 我国小额电子支付消费者权益保护制度研究［D］. 重庆：重庆大学，2008.

［21］樊忠，丁彩虹. 美国金融电子化的发展及其启示［J］. 金融电子化，1999（11）：64－67.

［22］李秀辉. 货币形态转变的机制与趋势——从交子与比特币的比较说起［J］. 社会科学战线，2016（12）：40－49.

［23］朱阁. 数字货币的概念辨析与问题争议［J］. 价值工程，2015，34（31）：163－167.

第三章 支付清算科技

本章导读

2018年10月，毕马威和澳大利亚知名金融科技风投机构H2 Ventures联合发布《全球金融科技100强》榜单。在百强榜单中，最多的是支付公司，共有34家。在百强榜单中，有4家中国金融科技公司位列前十：蚂蚁金服（第一）、京东金融（第二）、百度（第四）和陆金所（第十）。这四家中国金融科技公司中前三家公司均与支付密切相关：蚂蚁金服起步于2004年成立的支付宝，京东金融和百度均持有支付牌照。支付公司在全球顶级金融科技公司中的高占比是一种偶然现象，还是必然结果？支付创新在金融科技发展中扮演了什么角色？科技进步究竟如何影响支付体系的发展与变革？通过本章的学习，将找到上述问题的答案。

本章学习目标

本章立足于支付清算的功能与本质，以支付清算的技术要求为主线，阐述了支付清算功能的内涵、本质与基本原则，从历史视角出发梳理了支付清算功能与早期文明、技术进步和现代科技的关系。在此基础上，本章将介绍现代支付清算体系的构成和作用，并重点讲解和对比现代支付清算体系中的多种支付结算工具和不同层次的支付清算系统。最后，本章将结合互联网技术和移动技术的发展，以及支付领域存在的问题，重点阐述第三方支付和移动支付等现代技术下的支付创新。

第一节 支付清算功能的技术基础

一、金融的支付清算功能

（一）支付清算功能的内涵与表现

1. 支付、清算和结算的概念

什么是支付（Payment）？从英文单词的词源来看，该词来自动词"安抚（To pacify）"。其概念与中世纪实行的赎罪金有关，即犯罪的一方向受害者支付一笔罚金以避免发生流血争端。在现代的用法中，支付一词逐渐演化为描述交易者之间的资金转移行为。目前，国内对支付尚没有统一的定义，主要是将"社会经济活动引起的债权债务清偿及货币转移行为"定义为支付。它包含了两个层次的内容：第一，支付是付款人向收款人转移可接受的货币债权的行为；第二，支付不仅包括现金支付，还包括转账支付。国际上对支付的定义主要采用国际结算银行支付结算委员会（BIS CPSS）的定义，该组织将支付定义为：完成付款人向收款人转移可以接受的货币债权的过程。

在上述定义中并没有说明资金转移发生的发起方。实际上，支付的发起方可以是付款人，也可以是收款人。例如，商业银行的汇兑服务，付款人将货币汇给收款人，这里支付的发起人是付款方。一般情况下，我们将付款方发起的支付称为贷记支付。如果支付的发起方是收款人，如支票，当收款人收到支票后，可以到其开户银行要求兑付，该银行则代其客户向开出支票的付款方要求付款。一般情况下，我们将收款方发起的支付称为借记支付。

支付的处理对象是货币资金，也就是通常所说的"钱"。"钱"的表现形式多样，既有有形的，如"现金"（纸钞和硬币）；也有无形的，如公众在银行机构的存款、银行机构在中央银行的存款。现代支付体系十分发达，我们通常只保留少量的现金用于日常支付，当现金不够时，可以到银行机构去提取。大量的资金存放在银行机构，当我们需要支付时，可以采取划转银行存款的方式，即通常所说的"转账"来完成。当支付涉及多家银行机构时，银行机构之间的"转账"就需要使用其在中央银行的存款来完成。无论是现金、银行存款，还是中央银行存款，之所以能够被公众广泛接受，是因为它们要么具有国家信用，例如现金是中央银行代表国家发行的；要么具有很强的银行信用或中央银行信用，例如银行存款和中央银行存款。

当支付采用现金形式时，称为现金支付；当支付采用银行存款、中央银行存款等形式时，称为非现金支付。一般而言，一笔非现金支付通常包括"交易""清算"和"结算"三个环节。

（1）交易（Transaction）。交易是支付指令的产生、确认和发送，特别是对交易各方身份的确认、对支付工具的确认及对支付能力的确认过程。付款人（收款人）在纸质凭证上（或通过电子业务系统）填写收、付款人的名称、账号、开户机构及金额、日期等信息，经过签章或电子签名，形成一个支付指令，提交支付服务组织。支付服务组织收到支付指令后，对支付指令的要素、付款人（收款人）的身份、付款人的付款能力等信息进行确认。例如，客户消费使用银行卡结账，客户刷卡、输入密码并签字的过程，就是交易的过程。

（2）清算（Clearing）。清算是支付服务组织按照特定的规则，完成支付指令的交换，并计算出待清偿债权债务结果的过程。对于一个支付指令，如果付款人和收款人的账户在同一个支付服务组织，那么清算的过程就在支付服务组织内部进行；如果付款人和收款人的账户在不同的支付服务组织，那么清算的过程就需要依靠中央银行或者其他提供跨行清算服务的机构进行。例如，在客户刷卡交易中，接收客户支付指令的银行机构会通过银行卡清算机构（例如，中国银联）的跨行交易清算系统将支付指令发送给客户的开户银行，并由银行卡清算机构来完成清算。清算通常采取全额或者净额两种方式，前者按照每笔交易的金额进行逐笔清算，后者按照多笔交易轧差后的净额进行批量清算。前例中的银行卡交易的清算通常采取净额清算机制。

（3）结算（Settlement）。结算是根据清算过程计算出的待清偿债权债务结果，由支付服务组织完成货币资金转移的过程。对于一个支付指令，如果付款人和收款人的账户在同一个支付服务组织，那么支付服务组织通过增加收款人账户资金，减少付款人账户资金的方式完成结算。如果付款人和收款人的账户在不同的支付服务组织，那么结算会在两个层面进行：在支付服务组织层面，清算机构会将清算结果传递给结算机构，由结算机构在其账簿上增加收款人所在支付服务组织的账户资金，减少付款人所在支付服务组织的账户资金，完成不同支付服务组织间的结算；在收、付款人层面，付款人所在的支付服务组织会减少付款人的账户资金，收款人所在支付服务组织会增加收款人的账户资金，最终完成付款人向收款人的货币资金转移。以银行卡交易为例，银行卡清算机构将清算结果传递给中央银行，付款人的开户机构和收款人的开户机构在中央银行的账簿上完成结算，同时，付款人开户银行扣减付款人账户上的资金，收款人开户银行增加收款人账户上的资金，完成整个银行卡支付。

2. 支付的本质

支付的本质是支付信息的传输和账户余额的变化，即信息流的传递和资金流的转移。现代支付活动表现为支付服务组织通过银行账户、支付工具、支付系统在不同经济主体之间完成资金转移的过程。从复杂的支付活动中可以发现，现代支付的本质是支付信息的传输和账户余额的变化，即信息流的传递和资金流的转移。通过电子报文的传输联动账户余额变更，完成了资金清算和结算。支付信息传输的过程是清算，对账户余额变动的过程是结算。清算和结算的有机统一，是现代支付很重要的特点。支付信息可以是纸质（如票据）、卡基和电子形式，通过支付清算系统（如票据交换系统、央行建设运行的大小额支付系统、SWIFT 及各国建设运营的 RTGS 等）传输，这就是清算的过程。当需要同时传输多条支付信息的时候，还存在净额清算和全额清算两种方式。现代支付清算和结算过程瞬间完成，而古代支付清算和结算的时间较长。同样是一笔个人或企业对政府的支付，如缴纳税款：在清朝，各地白银需要通过陆运、河运和海运的形式完成清算，地方银库减少转为中央银库增加完成结算；现在，运用银行卡等支付工具，电子信息传输瞬间完成清算，个人或单位账户余额同步减少，财政部门账户余额同步增加，结算亦即完成。当然，在面对面的"一手交钱，一手交货"的交易中，信息流和资金流的转移同步且瞬间完成。尽管古代支付与现代支付使用工具和方式渠道不同，信息载体和支付效率有别，但支付的本质没有改变。

3. 现代支付与近代、古代支付的差异

（1）资金转移的形式不同。古代以金属货币为主要支付手段，资金转移的形式表现为金属货币在不同地点间的搬运。这种方式需要耗费大量人力、物力和财力。近代支付以纸币（或钱庄票据）为支付手段，相对金属货币，携带便利，但仍然需要人工携带，存在安全隐患和假币风险。现代支付借助计算机和通信技术，以电子报文形式传输，具备较高的安全性和效率。

（2）时间差和空间差的存在。近代、古代支付存在时间和空间的差异（不包括"一手交钱，一手交货"的情形）。从时间角度看，近代、古代运用纸币和金属货币异地支付时,由于携带和搬运需要一定时间,支付过程不能即时完成,从付款人付出款项到收款人收妥款项,短则几天,长则需要几个月,甚至一年的时间。从空间角度看,近代、古代异地支付,资金需要从一个地方支付到另一个地方,相互间存在空间距离。而现代支付是基于计算机和网络平台的支付,突破了时间和空间限制,不存在时间差和空间差。

(3)账户余额与客户实有资金变动不能联动。近代、古代以纸币和金属货币作为支付工具,需要携带和搬运,存在时间和空间的距离,因此,收、付款人的支付信息、资金转移、账户余额不能联动,其支付活动是分阶段完成的,支付、清算和结算是分离的。现代支付是电子支付,其支付信息、资金转移、账户余额相互联动,支付、清算、结算几乎可以做到瞬间同时完成。

(二)支付清算的基本原则

支付清算源于经济交易的需要,并服务于经济交易活动。因此,支付清算需要满足安全性、便捷性、高效率和低成本四个原则。

1. 安全性

支付过程涉及资金的转移,关系到收付款人的财产安全,因此安全性是支付清算的最为基本也是首要的原则。在现代支付清算体系中,对安全性的保证主要体现在以下四个方面。第一,通过非现金支付结算方式降低了交易中货币运输、假钞鉴别、病毒传播等风险,既保障了资金安全,也保证了人身安全。第二,通过完善支付结算法律,使得支付结算在法律的框架下运作,通过对支付结算行为的管理来规范经济中的交易行为,通过法律和各种支付结算支付制度安排减少交易中的违约和违法行为。例如,中国人民银行可以通过加强银行账户管理系统,从源头上管理进入银行体系的资金,切断利用账户转移非法资金的通道。通过对银行存款与流通中现金各种支付行为的约束,防范和打击洗钱、贪污腐败、逃税漏税等不法行为,维护经济金融秩序。同时,充分利用非现金支付工具对资金交易记录的可跟踪性,可以增强征信系统的效能,改善社会信用,提高了违约违法成本。第三,现代支付结算中引入了许多支付清算模式,保证支付结算双方的利益,降低支付结算风险。例如,中央对手方的引入。所谓中央对手方是指在支付过程中,同时作为所有买方和卖方的交易对手并保证交易顺利完成的主体,一般由专门机构充当。如果买卖中的一方不能按约定条件履约交收,支付机构依照结算规则向守约方先行垫付应收资金。在这种模式下,如果中央对手方具有比交易双方更高的信用和市场地位，则可以采取盯住市场、保证金制度等方式，提高交易的履约率，降低交易风险。另外，在外汇交易中引入同时支付模式（payment versus payment，PVP）也大大降低了外汇交易中由于交易不同步产生的风险敞口。所谓同时支付是指交易双方的支付当且仅当对方支付时才发生。在外汇交易中，任何一方将本金支付给对方的时候，即暴露在是否能够完成交易合同的风险之中。如果交易采用PVP模式，就可以从机制上避免发生本金或汇兑损失，也不会导致赫斯塔特风险[①]。第四，支付技术的信息化和网络化，提升了中央银行及支付监管机构的监管能力和监管范围。通过各种技术的普遍应用，中央银行提高了量化风险的能力和对风险的预警能力，增加了有效防止区域风险扩散的措施，为及早发现流动性风险，避免信用风险演进为系统性风险提供了可能。

2. 便捷性

便捷性主要是指消费者对支付便利程度的体验。便捷性在很大出程度上是支付工具演变的重要推动力。这主要体现两个方面。一是支付工具携带的便捷性。例如，大约在10世纪末，在北宋川峡诸路出现了纸币交子。北宋交子最早在四川产生的原因是四川当时流通的货币——铁钱体积大、分量重，"行旅囊持不便"。再例如，移动支付的出现使得消费者不需要再额外携带现金、银行卡等支付工具，将原本就需要随身携带的移动通信设备作为支付工具。二是支付工具使用的便利性。例如，第三方支付将不同银行的接口统一接入第三方支付平台账户，使得用户不需要被不同金融机构五花八门的支付介质所困扰。再例如，二维码、条码支付的出现，免去了消费者找零、刷卡、输入密码、签名等烦琐的支付环节。

3. 高效率

支付清算体系的效率过低，会造成经济交易的效率低下。支付清算体系需要具备高效率，才能更好地支持实体经济发展。高效率主要体现在提高资金使用效率。例如，银行卡等支付工具的使用，减少了使用现金的数量，增加了银行的存款，增加了社会资本量。又例如，通过使用票据，流通中仅有票据在交易者之间流转，而资金在银行间周转，提高了资金的使用效率。再例如，银行间清算制度中采用多边净额模式，由清算所计算各个银行在结算时点的应付款和应收款，银行只需付出结算时点前的资金差额，而没有必要付出每一笔的资金，从而大大节约了整个经济社会需要的货币总量。

---

① 由于两个国家的支付体系不在相同时间开始运作，因此就存在这样一种风险：交易的一方执行了交易，但另一方却可能已经破产而无力交付用于补偿或冲销的货币。

另外，电子化支付系统的普及，使得在途资金数量减少。例如，中国人民银行采用支付指令逐笔实时发送、全额清算资金的方式，60秒内资金即可到账，实现了全国银行间支付资金的零在途，提高了资金的使用效率。

4. 低成本

支付是商品交易环节的重要基础组成部分，支付环节成本的降低有助于节约整个社会经济活动的成本，促进经济的发展。例如，银行卡的使用，促进了零售环节的发展，降低了整个社会的支付成本。据统计，在美国，每年搬运有形货币的费用高达60亿美元，英国则需要2亿英镑，世界银行体系之间的货币结算和搬运费用占全部管理费的5%。而采用非现金支付能够大大降低支付成本。再例如，小额支付系统可以将2 000笔支付打包发送，使得一笔支付的成本迅速下降。另外，在网络支付的情景下，支付成本的下降显著支持了互联网销售的快速发展。例如，据美国对100家大银行的统计显示，柜台交易的成本是1.07美元，电话交易约52美分，ATM交易约27美分，网络交易仅需10美分。

（三）支付清算与经济发展

支付体系之于经济社会，犹如血脉之于人体。社会资金通过支付系统输送给社会各个微观实体，满足实体的生产生活需要，畅通微观经济和宏观经济运行。经济社会越发展，支付体系越重要。安全、高效的支付体系大大加快了社会资金周转速度，提高了资金使用效益，有力地促进和支撑了经济社会发展。

1. 支付体系是金融体系的重要组成部分

作为金融体系的重要组成部分，安全、高效的支付体系对促进金融业务创新、畅通货币政策传导、维护金融稳定、实施金融监管具有重要意义。

第一，支付是金融体系的基础。金融是资金融通的活动，必然涉及一系列货币资金转移。例如，银行机构向客户贷款的过程中，无论是贷款的发放，还是利息和本金的归还，都是货币资金转移的过程；证券、保险等其他金融业务，无论产品如何设计，最后必然需要进行货币资金转移。这些金融活动过程中的货币资金转移过程必须借助现代支付体系中的账户、支付工具、支付系统等来完成。例如，现代化支付系统支持银行机构、特许清算机构、证券结算机构、中央对手等接入办理业务，通过将金融业中有关各方紧密联系在一起，加速社会资金在全国范围内的流转，提高了金融资源配置效率和使用效益。外汇交易中心可依托大额实时支付系统实时办理同业拆借市场的资金清算等业务，既支持拆借交易，加快业务处理速度，提高自己使用效率，又便于对拆借与归还情况进行监测和管理。中央国债登记结算公司的中央债券综合业务系统通过与大额实时支付系统连接，进行债券交易的资金结算，进一步提高银行间债券市场金融资产流动性，为银行间债券市场快速发展奠定了重要基础。据统计，在所有的金融服务中，大约85%的业务属于支付服务，支付扮演着越来越重要的角色。可以说，没有支付就没有金融，支付和金融密不可分。

第二，支付为金融创新提供平台和抓手。支付工具的不断创新和广泛应用，拓展了金融服务对象，延伸了金融服务领域，丰富了金融服务产品。例如，近年来，围绕票据特别是商业汇票业务开展的业务创新，诸如支票授信、票据回购、票据理财、票据资管等令人目不暇接。依托信用卡开展的创新业务，如联名卡、分期付款业务等，在方便持卡人刷卡消费的同时，还充分考虑了持卡人的其他金融需求。支付系统的建设和不断完善，提升了支付业务处理效率，为金融产品和服务的创新打开了广阔空间。例如，支付系统的建成运行，实现了与中央债券登记结算系统的连通，为银行机构依托系统开展质押融资创造了条件，丰富了银行流动性管理手段。网上支付跨行清算系统的建成运行，为随时随地随心的网上支付和移动支付创新提供了强大的平台支撑。此外，支付体系将银行、证券、保险机构、支付机构等紧密联系在一起，促进了不同机构间的竞争与合作，发挥金融体系的整体优势，提升金融服务质量，推动金融创新。

第三，有利于畅通货币政策传导。中央银行通过货币政策工具对基础货币、货币供应量、利率及金融机构的信贷活动进行调控，支付体系是货币政策有效实施的关键。一方面，支付体系的效率影响货币周转速度，进而影响社会的货币需求和供给。例如，大额实时支付系统实现每笔支付业务实时到账，跨行资金清算"零在途"，大大提升了资金周转速度；银行机构以法人为单位"一点清算"，大大减少了银行清算资金的占用，增加了银行可用资金。另一方面，支付体系的效率影响货币政策的执行效率。例如，大额实时支付系统与中央银行公开市场操作业务系统相连接，完成中央银行买卖有价证券的资金清算和结算，使中央银行通过公开市场调节货币供需的效率大大提高。此外，大额实时支付系统也为外汇交易、同业拆借市场提供快捷、低成本的资金清算和结算服务，有利于提升货币市场资金流动性，促进货币市场运作。

第四，有助于维护金融稳定。安全、高效的支付体系是经济金融稳定的重要支撑。一方面，重要支付系统作为金融市场基础设施，连接金融机构众多，处理金融市场交易金额巨大，具有系统重要性。在畅通资金汇划的同时，重要支付系统如果管理不善，也会成为流动性风险、信用风险、运行风险等风险传导的渠道，产生多米诺骨牌效应，威胁金融稳定，甚至是社会稳定。所以，世界主要国家和地区都将重要支付系统作为本国和地区金融稳定的"稳定器"予以严格管理。另一方面，安全、高效的支付体系可以保证金融体系中的证券结算系统、中央证券存管、中央对手等其他金融市场基础设施的正常运转，维护社会公众对货币体系和金融体系的信心。例如，银行间市场清算所股份有限公司业务系统通过接入大额实时支付系统，可为场外金融市场提供更为安全、高效的，以中央对手净额清算为主的金融市场现货交易和衍生品交易的本外币清算服务。

第五，有利于实施穿透式金融监管。穿透式监管就是要透过表面看清业务实质，把资金来源、中间环节与最终投向连接起来，综合全流程信息来判断业务性质，并执行相应的监管规定。支付体系对于穿透式监管具有天然的助推作用。支付体系连接金融机构，社会资金进入支付体系，就会留下交易痕迹，追溯这些交易的痕迹，就会发现这些资金的来龙去脉，从而有助于确定资金所依附的交易的本质属性、应执行的监管规定和相对应的监管措施。例如，在互联网金融活动中，有些业务混业特征明显，涉及或嵌套多项金融业务，不容易准确辨认其业务实质。分阶段看，这些业务可能符合监管要求，但通过实施穿透式监管，综合其本质和效果，就会发现其违规之处。

2. 支付体系为经济社会发展提供重要支撑

第一，提高社会资金流转速度，促进经济增长。现代支付体系的建成，大大提高了社会资金流转速度，助推我国经济社会发展。银行卡的快速发展，有利于刺激消费、扩大内需，拉动经济增长；电子支付的创新应用，广泛渗透到我国经济社会的各个角落，成为广大居民日常生活中不可或缺的支付方式，大大提高了业务效率，降低了现金保管、携带、验点等大量的社会交易成本。研究表明，银行卡支付在一个国家消费总支付中的比重每增加10%，能带动GDP增长0.5%。

第二，支持惩防体系建设，维护经济社会秩序。党的十八届三中全会提出，必须构建决策科学、执行坚决、监督有力的权力运行体系，健全惩治和预防腐败体系。支付体系对于惩治和预防腐败、促进廉洁政治具有积极作用。违法犯罪行为的涉案资金会通过支付体系进行转移或者清洗，账户实名制的实施和非现金支付工具的应用为防范这种行为提供了有力支撑。《建立健全惩治和预防腐败体系2008~2012年工作规划》明确提出，要"健全支付监管体系，完善账户管理系统，依法落实金融账户实名制"。账户实名制要求社会公众用真实身份开立和使用账户。落实账户实名制，避免开立假名、匿名账户，可以有效切断利用支付体系转移非法资金的通道。为了落实账户实名制，中国人民银行建设运行了全国联网的账户管理系统和公民身份信息联网核查系统，对不符合实名制要求的开户行为实施刚性约束和系统控制。非现金支付工具的广泛应用，使得资金一旦进入支付体系流转，就会留下痕迹，为追踪资金走向和调查案件提供重要线索，有利于遏制各类违法犯罪行为，维护社会经济秩序。

第三，培育社会信用，促进社会信用体系建设。社会信用体系的建立和完善是我国社会主义市场经济不断走向成熟的重要标志之一。账户实名制为社会信用体系建设奠定了基础，非现金支付工具的推广使用促进了社会信用体系建设。例如，信用卡具有先消费后还款的特点，广受社会公众特别是年轻朋友的欢迎，已经成为个人使用最广泛的非现金支付工具之一。持卡人在使用信用卡购买商品的同时，也在为自己积累"信用"。不良信用会在征信系统中记录，并在个人征信报告中反映，对持卡人后续办理其他金融业务产生影响。信用卡的推广和广泛使用，使个人积极关注并自觉维护良好的信用记录，对于培育社会信用、促进信用体系建设发挥了积极作用。不仅如此，自 2017 年 1 月 1 日起，买卖银行账户和支付账户、冒名开户的相关单位和个人信息也被纳入征信系统。随着信用体系建设的不断完善，越来越多的支付信用信息可以纳入征信系统，将更好地促进社会信用体系的建设和完善。

第四，落实国家政策，促进金融普惠和社会综合治理。发展普惠金融是党的十八届三中全会提出的一项重要任务。普惠金融是指将金融普遍惠及所有群体，特别是向贫困地区、少数民族地区、偏远地区及残疾人和其他弱势群体提供金融服务。中国人民银行积极响应国家普惠金融工作部署，组织开展全国农村地区支付服务环境建设，通过延伸支付清算网络覆盖范围、推出农民工银行卡特色服务、银行卡助农取款服务、试点手机支付等工作举措，不断改善农村支付服务环境，打通农村金融服务的"最后一公里"，实现农民足不出村办理取款和相关缴费业务，保障了国家助农惠农政策的落实和"精准扶贫"的实施。配合国家"一带一路"倡议、人民币国际化和"走出去"重大发展战略实施，中国人民银行组织建设人民币跨境支付系统，使人民币跨境支付更加安全、高效。在促进社会综合治理方面，支付体系也发挥了重要作用。为有效预防和打击电信网络新型违法犯罪，中国人民银行以维护广大人民群众的财产安全为出发点，充分发挥支付体系连接广大金融机构的优势，深化系统治理、强化源头治理，从账户实名制、转账管理、银行卡业务管理、紧急止付和快速冻结等方面，采取 ATM 转账延迟 24 小时到账、个人在同一银行只能开立一个 I 类户等多项管理措施，筑牢支付结算领域的安全防线，遏制电信网络新型违法犯罪高发态势，取得显著成效。

二、支付清算功能与技术进步

(一) 早期文明、技术进步与支付清算

1. 文字、数字发明

在货币产生之前，信贷体系的支付清算主要依靠文字和数字记录。货币不仅让债务得以存在，而且货币和债务如影随形。David Graeber（2012）等学者指出，在社会群体和市场的经济活动中，每个人都处于负债状况，只是负债的形式各不相同，并且绝大多数交易并不需要使用货币。大部分的经济学史研究中，通常认为借贷晚于货币出现，部分原因在于硬币易于保存，在考古出土的文物中总能找到它们。对传统经济学史而言，最具冲击力的地方来自于文字的记录，首先是埃及的象形文字，其次是美索不达米亚平原的楔形文字。这两种文字记录的出现，将学者对于书面记录历史出现的时间认知提前了将近 3000 年。这些记录清晰地显示，信贷体系的出现要比铸币早几千年。

苏美尔经济由寺庙和王宫的日常运作主导，工资、租金和税收等均以锡克尔（银的计量单位）计算和支付①。因此，银并不同于我们所理解的一般意义上的货币。苏美尔人采用的是受管制的计划经济，所以锡克尔的主要是作为官僚的记账手段，用特定的符号在账本上记录每一笔交易。银没有广泛流通，而是被小心地保存在金库里。如果有人要付款给王宫，也没有必要使用银块，而是会使用以锡克尔标记价值的大麦、羊毛或其他商品。除王宫之外的大多数市场交易以信贷的形式完成，例如，酒钱可以等到丰收时用一定数量的大麦支付。

大约在公元前 3100 年，在美索不达米亚的乌鲁克，出现了一项具有决定意义的创新成果。计数开始不再继续使用一系列的代符，而是在柔软的泥板上刻下这些代符。大型债务以楔形文字记录，然后装入陶土信封，盖上借方印章。债权人将保存该信封，

---

① 在苏美尔人的国家中，最显著的标志是成群的神庙和宫殿的综合体。在其中就职的人员数以千计：牧师和官员、在他们的作坊中干活的手工业者及在他们的庞大的庄园中干活的农民。虽然古代的苏美尔人一般都归入数量众多的独立城邦中，但是到了大约公元前 3500 年，美索不达米亚文明开始出现，神庙的管理者们似乎发展出了一套单位统一的会计体系。实际上，从某种意义上说，这一体系至今仍然存在，因为正是苏美尔人发明了"打"这个计量单位，并创造了 24 个小时为一天的计时法。他们最基本的货币单位是银锡克尔（古巴比伦、希伯来的重量单位，约合半盎司，或 14 克）。人们规定，重量等于 1 锡克尔的银，等价于 1 戈，即 1 蒲式耳大麦。1 锡克尔等于 60 米那斯，1 米那斯等于一份大麦。

等到债务偿还之日再打开。如果承诺债务偿还给黏土版的持有者,而不是某个确定的人,也可以将该黏土版出售给他人,从而将债权转让给他人。这些封存的文件似乎发挥了我们今天所说的可转让票据的作用,这是因为泥板里并不是简单地记录着借款人偿还出借人的承诺,而且还是针对"持有者"的。一块记载着 5 锡克尔白银债务的泥板,可以在流通中等同于一张 5 锡克尔的承付票,也就等同于货币。

促进文字发明本身就是个巨大的成就,而美索不达米亚经济增长的多样性,则意味着不断有压力在促使人们发明更有效、更灵活的技术。在书写发明后不久,另一个巨大的改进出现了,人们不用再写上 5 个绵羊符号来表示 5 只羊,数字 "5" 和 "绵羊"这个类别分别有了两种符号。现在,计数只需要两个符号,而不是原来的 5 个。文字和抽象数字的发明为记账这种社会型技术做好了铺垫。

2. 金属冶炼技术

金属硬币的发展使得货币变得更加便于使用。硬币体积小,而且权威机构最终规定了硬币的价值。硬币促进了人类协作的进行,是交换这一演化推动因素的产物。如同旧石器时代的手斧在数千年的岁月中逐渐改进一样,硬币也在持续不断地改进,以使交易可以更加便捷、高效地进行下去。从用锤子进行打制到自动化按压,铸币技术不断进步。从公元前 7 世纪开始,铸币工匠便使用融化的金属铸成尺寸相对比较标准的金属圆片,再进行手工打制。古典时代晚期和中世纪早期,铸币工匠会把金属板裁成一个个圆形,再将其置于一个模子之中,用锤子击打。到了 16 世纪的法国,人们开始使用螺旋压片技术。人们在由马匹或水力驱动的轧钢厂将金属变得平整,再进行裁剪。随后,人们把金属片置于一个模子之中,再使用巨大的螺旋压力机制成硬币。19 世纪又开始使用蒸汽动力的机械。随着铸币技术的发展,硬币上的符号变得越来越复杂,人类开始把各式各样、带有多种含义的符号装饰在硬币上,如国王或女王的形象、建筑形象和艺术作品等。

3. 造纸术与印刷术

随着造纸术和印刷术等的发展,货币形态进一步发生了改变,为纸币的出现提供了重要动力和技术支撑。造纸术是中国四大发明之一,根据考古发现,西汉时期(公元前 206 年~公元前 8 年)中国已经有了麻质纤维纸,但质地粗糙、数量少、成本高、不普及。东汉时期的蔡伦通过扩大造纸原料的来源改进了造纸技术,并将制造出来的优质纸献给汉和帝。此后,造纸技术和纸张广为流传。与纸的使用一样,中国印刷术的出现也非常早。隋唐时,我国人民已经发明了雕版印刷术。到了宋朝,造纸术和印刷术得到了较大的改进。纸币也在这个时期应运而生。

大约在 10 世纪末，在北宋川峡诸路出现了世界上最早的纸币交子。交子是四川方言，"交"字是交合的意思，指合卷取钱。北宋时交子最早在四川产生，主要有几方面的原因。第一，当时四川偏处一隅，免遭唐末五代时兵燹之灾，社会长期安定，商品经济繁荣，需要纸币代替铸币。第二，当时四川流通中使用的货币铁钱体积大、分量重、价值低，"行旅囊持不便"。在当时的四川，买 1 磅盐需要花费 1.5 磅铁钱。第三，四川悠久的信用事业为交子的产生创造了条件。第四，则正是造纸术和印刷术的技术支持。宋代四川高度发达的造纸、印刷技术和雕版印刷业为交子的产生准备了有利的技术条件。

交子的出现不仅改变了支付工具的形态，也促成了汇兑票据清算的雏形。1005年，政府开始介入交子的发行，成都知府张咏采取了一系列措施规范票据的发行。只有 16 家商号被授予交子的本票垄断印刷权。客户可以在商铺中存下现金，然后获得一份纸质收据，即交子，参与交易的商人将以其作为支付工具替代现金。这些吸收存款的场所被称为"柜坊"。这些一手收据的一部分是印刷好的，同时附有一些类似于现代支票的空白槽用来填写存款数额。顾客若想拿回繁重的铁钱，可以从最初的商人那里或者在其参与的任何交易中兑换交子，因为人们都认可这些收据凭证的使用规则。赎回是需要支付费用的，发行商会使用一些印记或设计表明是哪个柜坊发行了这张票据。这将使负责赎回的柜坊可以从交子的发行柜坊转入被赎走的现金，这一过程实际上就是柜坊间的票据清算。

几乎在相同的时期，意大利商人间流行着一种兑换证书，甲地兑换商收取商人货币后，向商人签发兑换证书，商人持此证书，向兑换商在乙地的分店或者代理机构请求支付款项，支取乙地通用的货币。这种兑换证书可以说是一种较为发达的票据，这种由货币兑换商签发的兑换证书与现代的本票和汇票十分接近。

（二）现代科技与支付清算方式

现代支付工具主要包括纸基支付工具和电子化支付工具两类。防伪技术的发展是现金、票据等纸基支付工具流通和使用的技术基础。电报和电话等无线电通信的发展产生了电汇，促进了汇兑业务的发展。与此同时，新的通信技术、计算机技术、互联网技术等技术的发展使得传统的纸基支付工具，如支票的处理方式向电子化方向发展，票据影像技术和电子票据的引入提高了票据处理效率，节约了成本，打破了票据使用的地域限制。相比之下，纸基支付处理过程依赖人力、机械处理设备、建筑及地面或空中的运输网络。电子支付处理过程则主要依赖计算机设备、通信网络及ATM、POS等终端设备。

1. 防伪技术

防伪技术是能对伪造行为起到遏制作用的某种手段，它能增加伪造的难度和成本，或降低伪造的仿真度。防伪技术的应用最早仅局限于货币、各种有价证券及可能危及社会公共安全的特种行业。近年来，由于假冒活动日益猖獗，出于防范的需要，防伪技术越来越受到各国名牌产品企业的重视，激光全息防伪技术、各种防伪油墨（如荧光油墨、温变油墨、湿变油墨等）等常规的防伪技术得到广泛应用，同时，各国竞相开发技术含量高、信息量大、保密性强、不可逆变、不可复制的新防伪技术和产品，并应用到各种类型商品的商标、标识和包装上。现代纸基支付工具的防伪工具主要包括以下四种。

（1）专用纸张。专用纸张主要原材料是棉、麻纤维和高质量的木浆，具有光洁坚韧、耐磨力强、挺度好的特点，制成的钞票纸没有蓝白荧光反应。而普通纸张是用稻草、麦草或废纸这些原料制成的纸浆直接抄出来纸，其光泽度和亮度达不到书写或印刷的要求，因此需要在抄纸时加入一种化学原料，即荧光增白剂，在特定波长的紫外光照射下能出现明亮的蓝白荧光物质，发白发亮，这就是荧光反应。但需要指出，真币在放入洗衣粉溶剂中漂洗后，由于洗衣粉中含有增白剂成分，纸张会染上增白剂，所以，在紫外光下，也可能出现荧光反应。

（2）水印。水印是造纸时通过预制模具、改变纸浆纤维密度方法制成，它是在造纸过程中已制作成型，而不是后来压印上去或印在钞票表面的。因此，水印图案有较强的立体感、层次感和真实感。实际上，水印是在光照下因纸张的密度有规则变化而出现的图案。纤维密度高的地方，透光性差，水印较暗。相反，纤维密度低的地方，透光性好，水印较清晰。按其在票面的分布情况分为固定水印和满版水印，按其透光性分为多层次水印和白水印。

（3）安全线。安全线是在抄纸过程中形成，在纸张的特定位置埋入，特制的又窄又薄的金属线或不同颜色的聚酯类塑料线、缩微印刷线、荧光线等。对光观察时可见一条完整或断续（开窗）的线埋藏于钞纸中。

（4）彩色纤维丝、无色荧光纤维。纤维是在纸浆中加入的，现在多使用动植物纤维或化学纤维。彩色纤维是预先将一些特殊纤维染上颜色，在抄纸过程中将这些纤维按照一定的比例加到纸张中,这些纤维与纸张的其他纤维紧密结合,在纸张表面即可看到并可挑出,而无色荧光纤维只有在紫外灯光下才能看见。

2. 通信技术

近代通信技术产生于 1835 年,这一年莫尔斯(S. F. Morse)发明了电报。1837 年,莫尔斯电码的出现使得莫尔斯电磁式有线电报问世。1886 年,马可尼发明了无线电报机。1876 年,贝尔(A. G. Bell)发明了电话机。1878 年,人工电话交换局出现。1892 年,史瑞桥自动交换局设立。1912 年,美国艾默生(Emerson)公司制造出世界上第一台收音机。1925 年,英国人约翰·贝德发明了世界上第一台电视机。19 世纪 30 年代,控制论、信息论等理论形成。

最近 50 年,通信技术包括了数据传输信道的发展、数据传输技术的发展和 20 世纪 80 年代后的多方向发展。数据传输信道的发展包括同轴电缆、双绞线、光纤、越洋海底电缆、微波信道、短波信道、无线通信和卫星通信等。数据传输技术的发展包括基带传输、频带传输及调制技术、同步技术、多路复用技术、数据交换技术、编码、加密、差错控制技术和数据通信网、设备、协议等。20 世纪 80 年代后,电报发展为用户电报和智能电报,电话发展为自动电话、程控电话、可视图文电话和 IP 电话。同时还出现了移动无线通信、多媒体技术和数字电视等多种通信技术。干线单光波传输速率从 2.5Gbps 增加到 1Tbps,每 10 年增加 10 倍。通信领域发展最快的是无线通信,30 多年里,已从模拟移动通信的第一代,经过数字电路交换的第二代(2G)、宽带分组交换的第三代(3G),发展到宽带多媒体分组交换的第四代(4G),高速移动通信带宽已经达到 100Mbps。

3. 计算机技术

20 世纪 30 年代,研制电子计算机的条件已经具备:一是有了早期计算机提供的技术基础;二是电子技术已经发展起来;三是军事上有迫切需要。电子计算机的诞生成为历史的必然,军事上的迫切需要则是电子计算机诞生的直接原因。第二次世界大战期间,随火箭技术、原子能技术等技术的迅猛发展,急需解决的复杂问题越来越多,有些问题要求短时间内进行几万次甚至几百万次运算,计算的精确度要求也越来越高。不仅人力难以满足这些需求,就是继电器式计算机也难以胜任。这就要求用电子计算机取代继电器式计算机。制造电子计算机的关键是用电子真空元件替代电器元件。这时,三级热电子真空管已经出现,用它来控制电流开闭的速度比继电器要快一万倍,意味着使用电子管可以大大提高计算机的速度,于是一些科学家投入电子计算机的研制中去。

第一台电子计算机的主要设计和制造者是美国的莫希利。1942 年 8 月，莫希利在题为《高速电子管计算装置的使用》的报告中，提出了设计、制造计算机的方案。这台机器被命名为"电子数值积分计算机"，简称 ENIAC。这是人类历史上第一台电子计算机，实际耗资 48 万美元，占地 170 平方米，重 30 吨，每秒运算次数为 5 000 次。1945 年 6 月，冯·诺伊曼等人提出了一个全新的存储程序通用电子计算机方案（离散变量自动电子计算机，EDVAC），其核心思想是将程序用二进制编码与数据一样存于计算机中。EDVAC 方案是目前一切电子计算机设计的基础，被称为冯·诺伊曼结构。1959 年，菲尔克公司研制出第一台大型通用晶体管计算机，计算机进入了第二代。1964 年 4 月，IBM 宣布研制成功 360 系列计算机，是历史上获得最大成功的通用计算机系列。20 世纪 70 年代，开始采用大规模和超大规模集成电路，美国研制的 ILLIAC-IV 阵列计算机是使用大规模集成电路作为逻辑元件和存储器的计算机，它标志着计算机的发展进入了第四代。20 世纪 80 年代，个人计算的诞生和发展，大大加速了计算机的普及。

4. 互联网技术

互联网（Internet），据音译也称"因特网"，是指一系列世界范围内可到达的计算机网络，无论是政府、公司、研究机构、民间团体，还是个人，只要可以在标准的互联网协议（Internet Protocol，IP）下利用包交换技术传递数据，就构成互联网的一部分。互联网的出现极大地改变了人类沟通交流的方式，信息可以瞬间到达互联网延伸到的任何一个地方，也为货币电子化及电子汇兑清算提供了信息传输的基础设施。

20 世纪 60 年代末，美国国防部的高级研究计划局（Advanced Research Projects Agency，ARPA）为了能在战争中保障通信联络的畅通，建设了一个分组交换试验军用网，称作"阿帕网（ARPANET）"。1969 年正式启用，连接了 4 台计算机，供科学家们进行计算机联网试验用。20 世纪 70 年代，ARPANET 已经有几十个计算机网络，但是每个网络智能在网络内部互联通信。为此，ARPA 又开展了用一种新的方法将不同的计算机局域网互联的研究，形成互联网，当时称为 Internetwork，简称 Internet。在研究实现互联的过程中，计算机软件起了主要的作用。1974 年，美国国防部高级研究计划局的卡恩（Kahn）和斯坦福大学的瑟夫（Cerf）开发了 TCP/IP 协议，其中 IP 是基本的通信协议，TCP 是帮助 IP 实现可靠传输的协议，并定义了在电脑网络之间传送信息的方法。ARPA 在 1982 年接受了 TCP/IP，选定 Internet 为主要的计算机通信系统，并把其他的军用计算机网络都转换到 TCP/IP。1983 年，ARPANET 分成两部分：一部分军用，称为 MILNET；另一部分仍称 ARPANET，供民用。TCP/IP 具有开放性，任何厂家生产的计算机都能相互通信，由此使 Internet 得到迅速发展。

1986 年，美国国家自然科学基金组织（NSF）将分布在美国各地的 5 个为科研教育服务的超级计算机中心互联，并支持地区网络，形成 NSFNET。1988 年，NSFNET 替代 ARPANET 成为 Internet 的主干网。NSF 主干网利用 TCP/IP 技术，准许各大学、政府或私人科研机构的网络加入。1989 年，Internet 从军用转向民用。1992 年，美国国际商用公司（IBM）、微波通信公司（MCI）、MERIT 网络公司三家联合组建了一个高级网络服务公司（ANS），建立了一个新的网络，叫作 ANSNET，成为 Internet 的另一个主干网，使 Internet 开始走向商业化。

三、支付清算对技术的要求

（一）支付清算安全性保障技术

安全性是支付清算体系需具备的首要条件。而电子支付系统运行在封闭的金融专用网络或开放的网络平台，特别是在互联网、移动通信网、固定电话网络、电视网络等开放平台上运行，不可避免地带来了相应的安全问题。为了保证电子支付的安全性，可以利用一系列以信息技术为基础的安全协议和身份认证等信息加密技术满足电子支付系统的安全需求。

1. 信息加密技术

信息加密技术是电子支付活动中采取的主要安全技术手段。信息加密的途径是通过密码技术实现的。密码技术的基本思想是伪装明文以隐藏它的真实内容，即将明文 X 伪装成密文 Y，伪装的操作称为加密。加密时所使用的信息变换规则称为密码算法。在将明文转为密文或将密文转换为明文的算法中所采用的参数则称为密钥。采用密码技术可以满足信息保密性的安全需求，避免敏感信息泄露。

密码技术是保护信息的保密性、完整性、可用性的有力手段，它可以在一种潜在的不安全环境中保证通信及存储数据的安全，密码技术还可以有效地用于报文认证、数字签名等，以防止各种电子欺骗。密码技术是认证技术及其他安全技术的基础，也是信息安全的核心技术。常用密码技术可分为对称加密技术、公开密钥加密技术和数字信封加密技术三大类。

2. 数字签名技术

数字签名（Digital Signature）就是附加在数据单元上的一些数据，或是对数据单元所做的密码变换。这种数据或变换允许数据单元的接收者用以确认数据单元的来源和数据单元的完整性并保护数据，防止被人（例如，接收者）进行伪造。它是对电子形式的消息进行签名的一种方法。数字签名的主要功能是保证信息传输的完整性、发送者的身份认证、防止交易中的抵赖发生。数字签名技术是在虚拟环境中确认身份的重要技术，用以代替现实过程中的"亲笔签名"，在技术和法律上有保证。

数字签名技术是结合消息摘要函数和公钥加密算法的典型应用，主要应用在数字证书和交易通讯过程中。数字签名的实现过程是将信息摘要或其他与数据内容有关的变量用发送者的私钥加密，完成对数据的合法"签名"。然后将签名与原文一起传送给接收者。数据接收者只有用发送者的公钥才能解密被加密的摘要信息，然后用HASH函数对收到的原文产生一个摘要信息，与解密的摘要信息对比，以确认签名的合法性。这样通过对数据签名的验证，就可以检验签名前的信息内容在传输过程或分发过程中是否已被篡改，并且还可以确认发送者的身份。

3. 身份认证技术

在非面对面的电子支付活动中，身份认证是最重要的一种安全保障。身份认证技术通常包括两方面的内容，一个是识别，另一个是验证。识别，就是要明确用户是谁。验证，就是在用户声称自己的身份后，认证方还要对它所声称的身份进行验证，以防假冒。这两方面的内容都要求不同的支付活动参与者应具有不同的识别符。支付活动的开展必须对每个合法的用户都要有识别和验证能力，并且要保证识别和验证的有效性。一般来说，用户的身份认证可通过以下五种基本方式或其组合方式来实现。

（1）基于账户的身份认证。传统的认证技术主要采用基于账户的认证方法。系统为每一个合法用户建立一个账户名/口令对。当被认证对象要求访问提供服务的系统或使用某项功能时，提供服务的认证方要求被认证对象提交该对象的账户名和口令。认证方收到口令后，将其与系统中存储的账户口令进行比较，以确认被认证对象是否为合法的访问者。

（2）基于物理证件的身份认证。基于物理证件的身份认证是一种利用授权用户所拥有的某种东西（磁卡、IC卡）来进行访问控制的认证方法。物理证件是一种个人持有物，其作用类似于钥匙用于启动信息系统。比较常用的是一种嵌有磁条的塑料卡，磁条上记录有用于机器识别的个人信息。这类卡通常和个人识别号（PIN）一起使用。

这类卡易于制造,而且磁条上记录的数据也易于转录,因而安全性不高。为了提高卡片的安全性,现在普遍使用 IC 卡来代替传统的磁卡。

(3)基于人体生物学特征的身份认证。基于人体生物学特征的身份认证又称为生物识别,是通过人类生物特征进行身份认证的一种技术。人类的生物特征通常具有唯一性、可以测量或可自动识别和验证、遗传性或终身不变等特点,因此生物识别认证技术较传统认证技术存在较大的优势。

(4)基于数字证书的身份认证。在电子支付的各个环节,支付各方都需验证对方身份的合法性,从而解决相互间的信任问题。基于数字证书的身份认证是其中一种重要方式。数字证书大多由独立的证书授权中心发行,是一种权威性电子文档,具有唯一性和可靠性,可作为各类实体(持卡人/个人、商户/企业、网关/银行等)进行信息交流及商务活动的身份证明。

(5)基于手机的身份认证。基于手机的身份认证是依赖于手机这个载体,实现电子支付过程中的身份识别问题。它有两种方式实现。一是电子支付系统在交易过程中向用户手机发送验证码,用户将收到的验证码录入支付界面,以进行身份验证。二是在用户的手机中预置数字证书,支付系统通过验证手机上的数字证书来进行身份验证。

4. 安全协议

电子支付是电子商务活动的核心内容。只有建立在加密技术和认证技术的基础上,才有可能构筑一个安全的电子交易模式。在电子支付过程中,如何采用加密技术和认证技术保障支付安全就形成了不同的在线支付安全协议。这些在线支付安全协议也是认证中心的基础,保障了电子支付过程中各类信息交互的数据保密性、完整性、一致性和不可抵赖性。

目前主要有两种安全在线支付协议被广泛采用,即安全套接层 SSL(Secure Sockets Layer)协议和安全电子交易 SET(Secure Electronic Transaction)协议。它们都是成熟和实用化的协议,能为电子支付提供有力的安全保障。SSL 安全套接层协议是由网景公司 1994 年底研发制定的基于 WEB 应用的安全通信协议,它能够对信用卡和个人信息提供较强的保护。该协议及后续的作为 Internet 标准的 TLS(Transport Layer Security,传输层安全)是安全访问 Web 服务器的最重要的标准。SET 协议是为了在 Internet 上进行在线交易时保证信用卡支付的安全而设立的一个开放的规范。SET 是由 MasterCard 和 Visa 及其他一些业界主流厂商联合推出的一种规范,用来保证公共网络上银行卡支付交易的安全性。

(二) 支付清算便捷性保障技术

大数据、云计算、人工智能和物联网等技术的逐步应用和发展，对支付清算行业产生了深刻的影响，即支付载体更加多元化。传统交通、家居、医疗等领域智能化程度不断提升，逐步形成新的支付场景，汽车、家用电器、可穿戴医疗设备等向新型支付载体演变。支付流程更加无感化。借助智能设备和系统，用户身份和行为可被自动捕捉、分析并验证，使得支付体验更加流畅。

(三) 支付清算效率提升技术

1. 区块链

区块链有利于降低支付成本和提高效率，有效防范交易对手间的信用风险和因此带来的系统性风险。利用区块链作为底层技术实现支付清算，以链表格式存储交易数据，将会大幅降低区块链的磁盘存储空间利用效率，极大提高支付清算系统利用率。

2. 人工智能

人工智能提高支付运营效能。通过现实人脸图像与联网核查图像、客户身份证图像交叉比对，由人工智能算法引擎完成身份认证，从而加强了金融服务供给、提升了金融服务效率、提高了支付运营效能。一方面，通过人工智能自动化程度可以提高客户验证的效率。同时，通过"人工智能＋区块链技术"可实现数字化身份信息的安全、可靠管理，在保证客户隐私的前提下提升客户识别的效率并降低成本。通过程序化记录、储存、传递、核实、分析信息数据，可省去大量人力成本、中介成本，提高准确性和安全性，所记录的信用信息更为完整、难以造假。另一方面，通过人工智能技术，设计支付结算系统智能选择入款、出款渠道，从而提高支付成功率，降低网关成本。网关会通过自动化、智能化分析用户选择的支付方式确定用来完成该操作合适的支付渠道。综合考虑收费、渠道的可用性等因素，通过深度学习算法、知识图谱计算来选择最优方案，如实现网上支付智能化。

(四) 支付清算成本控制技术

1. 电子支付技术

非现金支付工具又可分为纸基支付工具和电子支付工具两大类。传统的纸基支付工具主要是票据，由支付、汇票和本票等构成。纸基支付处理系统起初经历了很长时间才达到明显的规模经济效益。但由于纸基支付主要依赖机械设备和地面或空中的运输网络，从而对交换点的空间分布很敏感，导致这类经济的规模效益下降。电子支付处理系统属于资本密集型，其启动成本很高，当受理的业务规模较低时，单位处理成本高于纸基支付系统的相应成本。电子支付系统的规模经济取决于集中化程度，又依赖于通信链路和计算机处理的相对成本和规模经济。随着通信成本的下降，电子支付处理的集中化会变得越来越经济有效，规模经济也会相应提高。

计算机技术和通信技术等新技术在促进纸基支付向电子支付的转化中，大幅降低了支付清算成本。支票的处理技术经过了完全人工跑票、人工清点和交换，到使用票据清分机，再到支票支付信息的电子化提交。目前，已有不少国家和地区采用了票据影像截留技术进行支票交换。中国于2007年建成并运行了全国支票影像交换系统，运用票据影像截留技术实现了支票在全国的流通。电子支付工具或电子支付形式由于通信技术的发展和大容量、高速度计算机的运用，处理成本大大下降。根据 Bauer 和 Hancock（1995）、Bauer 和 Ferrier（1996）研究发现，1989年以来，技术变化对美国 ACH（自动清算所）资金转移成本的影像达到每年降低约10%，而美国联邦资金转账系统（Fedwire）自20世纪90年代中期投入运行以来，使其服务成本每年下降8%。

2. 联盟区块链

银行间基于联盟区块链技术的点对点支付方式，可以全天候支付、实时到账、提现简便及没有隐形成本，有助于降低跨境电商资金风险及满足跨境电商对支付清算服务的及时性、便捷性需求。同时，因为不再需要中转银行，支付网络维护费用被取消，更多提供汇兑服务的竞争方同时竞价，降低了汇兑成本。区块链可以降低差错和人工作业成本，实现系统数据的实时审计和合规检查，导致在全球范围内区块链应用于B2B跨境支付与结算可以使每笔交易的成本从约26美元下降到约15美元。

第二节 现代支付清算体系

一、现代支付清算体系概述

（一）现代支付清算体系的概念

尽管清算可以通过金融机构之间建立双边清算协议实现，但随着金融机构相互间关系的复杂化，依靠双边清算关系已经难以完成越来越复杂的清算职能，出现了专门提供清算服务的组织和支付系统。支付清算系统顺利运转，债权债务关系得到及时清算是商品交易、劳务供应、金融活动和消费行为顺利进行的保证，而由私人机构提供支付清算服务并不能保证系统总是顺利运转。中央银行在资产负债业务运作中必然与金融机构之间产生债权债务关系的清算。同时，由于中央银行非营利性质和垄断货币发行的特殊地位，因此，中央银行不存在信用风险和流动风险，并接受商业银行的法定存款准备金。金融机构都愿意在中央银行开设账户，从而为金融机构间的清算创造了便利。因此，在实施中央银行制度的国家，通常由中央银行提供支付清算业务。

中央银行支付清算业务是指中央银行作为一国支付清算体系的参与者和管理者，通过一定的方式和途径，使金融机构之间的债权债务清偿和资金转移顺利完成，并维护支付系统的平稳运行，从而保证经济活动和社会生活的正常进行。中央银行的支付清算体系是中央银行向金融机构及社会经济活动提供资金清算服务的综合安排。

（二）现代支付清算体系的构成

现代中央银行支付清算体系的构成包括清算机构、支付系统和支付清算制度。

1. 清算机构

清算机构是为金融机构提供资金清算服务的中介组织，在支付清算体系中占有重要位置。票据交换所是最典型和传统的清算机构，此外还可以采取清算中心和清算协会等组织形式。从经营形态来看，清算机构既有私营的，也有政府主办的。从业务的地域范围来看，既有全国性的，也有地区性的，甚至还有国际性的。清算机构一般实行会员制，会员必须遵守参与清算活动。一般来说，清算机构通常同时经营支付系统。

2. 支付系统

支付系统是由提供给支付清算服务的中介机构和实现支付指令传送及资金清算的专业技术手段共同组成的，其职能是实现债权债务清偿及资金转移。由于债权债务清偿及资金转移关系到经济活动能否顺利进行，因此支付系统的任务是快速、有序、安全地实现货币所有权在经济活动参与者之间的转移。

同时，支付系统运行关系到货币政策的实施，对稳定货币、稳定金融与稳定市场具有至关重要的影响。因此，第一，为了防止由于各种突发事件对支付系统造成的风险，各国中央银行对支付系统的建立和运行过程实行监督，如对私营清算机构的开业进行审批、对操作规程进行审核等。第二，中央银行直接拥有和经营大额支付系统，以保障支付的安全性。

3. 支付清算制度

支付清算制度是关于结算活动的规章政策、操作程序、实施范围等的规定和安排。中央银行作为货币当局，有义务根据国家经济发展状况、金融体系构成、金融基础设施及银行业务能力等，与有关部门共同规定支付清算制度。特别是金融机构之间为办理客户委托业务和为自身的债权债务清偿而进行资金划转的同业清算业务已经在社会支付清算业务中占据极大的部分。因此，同业间一旦出现清算障碍将酿成灾难，将危及金融稳定。各国中央银行应对同业间清算的制度建设、系统设计、操作规则等予以高度重视，并赋予中央银行管理监督的职权，很多国家中央银行不仅制定同业间清算制度、设计支付系统结构和运行模式、审核支付系统操作规则，还直接提供清算服务。

（三）现代支付清算体系的作用

1. 组织票据交换清算

同城银行间的资金清算，主要通过票据交换所进行。根据票据交换理论，在多家银行参加票据交换和清算的情况下，各行应收差额的总和一定等于各行应付差额的总和。票据交换所在有些国家是由各银行联合举办的，在有些国家是由中央银行直接主办的。无论哪种情况，票据交换的应收、应付款最后都得通过各银行或清算机构在中央银行的账户完成差额清算。20世纪70年代，美国率先利用电子化和自动化技术实现了支票的自动交换，极大地提高了清算效率。我国目前也基本实现了同城票据交换的电子化。

2. 办理异地跨行清算

异地银行之间远距离的资金划拨都由中央银行统一办理。由于各国使用的票据和银行组织方式不同，异地资金划拨的具体清算做法也不一样，一般有两种类型。一种是先由各商业银行等金融机构通过内部联行系统划转，然后由它们的总行通过中央银行办理转账清算；另一种是直接把异地票据集中送到中央银行总行办理轧差转账。

3. 为私营清算机构提供差额清算服务

在有些国家，存在多种形式的私营清算组织，它们拥有支付网络系统，为经济交易和消费活动提供不同形式的支付结算服务。为了实现清算机构参加者间的差额头寸清算，很多清算机构乐于利用中央银行提供的差额清算服务，中央银行通过对相关清算各方的账户进行资金划拨而完成最终清算。例如，美国1980年的《货币管理法》

中规定:"联储机构对各存款机构的清算服务收取一定费用。"由此促进了私营清算机构的发展,起到了鼓励公司行业竞争,节约使用结算设施、提高结算效率的目的。美国同时也拥有世界上最大的私营支付清算系统,CHIPS 的资金清算最终就是通过中央银行完成的。

4. 提供证券和金融衍生工具交易清算服务

由于证券和金融衍生工具交易不同于一般经济活动的债权债务清算,为其提供结算服务的支付系统是专门设立的。尤其是涉及中央银行公开市场操作效果的政府证券,更是备受中央银行的关注,有些中央银行甚至直接参与其支付清算活动。

5. 提供跨国支付服务

随着国际贸易、投资和民间往来的增多,国际的资金转移和债权债务清偿业务量迅速扩大。中央银行除为本国经济与金融活动提供支付清算服务外,在国家的对外支付结算和跨国支付系统的网络建设中也发挥着十分重要的作用。

二、现代支付结算工具

(一)现金支付

1. 现金在支付中的作用

现金是指收、付款人直接用现金进行货币收付,清偿债权债务的行为。其特点是"支付面对面""一手交钱,一手交货""钱货两讫",支付过程瞬间完成,不需要银行等中介组织和支付清算系统的参与。在中国,现金结算受现金管理制度的制约,限于个人之间和单位之间结算起点以下的零星收支,以及单位对个人的有关开支。

2. 现金类支付工具

现金是指各主权国家法律确定的,在一定范围内立即可以投入流通的交换媒介,具有普遍的可接受性,可以立即用来购买商品、货物、劳务或偿还债务。根据《金融大辞典》中的定义,现金是具有现实购买力或清偿力的现行通货或法定通货。在现代支付体系中,现金包括铸币、纸币和信用货币。我国的现金指人民币,包括纸币和金属辅币。广义上,现金除纸币和金属辅币外,还包括活期存款及可转让存单等。从支付结算工具的角度来讲,本章所讨论的现金是狭义上的现金,活期存款和可转让存单属于非现金类支付工具。

（二）非现金支付工具

1. 银行卡基支付

银行卡是按照一定的技术标准制成的，由发卡机构向社会公开发行的，载有发卡单位和持卡人信息，具有消费信用、转账结算、存取现金等全部或部分功能的，作为结算支付工具的各类卡的统称。银行卡是具有通用支付功能的电子支付工具，一般按其功能划分可分为借记卡和信用卡。借记卡是指由商业银行向社会发行的具有消费信用、转账结算、存取现金等全部或部分功能的支付工具，不能透支，即具有现金提取和支付服务功能的卡。信用卡是由银行或信用卡公司向资信良好的个人和机构签发的一种信用凭证，持卡人可在指定的特约商户购物或获得服务。信用卡既是发卡机构发放循环信贷和提供相关服务的凭证，也是持卡人信誉的标志，可以透支，即具有支付与信贷服务功能。

狭义的银行卡是特指由商业银行发行的银行卡。中国人民银行1999年1月印发的《银行卡业务管理办法》将银行卡定义为：由商业银行（含邮政金融机构）向社会发行的具有消费信用、转账结算、存取现金等功能或全部功能的信用支付工具。银行卡包括信用卡和借记卡，信用卡按是否向发卡银行交存备用金分为贷记卡、准贷记卡两类。广义的银行卡是指由商业银行、非银行金融机构（含保险、邮政金融机构）或专业发卡公司（统称为发卡机构）向社会发行的具有信用透支、消费结算、转账支付、存取现金等全部或部分功能的信用凭证和支付工具。

2. 票据支付

票据有广义和狭义之分。广义的票据包括各种有价证券和商业凭证，如股票、国库券、发票、仓单等。狭义的票据，在中国，仅指票据法所规定的票据，也就是出票人约定自己或委托付款人在见票时或指定的日期向收款人或持票人无条件支付一定金额并可以流通转让的有价证券，包括汇票、本票和支票。

票据是一种历史悠久的非现金支付工具，它的主要特征是：其一，票据不是法定货币，发行者可以是信用机构，也可以是工商企业，还可以是个人。其二，鉴于票据在经济金融活动中的重要作用，许多国家对票据实行立法，一些国际组织也制定和颁布了有关票据的国际公约和规则，旨在从法律上保障票据流通的规范、有序。其三，票据是信用交易的产物，票据的债务人与债权人之间不能通过票据的直接交付实现债务清讫或票据价值的转移，需要借助信用机构的中介服务。

3. 商业预付卡支付

商业预付卡是指发卡机构以特定载体和形式发行的，可在发卡机构之外或发卡机构购买商品或服务的预付价值，包括采取磁条、芯片等技术以卡片、密码等形式发行的预付卡。商业预付卡以预付和非金融主体发行为典型特征。换言之，商业预付卡不能够透支，必须先存款后使用，只能由金融机构以外的机构发行。

按发卡人不同可划分为两类：一类是专营发卡机构发行，可跨地区、跨行业、跨法人使用的多用途预付卡；另一类是商业企业发行，只在本企业或同一品牌连锁商业企业购买商品、服务的单用途预付卡。根据是否记名，预付卡可以分为记名预付卡和不记名预付卡。

4. 网络支付

2012 年，中国人民银行公布的《支付机构互联网支付业务管理办法》（征求意见稿），明确界定了支付机构和互联网支付的概念。其中，互联网支付是指客户为购买特定商品或服务，通过计算机等设备，依托互联网发起支付指令，实现货币资金转移的行为。这里的"互联网支付"等同于《非金融机构支付服务管理办法》所指的"网络支付"。

根据中国人民银行 2014 年 4 月发布的《中国金融稳定报告（2014）》，互联网支付主要分为三类：一是客户通过支付机构连接到银行网银，或者在电脑、手机外接的刷卡器上刷卡，划转银行账户资金。资金仍存储在客户自身的银行账户中，第三方支付机构不直接参与资金划转。二是客户在支付机构开立支付账户，将银行账户内的资金划转至支付账户，再向支付机构发出支付指令。支付账户使支付机构为客户开立的内部账务簿记，客户资金实际上存储在支付机构的银行账户中。三是"快捷支付"模式，支付机构为客户开立支付账户，客户、支付机构与开户银行三方签订协议，将银行账户与支付账户进行绑定，客户登录支付账户后可直接管理银行账户内的资金。该模式中资金存储在客户的银行账户中，但是资金操作指令通过支付机构发出。

5. 移动支付

移动支付可以看作是电子货币与移动通信业务相结合的产物，主要指用户通过移动通信设备、利用无线通信技术来转移货币价值以清偿债权债务关系，究其实质就是用户使用其移动终端（通常是手机、PAD 等）对消费的商品或服务进行账务支付的一种服务方式。

（三）现代支付方式

1. 银行直接支付

银行卡支付基本步骤是：发卡机构向客户发卡，持卡人在商户消费（或在 ATM 取款），商户向收单机构结算，银行卡清算机构进行信息转接，之后发卡机构调整持卡人账户，发卡机构与收单机构清算，最后收单机构与商户清算（见图 3-1）。

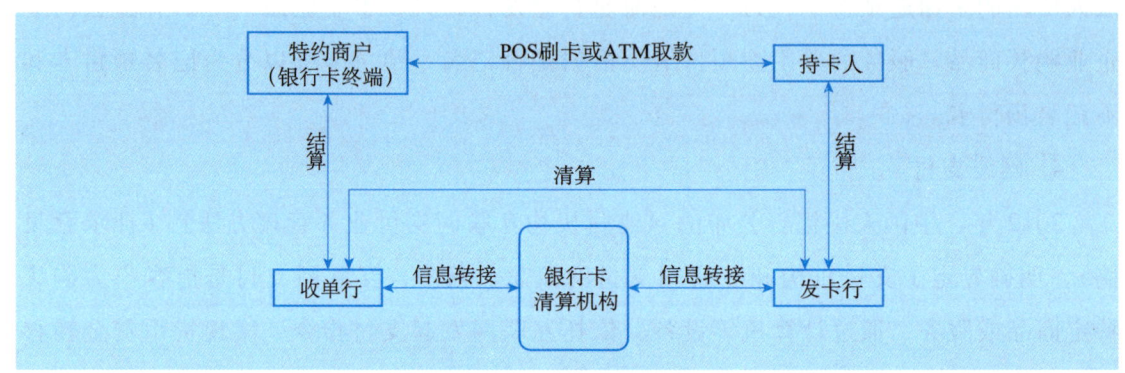

图 3-1　银行直接支付

2. 第三方平台支付

第三方平台支付按照是否具有交易平台，又可以分为交易平台型账户支付模式（直付支付模式）和无交易平台型账户支付模式（间付支付模式）。

直付模式支付流程与传统转账、汇款流程类似，只是屏蔽了银行账户，交易双方以支付账户的资金进行交易付款（见图 3-2）。这种模式的典型应用有易宝账户支付、快钱账户支付等。

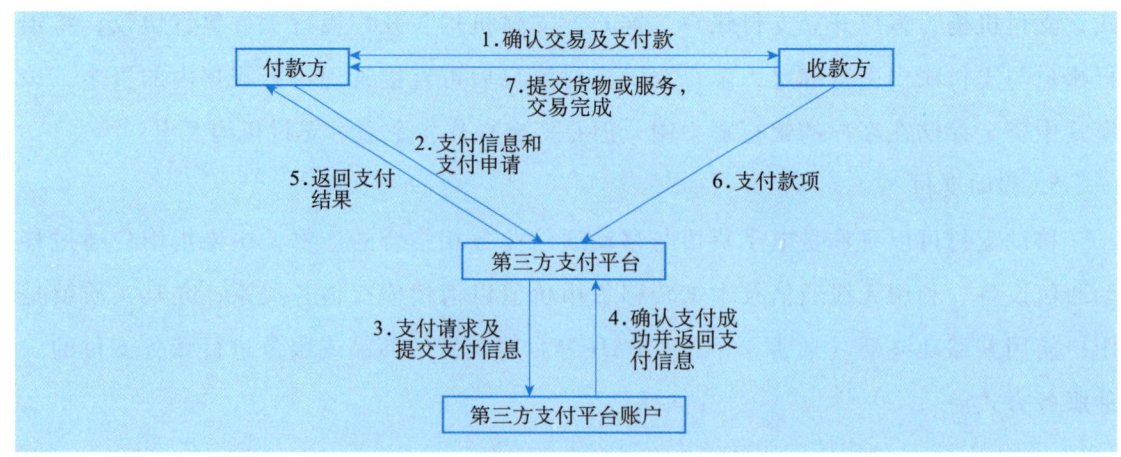

图 3-2　直付支付模式

间付模式是指由电子商务平台独立或者合作开发，同各大银行建立合作关系，凭借其公司的实力和信誉承担买卖双方中间担保的第三方支付平台，利用自身的电子商务平台和中介担保支付平台吸引商家开展经营业务。买方选购商品后，使用该平台提供的账户进行货款支付，并由第三方通知卖家货款到达、进行发货；买方检验物品后，就可以通知第三方支付平台付款给卖家，第三方再将款项转至卖家账户（见图3-3）。这种模式的典型应用有支付宝账户支付。

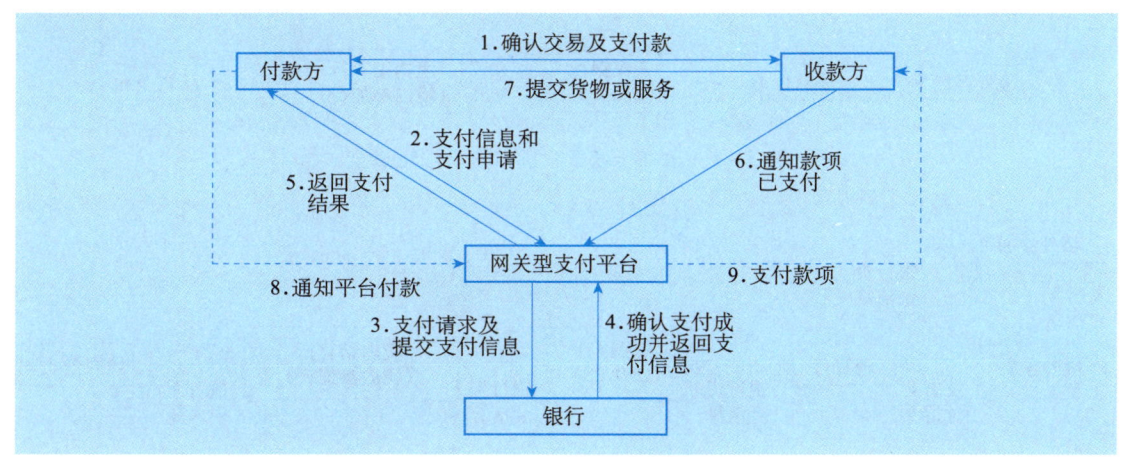

图3-3 间付支付模式

3. 跨境组织系统支付

跨境支付系统根据清算模式的不同，可以分为两类，一类是清算行模式；另一类是代理行模式。下面以人民币跨境清算系统为例，介绍两种模式下跨境支付系统的构成和支付流程。人民币跨境清算可以自由选择两种模式，一是通过香港、澳门地区人民币清算业务进行人民币资金的跨境清算和结算，即清算行模式；二是通过境内商业银行代理境外商业银行进行人民币资金的跨境清算和结算。

（1）清算行模式。清算行模式下，经中国人民银行和香港金融管理局、澳门金融管理局认可，已加入中国人民银行大额支付系统并进行港澳人民币清算业务的商业银行，可以作为港澳人民币清算银行，提供跨境人民币结算和清算业务。目前，香港地区的人民币清算行为中国银行（香港）有限责任公司，澳门地区为中国银行澳门分行。

清算行模式的基本做法是：①港澳清算行在中国人民银行开立清算账户，以直接参与者身份接入大额支付系统，具备与内地银行机构办理人民币资金汇划业务能力。②港澳人民币清算行与境外商业银行（即境外参加银行）签订清算及结算协议，为境外参加银行开立人民币同业往来账户，为其提供人民币服务。③进口贸易下，境内企业首先将资金汇入境内结算银行,由境内结算银行通过大额支付系统将资金划至港澳清算行,港澳清算行贷记境外参加银行的同业往来账户并发出入账通知,最终由境外参加银行将资金解付给境外企业(见图3-4)。港澳清算行业可同时从事境外参加银行的业务,直接将资金解付给境外企业。出口贸易下,人民币资金汇划按上述流程反向处理(见图3-5)。④人民币跨境流动信息由银行报送人民币跨境支付信息管理系统。

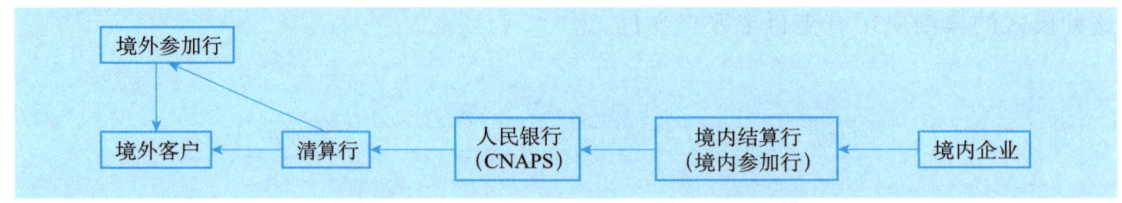

图3-4　清算行模式:进口贸易汇出资金

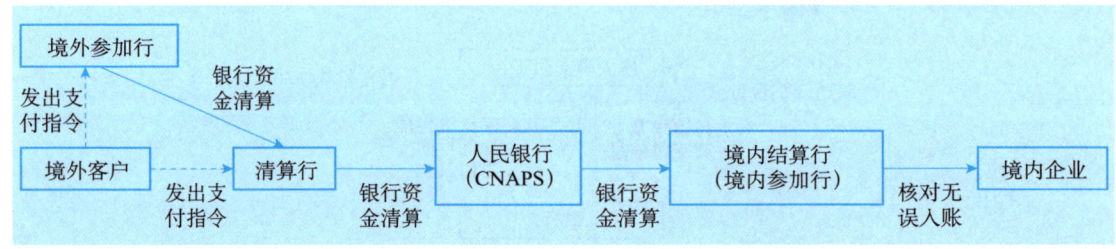

图3-5　清算行模式:出口贸易汇入资金

(2)代理行模式。代理行模式的基本做法是:第一,试点地区具备国际结算业务能力的商业银行(即境内代理银行)与境外参加银行签订人民币代理结算协议,并为其开立人民币同业往来账户,并可提供人民币购售、账户融资等服务。境内代理银行可以同时作为境内结算银行,为境内企业开立结算账户。第二,进口贸易下,境内企业首先将资金汇入境内代理银行,境内代理银行将支付指令通过SWIFT系统发送至境外参加银行,然后由境外参加银行将资金解付给境外企业(见图3-6)。出口贸易下,人民币资金汇划按上述流程反向处理(见图3-7)。第三,人民币跨境流动信息由代理银行或境内结算银行报送人民币跨境收付信息管理系统。

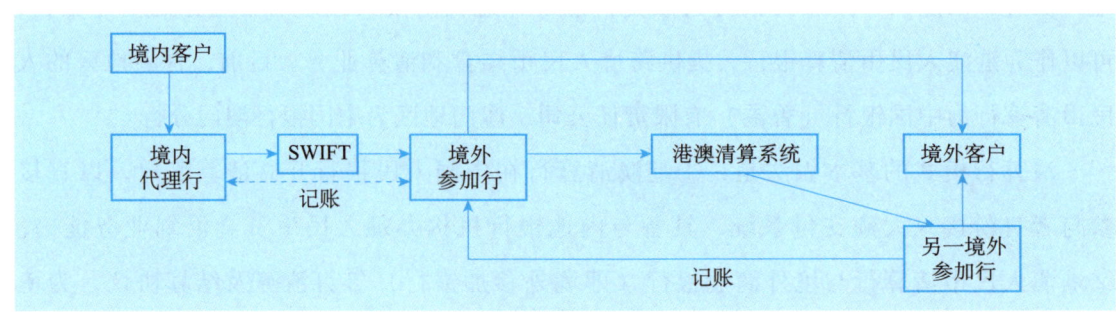

图3-6　代理行模式:进口贸易汇出资金

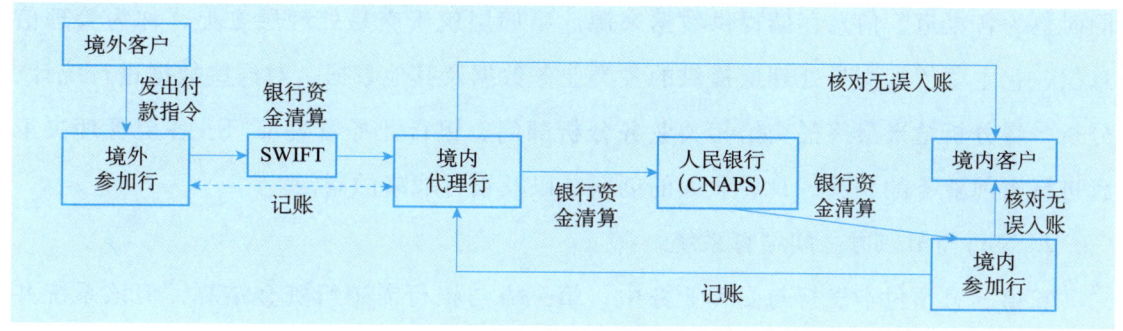

图 3-7 代理行模式：出口贸易汇入资金

三、现代支付清算系统

（一）行内结算系统

1. 银行内部结算系统

在我国，商业银行大多采用总分行制，商业银行设立分支机构，并按照有关规定拨付与其经营规模相适应的营运资金额，商业银行对分支机构实行全行统一核算，统一调度资金，分级管理的财务制度。商业银行分支机构不具有法人资格，在总行授权范围内依法开展业务，其民事责任由总行承担。

同一银行内不同分支机构之间因资金汇划、缴存、借贷而产生债权债务关系，需要一定的程序与方法来进行支付指令的发送与接收、对账与确认、收付数额的统计轧差、金额或净额的结清，以便清偿债权和债务关系，银行行内的"支付系统"就是实现行内支付指令传送和资金清算结算的系统，银行行内支付系统并不是独立存在于银行信息系统之外的一个系统，而是银行信息系统内部的一个重要功能模块。

银行信息系统按使用范围大致可分为总行级系统和部门级系统，前者如核心业务系统，特点是全行上下统一版本。后者如分行特色业务、第三方存管、外汇交易系统等，特点是只局限于某个机构使用，或者说不同机构使用的版本功能差异很大。

银行信息系统从架构上划分，底层为基础设施层，它保证了系统的正常运行，同时为系统以后的框架及功能拓展提供支持。第二层为渠道接入层，它为系统银行的许多新业务提供支撑平台和接口，使其能方便多线程处理，同时方便与核心业务系统进行交互。第三层为交易处理层，它是银行信息系统的灵魂部分，大部分生产系统部署于此，主要为银行的利润业务集中地，包括传统的存、贷、支付、结算等各利润业务，同时也为各渠道、信息存储提供数据来源。第四层筑于交易处理层之上，称为管理信息层，它主要依据交易处理层提供的各类业务数据及其他数据，对这些数据进行统计、分析，将分析结果最终提交给相关业务分析部门、银行业务管理部门、各层管理决策者进行当前业务的调整、日后业务的创新，以及银行战略的制定。

2. 银行与第三方之间结算系统

在第三方预付卡发行与受理业务中，第三方与银行需进行资金结算，但该系统并不涉及跨行清算，因此在行内结算系统部分进行介绍。预付卡主要分为封闭式预付卡和开放式预付卡。封闭式预付卡是指仅能在单个商户或者通过特定网络连接的多个商户内使用的预付卡，是一种行业储值卡。开放式预付卡则是指能在银行卡组织的受理网络上使用的预付卡。由于现行法律规定，银行和非银行金融机构均不允许发行预付卡，且只有银行或银行卡组织会员机构发行的卡产品才可以在银行卡组织的受理网络上使用，因而，开放式预付卡在国内几乎没有发行。

封闭式预付卡业务虽然具体运作方式各异，但基本模式大致相似。一般是由消费者从商户（或商户预付卡代销渠道）购买特定金额的预付卡，然后持卡在特定商户及其合作单位消费。如果是一次性卡片，卡内金额消费完后需要重新购卡，如果是可循环使用的卡片，则可自行充值后继续消费。在整个运作过程中，封闭式预付卡由发卡商户自行运作，整个流程都在发卡商户或其合作商户圈内完成。发卡机构的预付卡发行收入采用备付金存款形式存入存管银行，消费者使用预付卡消费时，存管银行与商户进行款项结算。

（二）行间清算系统

1. 大额实时支付系统

大额支付系统以电子方式实时处理同城和异地的每笔金额在规定起点以上的大额贷记支付业务和紧急的小额贷记支付业务，支付指令实时发送，逐笔全额清算资金，主要为银行业金融机构、广大企事业单位及金融市场提供安全、高效的支付清算服务。

（1）系统参与者。支付系统的参与者根据其参与支付系统的身份不同，分为直接参与者、间接参与者和特许参与者。直接参与者是指与支付系统办理支付清算业务的机构，包括中国人民银行总行、在中国人民银行开设清算账户的银行和非银行金融机构。在具体业务中，直接参与者又称为发起清算行或接收清算行。间接参与者是指委托直接参与者通过支付系统办理支付清算业务的机构，包括中国人民银行分支行

（库）及未在中国人民银行开设清算账户的银行机构等。在具体业务中，间接参与者又称为发起行或接收行。特许参与者是经中国人民银行批准，通过支付系统办理特定支付业务的机构。目前支付系统的特许参与者有公开市场操作室、中央结算公司、外汇交易中心、中国银联、城商行资金清算中心和上海清算所。

（2）系统结构。大额支付系统在物理结构上设立了两级处理中心，即国家处理中心（NPC）和31个省会城市及深圳市城市处理中心（CCPC）。NPC分别与各CCPC连接。NPC是大额支付系统的中枢节点，负责接收、转发各参与者提交的大额支付业务，并将大额支付业务逐笔实时提交结算；CCPC是大额支付系统的城市节点，连接NPC和各直接参与者，负责在NPC和直接参与者之间接收、转发大额支付业务。

大额支付系统支持各商业银行以法人机构集中一点接入：中央债券综合业务系统、银行间市场清算所和中国银联综合业务系统作为特许参与者与大额支付系统连接，办理债券交易的资金结算、外汇交易人民币资金结算及银联卡跨行交易的人民币结算；城市商业银行资金清算中心、外汇交易中心作为特许参与者与大额支付系统连接，办理城市商业银行汇票业务，以及与外汇交易市场、银行间同业拆借市场有关交易的人民币资金结算；香港人民币清算行、澳门人民币清算行作为特许参与者办理人民币跨境支付业务；中国人民银行中央银行会计核算数据集中系统（ACS）、国库会计数据集中系统（TCBS）作为直接参与者接入大额支付系统；电子商业汇票系统作为大额支付系统的特许参与者，与大额支付系统连接，实现商业汇票业务资金清算、业务收费等功能。

（3）业务处理。按业务处理流程不同，大额支付系统处理的业务分为普通大额支付业务、即时转账支付业务、中国人民银行内部转账业务和同城轧差净额业务。其中，普通大额支付业务和即时转账支付业务是大额支付系统处理的两类主要支付业务。

普通大额支付业务，即贷记支付业务，是指由付款行发起，逐笔实时发往国家处理中心，国家处理中心清算资金后，实时转发收款行的支付业务，主要包括汇兑、委托收款、托收承付、银行间同业拆借、外汇交易的人民币资金支付、国库资金汇划、城市商业银行汇票资金的移存和兑付资金的汇划及其他贷记转账业务等。

即时转账支付业务是指与支付系统直接连接的特许参与者，根据约定以第三方的身份直接向支付系统发起借贷记有关交易方清算账户的轧差净额信息，支付系统根据信息立即在有关借贷方的清算账户上进行借贷记实时清算，并将结果通知第三方和有关借贷方的支付业务。主要包括公开市场业务、债券发行、债券兑付、债券交易和银行卡跨行交易的即时转账、质押融资及其还款等。

中国人民银行内部转账业务又叫单边业务，是指中国人民银行有关账户与所管理的清算账户之间对转的业务。主要包括存取款、再贴现、再贷款、银行汇票资金转存、利息收付等。

同城票据交换和同城清算系统均采取轧差净额清算，票据交换所和同城清算组织通过小额支付系统，或纸凭证、磁介质，将每场参与者轧差净额提交中国人民银行会计营业部门。中国人民银行会计营业部门对涉及清算账户的轧差净额通过 ACS 提交大额支付系统，发送至清算账户管理系统进行结算。这就是同城轧差净额业务。

2. 小额支付净额清算系统

小额支付系统是一个净额延时支付系统，主要处理同城和异地纸凭证截留的借记支付业务，以及每笔金额在规定起点以下的小额贷记支付业务。小额支付系统批量发送支付指令，净额清算资金。

（1）系统参与者。小额支付系统的参与者包括商业银行、非金融支付服务组织，以及中国人民银行会计营业部门和中国银联等。

（2）系统结构。小额支付系统与大额支付系统具有相同的系统架构，作为两个相互独立的业务系统，两者共用同一系统物理平台和数据通信网络。小额支付系统支持各类参与者一点接入。其中，集中代收代付中心、支票圈存中心等作为无户特许参与者（不在支付系统中开立清算账户）接入小额支付系统。

（3）小额支付系统的主要特点。支撑各种支付工具的应用。除传统的借贷记业务外，小额支付系统还能支持办理公用事业收费、工资、养老金和保险金的发放、支票圈存和支票影像截留业务，为商业银行开展业务创新搭建安全高效的公共平台，为社会提供低成本、大业务量的支付清算服务，满足社会多样化的支付清算需求。

系统 7×24 小时连续运行。为了满足法定节假日社会公众支付活动需要，小额支付系统实行 7×24 小时连续运行，通过向商业银行和社会公众提供全时的支付服务，提升中央银行金融服务水平。

完善的风险管理和防范措施。针对小额支付系统对支付业务金额清算资金、业务实时转发和资金延后结算的不同步特点，系统设计了净借记限额控制等可靠的信用风险防范措施；同时，针对小额支付系统业务处理和系统运行情况，采取先进的技术手段防范系统运行风险，建设安全、稳健的小额支付系统。

系统具有多样性和可扩充性。小额支付系统设计遵循"平台化、通用化"原则，能够满足零售支付业务种类多、业务发展迅速的需要。根据基础业务处理流程，规划设计适应参数化管理要求的报文标准；建立小额支付系统的业务处理内核，根据管理和业务拓展需要，可对内核进行灵活的应用和扩展，增强系统的适应性和可扩充性，避免因业务功能拓展而导致内核频繁改造。

（三）跨境支付清算系统

跨境支付清算是指两个或两个以上的国家、地区之间因国际贸易、国际投资及其他方面所发生的国际债权债务，借助一定的支付工具和支付系统进行清算，实现资金跨国和跨地区转移的行为。由于跨国支付结算关系带有相互的性质，所以并不需要每笔支付结算业务都以现实的国际货币来进行，只有抵销后的差额才需要以国际货币进行清算。

1. 国际银行卡清算系统

目前国际银行卡清算机构中，维萨（VISA）国际组织和万事达卡（MasterCard）国际组织是世界上最大的两个开放式的银行卡清算机构，分别在200多个国家和地区有2 200多个会员机构，经营的网络覆盖全球；美国运通公司（American Express）、美国大莱银行卡公司（Diner Club International）和美国发现公司（Discover Company）都是著名的国际银行卡清算机构；日本JCB公司是美国以外唯一一家国际银行卡清算机构。

国际银行卡市场的卡组织分为两类：开放式银行卡清算机构和封闭式银行卡清算机构。目前，全球性的开放式银行卡清算机构有两家，分别是VISA国际组织和MasterCard国际组织。此外，还有一些地区性的银行卡清算机构，如法国的CB、中国的银联和中国台湾的"联合信用卡中心"等。开放性的国际卡组织本身并不直接发卡，银行卡是由参加该组织的会员（主要是银行）发行。与开放性的国际卡组织不同的是，封闭式的国际卡组织本身就是发卡机构，美国运通国际股份有限公司、大莱信用卡有限公司和JCB日本国际信用卡公司是国际三大封闭式信用卡公司。两大开放式银行卡清算机构在全球信用卡市场上的份额已经超过80%，三大封闭式信用卡公司在全球信用卡市场上的份额还不到10%。此外，两种卡组织的价格形成机制还明显不同：以VISA为代表的开放式卡组织联合其发卡会员集中制定交换费（即发卡行利润分成），收单机构的收益由各收单机构与商户自行谈判确定，发卡组织的转接费由发卡机构和收单机构承担，商户无须承担转接费；而以美国运通为代表的封闭式卡组织由于自身发卡，同时还自己从事收单业务（有时也委托其他收单机构收单），通常直接与各商户谈判协定商户扣率，它们的特许发卡机构和代理收单机构按照特许协议或收单协议获取收益，定价主体是网络自身、完全市场化。

2. 西联汇款支付清算

西联汇款（Western Union）是世界上领先的特快汇款公司，迄今已有150年的历史，它拥有全球最大最先进的电子汇兑金融网络，代理网点遍布全球近200个国家和地区。西联公司是美国财富五百强之一的第一数据公司（FDC）的子公司。中国光大银行、中国邮政储蓄银行、中国建设银行、浙江稠州商业银行、吉林银行、哈尔滨银行、福建海峡银行、烟台银行、龙江银行、温州银行、徽商银行、浦发银行等多家银行是西联汇款中国合作伙伴。使用西联汇款和取款，只需要到最近的西联合作网点即可。在国际贸易收款中，与普通国际汇款相比，西联汇款不需开立银行账户，1万美元以下业务不需提供外汇监管部门审批文件，汇款在10分钟之内就可以汇到，简便快捷。而普通国际汇款要求卖家在汇入行开立银行账户，并给国外买家提供汇款线路，国外买家即可到当地银行按照提供的汇款线路办理国际汇款。但是，国外买家需要承担高额的汇款费用，需要3至7天才能到账，2 000美元以上还须外汇监管部门审批。

3. SWIFT系统

SWIFT（Society for Worldwide Interbank Financial Telecommunications，环球同业银行金融电讯协会）成立于1973年，是一个国际银行间非营利性的国际合作组织。目前，全球大多数国家的大多数银行已使用SWIFT系统。SWIFT系统主要提供金融数据传输、文件传输、直通处理STP（Straight Through Process）、撮合、清算和净额支付服务等。目前，SWIFT为200多个国家和地区的11 000家银行和证券机构提供服务，为其中80多个国家和地区提供实时支付清算系统，银行和其他金融机构通过SWIFT与同业交换电文来完成金融交易。SWIFT为银行的结算提供了安全、可靠、快捷、标准化、自动化的通信业务，从而大大提高了银行的结算速度。

4. Ripple系统

随着互联网技术在金融领域的广泛应用，部分金融科技产品迭出。Ripple基于比特币去中心化的理念，创造了去中心化的支付和清算系统——Ripple协议系统，其能在全球范围内实现多币种快捷、低廉的转账业务。Ripple由Ripple支付协议（RTXP）、"共识"（Consensus）记账机制、做市商（Authorized Liquidity Maker）机制、网关（Gateway）和瑞波币（XRP）四个核心部分构建。Ripple与SWIFT目前均为跨境支付转账提供服务,但 Ripple 借助互联网技术,在部分交易环节方面取得了优势,对 SWIFT 的地位发起了挑战,并可能对当前的国际支付体系及一国的中央银行支付清算系统产生影响。

第三节 现代科技与支付创新

一、依托现代技术的第三方支付

(一) 互联网技术与第三方支付

1. 互联网推动电子商务发展

进入 21 世纪,信息网络时代来临,电子商务逐渐成为企业信息化与网络经济的核心。电子商务是指买卖双方基于浏览器或服务器应用方式,在互联网开放的网络环境下,不谋面地进行各种商贸活动,形成的一种消费者可以在网上购物、商户之间网上交易和在线电子支付,以及各种商务活动、交易活动、金融活动和相关的综合服务活动的新型商业运营模式。而支付问题成为制约电子商务发展的一个重要因素。

2. 电子商务交易中的支付问题

电子商务活动的核心是交易,即资金和商品的交换。交换是交付标的与支付货币两大对立流程的统一,一般的交易活动应遵循的原则是等价和同步。同步交换,就是交货与付款互为条件,也是等价交换的重要保证。在实际操作中,对于现货商品的面对面交易,同步交换容易实现,但在电子商务活动中,由于交易商品或服务的流转和验收需要过程,物流与资金流异步、分离的矛盾不可避免,同步交换往往难以实现。如果采取异步交换,即先付款后收货,或者先收货后付款,其中一方容易违背道德和协议,破坏等价交换原则,故先履行交易的一方往往会受制于人,陷入被动、弱势的境地,承担风险。结果导致电子商务交易因双方互不认识而陷入了卖家不愿先发货、买家不愿先付款的困境。因此,异步交换必须附加信用保障或法律支持才能顺利完成,而这并不适合于电子商务活动便捷性高、交易成本低的需求。

3. 第三方的产生与发展

为了确保电子商务活动中的等价交换,解决买卖双方互相不信任的问题,需要遵循同步交换的原则,这就要求支付方式应与交货方式相匹配。过程化分步支付的方式是解决上述问题的有效办法。过程化分步支付方式是指款项从启动支付到所有权转移至对方不是一步完成,而是在中间增加中介托管的环节,由原来的直接付转改进到间接转移,业务由一步完成变为分步操作,从而形成一个可监控的过程,按步骤有条件进行支付。这样就可以使资金流适配商品物流进程达到同步的效果,使支付结算方式更适应电子商务的需求。于是,第三方支付应运而生。

国外第三方支付产业的起源略早于我国,也保持了高速发展。1996 年,美国诞生全球首家第三方支付公司,随后 Yahoo PayDirect、Amazon Payments 和 Paypal 纷纷成立,其中以 PayPal 的发展历程最为典型。成立于 1998 年的 PayPal 公司起初创设的目的是弥补商务领域商业银行不能覆盖个人收单业务领域的不足。2002 年,PayPal 被全球最大的 C2C 网上交易平台 eBay 全资收购,从此进入快速发展期。集聚各种二手商品的 eBay 当时是全球最大的个人电子商务交易平台,由于商品的所有者和购买方都是个人,而商业银行不向个人客户提供银行卡收单服务,因此只能采取传统支付方式的 eBay 平台运行效率较为低下。收购 PayPal 使 eBay 成功解决了交易支付问题。PayPal 凭借 eBay 平台强大的市场优势,实现了自身快速发展。2003 年营业额较 2002 年增长近 3 倍。在为 eBay 提供支付服务的基础上,PayPal 扩展其自身业务至更为广阔的电商领域。PayPal 在北美市场合作客户范围广阔,小到普通比萨屋,大到零售巨头沃尔玛在线,合作的 B2C 在线商城多达 500 多家。2016 年,PayPal 全球活跃账户已达 1.97 亿,全年产生 61 亿笔支付交易,总支付量达 3 450 亿美元,其中移动支付达 310 亿美元。除 PayPal 之外,其他第三方支付企业的成长也很迅速,尤其是在移动支付领域,2015 年全球移动支付市场交易规模达 4 500 亿美元。

国外第三方支付业务在市场汇总的占有率虽然不高,但渗透力很强,其中主要的非现金支付工具是签名借记卡和卡组织的信用卡。国外的卡组织模式由于其整体信用环境较好并且采取无磁无密的交易方式,因此能够顺利将银行卡支付迁移到互联网交易渠道中。第三方支付企业与卡组织的合作,不断开拓新的业务领域。金融危机之后,消费者信用消费习惯有所改变,借记卡成为重要的支付工具,率先实施全球化战略的第三方支付企业凭借其优势占领整个市场的主导地位。另外,在业务类型方面,第三方支付也已经延伸到了学费、公共事业费、房租等各类账单支付,占整个业务量的比例不断提升。

中国的第三方支付机构起初只是作为银行的外包服务机构,为银行提供基于网络技术的支付解决方案,从银行卡收单,到发行和受理预付卡,基本都是利润低、人力成本高，因而银行自身不愿意经营的业务。与支付相关的外包服务，不仅在法律上没有特别的规定，而且从监管者的角度来看，这种行为也不存在明显的风险，只要银行承担最终责任，风险便是可控的。此外，既有的、央行自营的和特许经营的跨行支付清算系统仍不能有效满足社会日益增长的零售支付服务需求，尤其是电子商务领域的支付需求，也为第三方支付机构的发展提供了空间。第三方支付在我国的发展大致可以分为三个阶段。

第一个阶段是幼稚期：2000~2005年。这一时期的第三方支付公司作为创业型公司，所起作用类似于商户与商业银行之间的"中转站"。2004年，中国银联开始实施国际化发展战略，在国内侧重发展线下收单业务，这客观上给第三方支付服务机构线上业务的发展提供了机会。第三方支付机构通过与商业银行进行系统直连，为电商、游戏等企业客户提供网银网关、账户余额等支付接口服务。由于在此期间，互联网在我国普及程度不高，技术发展遇到瓶颈，以及行业政策不完善等因素，行业资本遇冷。幼稚期发展到一个小高峰后，行业开始第一次盘整。这一阶段市场特征表现为：市场中存在少数创业厂商，业务模式的创新吸引着新用户的进入；产业处于发展的初期，资本驱动成为促进产业发展的核心因素，用户规模的扩大和对未来发展趋势的利好，使大量厂商及投资方涌入；厂商提供的产品和服务同质化，整体市场环境不成熟，使得市场竞争程度上升。这一时期的代表性企业有首信、环迅支付、网银在线等。

第二个阶段是规模扩张期：2006~2010年。应用环境不成熟和资本市场遇冷等因素要求市场发展必须由资源驱动的快速无序发展走向理性增长。这一阶段，各类第三方支付企业开始根据自身业务特点进行新产品研发和新细分应用行业拓展。第三方支付行业从单纯的支付渠道，开始向专业性更强的方向拓展，支付服务水平有了进一步提升。而且由于政策利好，各家支付企业的投入不断增大，支付市场竞争程度有了进一步的加剧。经历过市场洗礼并生存下来的支付平台开始借助行业互联网化的大趋势加紧扩张，希望通过第三方支付服务市场的规模效应获得成功。主要体现在对行业细分市场的开发和拓展：首先是网络购物和网络游戏领域，其次发展航空售票、信用卡还款、公共事业缴费、电信充值等行业细分领域，目前已进入航旅、教育、高校缴费、保险、基金、连锁零售、非税等更多的行业细分领域。这一时期的代表性企业主要有支付宝、财付通、快钱、汇付天下、易宝支付等。

第三个阶段是高速发展期：2010年以来。2010年发生了两个标志性事件，推动了第三方支付的进一步发展。一是，第三方支付行业正式纳入国家监管。2010年6月，中国人民银行针对第三方支付行业发布了《非金融机构支付服务管理办法》，简称"2号令"；同年12月，中国人民银行发布了《非金融机构支付服务管理办法实施细则》，标志第三方支付行业正式纳入监管，坚定了支付企业的信心。截至2015年9月，中国人民银行分8次共发放了270张支付牌照。但是，自2016年《国务院办公厅关于印发互联网金融风险专项整治工作实施方案的通知》后，中国人民银行等14部委也联合印发《非银行支付机构风险专项整治工作方案》，开始遵循"总量控制、结构优化、提高质量、有序发展"的原则，严格把控支付机构市场准入，一般不再受理新机构设立申请。二是，银联成立互联网事业部，发力在线支付市场。2010年下半年，负责银联整合旗下支付机构的互联网支付业务的银联互联网事业部成立，标志着银联正式开始在互联网支付领域的竞争。银联加大互联网支付业务投入，开始与其他第三方支付企业开展竞争。银联互联网事业部的成立，引发了第三方互联网支付市场格局的变动。

目前，第三方支付使用频率与发展速度已超过以商业银行为主体的网络支付。2014~2018年，我国非银行支付机构（第三方支付）网络支付业务笔数已由374亿笔上升至5 306亿笔，年均增速接近100%。业务金额也出现了快速增长，由2014年的24.7万亿元增长至2018年的208万亿元，年均增速超过85%，见图3-8。

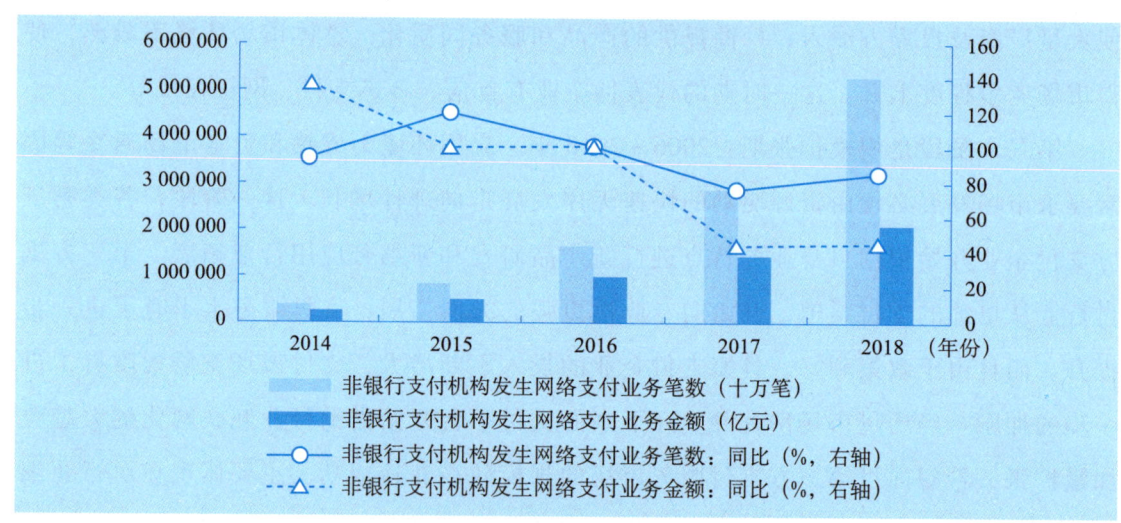

图3-8 我国非银行支付机构网络支付业务发展趋势

资料来源：中国人民银行。

（二）第三方支付的技术模式

1. 直连模式

所谓"直连"，即支付机构在商业银行多头开户、多头连接，其通过在各银行开立的备付金账户办理跨行资金清算，变相行使央行或清算组织的跨行清算职能。与银行的直连是支付机构快速发展的核心模式，特别是快捷支付的推出，直接绑定银行卡，形成了支付机构体系和银行体系之间资金的快速循环。对于支付头部机构来说，主要有以下好处：一是，不用再跳转网银的网关，绑卡直接线上操作，无论是支付的成功率和用户体验都大大提升；二是，支付机构利用其备付金存款作为筹码，从银行争取到更加优厚的条件，如更优惠的通道费用及对个性化需求的及时响应；三是，头部支付机构建立了独立的支付账户体系，资金的账面处理从银行体系转入支付账户体系，形成独立的资金信息和支付业务处理系统。

直连模式下，第三方支付机构可以实现跨行清算，这实际上是超范围经营，属于违规清算。以支付宝为例。假定小明有一个支付宝账户，绑定了 A 银行。他在淘宝的商家小包处（在 B 银行开户）买了一台净化器，用快捷支付付了 3 000 元。对于小明来说，小明 A 银行的个人账户扣了 3 000 元，而商户小包的 B 银行账户增加了 3 000 元。由于小明和小包开立账户的银行不同，因此资金的清算肯定涉及跨行。由于支付宝在 A 和 B 银行都有备付金账户。对于支付宝而言，这笔业务支付宝自己就可以完成。首先，支付宝向 A 银行下达支付指令，把小明 A 账户的 3 000 元划到支付宝在 A 银行的备付金账户。其次，支付宝向 B 银行下达支付指令，从支付宝在 B 银行的备付金账户划 3 000 元，而小包账户到账 3 000 元，完成了支付交易。对于支付宝而言，只要保持其在各家银行备付金的流动性就可以完成几亿笔的跨行资金清算，相当于替代了清算组织的功能，本身变成了清算机构。

2. 网联模式

合规性和市场竞争公平性是直连模式的核心问题。合规问题在于做清算业务需要中国人民银行特许，一旦中国人民银行认定直连做业务是清算业务，意味着需要拿到清算业务的牌照。而事实上，中国人民银行不可能"追加"支付宝等第三方支付机构的清算牌照。因此，对于支付宝等机构而言，必然要退出清算业务。但是，由于移动支付的业务量大、服务群体众多，只退不接会对支付市场产生较大负面影响。

基于此，2017 年 8 月 4 日，中国人民银行支付结算司向有关金融机构下发了《中国人民银行支付结算司关于将非银行支付机构网络支付业务由直连模式迁移至网联平台处理的通知》（209 号文）。根据该文件要求，各银行及支付机构应于 2017 年 10 月 15 日前完成接入网联平台和业务迁移相关准备工作。自 2018 年 6 月 30 日起，支付机构受理的涉及银行账户的网络支付业务全部通过网联平台处理。

在网联模式下,若涉及银行卡支付,则需要付款方将付款请求传给第三方支付账户,第三方支付自动向网联平台发出协议支付申请。之后,网联平台会对数据进行保存并把支付请求传递到商业银行,商业银行在收到付款人扣款信息后将会进行资金的查询及扣款处理。

(三) 第三方支付的生态场景

1. 基于电子商务的生态场景

电子商务是第三方支付平台扩大用户基础的重要生态场景。支付宝在中国第三方支付行业的市场份额常年位居第一,这与其背靠的电子商务平台有密切联系。支付宝2013年全年付款额超过3.15万亿元人民币,其中淘宝的贡献超过35%。同样,淘宝年度交易额达到1.5万亿元人民币,其中78.6%的交易额的支付是使用支付宝完成。2016年第四季度,支付宝的市场份额达到了55%,财付通市场份额为37%,其他众多支付企业的市场份额之和约为8%。支付宝和财付通的占优场景有很大区别,其差异正是与支付宝和财付通所背靠的电子商务生态场景不同有紧密联系。支付宝与阿里旗下的天猫、淘宝深度绑定,得益于电商领域的稳固领导者地位。从交易金额和笔数来看,支付宝的交易份额分别为66%和65%,而财付通的交易份额分别为26%和28%。

2. 基于消费支付的生态场景

除了电子商务平台外,第三方支付的消费支付场景的覆盖面已越来越广。这些支付场景可主要分为四类。一是,个人类交易,如话费充值、转账、发红包、生活缴费、信用卡还款、城市公交卡充值等。二是,线下消费类交易,如线下餐饮支付、线下商超零售、团购、日常出行订单、景点门票、旅游、境外购物、个人健康护理、票务等。三是,线上消费类交易,如线上游戏充值等。四是,金融类交易,包括P2P投资、基金申购、保险购买、小额网贷等。

3. 基于社交活动的生态场景

第三方支付平台通过引入社交活动,构建了富有生机的生态场景,主要包括商户与用户、用户与用户之间的双重生态场景。以支付宝推出的口碑为例,商家通过引入移动支付先降低管理成本,进而发布电子会员卡、发展会员,通过用户分析实现精准营销。此外,还能够通过互联网发布优惠权益、推送新品,与用户建立互动,使得线下店铺在线上获得了更多展示机会,定向开展新用户到点促销、忠诚用户奖励,并促进用户持续消费。对用户而言，不仅可以在该平台就餐饮、娱乐、商超等消费买单支付，而且能够查看到商户的信息。此外，还可以对商家进行评价、查看其他消费者的评价，而且用户的支付宝首页会推送好友消费和评价记录，通过群体效应对商户进行推广。"微信红包"也是典型的用户之间进行社交互动的场景。2014年春节期间，微信推出微信红包功能。在微信群中抢红包、发红包成为春节假期的一项新型社交活动。微信官方数据显示，2017年春节期间（1月27日至2月1日）共计收发红包数达460亿个，除夕当日就达142亿个，微信红包已成为一种重要的社交手段。在微信红包的基础上，微信又与商家合作推出了线上购礼及赠礼平台，用户可以通过该平台购买商户的商品或卡券，同时添加留言、照片和视频一同馈赠好友。凭借社交活动的生态场景，财付通的市场份额迅速由2013年第三季度的3.9%上升至40%（2017年第二季度）。

二、移动支付

（一）移动支付技术发展

1. 移动支付的类型

移动支付论坛对移动支付的定义是，交易双方为了某种货物或者业务，通过移动设备进行商业交易；所使用的移动终端可以是手机、PDA、移动PC等。中国人民银行对移动支付的定义是，单位、个人直接或授权他人通过移动终端或者设备，如手机、掌上电脑、笔记本电脑等，发出支付指令，实现货币支付与资金转移的行为。中国银联对移动支付的定义是，移动支付又称手机支付，是指用户使用移动手持设备，通过无线网络购买实体或虚拟物品及各种服务的一种新型支付方式。

基于支付流程的划分，移动支付可以分为近场支付和远程支付。近场支付主要基于NFC无线射频技术，客户只需将内置NFC芯片的手机或PDA靠近商家的阅读器，阅读器识别和采集用户信息，然后将相应的交易和支付信息传输至银行，银行进行账户处理后，将授权或拒绝信息返回到支付平台，从而完成和实现支付。在近场支付中，根据非受理终端是否需要联机认证，又可以分为联机支付和脱机支付。联机支付是指在移动支付过程中，受理终端通过网络连接到后台认证，直接在现场脱机认证，即时完成支付过程的支付方式。受理终端定期再向后台业务系统上传交易数据。远程支付是指用户可使用短信、语音、WAP、K-java、USSD等方式，在客户、商家、运营商、银行之间传递交易和支付信息，完成交易。

基于支付价值的划分，按照欧洲银行标准化协会的定义，可以分为微支付、小额支付和大额支付。微支付的支付金额低于 2 欧元，约为 20 元人民币；小额支付的支付金额介于 2 欧元至 25 元欧元，约为 20 元至 240 元人民币；大额支付的支付金额在 25 欧元以上。

基于支付账户性质的不同，移动支付可以分为移动运营商账户支付、银行卡账户支付和第三方支付账户支付。移动运营商账户支付是指移动运营商为用户提供信用，用户在互联网上购买游戏、软件等小额的虚拟物品时，直接从手机账户扣费完成支付过程的支付方式。这种方式简单易用，普及面广，但是由于受到监管部门对支付金额的限制，目前仅适用于小额支付。银行卡账户支付是指移动运营商和银行合作，由银行为用户提供信用，用户将手机号与银行卡账户绑定，直接通过绑定银行卡账户完成支付过程的支付方式。第三方支付账户支付是指第三方支付机构作为买卖交易双方的中间商，为交易提供支付服务通道，买家通过第三方支付平台完成支付过程的支付。

基于用户和商家互动方式的不同，移动支付可以分为"手机—手机""手机—移动 POS 机""手机—专用设备"三种类型。"手机—手机"支付方式是指，付款方和收款方均为手机银行客户，付款方通过手机银行向收款方支付消费款项，买卖双方都通过手机银行完成支付。这种支付方式适合于有固定营业人员的消费场所，如批发市场等。"手机—移动 POS 机"支付方式是指，收款方为与银行联网的商户和超市等，付款方通过手机银行支付消费款项，收款方通过移动 POS 机接收收款信息。这种支付方式适合于大型商场、酒店和娱乐场所等。"手机—专用设备"支付方式是指，收款方安装了红外线、蓝牙、USSD 等专用设备，付款人通过近场支付的方式完成支付。这种支付方式适用于小型商店等营业人员不固定的场所。

2. 移动支付技术架构

移动支付按照技术实现方式可以分为短信支付、WAP 支付、客户端支付、刷卡支付和 NFC 支付。

（1）短信支付。短信支付是移动支付中较早出现的一类产品，它将用户手机 SIM 卡与用户本人的银行卡账号、第三方账号建立一种一一对应的关系，用户通过编辑发送特定格式短信到移动运营商、银行或第三方支付公司的短信服务号码，移动运营商、银行或第三方支付公司按照用户指令办理相关业务，并将交易结果以短信方式通知用户以完成整个支付流程。在短信支付中，产品交易是通过短信来实现的，而货币支付则是通过移动运营商的营业系统（通过计费系统来计费并由移动运营商代收）来实现的。这种模式完成的交易一般为定向类交易（如缴费、信用卡还款）和查询类交易（如账单查询）。短信支付具有使用门槛低、操作简单等天然优势，可以随时随地进行交易；但短信自身同样有着交互性差、响应时间不确定、短信发送失败率较高等劣势。

（2）WAP 支付。随着移动终端的更新换代，绝大多数手机都具备了上网功能。基于移动互联网的移动电子商务蓬勃发展，WAP（Wireless Application Protocol）支付也由此应运而生。WAP 作为移动电子商务的关键技术之一，它提供了开放的统一技术平台，装载有当今流行的嵌入式操作系统的无线终端设备，如手机、平板电脑等，都可以支持 WAP。当前的 GSM、CDMA、CDMA2 000 等第二代和第三代移动通信技术都可以支持 WAP。WAP 由一系列协议组成，用于标准化无线通信设备，例如，移动电话、移动终端；它负责将 Internet 和移动通信网连接到一起，客观上已成为移动终端上网的标准。

WAP 支付是指手机等移动终端通过移动运营商的网络以 WAP 浏览器方式为用户提供支付服务的一项产品。用户可以通过手机 WAP 浏览器登录商户 WAP 网站下订单并选择支付，支付时将从商户页面跳转到银行 WAP 支付或第三方账户 WAP 支付页面，验证登录密码通过后，即可对该订单进行支付，可以算是 PC 端在线支付在移动终端的一种延伸。设计较好的银行 WAP 网站，能够让用户通过 WAP，实现网上银行的全部功能。而且 WAP 银行无须安装软件，只要手机能够上网，就能够通过 WAP 方式进行账户管理及操作，比较简单易用。相比于短信支付，WAP 支付的界面更为直观、功能更为完备，人机交互也得到了极大改善，然而由于传统手机运算能力低下、内存偏小，2G 网络带宽较窄，容易丢失数据，以至于无法运行太复杂的加密算法，使得进行 WAP 支付数据保密性较低。用户在用手机进行支付时，由于加密等安全措施不到位，很容易被黑客通过钓鱼网站或木马程序等手段窃取到用户信息，将移动支付功能进行非法复制，从而造成用户的损失。WAP 支付的应用场景主要有 WAP 版手机银行。

（3）客户端支付。手机上网支付是指用户使用移动终端通过移动互联网完成的在线支付，支付过程可以通过登陆浏览器或运行专门的客户端软件来实现。此前手机上网支付的发展一直受到终端硬件和网络带宽的限制，伴随着 3G 时代的到来、智能手机和 Wi-Fi 网络的逐步普及，手机端移动互联网支付正在逐步受到广大用户的青睐。客户端支付产品为用户提供了更为直观和便捷的可视菜单操作界面，用户可以点击各图标进行商品选购或功能操作，然后通过安全性载体中的支付应用选择银行卡进行交易并完成支付过程，避免了原有 WAP 支付页面跳转带来的风险。除了更为全面地支持线上远程支付服务外，客户端支付通过结合二维码支付、声波支付、信息支付方式进行近场支付。相较于 WAP 支付，客户端支付只适用于智能移动终端用户，且使用时需要进行软件安装或版本更新，无形中设置了用户使用门槛。

（4）NFC 支付。近距离通信技术（Near Field Communication，NFC）是通过 NFC 近场通信技术（短距离，小于 10cm 的无线通信技术，允许电子设备之间进行非接触式数据传输）实现的一种新型支付产品。用户在选购商品或服务时，确认响应金额后，使用具备 NFC 支付功能的移动终端，在支持非接触式支付终端上轻松一挥便可快速完成支付，无须输入密码和签名。

NFC 由非接触式射频识别（RFID）及互联互通通信技术整合演变而来，在单一芯片上结合感应式卡片、感应式读卡器和点对点的功能，能进行短距离的兼容设备间的识别和数据交换。该技术是在手机中嵌入一块 NFC 芯片，之后与 SIM 卡互联，实现信息通信管理。NFC 技术主要基于 13.56MHz 的频率运行，操作距离从几厘米到 20 厘米不等。NFC 手机内路 NFC 芯片，组成 RHD 模块的一部分，可以当作 RHD 无源标签使用，在其中存放一定数量的金额，用来支付费用，同时也可以当作 RFID 读写器识别其他非接触电子标签，用作数据交换与采集。这种方式的最大缺陷在于用户若用手机支付，必须更换带有 NFC 功能的手机。

与其他移动支付技术相比，NFC 支付更侧重线下近场支付，NFC 支付的便捷性及多种应用的集合对用户来说十分具有吸引力。NFC 支付的应用场景主要有移动 NFC 手机钱包等。例如，中国移动与银联联合推出的一项业务，可将用户电子卡片应用（如银行卡、公交卡、校园企业一卡通、会员卡等）装载在具有 NFC 功能的手机中，为用户提供发现、下载、使用、删除应用等功能的安全空间服务。用户可持 NFC 手机以非接触的方式在相应的受理终端上使用。NFC 手机钱包大致包含如下三种应用：一是银行卡应用。用户下载银行卡应用后，可直接在非接改造的标准 POS 机上刷卡实现电子现金账户的脱机消费与借贷记账户的联机消费。二是手机支付电子券应用。用户下载手机支付电子券应用后，可以通过联机的方式完成手机支付电子券的消费。三是企业一卡通应用。这种卡可以在企业内部进行门禁、考勤、食堂消费等应用。

（二）移动支付的优势

1. 移动支付与百姓生活

移动支付的随时、随地、随性，使消费者可以在日益快节奏的现代生活中，利用零碎的时间进行购物支付，也规避了携带大量现金或多张信用卡带来的丢失风险和携带成本。移动支付行业的竞争是效率和成本的竞争，移动支付行业的广泛应用、技术进步带来的效率提高、规模扩大带来的成本下降等，都使得消费者以更低的成本获得更好的服务。

2. 移动支付的效率

移动支付改变了客户与商户的关系，提高了交易效率。传统的客户与商户关系是销售购买的关系。商家销售特定的商品，制定价格；顾客挑选商品，持现金或银行卡购买。移动支付的发展改变了客户与商户的关系：商户有了解客户的欲望，会根据客户的消费信息分析客户消费习惯和消费水平，为客户制定特定的商品和服务；而顾客不再愿意持现金去寻找需要的商品或服务进行支付购买，而更愿意随时、随地、随便地挑选商品和服务，方便地进行支付。移动支付较好地满足了商户和客户的要求，促进了交易活动的开展。

移动支付提高了支付环节的效率。传统支付方式通常需要较长的交易时间，例如，现金支付需要经历消费者点钞、商家点钞并找零的过程，信用卡支付需要刷卡、输入密码、等待银行信号返回、打印凭条、签字等多个环节和等待过程。相比之下，以移动支付为代表的第三方支付免去了点钞、找零、输入密码、打印凭条、签字等交易环节，大大节省了交易时间。调查显示，2016年，肯德基的移动支付比例已经超过20%，通过移动支付，肯德基可以平均为每位顾客节省8秒的结账时间，对于肯德基在全国5 000多家门店来说，这意味着运转效率的提升和接待能力的增加。

3. 移动支付衍生的金融服务

丰富的线下线上场景，提供了能够完整刻画用户特征的多维度海量用户数据，包括用户的基本特征、个人信用、风险偏好、出行动线、品牌偏好、综合账单、消费行为等。基于历史支付信息形成的大数据，应用人工智能、数据挖掘、海量数据处理等技术，第三方支付平台推出了信用贷款、信用卡还款、消费分期、理财投资、基金、保险等金融业务，为用户提供以数据驱动的科技金融服务新体验。以微信钱包为例，用户可以使用信用卡还款服务设定在每月固定时间对信用卡进行自动还款；用户可以通过"微粒贷借钱"获得信用贷款，最快1分钟就能迅速到账，并可在微信上实时查询借还记录；另外，微信用户还可以通过理财通购买货币基金、定期产品、保险产品、企业贷产品和券商产品等金融产品，并通过工资理财绑定工资卡，每月自动将工资卡中的资金转入理财产品获取收益。

三、科技改善支付体验

(一) 场景服务多样化

用户使用某种产品的背景、出发点和期望目标，构成该产品的应用场景。应用场景指一个应用被使用的时候，用户最可能的所处场景，是一种更为具像化分析和描述用户需求的方法，大致包含以下几点：在某时某地，出现了某件事，使得用户产生某种需求，然后通过某种方法来满足这种需求。如果缺少应用场景，会使产品设计方无法直观地展示出产品各项功能的价值，以及究竟能给真实的生活带来何种变化。反之，一个好的产品也要有恰当的应用场景予以配合，才能达到较好的效果。总体而言，一个好的产品方案来自应用场景，同时一个典型的应用场景会自然地讲述用户需求，帮助用户满足这种需求就是产品的价值所在。目前移动支付覆盖的场景已十分丰富，用户可以随时随地使用移动支付，包括物流、票务、校园、售货机、医院、美容、超市、航旅、零售、酒店、餐饮、4S店、客运、彩票、社区、车险、机场、加油站、药店、景区、KTV、停车场等场景。

(二) 支付服务便捷化

支付体系具有明显的网络效应，用户数量越多，则支付体系的效率和成本越能得到进一步优化，因此决定支付机构发展高度的是其用户基础。除了支付场景的多样化，移动支付平台还通过推出多样的支付服务，拉近了用户与支付场景的距离，强化了用户基础。这些服务主要包括：一是转账、汇兑、贷款、理财、保险等金融服务；二是社保、政务、交通、医疗、生活缴费等城市服务；三是电影、火车票、机票、游戏中心、电商等购物娱乐服务；四是基于支付账户的征信信用服务；五是校园、亲子账户，以及疾病救助、扶贫救灾、教育助学、环保、动物保护等教育公益服务；六是聊天、赠礼、红包等社交服务。

本章小结

支付是指社会经济活动引起的债权债务清偿及货币转移行为。在早期文明和技术进步中，文字和数字的发明、金属冶炼技术、造纸术和印刷术等均在不同程度上推动了支付清算的发展。现代科技中与支付清算方式密切相关的技术包括防伪技术、通信技术、计算机技术和互联网技术。现代中央银行支付清算体系的构成包括清算机构、支付系统和支付清算制度。为了确保电子商务活动中的等价交换,解决买卖双方互相不信任的问题,第三方支付应运而生。第三方支付包括直连模式和网联模式。移动支付是指单位、个人直接或授权他人通过移动终端或者设备,如手机、掌上电脑、笔记本电脑等,发出支付指令,实现货币支付与资金转移的行为。

本章重要概念

支付　交易　清算　结算　电子支付技术　清算机构　支付系统　支付清算制度　大额实时支付系统　小额支付净额清算系统　跨境支付清算系统　国际银行卡清算系统　西联汇款支付清算　SWIFT 系统　Ripple 系统　第三方支付　直连模式　网联模式　移动支付　WAP 支付　客户端支付　刷卡支付　NFC 支付

本章思考题

1. 支付、结算和清算的联系和区别是什么?
2. 支付清算体系的运行有哪些技术需求?涉及哪些科学技术?
3. 现代支付清算体系的作用是什么?现代支付方式有哪些?
4. 第三方支付中的直连模式和网联模式有何异同?
5. 移动支付包括哪些支付架构?

本章参考文献

[1] 谢众. 支付体系创新与发展 [M]. 北京:中国金融出版社,2018.

[2] 中国支付清算协会. 支付清算理论与实务 [M]. 北京:中国金融出版社,2017.

[3] 欧阳卫民. 支付与金融 [M]. 北京:中国金融出版社,2011.

[4] 大卫·格雷博. 债:第一个5000年 [M]. 北京:中信出版社,2012.

[5] 菲利克斯·马汀. 货币野史 [M]. 北京:中信出版社,2014.

[6] 卡比尔·塞加尔. 货币简史 [M]. 北京:中信出版社,2016.

[7] 威廉·戈兹曼. 千年金融史 [M]. 北京:中信出版社,2017.

[8] 王士舫,董自励. 科学技术发展简史 [M]. 北京:北京大学出版社,2015.

［9］姜振寰. 技术通史［M］. 北京：中国社会科学出版社，2017.

［10］陈学彬. 中央银行概论［M］. 北京：高等教育出版社，2007.

［11］王广谦. 中央银行学［M］. 北京：高等教育出版社，2017.

［12］励跃. 中国支付体系［M］. 北京：中国金融出版社，2017.

［13］胡娟. 第三方支付技术与监督［M］. 北京：北京邮电大学出版社，2016.

［14］陆强华，杨志宁. 深度支付［M］. 北京：中国金融出版社，2018.

［15］中国支付清算协会. 移动支付理论与实务［M］. 北京：中国金融出版社，2015.

业务实践篇

第四章 现代金融业的金融科技

📖 本章导读

现代银行业、证券业和保险业构成了金融体系的"三驾马车"。商业银行的技术化改造使得互联网银行、移动银行、自助银行等成为新兴服务形式，突破了时空限制。证券业推进了发行与交易的电子化、互联网化和智能化，程序化交易、量化投资、智能投顾成为新业态；保险业的技术进步很快，在保险产品销售、定价过程、理赔过程等实现了技术化，可以远程无接触式服务，互联网保险、智能保顾提升了保险服务的客户体验。那么，现代正规金融体系推进金融科技应用的驱动力是什么？金融科技应用具有哪些需要关注的问题？本章将能找到这些答案。

本章学习目标

本章介绍银行科技、证券科技和保险科技的理论与实践发展。通过本章学习，可以掌握现代银行金融科技的形式，证券投资交易的技术化形态和保险业科技应用与创新的趋势。

第一节　银行科技

一、银行业与金融科技

（一）银行的功能与本质

1. 银行的产生

"银行"一词在我国古代社会指从事银器铸造或交易的行业，当时人们主要使用白银作为铸造货币的材料。中国进入近代社会后，随着西方金融机构进入我国，人们将英文"bank"翻译成银行，bank 原意指存放钱财的柜子，现在泛指专门从事货币存贷的金融机构。银行最早起源于高利贷银行，随着经济发展的需要，逐步转化为商业银行。而随着现代社会中经济的进一步发展，出现了更多种类的银行。很多金融机构的名称中都带有"银行"，如储蓄银行、投资银行、社区银行、全能银行等，这些银行从事的业务不尽相同，而这其中最重要的，是为企业和家庭服务的商业银行。商业银行的传统业务为吸收存款并向企业和个人提供贷款。

2. 银行的功能

银行在经济活动中担任很多重要的功能，如中介、支付、担保、风险管理、金融服务等。中介功能是指银行将社会上的资金转化为存款，再将存款借给需要资金的筹资人及公司，实现资金在资金闲置者和短缺者之间的有效配置，而存款和贷款间的利差则作为银行的利润。支付功能是指银行代表客户支付商品及服务价款，包括支付支票、提供电子支付渠道等。担保功能是指银行承诺在客户无法履行偿债义务时由银行代为履行，在这个过程中银行创造了信用。商业银行的风险管理功能帮助客户应对资产或人身方面的经济损失。银行的金融服务功能包括财务咨询、信托、租赁等，随着信息技术的发展，商业银行应用金融科技发展了电子银行、网上银行等业务，使整个银行业发生了革命性的变化。

3. 银行的本质

银行的业务范围非常广泛，并且不断地向新领域进军，新型的贷款存款业务不断出现，服务的范围和渠道也不停增加，很多大型银行提供了包括信托、保险、证券等综合服务，可以满足客户的更多金融需求。现代社会中的银行大量从事非传统的银行业务，而同时很多非银行的机构也从事类似传统银行的业务，这让给银行下定义变得困难，现在比较广泛的被各国应用的定义是提供可以随时按要求提取的存款服务并提供商业或企业性质的贷款机构。

（二）商业银行金融科技的发展

1. 银行科技化进程

（1）银行电子与信息化阶段。20世纪50年代计算机的发明及广泛的应用前景为银行业的发展奠定了基础，一些大银行纷纷将这一技术应用到银行的业务改革和银行业工作方式的更新，从此银行业开始了电子化的历程。银行电子化是指采用计算机技术、通信技术、网络技术等现代化技术手段，通过彻底改造银行业传统的作业方式，实现银行业务处理自动化、银行服务电子化、银行管理信息化和银行决策科学化，建立集业务处理、信息管理和经营决策为一体的现代银行信息系统的过程。从20世纪60年代到70年代，银行的电子化经历了从后台到前台的转变，美国、日本等国家纷纷将计算机行业的发展成果运用到了银行中。我国也从20世纪80年代初期开始了银行电子化的试点。

（2）银行互联网化阶段。进入互联网时代后，银行开始逐步将部分业务转移到线上，通过云计算、大数据等方式在线实现为客户提供存款、贷款、支付、结算、汇转、电子票证、电子信用、账户管理、货币互换、P2P金融、投资理财、金融信息等全方位无缝、快捷、安全和高效的互联网金融服务。银行的业务可以依托网页开展，无须开设分支，可为客户提供24小时的服务。

（3）银行智能化阶段。随着人工智能、大数据等领域的发展，金融科技领导了银行新一轮的变革。一部分银行在网点中设立了智能机器人，智慧柜员机等代替了传统柜员的位置。多家银行推出富有特色的智能化网点，以及无人网点，银行可利用金融科技改善客户体验，优化资源配置，降低运营成本。

2. 银行科技化发展的推动力

现代的区块链、大数据、人工智能等技术成为银行科技化发展的推动力。利用区块链技术，可以使银行在支付清算上改变其原有方式，缩短交易流程，提高交易效率。区块链技术还可通过多重签名与智能合约完成交易等任务的自我执行，提高银行透明度及效率，降低经营成本。

（三）银行金融科技与金融科技型银行

1. 银行科技创新与发展现状

金融科技的发展，在短时间内彻底改变了支付、借款、投资的方式。传统金融机构开始积极探索金融科技转型之路，基于移动互联的手机银行、基于大数据的精准营销、基于智能运营的服务优化等被广泛应用，推动银行服务向低成本、高效率和卓越客户体验等方向发展。互联网巨头 BATJ、百度、阿里、腾讯、京东等，凭借其自有生态圈的打造，利用金融服务有效融入客户生活场景中，迅速占领零售金融市场；领先的传统金融机构开始着手构建生态，将其服务切入客户场景中。大量银行开始通过对外投资与战略合作，与金融科技企业合作共赢。云计算、大数据、生物识别、区块链和人工智能等新兴技术已日渐成熟，并为金融业的发展提供了突破性的技术方案，深度影响传统金融业的发展。

2. 金融科技型银行

在数字化时代，银行正在经历一场史无前例的颠覆性革命，科技在支付、信贷等各个领域正在重新定义银行服务。金融与科技的融合已不仅仅停留在技术层面，更体现为发展理念、组织架构、业务模式、管理模式、服务模式等全方位的融合，金融科技布局也逐渐走向多元化。面临不断出现的新挑战，银行未来需要不断深化和升级金融科技发展战略，推动科技与业务深度融合。大银行面临突破与创新，小银行也面对数字化的挑战。

二、商业银行金融科技业务创新

（一）商业银行基于电子通信渠道的金融科技业务

1. 电报汇款业务

电报汇款业务简称电汇，是指付款人将一定款项交存汇款银行，汇款银行通过电报或电话传给目的地的汇入行，指示汇入行向收款人支付一定金额的一种交款方式。电汇可用于异地汇款，一般 2 小时至 1 个工作日到账，银行会收取一定量的手续费。

2. 自动柜员机（ATM）服务

自动柜员机，英文全称为 Automated Teller Machines，简称为 ATM。银行客户使用银行卡及密码就可以提取一定数量的现金，并可以查询余额、存款、支付账单等。ATM 可以 24 小时提供服务，节省了金融机构人员的时间和精力，以便他们可以更多地帮助有特殊需求的客户，以及有更多的时间来销售其他服务。

一台 ATM 可能会由多家银行共享，这样可以为尽可能多的客户提供服务。如果客户使用的是其存款行的 ATM，一般为免费或支付较低费用，而跨行提款的客户需要交纳较高的手续费。为了提高 ATM 的安全性，ATM 一般配有摄像头和报警器，机体也放置在离银行大厅较近、照明充足的地方。

部分客户，尤其是年龄偏大的客户并不偏好使用 ATM 或者会在使用过程中遇到困难，很多银行的大厅会配备服务人员来进行辅助以提高客户体验。当 ATM 发生故障时，客户的体验也会严重下降，所以银行一般会同时放置多台 ATM。

随着金融科技的不断进步，更多的技术被应用到的 ATM 上，如指纹识别、人脸识别、第二代身份证识别等。新技术的应用减少了使用 ATM 带来的安全隐患，同时提高了客户的使用体验。随着移动互联网的发展，大多数银行都推出手机终端应用，直接通过手机应用进行银行转账，部分替代了原先 ATM 的功能。

3. 信用卡国际组织及其业务

威士卡（Visa International Service Association，VISA）又译为维萨、维信，是一个信用卡品牌，由位于美国加利福尼亚州三藩市的 VISA 国际组织（Visa International Service Association）负责经营和管理。VISA 国际组织是一个由全球两万一千多家金融机构会员所组成的非股份、非营利性国际银行卡组织。VISA 卡于 1976 年开始发行，它的前身是由美洲银行所发行的 Bank Americard。

万事达（Mastercard）国际组织于 20 世纪 50 年代末至 60 年代初期创立了一种国际通行的信用卡体系，随即风行世界。1966 年，组成了一个银行卡协会（Interbank Card Association）的组织；1969 年，银行卡协会购下了 Master Charge 的专利权，统一了各发卡行的信用卡名称和式样设计。

中国银联（China UnionPay）成立于 2002 年 3 月，是经国务院同意，中国人民银行批准设立的中国银行卡联合组织，总部设于上海。作为中国的银行卡联合组织，中国银联处于我国银行卡产业的核心和枢纽地位，对我国银行卡产业发展发挥着基础性作用，各银行通过银联跨行交易清算系统，实现了系统间的互联互通，进而使银行卡得以跨银行、跨地区和跨境使用。依托银联跨行交易清算系统（CUPS），中国银联制定和推广银联跨行交易清算系统入网标准，统一银行卡跨行技术标准和业务规范，形成银行卡产业的资源共享和自律机制，从而对银行卡产业的发展起到引导、协调、推动和促进作用。

4. 电话银行服务

电话银行是客户和计算机直接对话，计算机通过语音识别技术识别客户的语言，客户可以直接通过电话，不受时间、地点的限制自行办理银行业务。

（二）商业银行基于互联网的业务创新

1. 网上银行业务

网上银行也被称为电子银行，客户通过互联网，利用计算机、智能手机等电子设备，进行账户查询、转账、信贷、理财等服务。网上银行的出现降低了经营成本，提高了经营效率，为客户提供了更多样化、个性化的服务。

2. 直销银行业务

直销银行通过通信工具、自助终端和移动网络等媒介，通过电子渠道直接为客户办理业务。银行不再借助传统的线下营业网点和实体银行卡进行经营，减少了成本，可以为客户提供更低价的贷款和收取更少的服务费。目前，我国多数直销银行以银行部门的形式存在，部分采取了线上平台与线下门店自助相结合的模式，也有一些选择与互联网企业合作。随着政策逐渐放开，我国已经有很多直销银行成为独立法人，向客户提供理财产品、基金、定期存款等。

3. 纯互联网银行

纯互联网银行是指银行借助现代数字通信、互联网、移动通信及物联网技术，将传统银行的业务搬到互联网上。与传统的通过开设分支机构拓展业务的银行不同，互联网银行可以通过互联网服务更广范围的客户，拓宽了自身的服务渠道，客户的操作不再受时间和地点的约束。一般互联网银行是与一家银行的核心系统相连接或者作为这个系统的一部分，随着金融科技的发展，如今出现了所有业务均在互联网上的银行。

（三）商业银行基于人工智能的业务创新

商业银行基于人工智能的业务创新包括智能银行机具的出现与改进，在线财富管理服务（银行智能投顾、个人定制化服务），智能化流程银行（提高生产力），欺诈识别与风险管理等方面。

三、金融科技与商业银行管理

（一）商业银行金融科技与风险控制

1. 大数据分析经营环境

数据对银行经营的重要性与日俱增，这种重要性主要体现在三个方面。一是利用大数据，银行可以准确分析并预测用户的投资需求及操作方式，拓展市场空间，实现银行数字化转型，提高银行服务及产品的质量。二是利用大数据可以有效辨别客户信用信息并进行整理分析，节约商业银行获取信用信息的成本。三是利用大数据可以充分发挥大数据在风险、监测、定价方面的优势，提升数据洞察能力，对风险实现精确管理，推动风险管理能力发生质变。

2. 智能化提升内部控制效力

现在银行多采用具有数据收集和分析功能的财务软件来辅助银行的财务内部控制的工作。银行与各分行间联网，共享数据与理财策略，通过智能机器人的自我学习，为用户提供最优的投资策略。人工智能与大数据的引入提高了企业对财务数据分析处理的能力。一方面，通过采用多元化的数据分析方式，增加了信息处理与分析的时效性，提高人员的工作效率，节约资金投入。另一方面，智能化增加了预测的精确性和前瞻性，优化银行的资源配置，对市场的变化可以及时采取预防性措施，做到事前预防和事中控制，进行实时业务处理。

（二）商业银行金融科技投入与绩效

1. 全球银行业金融科技投入情况

美国、中国和英国是获取金融科技领域风险投资排名前三的国家。美国的金融科技一直处在前沿的位置，由于美国人的消费习惯及健全便捷的网络服务，交易支付仍以常规的现金和信用卡交易为主。金融科技投资融资最为活跃的是已经上市的美国几大投资公司，包括贝莱德、KKR、黑石等。而英国的金融科技创新主要分布在三大领域：一是支付和消费金融，二是数字化银行，三是大数据分析。国际上2017年在银行与资本市场板块的整体融资为128亿美元，其中47%来自风险投资，16%来自私募基金，15%来自债务融资，1%来自IPO后融资。

各国银行在金融科技上的投入非常大，美国摩根大通在2018年的技术投入资金为108亿美元，在其总营收中占比10%，约为净利润的40%。中国的银行业在金融科技上也有相当的投入，但和美国的银行业差距明显。中国银行宣布，将确保每年对科技创新的投入不少于上年集团营业收入的1%，光大银行在2017年及之前每年在科技创新上的投入约为净利润的1%到2%。

2. 银行金融科技投入成本与产出

现阶段中国金融服务整体发展还处在较低水平，可提升空间巨大，另外，传统银行处于被边缘化的位置，从这两个角度看，银行在金融科技上的投入从长期来看是非常值得的。而在短期来看，银行金融科技的投入与产出是可以量化的，机器设备和系统的费用是固定的支出，而金融科技的成本投入主要是科技人才的投入，根据行业技术人员的平均薪酬，来估算一个技术团队的成本，进而和未来收入的增加做比较，来计算是否应该进行金融科技的研发投入。

3. 商业银行金融科技带来的成长绩效

科技和金融已经成为现代经济不可或缺的两个因素，科技在金融领域的应用改变了传统银行的经营方式，在金融科技的作用下，银行的经营规模增加，技术发展水平有了显著提高，银行与科技公司间的合作愈发紧密。由于互联网银行的出现，银行拓展了客户渠道，在销售方面得到了增长。而人工智能与大数据的出现，增加了银行的营利能力，提高了银行效率，优化了资源配置。金融科技的加入为银行带来了新的业务增长点，开发了新的业务模式。

第二节　证券科技

证券市场是信息信用市场，科技是证券业发展的生命线。互联网的诞生颠覆了传统的证券交易方式，将证券业推向了新的历史发展阶段，极大地加快了证券业的发展速度。我国证券业能够发展成为全球第二大股票市场、第三大债券市场、第二大私募市场，主要得益于互联网的蓬勃发展，运用互联网技术实现电子化自动撮合交易、实时数据远程传输和无纸化中央登记结算等。证券业与科技的融合已经成为推动证券业发展的基础与保障。

一、证券发行与交易的电子化

（一）证券发行模式与电子化

从 2005 年 1 月起，我国新股发行实行询价制度，即发行人和主承销商将首发新股中的一部分在网下向特定投资者进行推介、询价及累计投标以最终确定新股发行价格并完成网下发行，从而实现新股发行的市场化定价。因此，从实行询价制度以来，新股发行分为网上与网下两部分，网下发行承担着市场化定价的功能，网下发行的组织与效率直接影响到我国股票发行制度改革的效果。

2006年10月,深圳证券交易所和中国证券登记结算有限责任公司深圳分公司开始研究并制定网下发行电子化解决方案,提出由深圳证券交易所建立基于互联网的网下发行电子平台,即EIPO平台,主承销商通过该平台组织网下发行,投资者通过该平台参与网下发行;同时,由中国证券登记结算有限责任公司深圳分公司建立配套的网下发行后台处理系统,负责备案银行账户审核、资金收付、有效资金处理、清算交收与新股初始登记。新股网下发行电子化,极大地提高了发行效率,并有效缓解新股发行期间资金大规模跨行流动的问题。

(二)证券交易模式与电子化

电子化交易方式下,传统的柜台交易变成了机上市场,交易效率明显提高。个人投资者能够很方便地得到市场报价和各种消息,并利用计算机分析投资决策。引入自动化电子交易后,各国证券交易所的运作普遍实现了无纸化和电脑化,建立了安全、高效的电脑运行架构,竞价方式也由手工竞价过渡到电脑自动撮合。从采取竞价方式的证券交易所的实践看,自动化电脑交易系统通常由撮合主机、通信网络、柜台终端三部分组成。投资者除了在证券商柜台直接下单买卖证券外,也可以在家里通过电话或者电脑的按键下单买卖,其委托由证券商柜台终端通过通信网络传送到交易所撮合主机,撮合成交后实时回报,投资者下单后可以立即查询交易结果。

二、证券发行与交易的互联网化

(一)证券发行的互联网化

我国的互联网证券发行主要包括股权众筹和互联网非公开股权融资两种形式。股权众筹融资主要是指通过互联网形式进行公开小额股权融资的活动。股权众筹融资必须通过股权众筹融资中介平台(互联网网站或其他类似的电子媒介)进行。公司出让一定比例的股份,面向普通投资者,投资者通过出资入股公司,获得未来收益。与私募股权投资相比,股权众筹主要通过互联网完成"募资"环节,称为"股权众筹是私募股权互联网化"。

互联网非公开股权融资是指以互联网为主要信息渠道向特定对象开展的股权融资业务活动。目前,市场上开展股权融资的平台主要是互联网非公开股权融资平台,但这类平台需遵守《公司法》《证券法》等有关规定，不得向不特定对象发行证券，向特定对象发行证券累计不得超过200人，非公开发行证券不得采用广告、公开劝诱和变相公开方式。

（二）证券交易的互联网化

证券交易的互联网化是指投资者利用互联网获取证券的即时报价，分析市场行情，并通过互联网委托下单，实现实时交易。网上交易及其相关业务主要包括查询上市公司历史资料、查询证券公司提供的咨询讯息、查询证券交易所公告、进行资金划转、网上实时委托下单、电子邮件委托下单、电子邮件对账单、公告板、电子讨论、双向交流等。目前，投资者可以使用电脑、手机等信息终端进行网上证券交易。网上证券交易系统一般都有提供实时行情、金融资讯、下单、查询成交回报、资金划转等一体化服务。互联网证券交易与传统证券交易的最大区别就是投资者发出的交易指令在到达证券营业部之前，是通过互联网传输的。

（三）互联网证券业务创新

互联网证券业务创新并不是简单地将线下业务向线上进行平行迁移，也不是对现有平台和信息技术模块做简单整合，而是在"电子化—互联网化—移动化"趋势下，从执行层面对公司传统业务实施从销售渠道、业务功能、客户管理到平台升级的架构重塑及流程优化，架构符合互联网商业惯例和用户体验的综合金融服务体系。

互联网证券业务创新中的关键，在于将金融服务与客户体验相结合。一方面，通过更全面的金融服务链与完善的适当性服务体系，搭建综合金融服务体系，与互联网企业形成差异化定位；另一方面，则是在用户体验上积极向互联网企业看齐，借鉴互联网思维模式，从互联网客户体验出发，探索适合网络客户的新产品、新服务，不断推动自有互联网平台的开发与完善，以与其他金融机构形成显著区别。

目前，我国证券公司主要在客户账户开立、资金进出渠道及适当性管理等三方面实施创新探索，最大可能地适配互联网用户的客户体验。具体而言，通过账户分层，将传统证券公司的账户开立流程转化为具备互联网特色的注册、开户、激活及充值等流程，推动证券公司与互联网企业的客户体验处于同等水平；借助央行支付系统，丰富资金集聚渠道，提升客户资金使用的便捷程度；以分层设想为基础，探索具备互联网特色的适当性管理形式，针对不同层级的账户权限及产品风险，匹配不同等级、不同方式的适当性管理规范，优化中低风险产品对应的购买流程，完善客户体验。对客户而言，未来在互联网证券平台可实现生活消费、办理业务、投资理财、一键下单等综合金融需求。

三、证券程序化交易

（一）程序化交易与量化投资交易的关系

程序化交易是指通过既定程序或特定软件，自动生成或执行交易指令的交易行为。程序化交易属于量化交易一个组成部分。量化投资以数据模型为内核，以程序化交易为手段，能够自动识别投资机会并自动触发交易。不难看出，量化投资是投资的一种方法，而程序化交易是一种客观的交易实现手段。

（二）程序化交易的优缺点

1. 程序化交易如有如下优点：

（1）交易客观性的优势。系统化交易具有客观性，可排除人为贪婪及恐惧等因素。程序化交易系统以计算机为决策工具，从而有效解决了交易者的情绪对交易的负面影响问题。人们在参与交易时，随着盈利或亏损的变化，难免会受到一些负面情绪的影响，如盈利的贪婪，或者暂时亏损时的恐惧等。这些情绪会影响交易者做出不理性的决策，从而与盈利失之交臂，而有时候抓住这样的机会也许只需要再坚持几分钟或者几小时。而程序化交易能代替人们时刻保持"头脑清醒"。

（2）速度优势。由于市场价格波动快，对于金融衍生产品重仓操作每天都有可能让交易者承受过重的心理压力，程序化交易可以让交易者迅速换手。同时，日内短线交易者对速度的要求也非常严格，而程序化交易能够自动触发成交。毫无疑问，和个人实际的交易行动相比较，这在速度上给交易者带来了全新的不同，也让普通的散户投资者在这个层面上和职业化的交易者、大机构站在了同等的舞台上。例如，当发现了 RSI 指标顶背离等一些投资机会时，程序化交易能在第一时间下单，自动抓取每一个敏感而细小的营利机会。

（3）计算能力的优势。金融衍生品交易中往往会遇到许多复杂的模型，要计算如此复杂的模型，对计算能力有很高的要求，程序化交易在计算机的帮助下能实现对定价进行估算、快速寻找不同投资品种之间的价差，或者是对历史数据进行统计分析、寻找合理的买点与卖点等，并且能通过反复模拟测试收益率，比较不同的投资策略，从而选出最优的投资策略。这些在组合金融衍生品指标交易、股指期货期现套利等方面发挥出巨大优势。

（4）分散投资风险的优势。因为无法保证每一笔交易的盈利，金融衍生品市场的交易很大程度上是博取概率事件的胜率。这就需要我们分散交易，同时对多个品种交易，或者同时采用不同的交易策略对一个品种交易。采用程序化交易可以顺利完成上述策略，达到最大限度的风险分散，实现合理资产配置。

（5）持续关注市场的优势。程序化交易能持续关注全球市场变化，因而能持续快速发现市场的投资机会。例如，一个程序化交易策略可以同时追踪所有国内期货品种的RSI指标背离、股指期货期现套利机会，并给出预警信号。从另外一个角度来说，在程序化交易的帮助下，投资者可以将有限的精力放在做一些重大决策上，大大降低投资的人力成本。

2. 程序化交易系统的缺点主要有：

（1）出现资金大幅回撤。有些程序化交易模型从长期看是盈利，但是短期内可能会出现巨幅的资金回撤。部分投资者对程序化交易认识比较模糊，认为程序化交易就是一台赚钱的机器，永远盈利，因而在这种资金回撤下就可能难以继续进行程序化交易，从而错过后期出现的大幅盈利。

（2）交易系统滞后于价格变化。大部分程序化交易系统都是追随趋势的，但这种模型在区间震荡行情中往往会遇到频繁的交易并可能连续亏损。

（3）缺少灵活性。目前已有的程序化交易系统往往缺少灵活性，特别是无法真正发挥资金管理的作用。而资金管理在一定程度上也是程序化交易系统胜败的关键。

（4）需要使用者具有极大的耐心和纪律。因为程序化交易系统并不是必胜的。它重在追求长期累积效益，在此过程中，就必然要损失和牺牲短期的盈亏。也可能短期内频繁的小亏让你感到厌烦，但是系统在捕捉到一个可以获得较大盈利的行情时，往往可以弥补以前所有的亏损，这需要极大的耐心和纪律。

（三）程序化交易系统构成

程序化交易系统由变量定义模块、数据处理模块、交易决策模块、交易执行模块、风险难控制模块等构成。

1. 变量定义模块

变量定义模块是所有程序化交易程序的基础。变量定义包括参数和变量两类。参数全部为数值型,变量有数值型、字符型、逻辑型三种。整个程序中所使用的参数和变量都必须在该模块中进行定义,没有定义的任何参数和变量都不能够在程序里面赋值或引用。

2. 数据处理模块

数据处理模块是交易策略程序的核心模块之一。任何决策模型都必须对一系列基础数据进行计算处理,对变量进行赋值,对各种决策条件进行计算和分析。

3. 交易决策模块

交易决策模块是程序化交易系统的核心,负责根据交易策略思想对已经计算处理的数据进行分析判断,是否符合策略思想确定的建仓、平仓条件,从而决定什么时候、以什么价格、多大规模、建立什么样的仓位(多仓或者空仓)或者平仓已有仓位。

4. 交易执行模块

负责执行交易决策模块发出的交易信号。命令既可以写在交易策略程序中,也可以在加载交易策略程序的图表上通过交易策略设置窗口进行设置,包括交易策略的参数设置、信号图表显示、分割交易、费用/数量、强制平仓和买卖方式。

5. 风险控制模块

风险控制是程序化交易成功的关键。该模块负责根据风险控制策略对程序化交易的持仓风险和账户资金进行管理和控制。管理账户资金,确定其建仓的规模是否恰当,以控制其账户面临的最大风险。对已经建立的仓位面临的风险进行实时评估,判断其是否达到策略允许的最大风险上限。对达到策略允许的最大风险上限的持仓必须采取必要措施进行平仓,包括减仓和清仓,以控制损失的进一步扩大。

四、量化投资交易

(一)量化投资交易的概念与特点

量化投资交易是指以先进的数学模型替代人为的主观判断,利用计算机技术从庞大的历史数据中筛选出能带来超额收益的多种大概率事件以制定策略,极大地减少投资者情绪波动所带来的影响,避免在市场极度狂热或悲观的情况下做出非理性的投资决策的一种投资交易方式。量化投资交易和传统的投资交易本质上来说是相同的,二者都是基于市场非有效或弱式有效的理论。两者的区别在于量化投资交易更加强调数据在投资决策中的作用。量化投资交易具有以下几个方面的特点:

（1）纪律性。根据模型的运行结果进行决策，而不是凭感觉。纪律性既可以克制人性中贪婪、恐惧和侥幸心理等弱点，也可以克服认知偏差，且可跟踪。

（2）系统性。具体表现为"三多"。一是多层次，包括在大类资产配置、行业选择、精选具体资产三个层次上都有模型；二是多角度，定量投资的核心思想包括宏观周期、市场结构、估值、成长、盈利质量、分析师盈利预测、市场情绪等多个角度；三是多数据，即对海量数据的处理。

（3）套利思想。量化投资交易通过全面系统性的扫描捕捉错误定价、错误估值带来的机会，从而发现估值洼地，并通过买入低估资产、卖出高估资产而获利。

（4）概率取胜。量化投资交易不断从历史数据中挖掘有望重复的规律并加以利用，依靠组合资产而不是单个资产取胜。

（二）量化投资交易方法

量化投资交易包括多种具体方法，在投资品种选择、投资时机选择、股指期货套利、商品期货套利、统计套利和算法交易等领域得到广泛应用。在此，以统计套利和算法交易为例进行阐述。

1. 统计套利

统计套利是利用资产价格的历史统计规律进行的套利，是一种风险套利，其风险在于这种历史统计规律在未来一段时间内是否继续存在。统计套利的主要思路是先找出相关性最好的若干对投资品种，再找出每一对投资品种的长期均衡关系（协整关系），当某一对品种的价差（协整方程的残差）偏离到一定程度时开始建仓，买进被相对低估的品种、卖空被相对高估的品种，等价差回归均衡后获利了结。股指期货对冲是统计套利较常采用的一种操作策略，即利用不同国家、地区或行业的指数相关性，同时买入、卖出一对指数期货进行交易。在经济全球化条件下，各个国家、地区和行业股票指数的关联性越来越强，从而容易导致股指系统性风险的产生，因此，对指数间的统计套利进行对冲是一种低风险、高收益的交易方式。

2. 算法交易

算法交易又称自动交易、黑盒交易或机器交易，是指通过设计算法，利用计算机程序发出交易指令的方法。在交易中，程序可以决定的范围包括交易时间的选择、交易的价格，甚至包括最后需要成交的资产数量。算法交易的主要类型包括：

（1）冲击驱动型算法交易。冲击驱动型算法是由简单的指令分割策略演化而来的。通过将大订单分拆成小订单进行发送，试图降低交易对资产价格的影响，达到最小化市场冲击成本的目的。基于平均价格的算法，代表了第一代冲击驱动型算法。这些算法都是由带有预设目标的算法演化而来的，对价格或成交量等条件无敏感性。它们通常按预定的步骤被执行，在给定的时间内不管市场条件如何，只是单纯执行预先设置的指令。

时间加权平均价格（TWAP）是一种基于时间变化的加权平均价格，被称为TWAP算法，其仅以时间分割为基础，考虑指令的设置或指令的执行，而不受市场价格或成交量等其他方面因素的影响。用这种方法执行一系列指令，其平均执行价格就是各执行时间点市场交易价格的加权平均。

相对于TWAP策略而言，成交量加权平均价格（VWAP）交易策略是指交易者利用市场成交量来试图实现使平均执行价格等于VWAP基准价格的执行策略。它是最常用的交易策略之一，具有简单易操作等特点，基本思想就是让算法的成交量提交比例与市场成交量比例尽可能匹配，在减少对市场冲击的同时，获得市场成交加权的平均交易价格。因此，VWAP策略一般不直接对交易的冲击成本建模，而是注重日内成交量分布的预测。值得注意的是，如果订单量很大，VWAP策略的冲击成本仍不可忽略。

（2）成本驱动型算法交易。成本驱动型算法的主要目的是降低总体交易成本，除了佣金和价差之外，冲击成本和时机风险等隐性成本都是成本的重要组成部分。虽然将大订单进行分割并将其分散到相当长的一段时间内进行交易可以最小化市场冲击，然而这样做会把订单暴露在更大的时机风险下，对波动性大的资产尤其如此。因此，成本驱动型算法也需要同时降低时机成本。

过于主动的交易会导致相当大的市场冲击，而过于被动的交易会引起时机风险。为了最小化总的交易成本，我们需要在冲击成本和时机风险这两者之间寻找一个平衡点。为了找到这样一个平衡点，需要考虑到投资者的风险厌恶程度。早期的成本驱动型算法是由冲击驱动算法吸收了时机风险等要素演化而来的，现在成本驱动型算法越来越多地使用复杂市场模型，去预测潜在的交易成本和决定指令的最优交易策略。

（3）机会导向型算法交易。机会导向型算法是从一系列交易算法中演化而来的，其本质都是利用有利的市场条件，包括价格、流动性或其他因素。其中价格算法是以成交量加权平均价格算法、参与率算法等策略为基础，与它们不同的是添加了对价格的敏感指标，并且能够基于当前市场价格是否有利来修正算法的交易风格。因此，许多看重市场冲击成本的算法都会更多地采用机会导向型策略。对于每一类机会导向算法,价格都是一个重要的变量。目标基准提供了一个允许算法去判断市场条件是否有利的基准线。由于具有动态性特征,机会导向型算法比其他类型的算法能更精确地执行目标策略。

(三) 量化投资交易风险

量化投资交易风险主要包括一二级市场间的"级差"风险、交易员操作风险和系统软件风险。

一二级市场间的"级差"是整个套利交易的核心。在现有规则下,ETF套利模式分为两种。一种是通过购买一揽子股票,按照兑换比例在一级市场换得相应的ETF份额,然后在二级市场上将ETF卖出;另一种则与前者相反,是在二级市场上购买ETF份额,通过兑换比例换得相应数量的股票,然后在二级市场卖出股票。交易的顺序视股票价格、兑换比例、ETF份额交易价格的变动而决定。由于股价的变动,ETF套利级差转瞬即逝,因此,纷繁复杂的计算过程目前业内由计算机完成,交易员通过设定计算程序并按照结果决定策略,或者完全自动让系统在出现套利空间时自动交易。因为套利的空间非常小,通常只有万分之几,因此套利交易为了获取适中的收益,参与的资金量都比较大。如果交易员把握不当将顺序做反,则投资将出现亏损,这便是级差风险。而为了控制这样的人为风险,券商一般提倡自动化交易,方向由计算机把握,交易员输入交易数量即可。

交易员操作风险是交易员操作失误,即交易员在输入交易指令时出现失误所带来的风险。

系统软件风险是指每个交易员在系统中都有相应的交易权限,包括数量、金额,一旦巨大的金额绕过系统权限完成交易,可能将造成不可估量的损失。

五、智能投顾

(一) 智能投顾的定义

智能投顾是指在线自动提供以算法为基础的投资组合管理咨询等财富管理服务的一类理财顾问。

智能投顾利用计算机通过现代投资组合理论等投资分析方法,自动计算并提供组合配置建议,把人为干涉因素降到最低。其核心是算法设计,包括证券投资组合理论、组合优化、技术分析、模式识别等机器学习和人工智能系统的理论或方法，其与量化投资的主要区别在于其个性化和多样性。智能投顾的服务层次如果延伸到交易层面，在投资组合建立和风险控制环节，均会涉及程序化交易。例如，在满足止损规则的情况下，投资者可以选择智能自动下单交易。

（二）智能投顾的功能

1. 提高客户覆盖面

智能投顾的低门槛使得中产及长尾客户全覆盖，实现全民理财。传统的专业投资顾问的门槛在百万元以上，而私人银行理财起点多为 600 万元以上，部分私人银行甚至将门槛设定到 1 000 万元，主要针对高净值客户。大部分中产及以下长尾人群很难享受专业化、定制化的投资咨询服务，而这类人群不仅基数大，在理财上也一直有着资产保值、增值的强烈诉求。智能投顾平台对客户的最低投资金额要求都很低，最低要求普遍在 1 万~10 万元。这一设定为各层次的投资者打开了私人财富管理的大门，实现了真正意义上的全民理财。

2. 识别用户风险偏好

智能投顾应当实现的内容里有实现大批量的不同个体定制化投顾方案这一条，其中"个体定制化"突出了对用户个性化的注重，理想的智能投顾是能够根据投资者的时机状况，如收入状况、年龄、投资目的、心理风险承受能力等因素来评估用户实际风险偏好及其变化规律的。传统投资顾问在面对用户风险偏好这一问题上基本运用沟通方式来处理，但这种沟通成本往往是非常高的，很容易产生差错而造成用户亏损。但智能投顾是以大数据识别用户的个性化风险偏好，根据不同的风险偏好提供个性化的理财方案，解决了传统理财顾问通过沟通识别风险偏好带来的高成本问题，降低了风险成本，帮助用户提升收益。

而更重要的在于，利用大数据进行的风险偏好识别可以实时动态计算，紧跟市场涨跌、用户收入水平等因素的变化而变化，避免传统理财顾问面对用户风险偏好改变时可能出现的滞后性和额外沟通成本。

3. 定制风险资产组合

智能投顾在了解用户个性化的风险偏好后，可以通过资产配置模型由计算机得出最优投资组合，也可以通过多因子风控模型更好、更准确地把握前瞻性风险，还可以通过信号监控、量化手段制定择时策略。这一切最重要的在于智能投顾高端的智能算法和模型。而结合了用户个性化的风险偏好再通过智能算法模型定制的资产配置方案一定是符合用户个人特征的，因此智能投顾应当是千人千时千面的，其提供的资产配置方案绝不是固定打包的金融产品。

（三）智能投顾模式

智能投顾在中国落地生根后，演化出了多种业务模式。从业务模式上分析，基本可以将目前的智能投顾平台分为独立建议型、混合推荐型和一键理财型三种。

1. 独立建议型

独立建议型的智能投顾模式通过调查问卷的方式，对用户的年龄、资产、投资期限和风险承受能力等方面进行分析后，经过计算，为用户提供满足其风险和收益要求的一系列不同配比的金融产品。这类智能投顾平台为理财用户提供建议，并代销其他机构的金融产品，平台自身并不开发金融产品。平台推荐的金融产品大多数为货币基金、债权基金、股票基金和指数基金等，有些平台还配置有股票、期权、债券和黄金等。

2. 混合推荐型

混合推荐型平台在业务中融入了平台自身特有的金融产品，即向用户推荐的投资组合中，部分金融产品是平台参与开发的。该类型平台仍然通过调查问卷的方式，对用户的年龄、资产、投资期限和风险承受能力等方面进行分析。与独立投资型平台不同的是，混合推荐型平台在经过大量计算后为投资者推荐的产品分为平台特有金融产品和其他机构金融产品两类。例如，一些混合推荐型平台会为用户配置一些平台参与开发的 P2P 网贷产品、票据理财产品、固收理财产品等。同时，平台还为用户配置其他机构的金融产品来满足用户需求。

3. 一键理财型

一键理财型智能投顾平台的用户不直接参与具体的金融产品配置方案的制定，用户只需要选择"智能投顾"这项业务，平台就会根据用户的需求和以往的行为数据自动配置产品。简单来说，这类智能投顾平台，简单明了的给用户"收益率"这个结果，采用机器人进行资产配置的过程，用户并不参与。例如，有的平台会根据用户行为分析用户资金的转出概率，给每个用户配置流动性需求不同的资产组合，并设置不同的现金保留比例，最后通过机器高效匹配来实现用户间的债权转让，从而保证没有资金池和较好的客户体验。

（四）智能投顾的流程

智能投顾的投资过程基于传统的投资理论和方法策略，实质上是将传统投资理论的应用场景互联网化。大部分智能投顾平台会借助问卷等手段判别用户的风险承受水平、收益要求和投资期限等信息，部分智能投顾平台更是直接让用户先后勾选风险等级和投资期限。无论是以问卷形式还是简单粗暴地直接勾选风险承受等级和投资期限，都相当于对客户的可投资资产风险和预期收益的分析，相当于给平台构建投资组合设定了约束条件。根据客户的风险水平与投资期限，计算机借助风险分散等传统的投资理论及量化投资策略等方法构建投资组合，并在投后过程实时跟踪宏观事件、市场和投资者偏好的变化等情况，进行自动风控和授权后的自动调仓。

第三节 保险科技

一、保险科技概述

（一）保险科技界定

保险科技（InsurTech）的核心是科技，即在整个保险流程中，应用人工智能、机器学习、物联网装置和区块链等新技术，使客户更方便地选购保险产品、投保及理赔，使公司提高运营分销能力，更准确地进行风险评估并定价。随着互联网的发展，新科技为许多行业带来了改头换面的变化，传统保险行业面临重塑价值链的挑战。

根据保险科技的内容和目的，我们对保险科技定义为：保险科技是科技手段在保险场景中应用，提升保险业务的效率并创造价值。

基于金融的功能稳定和科技范畴不断变化的现实，我们认为保险科技的核心仍然是实现金融的功能，但未来金融中保险的功能可能和现在有所不同，包括扩展保险功能实现范围、提升保险功能实现效率，甚至成为主要的保险功能实现方式。

根据科技与保险融合的程度不同，保险科技的发展可以有三个层次，分别是：

（1）提升保险功能实现效率。这意味着保险科技所起的作用是提升现有保险功能模式的效率，例如，当前许多保险公司还处于向互联网转型的过程，正在使用互联网技术来为投保、核保、理赔等环节提供更便捷的服务。

（2）扩展保险功能实现范围。这意味着保险科技扩展金融功能的范围，这里的范围包括保险服务的客户范围及金融的功能所涉及的范围。互联网和移动互联网的普及使得保险公司的服务扩展到更多的客户，同时一些新科技的使用，使得保险公司可以为既有客户提供新的金融服务。

（3）成为主要的保险功能的实现方式。这是科技与保险的深度融合，保险功能以科技为主要实现方式，保险公司实现基于数据的智能经济体的架构。

(二) 保险科技的类型

保险科技的类型可以从两个角度来划分，分别是保险业务角度和科技类型角度。从保险业务角度，保险科技可以分为核保科技、定价科技、产品开发科技、核赔科技和定损科技等。

核保科技是保险公司在决定是否承保时使用科技手段提升效率，区块链技术、大数据技术及人工智能技术都可以提升核保效率，例如，当前基于客户关系网络的大数据技术可以有效地防止核保过程中欺诈的发生。

定价科技是保险公司利用科技手段提升定价效率，实现更好的风险预测。

产品开发科技是保险公司利用科技手段提升产品开发的效率，开发新的产品，发现新的市场契机。

核赔科技是保险公司在确定是否赔付时使用科技手段提升效率。

定损科技是保险公司在确定赔付后使用科技手段提升定损效率，快速、低成本地给出赔付金额。

从科技类型角度，保险科技可以分为区块链技术、人工智能、物联网、云计算、大数据、车联网、无人驾驶汽车、无人机、基因检测、可穿戴设备等。这些科技根据各自特点可以应用在保险的各个细分场景中。例如，保险业务进行中运用区块链技术可以杜绝虚假信息和恶意行为，并有效追溯和标记投保标的信息，有助于进一步改进产品和精准评估风险。

(三) 我国保险科技发展阶段与发展动力

第一阶段（2008年之前）：该阶段是金融的电子化与信息化时期，是金融科技的雏形期，也是保险行业信息化的探索期。在这一阶段中，会计账务实现了电子化，金融业务也开始能够进行电子数据化处理，对应地，保险行业在此期间也迎来了第一波发展：从1999年到2008年，国内保费规模从1 393亿元升至9 000亿元。

第二阶段（2008~2016年）：该阶段是金融网络化、移动化的时期，是金融科技的基础构建期，此阶段，保险实现互联网化。从2008年以后，软件技术大幅提升，互联网、移动互联网迎来爆发，配合新出现的"云计算与物联网"等新概念，国内保费规模从9 000亿元上升到了1.4万亿元。在市场上，保险行业的互联网化为用户打开了一扇新的大门，中国老百姓开始接受保险新的购买方式。

第三阶段（2016年至今）：该阶段是金融智能化，匹配智能经济的时期，是金融科技的重要发展期，保险业向自动化及智能化迈进。大数据、云计算技术已经开始落地，物联网、区块链、人工智能等技术也被应用于保险业务的诸多场景中。此阶段，保费增长迅速，同时不断有新的保险业务创新和保险科技创新出现，保险科技将会对保险产业进行多维度地创新与重塑。

可以看到，整个保险科技的发展与互联网经济、数字经济和智能经济的发展充分契合，互联网构建的新的资源架构、数据资产的基础认同，以及科技力量的效率替代是保险科技的发展动力，具体分析如下：

1. 碎片化/场景化需求

在新时代下，生活因为场景不同被切割成无数碎片，相应的风险需求随之而生。与此同时，随着互联网日益成为人们获取知识和信息的重要来源，移动支付、全球定位、生物识别等技术的赋能使得互联网能够直接掌握潜在的保险场景资源，精准把握消费者的碎片化/场景化需求。

2. 流量优势

中国拥有世界最大的互联网用户人口，互联网渗透率增长较快，各网络平台流量规模和增速较快，消费者对于互联网消费的接受程度高。而互联网保险业务的快速增长亦得益于平台的流量优势，互联网保险的核心亦是"流量变现"。

3. 互联网信息技术优势

信息技术让这个世界重新洗牌，而日益复杂的生产生活和环境水平因素使得人们暴露在高维风险当中。为了解决高维风险带来的隐患，互联网信息技术逐渐显现其优势，通过最大限度地降低成本及信息不对称带来的影响，使保险产品更易于被消费者接受。

4. 互联网思维

传统企业所依赖的稀缺和不可复制资源构成了行业巨头们的竞争优势：专利技术优势、企业文化优势、地理位置优势、人才优势、成本优势似乎是新兴企业无法轻易复制和获取的。但是，互联网思维可以降低此类优势的稀缺性和必要性，使这些竞争优势荡然无存，并重构新的竞争优势。凭借庞大的流量、用户体验及运营模式建立起的全新竞争维度，通过跨维度整合资源，以免费对抗收费、以简单战胜烦琐来解决传统保险的痛点。

二、互联网保险

（一）互联网保险的定义

互联网保险是指保险公司或新型第三方保险网以互联网和电子商务技术为工具来支持保险销售和经营管理活动的经济行为。近些年，互联网保险发展迅速，根据腾讯2018年《互联网金融报告》显示，近年来互联网保险总体呈快速增长的态势，互联网保单量5年间增长18倍。

互联网带来的新经济和新生活方式中派生出的新保障需求，如众安基于网购的任性退等；借助互联网强大的客户聚集能力，将保险期限和保费碎片化，使得以往不具有高额投保能力的客户纳入被保人群，如银行卡盗刷险等，经济实用；基于大数据技术提升行业风险定价与管理能力，从而将以前难以有效管理的风险纳入承保范围，并且利用科技创新，打造完整的保险产业链。

（二）互联网保险的内容

从互联网保险定义上看，互联网保险涵盖许多具体内容。基于互联网保险仍然是保险的一种形式的认识，可以从保险业务流程出发来了解互联网保险的内容，具体来说，它包括如下五个方面：

（1）数据的获取和价值创造，这主要包括数据的搜集、数据的处理及数据分析，这是互联网保险的技术特征。无论保险还是互联网保险都需要搜集数据来开始保险业务，但是互联网保险搜集的数据维度和数据类型都与传统保险的调查数据不同。

（2）保险产品的设计和营销，是互联网保险当前最主要的呈现形式。产品销售是保险公司盈利的基础，在这个环节上互联网保险相对于传统的保险销售模式具有巨大优势，许多互联网营销经验可以应用在这里，例如，来自电商的精准营销等。

（3）专业保险需求分析和保险问题解答。这是互联网保险的咨询形式。保险公司借助互联网保险可以充分了解客户的需求，提供专业的需求分析和问题解答，从而进一步增加用户的黏性，发展潜在客户。

（4）保险产品的购买服务。互联网保险基于成熟的互联网金融的支付技术和相关验证技术，使得客户购买保险产品轻松简单。

（5）提供在线核保和理赔服务。保险公司通过提供在线核保和理赔，可以极大地提升客户的服务质量感知，有效减少传统保险模式"理赔难"的投诉，减少客户焦虑，提高客户对保险公司的黏性。

（三）互联网保险的优势

互联网保险的优势主要体现在如下四个方面：

（1）互联网保险相比传统保险更能够满足客户需求，让客户能自主选择产品。客户可以在线比较多家保险公司的产品，保费透明，保障权益也清晰明了，这种方式可让传统保险销售的退保率大大降低。

（2）互联网保险服务方面更便捷。网上在线产品咨询、电子保单发送到邮箱等都可以通过轻点鼠标来完成。

（3）互联网保险理赔更轻松。互联网让投保更简单、信息流通更快，也让客户理赔不再像以前那样困难。

（4）互联网保险定价更加精准。借助互联网应用和物联网设备获取的数据可以帮助保险公司开发个性化的产品，对个体和保险标的进行更精准的定价。

（四）互联网保险产品种类

互联网保险产品种类和传统保险产品没有明显的差别，主要包括如下四类：

1. 人身保险产品

人身保险是以人的身体或生命为保险标的的一种保险。

具体的人身保险种类如表4-1所示。

表 4 – 1　　　　　　　　　　　　人身保险分类及解释

险种		给付条件
人寿保险	死亡保险	在保险有效期内被保险人死亡，分为定期和终身死亡保险
	生存保险	被保险人在规定期限内生存
	生死合险	无论被保险人在保险有效期内生存还是死亡，保险人均承担给付保险金的责任
意外伤害保险		被保险人在保险有效期间内因遭遇非本意的、外来的、突然的意外事故，致使身体蒙受伤害，因而残废或死亡时，保险人按照合同约定给付保险金
健康保险		被保险人因疾病、分娩而造成的经济损失由保险人提供经济保障

上述细分的人身保险产品基本都可以通过互联网的方式进行销售，许多产品支持通过互联网进行核保和核赔。

2. 财产保险

财产保险是指以财产及其相关利益为保险标的、因保险事故的发生导致财产的损失，以金钱或实物进行补偿的一种保险。财产保险的种类如表 4 – 2 所示。

表 4 – 2　　　　　　　　　　　　财产保险分类及解释

险种		保障范围
火灾保险		因火灾所导致的损失
海上保险	海洋运输保险	因海上危险所导致的损失或赔偿责任
	内陆运输保险	
汽车保险（机动车辆保险）	汽车损失保险	承保汽车车身的损失
	汽车责任保险	承保被保险人因汽车对第三者所负的赔偿责任
工程保险		进行中的建筑工程项目、安装工程项目及工程运行中的机器设备等面临的风险
航空保险		一切与航空有关的风险
利润损失保险		火灾等自然灾害或意外事故使被保险人在一定时期内停产、停业或营业受到影响所造成的间接的经济损失
农业保险		以种植业和养殖业为保险标的，其在生长、哺育、成长过程中因遭受自然灾害或意外事故导致的经济损失

和人身保险产品不同，互联网保险产品中财产保险产品比例较小，以车险为主。

3. 信用保证保险

信用保证保险是以经济合同所制定的有形财产或预期应得的经济利益为保险标的的保险。例如，出口信用保险就是典型的信用保证保险。信用保证保险种类包括信用保险和保证保险。

信用保险是权利人要求保险人担保对方（被保证人）的信用的一种保险；保证保险是被保证人根据权利人的要求，请求保险人担保自己的信用的一种保险。

互联网保险中信用保证保险较少,但因为信用相关评价可以基于大数据进行,在一定程度上,通过互联网进行信用保证保险的交易是可行的。

4. 创新型保险

互联网保险的发展也演化出了许多创新型的保险,类似于赏月险、恋爱险、压力山大险等,这些险种一定程度上脱离了保险的范畴,而引起了诸多争议,部分保险产品已经被监管机构叫停。

(五) 互联网保险的创新模式

互联网保险是对传统保险的创新,它有四种模式。

1. 销售模式创新

销售模式创新大致分为六类,包括官方网站、第三方电子商务平台、专业中介代理、网络兼业代理、移动互联网销售、嵌入形式等。

(1) 官方网站。这种类型主要以保险公司自己通过自建官网展现自身品牌、展示保险产品、销售产品、提供在线咨询和服务,有代表性的是一些传统的大型保险公司,如人寿、平安等。

(2) 第三方电子商务平台。这种类型主要是保险公司借助独立于产品交易双方的电子商务网站来销售保险产品,并提供相关服务。如淘宝、苏宁易购、京东等。

(3) 专业中介代理模式。这种类型主要是保险代理或经济公司建立网络销售平台,代理销售多家保险企业的产品,提供相关的服务。

(4) 网络兼业代理模式。这种类型主要是银行、航空、旅游等非保险企业通过自己的官网代理保险企业销售相关产品、提供服务。所销售的保险产品种类一般跟这些代理机构的主业有一定的关联性。

(5) 移动互联网销售。这种类型主要是保险企业通过用户的智能手机和平板电脑等移动终端销售保险产品和提供相关的服务。主要代表有国华人寿等。

(6) 嵌入形式。这种类型主要是指保险产品附加在既有的通过互联网方式提供的商品和服务上,例如,当前普遍存在的淘宝购物"运费险"。

2. 产品创新

互联网保险的产品创新的形式分为平台保险和场景保险。

平台保险指在互联网平台上销售的保险,包括传统的健康险、车险、意外伤害险等。场景保险指在消费者的生活、消费场景中融入保险产品,比较典型的有退货运费险、账户安全险、延保险等。

3. 技术创新

技术创新是指互联网技术与保险的有机结合，这些结合包括大数据技术引入与保险的融合，人工智能技术引入对保险的融合，以及区块链技术引入对保险的融合等。当前一些公司推出的"区块链和保险"融合模式，就是将区块链技术应用在传统的航空意外险保单业务中的实践，也是将主流的金融资产放在区块链上进行流通的尝试。利用区块链技术多方数据共享的特点，可以对航空意外险从源头追溯到客户流转的全过程，查验卡单真伪，便于后续理赔，这种技术主要是区块链的应用，也是一种尝试，建立起保险公司和投保人之间直接和透明的关系，一定程度上解决了保单造假、中介商抬价等问题。

4. 服务创新

该模式是利用互联网的形式和技术提供创新服务。目前已经有互联网保险第三方平台对用户发布"可追溯的评级服务"，提供所有在线服务及电话语音记录全公开的升级服务，由用户和行业监管对其销售行为进行回溯。这意味着互联网保险的销售将开启消费主权新时代，能够有效减少消费的误导行为，提升整个保险行业的形象和效率。

三、现代科技在保险业务中的应用

（一）大数据与保险定价

1. 大数定律与精算

传统保险认为大数定律是保险运行的核心。如前面所述，大数定律的含义如下：

当"风险性质相似"的个体（且没有相关性）足够多的时候，它们的统计规律能够反映具体个体的风险概率。

例如，在厘定一张保单的价格时，保险公司希望能够获得购买保单的人的死亡概率（在某一个时期），但是通常这很难确定，于是根据大数法则，可以用足够多的"同质"个体的统计规律来获得该个体的死亡概率，也就是说每年统计足够多类似性质的人的死亡数量，大致可以得到单独一个人的死亡概率。不同年龄的死亡概率其实就是精算定价用的生命表[①]。

---

① 我国人身险所使用的生命表已经有了两次更新，前后有三版，分别是1990～1993年版本（简称"90～93"），2000～2003年版本（简称"00～03"），以及最新的2010～2013年版本（简称"10～13"），都是行业协会和精算师协会在统计了历史承保人的情况后给出的。

2. 精准定价

保险公司基于大数定律对保险产品定价，实际上是基于大数定律的假设，即个体的风险性质是相似的。

对保险公司来说，意味着收取相同保费的群体中每一个个体的风险都是相同的。但实际上这样的假设很难成立。每一个个体的健康情况相差很大，相同年龄和性别的人死亡风险也不同。

如果简单地以年龄和性别作为区分，那么收取同样的保费是不公平的，结果是死亡风险低的被保险人多缴纳了保费，而死亡风险高的被保险人少缴纳了保费。以护理险为例，具有两个 apoϵ4 的基因点位的个体其阿尔兹海默症的发病率是正常群体的 3 倍，接近 25% 的概率，此时按照年龄和性别缴纳相同的保费也是不公平的。

理论上，所有的人身险都会面对这样的问题，只要人的特征参数足够清晰，人们甚至能够对每个个体的风险进行量化，实现最根本的个性化，这就是精准定价——每一个个体都是根据自己的风险特征测算获得的保费[①]。

精准定价最直接的应用就是车险和健康险，接下来两节分别进行介绍。

3. 车险的精准定价

传统车险的价格通常是以型号和使用年限等因素划分，这些因素都是"与车"有关的，这意味着有着相同的这些因素的汽车会收取相同的保费。但很显然，车险所提供的损失补偿是事故，事故的发生概率通常与驾驶人关系更密切，而与车的品牌和使用年限关系较小。

现在，车险中的保险科技已经开始在定价中考虑"从人"的因素，借助于 OBD 接口[②]，一些经过授权的驾驶数据可以被保险公司记录，并分析驾驶人的驾驶习惯，从而给出更合理的价格，更进一步地，借助于大数据技术特别是深度学习技术，保险公司可以精准地预测一辆车的出险概率。

图 4-1 是安盛（AXA）基于 Google 的 Tensorflow 技术建立的出险预测的深度学习模型，该模型可以将预测准确率从随机森林方法[③]的 43% 提升到 78.3%[④]。

---

① 张宁：《精准定价：保险中的"大数定律"失效了吗？》，《新理财》（政府理财）2019 年 Z1 期，第 30~32 页。
② OBD 是英文 On-Board Diagnostics 的缩写，中文翻译为"车载诊断系统"，家用车一般在方向盘下方提供该接口。
③ 随机森林是一种机器学习的分类方法。
④ 来自 Google 云官方网站。

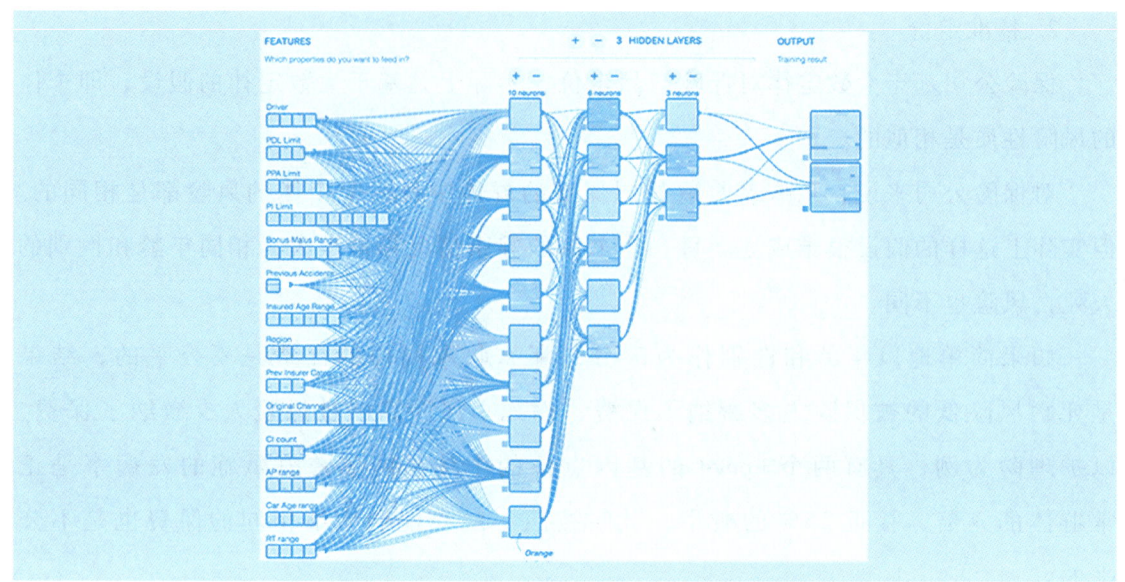

图 4-1　AXA（安盛）使用 Google 的深度学习架构预测出险概率

4. 健康险精准定价

健康险的情况与车险类似，通常保险公司依据年龄、性别和是否吸烟等因素来确定保费，但是随着生理学研究的深入，人们发现年龄增加会使得个体健康差异增加，这意味着依据以上因素定出的价格可能不够精准，一些比平均健康水平更健康的人多缴纳了保费，而一些比平均健康水平差的人少缴纳了保费。

健康险的精准定价就是依据个体的健康水平确定产品价格，能够实施该定价的前提是有效度量个体的健康水平。

当前大量的物联网健康设备已经走入生活中，例如，手环、体脂测量仪，甚至心电图测量仪等，这些数据可以被云端汇集并进行计算，可以有效给出健康水平的评估。

图 4-2 是相应的一个案例，该案例利用手背纹理进行生理年龄的评估，然后再通过生理年龄进行精准定价[①]。

（二）核保、核赔中的新科技

1. 核保中的大数据应用

在收到投保申请后，保险公司需要进行核保，对财产保险来说，核保需要进行实物评估。根据标的物的不同，评估的流程也不同，需要较高的专业性，这里主要介绍

---

① 张宁：《基于生理年龄的精算定价及人身险应用》，《保险研究》2017 年第 2 期。

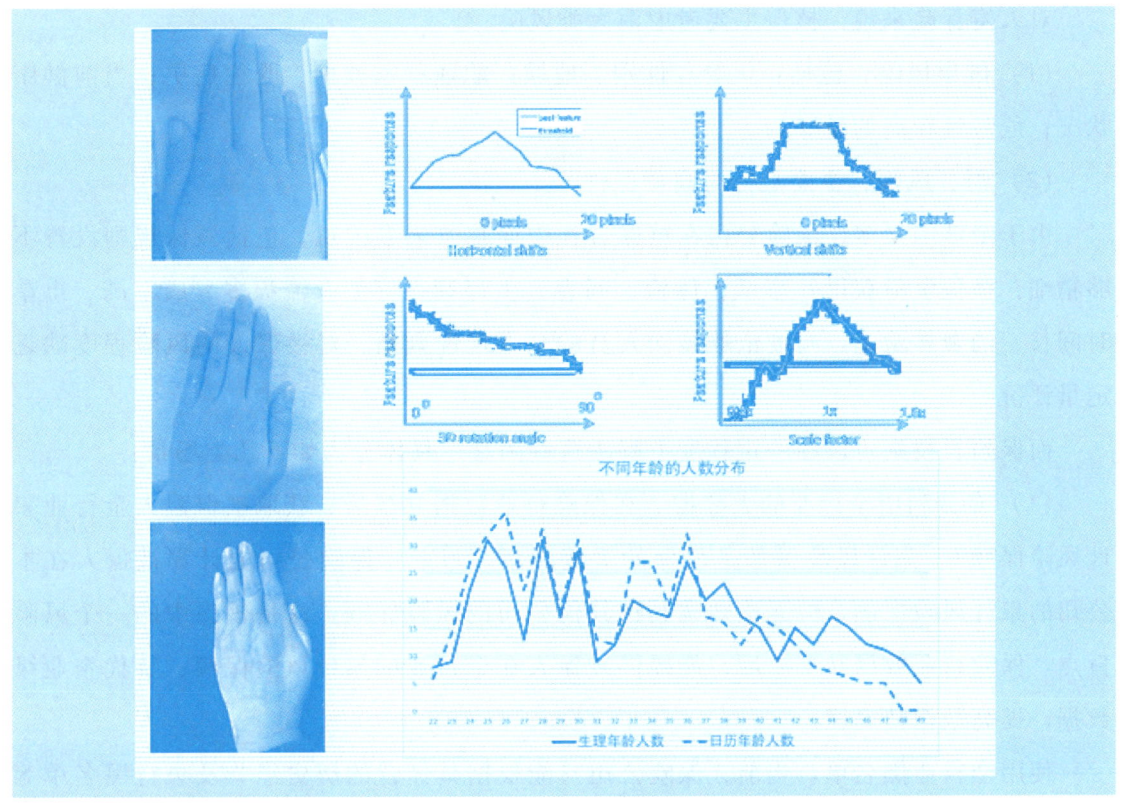

图 4-2 基于手背纹理进行生理年龄评估并定价

人身险的核保及其中的大数据应用。

对于人身险来讲,若申请符合自动核保规则,则保险公司会通过该投保;若不符合,通常保险公司会人工介入,根据不同的险种可能会进行体检、生存调查、提供财务证明(见图 4-3)。

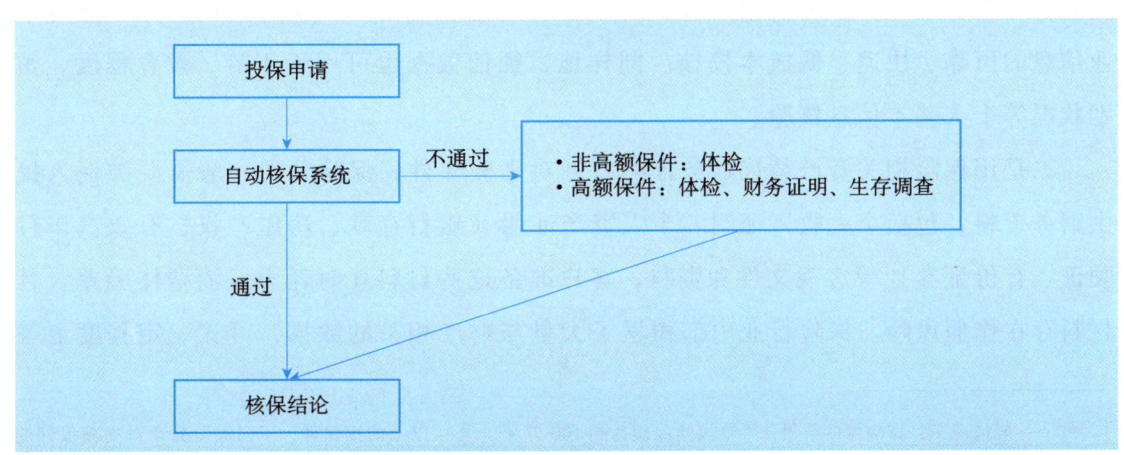

图 4-3 核保流程

对人寿保险来说，核保主要考虑两大类风险：

（1）健康风险，包括：年龄、性别、地域；职业；家族史、既往病史；当前健康状况；危险性较高的爱好。

（2）财务风险，主要是针对高额保件[①]。

由于牵涉因素多，保险公司在核保过程中面临着诸多困难，包括核保规则设置不够精细，核保资料获得效率低，体检、问卷、生存调查等涉及流程多、成本高、出单时间长、消费体验差。高度依赖核保人员的个人定性判断，对被保人的风险程度缺乏定量评价。

而保险科技则可以在一定程度上解决这些困难，具体分为如下几类场景：

（1）充分利用全行业的大数据。在保险行业数据共享后，获取被保险人全行业累计风险保额[②]。累计风险保额是核保的关键因素。目前，保险公司能计算被保人在本公司的累计风险保额，但无法知晓其在其他公司的风险保额，这是核保中的一个风险盲点。保险行业数据共享之后，能提供被保人在全行业的累计风险保额，替代企业级数据，提高数据精确度。

使用全行业黑名单。当前，保险公司只能根据其经营的历史经验及央行黑名单等制定其自身的黑名单。保险行业数据共享之后，能根据整个保险行业数据制定行业级黑名单，为保险公司谨慎核保提供更多支撑。

（2）改变数据获取方式，提高效率。这包括：一是用征信数据来核验个人基本信息。年龄、职业、婚姻状况是重要的核保因素。例如，被保人职业与其死亡率及发病率相关性很大，保险公司根据不同职业类别设定高低不同的保费。而职业信息实际造假频发，查验成本高。可使用央行征信中心或其他征信公司提供的征信数据，进行职业信息的可靠、快速、低成本校核。同样地，征信数据也可用于年龄、教育程度、婚姻状况等个人基本信息核验。

二是用保险相关资产替代财务证明。针对高额保件，保险公司一般需要被保人提供财务资料，包括个人收入证明、个人资产证明（银行存款、房屋产权、有效汽车行驶证、有价证券）等客观文件和资料，客户准备这些材料耗时耗力，消费体验差，且材料存在作假风险。保险行业内部积累了大量与财产相关的数据，可在一定程度上替

[①] 一般情况下，高额保件指累计寿险风险保额达到100万元（含）以上的投保件，不同保险公司对高额保件的标准不一样。

[②] 累计风险保额，指被保人所有已生效的及正在投保的寿险、意外险和重大疾病险保险合同中，保险公司可能给付的累计最高金额。

代上述财务证明。第一,通过车险数据可获得被保人名下的车辆资产、更换频率,替代汽车行驶证;第二,通过家财险数据可获得房屋资产信息,替代房屋产权证明;第三,通过投资型保险产品数据可获得其收入状况、有价证券等信息。将来与银行、电商平台等第三方合作,会有更多的指标(如信用卡额度、电商平台年度消费额)来测量被保人的经济状况。

三是利用健康险历史理赔数据了解既往病史,并推测健康现状,在一定程度上替代体检。健康险的理赔数据详细记录了被保人的历次就诊情况及费用,是被保人既往病史的全面记录,也是评估被保人当前健康状况的最佳数据之一,在很大程度上可替代体检。此外,通过关联保单,可获得直系亲属健康险、寿险的历史理赔数据,根据医学知识推测被保人的家族病史状况。今后,保险业内部数据与社保数据、医院诊疗数据实现共享,历史理赔记录将发挥更大作用。

(3)增加新的核保因素,提升效能。一般来讲,核保因素越多,核保结论的可信度越高,可在现有的核保因素基础上引入新的核保因素。在实践中,美国律商联讯公司将居住地址、电话和水电煤气记录、职业证书、教育历史、破产、抵押、判决和驱逐等非传统数据引入赔付率预测模型,效能提升高达30%。我们认为,可在现有核保因素中加入以下新因素:

①信用记录。美国联邦贸易委员会2007年的报告证实,信用好的消费者,其未来索赔率较低。我国已在信用保证保险、国内贸易信用保险等领域使用央行征信中心的信用记录进行风险评估,今后可将信用记录用于寿险的风险评估与核保。

②生活消费方式。通过可穿戴设备实时监测人体健康数据,也可利用被保人在网上的购买信息、关注信息、点击流等数据,分析被保人的健康风险。通常,生活作息规律、经常健身的被保人,其健康状况较好。

③位置信息。个人位置信息与被保人生活稳定性、行为可预测性等风险密切相关。在大数据技术的支持下,被保人位置信息可通过手机准确、快速、低成本地记录、传输、分析与使用。

(4)开发一体化核保引擎。通过用行业级数据替代企业级数据、提供新的数据收集方式、提供新的核保因素,可使核保规则更为精细、核保资料收集更为便捷有效。但要解决核保结论定量化不足问题,则需要一体化核保引擎发挥作用。可尝试在新数据来源、新核保因素的基础上,不断进行数据积累和自动学习,开发一体化核保引擎,将被保人整体风险程度通过模型进行量化与预测,将传统的定性决策转变为定量决策,提高寿险自动核保的比例,降低整个行业的核保成本。

(三) 核赔与定损中的人工智能

核赔和定损是保险公司接到报案后需要给出是否赔付以及赔付多少的业务。对人身险来说,保险公司主要确定是否属于保险责任,对于赔付金额通常是容易的。例如,人寿保险通常是定额的,而健康险中的医疗保险则是实际发生的费用,有据可查。

而对于财产险来说,保险公司寻求除了确定是否属于保险责任外,还需要根据标的的损失情况做出评估。

在核赔中,人工智能技术可以对报案人提供的票据进行自动解读和判断,一些正在研究的保险合同知识图谱可以对相关报案给出"是否属于保险责任"的建议。而在定损中,深度学习技术和计算机视觉的组合应用可以让机器对保险标的的损失进行精确的评估,而虚拟现实等技术则可以让查勘变得更加简单和高效。

图4-4是蚂蚁金服发布的定损宝,在该场景中,用户只需要简单拍摄几张现场照片就可以完成整个定损出险的流程。

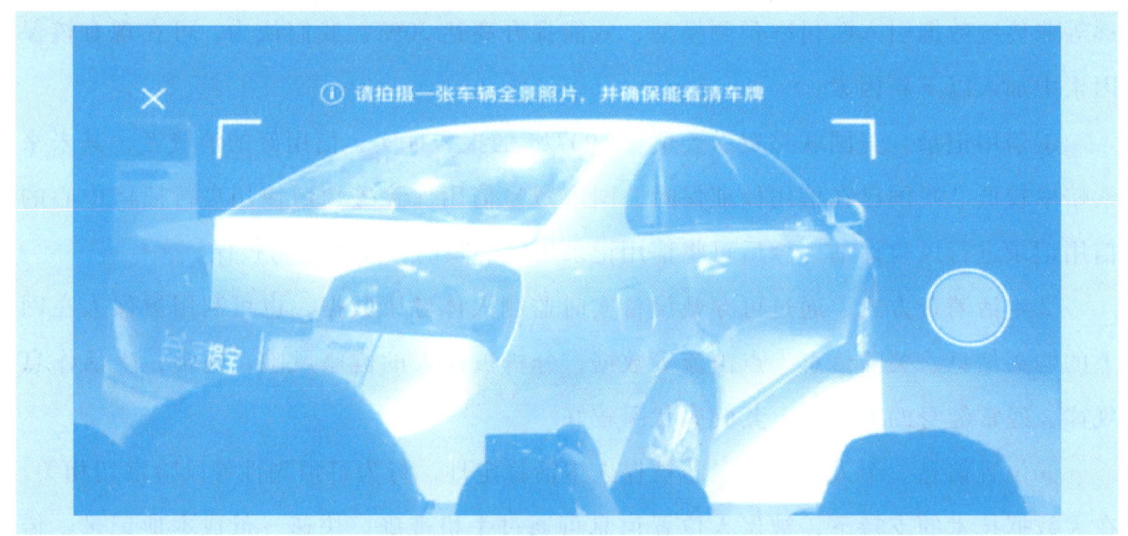

图4-4 蚂蚁金服推出的定损宝

核赔中的"反欺诈"也是人工智能和大数据等保险科技的应用场景。通过大数据技术和人工智能技术,保险公司可以在接到报案时就进行反欺诈甄别,通过关联数据、历史记录、行为特征、音视频等综合判断,降低保险公司"不必要"的赔付支出(见图4-5)。

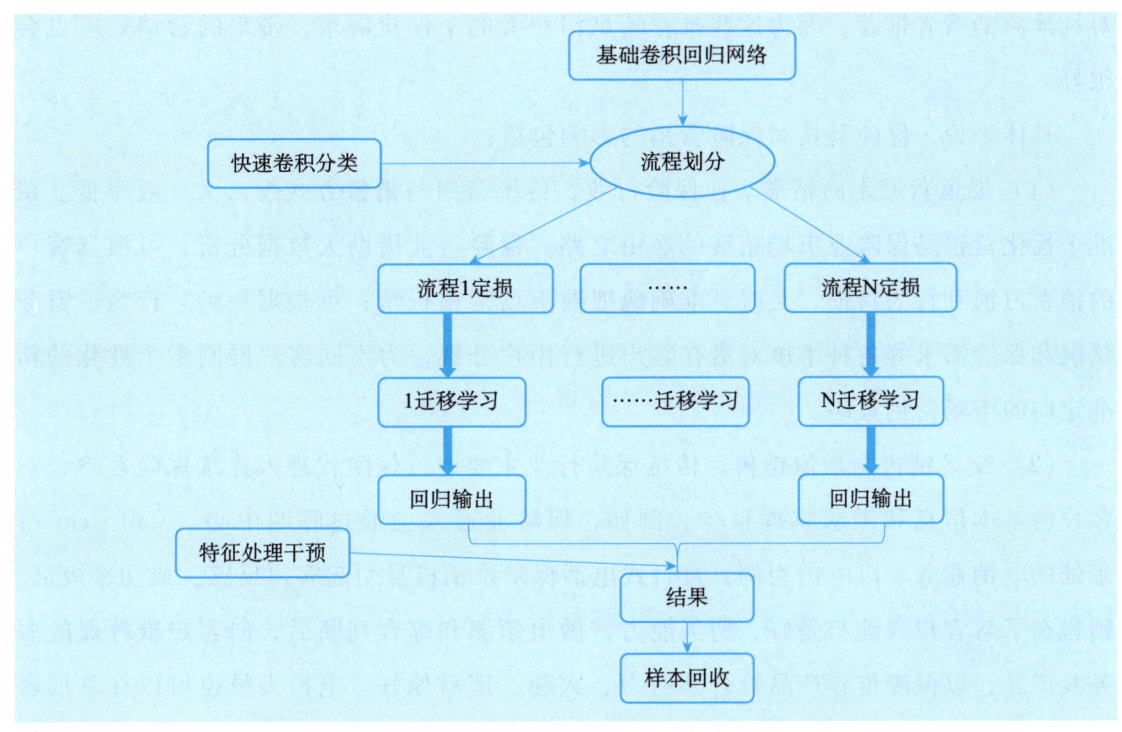

图 4-5　一类混合定损和欺诈识别框架

(四) 产品营销与推荐

保险科技可以助力保险公司的营销,甚至从根本上改变传统的保险营销模式。

在保险行业营销工作中,无论是产品、渠道、价格,还是顾客,每一项工作都与大数据的采集和分析息息相关,而这其中最重要的是:

(1) 保险公司通过获取数据并加以统计分析来充分了解市场信息,掌握竞争者的商情和动态,知晓产品在竞争群中所处的市场地位,来达到"知彼知己,百战不殆"的目的。

(2) 保险公司通过积累和挖掘保险行业消费者档案数据,分析顾客的消费行为和偏好,便于更好地为消费者服务和发展忠诚顾客。

以顾客消费行为和偏好分析方面为例,如果保险公司平时善于积累、收集和整理消费者消费行为方面的信息数据,如消费者购买产品的花费、选择的产品渠道、偏好产品的类型、产品使用周期、购买产品的目的、消费者家庭背景、工作和生活环境、个人消费观和价值观等,并建立消费者大数据库,则在营销时,保险公司可以通过统计和分析来掌握消费者的消费行为、兴趣偏好和产品的市场口碑现状,再根据这些总结出来的行为、兴趣偏好和产品口碑现状制定有针对性地营销方案和营销战略,有针对性地向消费者推荐，因为这些推荐满足消费者的个性化需求，带来的营销效应也会很好。

具体来说，保险科技对保险营销的影响包括：

（1）渠道营销走向精准。在保险行业，传统营销与销售方式投入大、效率低。精准个性化营销是保险业市场拓展的必由之路。保险行业借助大数据分析，可根据客户的消费习惯和行为特征，及时、准确地把握市场营销行情；可根据年龄、行为、财务状况和保险需求等各种维度对潜在客户进行用户分群，为不同客户群制定个性化的精准定向的市场营销策略。

（2）交叉销售与增值销售。传统保险行业主要通过保险代理人连接保险客户，对客户的基本信息和需求掌握很少。例如，保险业通常会通过呼叫中心（Call Center）来辅助电销业务。以电销为例，盲目式电话保险推销极易引起客户反感，成功率极低。销售在了解客户兴趣与爱好、购买能力，做出预测和综合判断后，向客户推荐保险服务及产品，以保障推荐产品符合其财力、兴趣、理财偏好。电销人员也可以在掌握客户交易行为、理财情况等信息前提下进行产品与服务的针对性推荐，能够最大限度地提高客户尊崇感和满意度，保证电销成功率，优化智能客服服务和人工座席服务。此外，保险公司可以根据营销效果反馈，设定多频次、不同渠道的营销流程，提升营销成功率，实现交叉销售和增值销售，提升销售及客户数据的洞察与分析能力。

（五）智能保顾

智能保顾即智能化的保险顾问，它是基于客户自身的保险需要，通过算法和产品来完成保险顾问的服务，作为对比，这个服务以往通常是由人来实现的。相对于传统人提供的保险顾问服务，智能保顾具有以下三大优势：

1. 公正客观

智能保顾提供的任何信息或建议皆是通过计算机算法产生，完全排除受到佣金或是公司政策影响的人为因素，减少用户过去与销售顾问咨询时的疑虑。

2. 满足用户个性化需求

奠基于人工智能技术，智能保顾可以在数秒内处理大量数据，预测用户未来需要，更全面地评估用户需要的产品种类、保费及保障。

3. 不受时空限制

通过互联网及移动装置，智能保顾在线实时且随时随地为用户提供服务，满足互联网时代下用户的习性及需求，提升用户投保时的体验。

当前，国内的太平洋保险和众安保险等都推出了自己的智能保顾。当从应用角度看，智能保顾还不能很好地契合客户需求，其成熟还需要一段时间的探索。

图4-6是太平洋保险的阿尔法保险智能顾问系统，通过回答6个问题，智能顾问就可以在2分钟之内为你量身设计相应的保险产品，非常便捷。

图4-6　智能保顾示意图

本章小结

随着科技的发展，银行逐步开始发展基于电子通信渠道的金融科技业务，而随着互联网的发展，银行不再延续传统的经营模式，而是将业务逐步搬到了线上，以拓展客户渠道、降低成本、增加利润。而大数据、人工智能、区块链等技术引入金融科技后，银行进一步智能化、互联网化，银行的业务范围、经营方式、风险控制都发生了进一步改变。证券发行与交易经历电子化、互联网化和智能化阶段，证券科技的发展表现为证券程序化交易、量化交易和智能投顾产品服务，进一步提升了证券业的科技化水平。保险科技应用人工智能、机器学习、物联网装置和区块链等新技术，使客户更方便地选购保险产品、投保及理赔，使公司提高运营分销能力，更准确地进行风险评估并定价，互联网保险和智能保险顾问是最具达标性的保险科技。

本章重要概念

电报汇款业务　自动柜员机　信用卡国际组织　电话银行服务　网上银行　直销银行　纯互联网银行　量化交易　程序化交易　智能投顾　保险科技　核保科技　核

赔科技　定损科技　互联网保险　精准定价　智能保顾

本章思考题

1. ATM 的优点和缺点分别是什么？移动支付具有哪些 ATM 不具有的优点？
2. 直销银行业务具有什么特点？独立法人的直销银行具有哪些风险？
3. 大数据、人工智能、区块链分别在银行业中有哪些应用？
4. 程序化交易是如何与金融科技及大数据相结合的？
5. 智能投顾对金融监管提出了哪些挑战？
6. 列举不少于 3 类的精准定价场景。
7. 对比当前市面上的智能保顾系统。

本章参考文献

[1] 姜海燕，吴长凤. 智能投顾的发展现状及监管建议 [J]. 证券市场导报，2016（12）：4-10.

[2] 赵阳. 证券经营机构互联网证券业务发展模式评价研究 [J]. 金融监管研究，2018（9）：95-109.

[3] 张宁. 云计算在保险公司信息化中的应用 [J]. 数学的实践与认识，2012，42（17）：97-103.

[4] 张宁. 精准定价：保险中的"大数定律"失效了吗？[J]. 新理财（政府理财），2019（Z1）：30-32.

[5] 张宁. 金融拥抱人工智能 [J]. 新理财（政府理财），2018（9）：27-29.

第五章 金融科技与非正规金融

 本章导读

在金融科技蓬勃发展的大浪潮下，以传统金融机构和市场为代表的正规金融不断受到来自互联网科技企业等"门外汉"的挑战。在金融科技加持下的非正规金融体系正在慢慢重塑整个金融行业的面貌，也日益成为助力企业成长和经济发展的重要动力。如何理解非正规金融的内涵与作用？非正规金融在发展历程中又如何与科技相融合？本章的学习有助于更加深入地回答上述问题。

从投融资功能角度看，非正规金融在债务和股权两类融资方式上均有各种创新和实践。非正规借贷的探索，一方面来自P2P网络借贷平台的兴起；另一方面则根植于互联网巨头对消费金融、供应链金融业务的开拓。非正规股权融资则聚焦于对非上市、成长型企业股权融资的渠道拓展。与非正规借贷类似，非正规股权融资的这种拓展同样来自两类模式：一是互联网股权众筹模式；二是传统私募股权投资基金的互联网直销模式。通过本章的学习，可以更好地了解各类非正规借贷和股权融资模式的运作机制和典型案例。

本章学习目标

通过本章的学习，可以掌握新兴金融产生的背景及主要形式，了解新兴金融与金融科技融合的动因；掌握P2P网络借贷、非银消费金融、非银供应链金融模式的分类和运作，了解非正规借贷的概念和发展历程；掌握互联网股权众筹不同的设计机制和平台运营方式，了解私募股权投资的互联网直销探索及互联网财富管理的相关模式。

第一节　金融科技与非正规金融创新

一、非正规金融概述

（一）非正规金融的概念

非正规金融（Informal Finance），与银行、证券等传统正规金融活动相对。国外最早用"地下金融""黑市金融"描述那些游离于政府监督管理之外的借贷活动，这是非正规金融概念的雏形。对于非正规金融的正式定义，国内外一般从金融法制和金融监管的角度进行界定，世界银行将不在中央银行或者金融监管当局监管之内的金融活动定义为非正规金融[①]。施耐纳（Schreiner，1999）将非正规金融定义为经济主体之间签订的缺乏法律强制保障实施的经济合同契约，国内很多学者直接将民间金融和非正式金融等同起来。无论哪种概念界定，都有一个共同的特征，即非正规金融都是不在中央银行和监管当局的监管范围内，不在官方金融统计上反映的金融活动。

非正规金融指的是那些在依法设立金融机构之外来组织资金融通的活动，以及用超出现有法律规范方式来融通资金的活动总和。非正规金融有狭义和广义之分，狭义的非正规金融是指犯罪金融和违法金融，广义的非正规金融是指官方或者法定金融体系以外的、未被法律法规认可的金融，这里讨论的都是广义的非正规金融。

根据依据的不同，非正规金融有多种分类：

1. 按权益性质，非正规金融可分为权益市场和借贷市场

借贷市场包括民间信用借贷活动、民间互助基金会、民间钱庄的储蓄及借贷、私募金融和地下金融等。权益市场则包括民间集资或股权筹集活动、柜台交易等各类非正式权益市场、风险投资、小企业投资公司及富裕的家庭和个人等。

2. 按形成原因，非正规金融可分为经济发展因素催生的非正规金融和体制因素催

[①] 钱雪松等：《非正规金融研究：评述与展望》，《华中科技大学学报：社会科学版》2018年第4期。

生的非正规金融

前者是指随着经济发展水平的日益提升，居民和企业投融资需求、消费需求越来越旺盛，体制内的正规金融机构难以满足需求，由此而诞生的非正规金融组织，如P2P网络借贷、网络小额贷款等。体制因素催生的非正规金融则是指由于利率管制、政府对银行信贷额度的行政控制与贷款的行政干预等体制性、政策性因素形成的非正规金融组织。例如，利率管制导致的民间借贷、高利率集资、逃避银行管制的货币资金体外循环。

3. 按形成地域的不同，非正规金融可分为以间接金融活动为主的"浙闽模式"和以企业直接融资为主的"北方模式"

温州模式是"浙闽模式"的典型，浙闽地区是我国市场经济改革的先行地区，改革开放以来，地区经济快速发展，资金需求量增大，传统金融机构无法有效满足需求，中小企业出现了融资难的问题。温州模式借助非正规金融的信息优势、担保优势，以民间借贷、私人钱庄等利率、期限灵活的小额借贷的形式，很好地满足了地区中小企业的融资需求。这类信贷多以短期信贷为主。"浙闽模式"代表了东南沿海地区非正规金融的主流。"北方模式"指的是以信托式、债权式、股权式、存款式等直接向社会非公开集资。信托式是企业以正在运行的某些项目向社会公众发行"受益凭证"筹集资金；债权式则是企业向公众发行债务凭证来筹集资金，由于缺乏监管，企业常常通过破产的方式来逃避债务，具有很大的风险；股权式是指企业以非公开的方式向不特定的群体筹集资金，是一类非正规的股权融资方式；存款式是指企业以高息来吸引各种资金，实际上是变相地开展银行的存款业务。此外，还有一些大型企业用从银行融得的资金再次放贷给中小企业，赚取息差。与"浙闽模式"不同，"北方模式"源于北方农村地区的非正规金融活动很少。

(二) 非正规金融的产生和发展

金融体系可以定义为个人和机构进行一系列金融交易活动的市场，其功能包括分散风险、资源配置、风险管理、便利公司控制及商品、劳务合同的交易等。非正规金融产生和发展的根本原因在于现实生活中金融需求的多样性和复杂性与正式金融机构的局限性之间的矛盾，当正规金融组织无法满足市场主体的金融需求时，非正规金融也就产生了。正规金融包括金融中介机构和正式的有组织的金融市场，它们的存在有效降低了交易成本，减少了信息不对称程度，提高了资源配置效率。但在某些领域却存在着市场失灵的问题，无法正常发挥其功能，这时非正规金融的引入就能弥补这一局限。相比正规金融，非正规金融有着交易灵活、信息成本低等诸多优点。

1. 融资方式灵活，信贷流程简单快捷、门槛低

正规金融机构的信贷流程常常包括贷款申请、信用评估、贷款调查、贷款审批、签订合同、贷款发放、贷后检查及归还等环节。在申请环节，借款人通常需要出具各类证明自身财务能力的资料，并要求有一定价值的担保物、抵押物。不满足条件的市场参与者便无法通过正规金融机构融资，非正规金融组织便成为这类市场参与者的理性选择。非正规金融组织的门槛低，对借款人的财务能力要求相对较低，并常常能够根据实际情况的需要对借贷利率、还款方式、还款期限进行创新，同时扩大了抵押物的范围、形式，许多在正规金融组织里无法作为抵押物的物品在非正规金融组织中可以充当抵押物。非正规金融还有着操作流程简便、快捷的优点，资金需求者无须经过烦琐的贷款申请流程便能够快速筹得所需资金，降低了贷款的时间成本，效率更高。

2. 信息搜寻成本、违约概率低

在经济、金融市场发达的地区，正规金融组织能够很好地发挥降低信息成本的作用，但在金融体系不发达的地区，正规金融组织就会面临严重的信息不对称问题而不愿发放贷款。在我国的农村地区，农户本身的收入有限，农业生产的性质使其很难提供足值抵押物，很难从正规金融渠道获得资金。非正规金融的一个重要特点是其内生于乡土社会，在这样的背景中发生的借贷关系一般都是基于地缘关系建立起来的熟人社会关系网络。所以，这类借贷通常是亲戚、朋友或者附近的邻居之间的资金借贷，彼此之间对对方的情况，包括收入水平、还款能力、还款意愿及资金使用情况等都很熟悉，信息不对称程度很低，从而使传统信贷流程中的信息搜寻成本大幅下降。

传统的银行信贷下，当违约发生时，银行通常将抵押物拍卖以获得补偿或者由相应的担保机构履约还款。对于违约人而言，惩罚成本是抵押物的损失。因此，这类惩罚机制的惩罚力度不高，借款人的违约动机较高。但在民间借贷这种非正规金融形式中，由于借贷发生在熟人之间，一旦违约很快就会被熟人圈中的其他人知晓，会损害个人的信誉及人际关系，从而使借款人再次融资变得相当困难。这类无形的约束机制形成了较高的违约成本，使借款人没有动机去违约，违约概率大大降低，形成对风险的有效把控。

这些都为非正规金融的存在和发展提供了生存的土壤和条件。实质上，非正规金融既是金融创新的客观需要，也是金融抑制的必然结果。非正规金融是金融创新的一

个重要途径，大多数金融创新一开始都是以非正规金融的形式存在的。而金融抑制客观上为非正规金融提供了生存发展的空间。我国的金融抑制具体表现为利率管制下的信贷配给，以及政府干预资源配置中的所有制歧视。利率管制下的信贷配给为非正规金融的产生提供供给者和需求者。一方面，利率管制使正规金融机构提供的存款利率难以反映资金出借者的时间偏好，使其有动机去其他市场寻求更高的收益，这就为非正规金融的产生提供了资金供给者；另一方面，利率管制使正规金融机构提供的借款利率不再能够反映资金的稀缺程度，导致对资金的过度需求，信贷配给使部分资金需求者无法筹得所需资金，这就为非正规金融的产生提供了资金需求者。所有制歧视指的是，在正规金融体系下，国有企业、大型民企在融资上具有绝对优势，一些非国有企业则由于达不到相应的借贷条件，很难在正规金融体系下筹集资金，这就催生了为其服务的非正规金融组织的产生。

此外，技术进步对非正规金融的发展也起着不可忽视的作用，技术进步为金融创新提供了有利的技术支持，也为非正规金融超越正规金融规则提供了技术上的可能性。近年来，互联网技术、大数据、云计算等科学技术的发展带来了非正规金融的蓬勃发展，众多科技公司大量涉足非正规金融服务，原有的非正规金融组织也开始借助互联网技术发展互联网金融业务。

（三）非正规金融的作用

无论在哪个国家，非正规金融都是一国金融体系的重要组成部分，与正规金融一起对社会资源进行配置，提高经济运行效率，促进社会经济发展。

1. 非正规金融有利于有效缓解资金供求矛盾，促进资金的合理配置

在我国，很多中小企业有资金需求却难以通过正规金融体系进行融资，其原因主要有以下三点：一是中小微企业的规模较小，可用作抵押品的资产较少；二是这些企业的财务制度不健全，很难提供银行融资所需的信息，在正规金融机构的审贷流程下信息不对称问题比较严重；三是中小微企业都是非公有制企业，资本市场的"所有制歧视"使得正规金融机构的资金多流向国有企业和大型民企，存在信贷配给问题。非正规金融有着融资方式灵活、信贷流程简单快捷、门槛低的特点，拓宽了市场主体的融资渠道，迎合了中小企业的资金需求，缓解了资金供求矛盾，有利于解决中小微企业融资难的问题。在经济发达的江浙地区，非正规金融一度是这些企业融资的主要渠道。

非正规金融解决中小企业融资难问题的过程，也是促使资源在各行业、各部门重新分配的过程。正规金融体系下只有财富雄厚、资信状况好的市场参与者才能获得资金，实际上这些市场主体并没有高收益的投资机会，而没有资金但有高收益投资机会的市场主体却无法获得融资。非正规金融的存在和发展使资源在有资金却没有好的投资机会，以及没有资金但有好的投资的市场主体间重新分配，提高了社会资源的使用效率。

2. 非正规金融有利于正规金融体系的优化

非正规金融作为正规金融的对手，两者间的竞争会促使正规金融改善经营，进而促进整个金融体系功能的完善。非正规金融的产生和发展对金融市场的积极作用表现为下述两个方面。

首先，非正规金融的产生改变了正规金融原有的定价机制。在没有非正规金融时，处于垄断地位的正规金融机构在制定金融利率及其他服务的收费标准时，常常会忽略市场的实际情况。而非正规金融的存在产生的竞争效应使定价机制更加市场化，更能反映资金的稀缺程度。

其次，非正规金融的加入使正规金融的原有金融业务及其服务方式发生改变。非正规金融产生的竞争效应，加上消费者需求的多样化，使正规金融机构对原有的业务进行创新，给客户提供多样化的金融服务，如各类教育贷款、消费贷款服务的推出等。服务方式上更加主动化、定制化，服务内容上更加多样化，服务质量也更高。

在非正规金融发展扩张的同时，也要注意其带来的问题。首先，非正规金融具有业务不规范、高风险、隐蔽的特点，容易扰乱金融市场的正常秩序，影响市场的正常运行。非正规金融业务通常缺乏相应的抵押物和担保形式，也没有规范业务运作的法律法规，加上监管机制的缺失，处于混乱的自发状态，加上盲目的高风险投资，很容易引发系统性风险，如P2P平台的跑路事件等。其次，非正规金融加大了资金的体制外循环，容易造成金融信号失真。非正规金融的高利率吸引了大量闲置资金，分流了银行存款，体系内资金外流进入M2、M3派生渠道，影响存款派生和货币政策相关操作指标的有效性，传统货币政策的效果受到影响，增大了央行政策操作的难度。

二、非正规金融与科技的融合

（一）科技性企业开展非正规金融服务

近年来，大数据系统、互联网征信、区块链技术、物联网、人工智能等新兴前沿技术蓬勃发展，对金融领域产生了重要影响，科技逐渐渗透到金融服务的各个层面，涉及营销、风控、贷后管理等多个环节。科技性企业本身的线上运营能力、风控能力都比较强，借助互联网平台带来的强大客户资源，依托先进的技术优势充分挖掘用户需求和用户行为进行场景拓展，能优化业务流程，改善用户体验，大大提升非正规金融服务的质量和效率。

互联网科技公司从事金融服务多是从支付业务开始，再逐步与电子商务平台合作或者自己搭建起相应的商品销售和资金收付平台来开展金融服务。互联网科技公司还通过与商户或者银行合作进入到个人小额支付领域，如百度围绕搜索和地图服务嵌入一些约车服务等其他金融服务；腾讯围绕其社交平台打造微信生态链来嵌入支付、理财等金融服务；阿里巴巴围绕电商设计相应的金融产品和消费服务，如支付宝的成长和发展主要是依托阿里的淘宝、天猫等电商平台。科技性企业开展的非正规金融服务主要有以下四种模式：

1. 支付牌照发放前的第三方支付

第三方支付（Third-Party Payment）是非金融机构服务，是指非金融机构在收款人和付款人之间充当中介机构提供的资金转移服务，常见的第三方支付有互联网支付、移动支付、银行卡收单等。从 2010 年 9 月起，非金融机构开展第三方支付服务需向中央银行申请牌照。在中国人民银行实施《非金融机构支付服务管理办法》以前，第三方支付属于非正规的金融支付形式。国外的第三方支付概念类似于国内第三方支付产品，但从先后顺序来看，国外第三方支付的起步时间和发展远远领先于国内，美国 1998 年成立的 Paypal 是目前为止全球最大的供应商，并成为跨国交易中最有效的付款方式。近年来，国内支付行业超速发展，第三方支付在过去几年里，彻底地改变了人们的生活方式，特别是在移动互联网技术的普及下，俨然成为主流的支付方式之一。中国最早的第三方支付企业是北京首信和上海环讯。2004 年，阿里巴巴推出支付宝，不久便成为全球最大的第三方支付平台。2011 年以后，第三方支付企业陆续申请获得第三方支付牌照。

2. 网络小贷

网络小贷的服务对象主要是中小企业和个人消费者，提供小额和中短期资金。网络小贷突破了传统借贷区域经营的局限，利用互联网平台的流量优势开发自己的用户范围，并通过平台对接、精准营销的方法，批量降低客户开发成本和信贷管理成本。从事网络小贷的主要是一些背景雄厚的知名企业，如阿里巴巴、京东、百度等，这些企业不仅容易通过审批，而且在数据、流量、线上运行能力及风控能力上占据着绝对优势。

3. 供应链金融

供应链金融（Supply Chain Finance）产品主要是针对完整供应链上企业收入和支出的时间差形成的资金缺口来设计提供融资服务，根据参与主体可分为六类模式，是近年来供应链管理和金融领域发展的新方向。目前，国外的供应链金融业务非常繁荣，供应链金融业务模式也很多样化，除了应收账款业务和存货质押业务以外，还出现了预付款融资、结算和保险等种类丰富的融资产品。在我国，随着国家相关政策不断助力供应链金融，供应链金融顺利发展，在解决中小企业融资难问题上发挥了重要作用。近年来，越来越多的企业都开始涉足供应链金融业务，特别是区块链、大数据、物联网等技术的快速发展，为供应链金融提供了有力的技术支撑。例如，腾讯就与联易融合作借助区块链技术搭建了区块链供应链金融平台"微企链"，目前已服务上链核心企业 17 家，服务行业涵盖地产、能源、医药、汽车等。

4. 互联网消费金融

互联网消费金融（Internet Consumer Finance）实质上也是网络贷款，在服务对象上是消费者，资金用于消费目的，相比银行的消费金融业务，互联网消费金融业务的额度更小，也更具灵活性。目前，开展消费金融业务的互联网公司主要有三类，包括电商、支付、网贷企业等提供商品分期、消费贷、现金贷等消费金融产品的互联网平台，如蚂蚁花呗、京东白条、乐信、趣店等公司。

（二）民间金融组织开展互联网金融业务

民间金融组织（Private Financial Organization）是指不持有金融牌照的类金融组织。民间金融组织开展互联网金融业务实质上是过去的民间金融融入互联网当中发展起来的，依托互联网技术开展民间金融服务。这类类金融企业在工商部门登记注册时一般以金融信息服务公司、投资公司或投资咨询公司的名义来登记注册，成立以后借助互联网技术来开展金融业务。他们或注册网络借贷平台，提供 P2P 网贷交易服务、咨询服务、门户服务；或注册专门的众筹平台，为小型创业项目、小微企业提供众筹融资服务；或作为专业的金融信息网站，提供互联网金融信息、基金产品销售渠道、各类金融交易通道、金融数据服务、智能投顾、财富管理等收费增值服务。

民间金融组织开展互联网金融业务与传统民间借贷业务相比呈现出一些明显的特征：

1. 用户范围更广，规模更大

传统的民间借贷是建立在熟人社交网络的基础上，这类关系范围有限且有明显的地域限制。而互联网金融业务则突破了这一局限，借助互联网平台将世界各地的人们联系起来，陌生人之间也可以直接借贷，大大提高了供需双方的匹配效率和成交规模。

2. 成本更低

首先，互联网将线下的民间金融业务转移到线上，降低了基础设施成本。其次，线上操作流程具有简便、快捷的特点，大大降低了线下操作的运营成本和时间成本。最后，互联网强大的信息收集和处理优势使借贷双方能够方便地获取对方的信息，快速地找到有对应需求的交易对手，降低了双方搜寻匹配的时间成本。

3. 能够更有效地分散用户风险

我们知道，投资分散程度越高，风险就能被越好地分散。在互联网平台上，资金出借者可将自己的资金同时小额、分散地出借给多个借款人，而借款者也能从多个投资者处筹得资金，这在传统的民间借贷中是很难实现的。

专栏 5-1

案例：拍拍贷

拍拍贷于 2007 年 6 月 18 日正式上线成立，公司全称为上海拍拍贷金融信息服务有限公司，是一种无抵押借款的民间小额借贷，同时借助了互联网技术，又属于网络借贷的范畴。拍拍贷通过运用 IT 技术将民间借贷上升到互联网，为有闲置资金的用户和资金需求者提供了一个更为高效、安全、公开的平台。同时运用机器学习、大数据、AI 技术等信贷审核、智能风控、智能客服、精准营销等环节使平台获得创新发展。用户既可以在拍拍贷上获得信用评级，发布借款信息并快速筹得所需资金，也可将富余的资金投资于该平台获得收益。到 2018 年，拍拍贷累计用户数量超过 8 000 万，累计成交金额超过 1 300 亿元，累计用户赚取超过 48 亿元。拍拍贷的运作机制为资金需求者在拍拍贷平台上发布借款信息，通过投标决定最终资金出借者，达成交易后借款者借入所需资金并按期还本付息，同时平台还与银行合作，由银行负责资金的收付管理如图 5-1 所示。

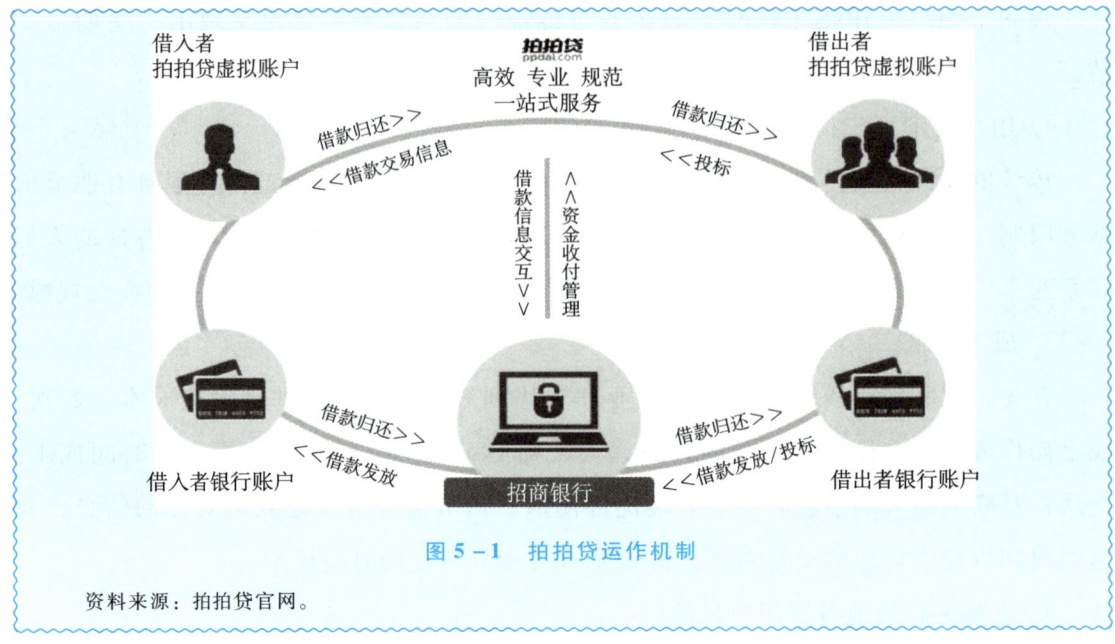

图 5-1 拍拍贷运作机制

资料来源：拍拍贷官网。

三、非正规金融与科技融合的动因

（一）金融准入与监管约束

非正规金融和科技的融合是规避金融准入门槛的创新。无论是金融市场还是金融机构，我国都有着严格的准入规则。金融许可证是市场准入制度的常态表现，金融牌照，即金融机构经营许可证，是金融机构正常开展业务的正式文件，由相应的监管部门颁发。我国的牌照管理很严格，行业准入门槛比较高，如银行正常开展存款、贷款、汇款、支付等业务必须持有相应的牌照。一些企业想涉足金融业务，为了逃避牌照的监管，会选择一些类金融牌照，如小贷公司、融资性担保公司等非正规金融组织借助互联网等技术进入到金融领域，开展金融服务。在传统金融机构购买理财产品的门槛和风险要求都比较高，而借助互联网技术等销售这些理财产品尚未纳入金融监管体系，门槛也比较低。网贷平台等非正规金融组织在我国事实上起到了银行中介的作用，本质上属于影子银行，但对其运营的要求却远不如银行严格。

监管缺位为非正规金融和科技融合创造了条件。某些非正规金融业务由于不符合行业规则而无法正常开展。目前，我国的监管体制是机构监管，非正规金融与科技融合使得组织交叉性、复合性增强，难以对其属性进行界定，既不属于银行、证券，也不属于保险公司，没有对应的机构来对其进行有效的监管。非正规金融与科技融合使得其产品和服务具有跨市场、跨行业和跨区域的特征，涉及证券、银行、基金、互联网等多个领域，综合性强，难以对其进行监管，由此形成的监管缺位给非正规金融提供了快速发展的空间。

监管套利（Regulatory Arbitrage），是指利用监管机构制定的不同监管规则，甚至是相互冲突的监管规则和规定，选择在监管相对宽松、门槛较低的领域开展金融活动来降低交易成本、被监管成本，以获取超额收益的行为。非正规金融与科技的融合有利于其规避监管，获取套利收益。目前，我国的网络小贷是由地方金融监管部门负责牌照的审批发放及相关监管事宜，各地方容易出现准入门槛、运营要求等标准不一致，从而导致对网络小贷企业资质审查放松、审批不严，行业存在监管套利空间。又如，P2P网络借贷平台的某些业务具有银行业务的性质，但不符合银行监管的规则，无须进行信息披露、计提风险准备等，从而获取比银行更高的收益。

（二）技术进步与普惠金融结合

技术进步给非正规金融开展普惠金融服务带来了新机遇，提供了有利的技术支持。非正规金融的存在有利于缓解小微企业融资难的问题，但传统的致力于小微企业、"三农"等弱势群体的普惠金融的非正规金融组织能力不足，借助先进的新兴技术，能完善自身模式，改善普惠金融服务，有效提高非正规金融的供给能力。

非正规金融机构开展普惠金融服务主要的问题有信息不对称程度高、经营风险大、成本高，借助技术优势则能有效地改善这些问题：

1. 有效改善了普惠金融服务中信息不对称的问题

传统的征信评估依据主要是借款人的历史信贷记录和其收入水平。一般来说，小微企业的资信状况审查成本很高，而对于农村地区的低收入人群，由于农村地处偏远，人口居住分散且流动性强，农村人口征信信息的获取难度通常较大。缺乏完整的征信体系使得信贷过程中的信息不对称程度比较高，收集较为完善的征信信息建立征信体系的难度、耗费的人力物力也很大。随着互联网技术的发展，经济活动越来越电子化、网络化，企业或是个人的各类经济活动都将转化为可量化的数据，通过相关技术对海量用户数据进行分析处理，使诸多指标都能成为征信评估依据，有效地消除信息孤岛。大数据技术的应用，不仅拓宽了数据收集的范围，降低了数据搜集的难度，还提高了数据的有效性和可操作性。例如，利用大数据技术对小微企业近年来的纳税数据进行分析处理就能对其经营状况进行贷款分析。而对于个人用户，网购额度、网络信贷、网络社交等都将纳入征信评估依据，支付宝的芝麻信用就是通过机器学习和云计算，针对一个人的网购额度、守信情况等指标计算出来的一个分数。

2. 有效地增强了开展普惠金融服务的风控能力

小微企业贷款通常缺乏特定的担保或足值的抵押物，实现其普惠金融服务的风险是较大的。以往非正规金融组织的风控包括尽职调查、人工分析、人工判断等一系列环节，既耗费大量人力物力和时间成本，搜集的信息也可能是有限的、碎片化且精准度不高。技术运用于非正规金融组织风控的一个典型例子就是智能风控。智能风控通过大数据、智能计算建立模型，将海量数据整合起来进行综合分析判断，为机构的贷前审批、贷中复查、贷后监测等多个业务场景提供一整套方案，有效提升风控能力。非正规金融组织还可利用大数据技术构建预警监测体系，动态实时监测企业账户的现金流和交易行为，能够及早发现苗头并进行处置，减小贷款损失，把控好贷后风险。

3. 有效地降低了开展普惠金融服务的成本

非正规金融与科技融合有效地降低开展普惠金融服务的交易成本、搜寻成本及信息成本。首先，互联网等技术的应用减少了开展非正规金融服务的设备成本和人工成本，如P2P网络借贷的借贷双方可在线上直接完成交易，大大降低了传统非正规金融组织的运营成本。其次，互联网、云计算和大数据等技术的应用使搜集用户信息、追踪用户行为、分析用户偏好变得相对容易，非正规金融组织可针对用户需求设计产品，有效降低了搜寻匹配成本。最后，依托云计算、互联网、大数据社交网络及搜索引擎等技术工具，使非正规金融组织的信息搜集及分析处理能力相比传统组织具有独特的优势，大大降低了获取信息的成本。

第二节　技术支持下的非正规借贷

一、网络平台与互联网借贷

（一）互联网借贷原理

2015年7月，中国人民银行等十部委发布了《关于促进互联网金融健康发展的指导意见》。作为第一个具有规范性质的互联网金融法规，《指导意见》明确了网络借贷的含义：网络借贷包括个体网络借贷（即 P2P 网络借贷）和网络小额贷款。个体网络借贷是指个体和个体之间通过互联网平台实现直接借贷；网络小额贷款是指互联网企业通过其控制的小额贷款公司，利用互联网向客户提供小额贷款。

互联网借贷（Internet Lending）本质上还是民间借贷，是民间借贷借助互联网技术依托互联网平台来开展金融服务的一种创新形式。传统的民间借贷主要包括"一对一"借贷模式、民间合会、典当行、民间集资、民间借贷中介机构等模式，它们将人际关系网络上有资金需求的融资者和有资金盈余的投资者聚集起来从而开展借贷活动。互联网借贷的原理和民间借贷相似，只是在渠道和方式上有所差别，互联网借贷将由依赖熟人关系的借贷网络转变为依托互联网平台来开展金融交易活动。互联网平台能够最大限度地将所有有需求的市场主体聚集起来，有资金需求的借款人和有富余资金并想寻求投资机会的资金出借者可以在平台上发布自身的资信状况、借贷信息，双方在平台上寻找合适的交易对手，匹配达成后实现直接借贷。互联网借贷正是为了弥补传统民间借贷的不足而产生的，传统民间借贷的不足之处主要可归纳为以下三个方面：

第一，民间借贷的规模效应弱。民间借贷依赖的是熟人关系的社交网络，不仅范围有限，而且借款规模、借款渠道也存在着诸多限制，尽管是为我国广大中小微企业提供资金支持的重要来源，但与理想的效果相距甚远。

第二，民间借贷的风险分散能力有限。由于民间借贷的范围狭窄，资金出借者通常将资金出借给一个或者少数几个借款人，借款人也仅从少数投资处获得融资，风险并没有完全分散掉。

第三，民间借贷存在定价不合理的问题。民间借贷具有熟人之间约定借贷、区域分割的特点，缺乏统一的市场，定价的自主权较大，容易出现定价不合理的问题。

互联网技术有着强大的信息搜集和处理优势，民间借贷与互联网结合既可以发挥民间借贷的作用，也能弥补其不足。首先，相比民间借贷，互联网借贷的用户范围显著扩大。借助互联网平台，借贷活动不再局限于熟人之间，陌生人之间的借贷也成为可能，大大发挥了网络的规模效应；互联网借贷还突破了民间借贷的地域限制，不同地域用户可以通过平台进行直接借贷。其次，在互联网平台上，投资者可以将资金小额、分散地借给多个资金需求者，由于各个借款人违约的概率是相互独立的，这样投资者的违约风险就被有效地分散掉了。最后，在互联网平台上，借贷市场不再是分割的，而是一个统一的市场。在互联网平台上的借贷活动更加透明、信息更加充分，借款人和投资者可以在平台上寻找理想的交易对手，使各个借贷市场很难再对利率进行差异定价，利率水平将趋于一致，有利于推进借贷利率的市场化。此外，互联网技术的发展加剧了互联网和民间借贷的竞争，倒逼民间借贷组织降低民间借贷利率，促使整个经济体系的利率趋于一致。

（二）互联网借贷模式

互联网借贷是指在网络上实现的借贷活动，资金出借者和借入者均可利用网络平台实现借贷的在线交易。本节所述的互联网借贷主要是指技术支持下的非正规借贷，指互联网企业利用其控制的小额贷款公司，借助互联网平台向用户提供小额贷款，包括个体网络贷款（P2P）和网络小额贷款，其中个体网络贷款是指个体之间直接通过互联网实现的借贷交易。

1. P2P 网络借贷模式

P2P（Peer-to-Peer Lending）即点对点信贷，性质上属于网络借贷信息中介机构。根据 2016 年 8 月银监会、工业和信息化部、公安部、国家互联网信息办公室联合发布的《网络借贷信息中介机构业务活动管理暂行办法》，网络借贷信息中介机构是指依法设立，专门从事网络借贷信息中介业务活动的金融信息中介公司，以互联网为主要渠道，为借款人和出借人（即贷款人）实现直接借贷提供信息搜集、信息公布、资信评估、信息交互、借贷撮合等服务。

关于 P2P 的起源可以追溯到英国。2005 年，世界上最早的 P2P 网络贷款平台 Zopa 在英国成立，随后 P2P 也在美国兴起，2006 年和 2007 年，美国两个 P2P 平台 Prosper 和 Lending Club 开始成立。我国也紧随其后，2007 年，我国首家 P2P 平台拍拍贷在上海正式成立，并在互联网金融发展热潮的推动下获得了快速发展，越来越多 P2P 平台进入金融市场。

根据资金的出借方式，P2P 平台的运营模式可分为一对一借贷模式和平台匹配模式。前者是指资金出借者和借款人通过搜集 P2P 平台上的信息，寻找合适的交易对手，实现各自的投融资需求，资金出借者和借款人在每一笔交易中都是一对一的关系。而平台匹配模式是指平台对资金出借者和借款人进行匹配，在这种情况下，每笔资金交易的资金出借者和借款人可能存在一对多或多对一的情况。

根据运营模式的不同可将 P2P 借贷模式分为单一的线上模式、单一的线下模式和线上与线下相结合的模式。但并非所有的国家和地区都表现为这三种形式，不同的国家由于金融市场发展程度的差异，P2P 模式也表现为不同的形式。在金融市场比较发达的国家，由于市场的不完全程度和信息不对称程度低，故这些国家的 P2P 模式基本上都采用线上模式。

单一线上模式的特征是采取列表投标模式。借款人在平台上发布借款信息，包括借款金额、借款期限、借款资金用途及愿意给出的最高借款利率，资金出借者用自有资金全额或部分投标，但投标利率不能高于借款人给出的借款利率。平台会及时更新借款人筹资的进度和完成投标的数额，若投标金额超过借款人的借款金额，利率低的出借人中标。借贷达成后生成账单，借款人必须按期还本付息。

根据有无担保，单一线上模式可细分为无担保线上模式和担保线上模式。在无担保线上模式下，平台只作为信息服务中介提供信息咨询服务，收取服务费，不实际参与借贷过程，也不提供任何形式的担保服务。平台自有资金和用户资金独立开来，信贷风险由资金出借者自行承担，与平台无关。这类模式的优点是平台收益稳定，缺点是审核机制宽松，无法准确地评估借款人的资信情况，出借人风险大，国内的代表性平台有拍拍贷。担保线上模式是指平台在提供信息咨询等中介服务的同时，还提供担保服务或者引入第三方担保机构对借贷活动进行担保，这类模式的代表性平台是红岭创投。在这种模式下，资金出借者承担的风险比较小，当借款人无法还本付息时，担保人承担还本付息的义务。尽管资金出借者的风险变小了，但此时平台承担的风险大了。借款人的违约风险转嫁给了平台，一旦平台或者第三方担保公司承担了远高于其资本的保证债务，当发生违约时，借款人也无法就其全部损失得到弥补。

单一线下模式的特征是采取债权转让模式。线下工作人员对借款人的身份信息、工作状况、收入能力等资信状况进行审核和评估，根据评估结果确定借款人信贷额度，进而确定借贷金额和借贷利率。然后，平台与借款人签订合同并出借自有资金，之后平台再匹配资金出借人，将合同卖给出借人。这类模式的优点是审核机制严格，资金出借人风险低；平台功能更加丰富，能够实现债权的期限拆分、金额拆分，提高了资金的周转效率。缺点是于用户而言，平台中介服务费用高；于平台而言，业务复杂性也带来违规经营、非法集资等问题，加大了平台的风险。国内线下交易的代表性平台是宜人贷。

线上和线下混合模式的特征是采取竞标模式。借款人先在平台进行注册，平台根据借款人的整体经济状况进行信息评级。当借款人借贷时在平台上发布借款资金、借款资金用途、借款期限、借款利率和还款方式等信息，出借人先提交企业资料的书面文件，平台进行书面审核和实地考察，线下审核通过后平台放标，线上出借人按照规则进行竞标形成电子合同。这类模式将整个放贷流程分为两个部分，一部分在线上完成，按照线上操作的顺序可细分为线下到线上型和线上到线下型。前者是指先线下进行信贷审核，线上完成交易；后者则是线上匹配，线下债券转让或划转资金。线上线下混合模式将线下和线上的优势相结合，审核严格，有效地降低了资金出借人的风险，但缺点是需要实地考核，地域限制性较强。

与国外成熟市场的 P2P 网贷平台运营模式却呈现出较大差异，主要体现在平台的运营特点、风控措施的采用及信用体系的建设等方面，而这种差异主要源于国内外金融环境与信用环境的不同[①]。英、美两国 P2P 网贷平台的迅速发展，离不开成熟、规范的个人信用征信体系。其社会信用管理方式主要以商业征信为基础，商业征信公司向社会提供包括资信调查、评级、咨询、商账追收等有偿服务，以市场化运作为主，增进征信市场的发展。英国设立了金融行为监管局、金融政策委员会和审慎监管局等机构，其职责主要是审慎监管各类金融机构的金融行为。美国为了进行更有效的监管，不仅对网络贷款的法律性质进行了明确界定，还严厉地处罚了违规操作的平台。而我国却还未建立全国信用评价体系，中国人民银行的信用数据库与征信报告也还未实现与非银行金融机构的共享。因此，我国 P2P 网贷平台获取客户个人信用资料的成本较高，也难以保证真实性，这大大增加了借贷风险。

2. 网络小额贷款

网络小额贷款（Internet Microfinance），顾名思义，是指借助互联网技术开展的小额贷款服务。《小额贷款公司网络小额贷款业务风险专项整治实施方案》将网络小额贷款定义为：互联网企业通过其控制的小额贷款公司，利用互联网向客户提供的小额贷款，具有通过互联网平台上获取借款人，运用互联网平台积累的客户经营、网络消费等特定场景信息等评估信用风险，在线上完成贷款全业务流程等特点。

我国的网络小额贷款包括纯线上经营的网络小额贷款公司，跨区域线上、线下结合的网络小额贷款公司，其中最典型的就是电商平台融资。《中国互联网金融报告》将电子商务小额贷款定义为：电商企业利用互联网、云计算等信息化手段，对其长期积累的平台客户交易数据进行专业化的挖掘和分析，通过自建小贷公司或者与银行合作的方式，向其平台上的小微企业提供服务[②]。国内典型的电商平台融资有阿里小贷和京东金融，它们实质上仍是信用融资，是建立在真实交易的基础上，以订单、仓单和应收账款等作为抵押品的一种特殊融资方式。

---

① 陈茜：《国内外 P2P 网贷平台运营模式比较》，《齐齐哈尔大学学报（哲学社会科学版）》2018 年第 4 期。
② 中国互联网协会：《中国互联网发展报告 2018》，2018。

（三）互联网借贷监管

尽管近几年互联网借贷的蓬勃发展带来了诸多好处，但仍存在发展不成熟的地方。针对发展过程中出现的诸多问题，一系列针对网络借贷规范经营、资质审查等促进网络借贷市场健康发展的法律法规相继出台。

1. 中国互联网借贷监管实践

对于 P2P 行业的监管实践最初是从 2015 年开始的，2015 年《关于促进互联网金融健康发展的指导意见》明确了网络借贷业务由银监会负责监管，这标志着互联网领域"基本法"的诞生。

但 2015 年《指导意见》对监管主体的职责分工做出了规定，并没有针对 P2P 行业具体的监管细则，对 P2P 行业真正意义上的监管是从 2016 年开始的。2016 年 8 月，颁布了《网络借贷信息中介机构业务活动管理暂行办法》，明确了个体网络借贷 12 条红线，形成了对网络借贷平台业务活动的合规管理框架，其中涉及备案管理、业务规则与风险管理、出借人与借款人保护、信息披露、监督管理等业务活动管理。随后，与《暂行办法》配套的三大政策也悉数落地。11 月，《网络借贷信息中介机构备案登记管理指引》出台，对新成立的网贷平台、原有网贷平台的登记备案要求及登记备案后的网贷平台的管理等方面进行了规定。

2017 年 2 月，《网络借贷资金存管业务指引》发布，对资管的定义、存管人和平台的资质、业务规范和职责进行进一步解释，明确了存管行为的主体、存管业务原则及存管业务的基本模式和业务流程。2017 年 8 月，发布了《网络借贷信息中介机构业务活动信息披露指引》，明确了网络借贷信息中介业务活动信息披露的具体规则，包括应当披露的具体事项、披露时间、披露频次及披露对象等。至此，P2P 网贷行业银行存管、备案、信息披露三大主要合规政策正式形成，与《暂行办法》共同构成了网络借贷监管"1+3"即一个办法三个指引的制度框架。这标志着我国初步形成了较为完善的网络借贷行业制度政策体系，促进网络借贷机制的优胜劣汰，自此监管有法可依。

目前，P2P 行业的整改步伐仍在继续。2017 年，正式开始了对 P2P 行业的备案。2017 年 12 月，P2P 网络借贷风险专项整治小组下发《关于做好 P2P 网络借贷风险专项整治整改验收工作的通知》，要求各地在 2018 年 4 月前完成对各地 P2P 机构的登记备案工作。2019 年，互联网金融风险专项整治工作领导小组办公室、P2P 网贷风险专项整治工作领导小组办公室联合发布了"175号文"和"1号文"两个重磅文件,明确了以机构退出为工作方向,对问题机构进行清退。

对于网络小额贷款的监管早在 2008 年就开始了。2008 年,中央银行和银监会发布了《关于小额贷款公司试点的指导意见》,目前,我国对网络小额贷款的监管呈现无统一监管、均为地方试点的特点。目前,"互联网+小贷"试点区域主要集中于广州、重庆、上海、江西赣州、海南等省或省级市,上述试点省、市多出台了关于网络小额贷款公司的地方性规范性文件,对互联网小贷进行规定。而对于互联网小额贷款公司的牌照申请则是在资质符合银监会相关要求的前提下,还要满足各地方金融监管部门制定的地方性政策。关于我国 P2P 的监管历程见表 5-1。

2. 中国互联网借贷监管政策未来发展方向

尽管我国对互联网借贷的监管和整改取得了显著效果,但一些深层次问题仍未解决,包括尚未建立完整的征信体系,难以为风控能力的提升提供有效支撑;无统一监管机构,监管责任落实不到位;信息披露不及时,行业透明度不高等问题。未来监管方向有望从以下三个方面得到加强。

表 5-1　　　　　　　　　　P2P 监管历程

时间	事件	内容
2015 年 7 月	中国人民银行等十部委发布了《关于促进互联网金融健康发展的指导意见》	明确互联网金融监管责任,健全制度,规范互联网金融市场秩序
2016 年 4 月	银监会印发《P2P 网络借贷风险专项整治工作实施方案》	要求各部门对网贷机构进行全面排查、摸清底数;分类设置处置标准、处置措施
2016 年 8 月	银监会发布《网络借贷信息中介机构业务活动管理暂行办法》	明确了网络借贷信息中介机构的备案管理、业务规则、风险管理和信息披露等事项
2016 年 10 月	银监会发布《网络借贷信息中介机构备案登记管理指引》	明确了网络借贷信息中介机构应当进行披露的内容、审核信息及信息披露管理条例
2017 年 2 月	银监会发布《网络借贷资金存管业务指引》	建立客户资金第三方存管制度的工作部署和要求,实现客户资金与网络借贷信息中介机构自有资金分账管理,防范网络借贷资金挪用风险
2017 年 8 月	银监会发布《网络借贷信息中介机构业务活动信息披露指引》	规范了网络借贷信息中介机构信息披露的相关事项
2017 年 12 月	P2P 网络借贷风险专项整治工作领导小组发布《关于做好 P2P 网络借贷风险专项整治整改验收工作的通知》	对下一步的整改验收做出了具体、详细的部署,要求各地在 2018 年 4 月底之前完成辖内主要 P2P 机构的备案登记工作、6 月底之前全部完成;并对债权转让、风险备付金、资金存管等关键性问题做出进一步的解释说明

续表

时间	事件	内容
2018年8月	P2P网贷借贷风险专项整治工作领导小组发布《关于开展P2P网络借贷机构合规检查工作的通知》及《P2P合规检查问题清单》	制定关于网贷和P2P统一细化操作的专项检查标准
2019年1月	互联网金融风险专项整治工作领导小组办公室、P2P网贷风险专项整治工作领导小组发布《关于网贷机构分类处置和风险防范工作的意见》	明确坚持以机构退出为主要工作方向，按照风险状况进行分类，绘制风险图谱，明确任务清单
2019年1月	互联网金融整治小组《关于进一步做实P2P网络借贷合规检查及后续工作的通知》	明确将启动全国P2P平台的实时数据，加强平台的信息披露

（1）完善行业准入退出机制，为营造良好市场氛围奠定坚实基础。我国网络借贷出现的众多问题平台及我国P2P行业的频繁"爆雷"问题都与行业准入门槛有着很大的关系。目前，我国的P2P平台实行备案制度，小额贷款公司虽然有牌照经营，但由于各地方监管部门对政策性规定存在差异，牌照审核宽松，行业准入门槛低。未来除了加强牌照管理，还可在监管层面对平台的最低营运资本金、客户资金管理、信用风险管理等方面做出明确规定来加强行业准入门槛建设。严格的准入门槛既有助于保障投资者的利益，也倒逼各平台提升自身的风控能力和规范建设，降低风险维护市场的稳定运行。在加强门槛准入建设的同时，也可完善平台退出机制，对于运营不规范的问题平台应及时清退，形成良好的市场环境，有利于高效地发挥平台的优势。

（2）建立完善的征信系统，为风险防控提供有力支撑。目前，我国还未建立较为完善的征信系统，居民征信体系也未完全对网络借贷市场开放。信息不对称使对借款者提供虚假征信信息的识别还存在一定程度的问题，缺乏完整的数据库来建立数据分析系统，使网络借贷平台无法形成标准化的审核放贷流程和风险防控系统。目前，央行正在积极推进个人征信系统的市场化，与互联网金融协会和8家市场机构共同发起组建的市场化个人征信体系"百行征信"也处于营运状态。随着征信系统的不断完善，网络借贷市场有望取得更进一步的发展。

（3）完善信息披露机制，为外部监管提供有力支持。网络借贷平台的信息披露机制关系着平台运行的透明度。平台的信息披露动态及时、全面透明，有利于投资者和监管机构及时了解平台运营情况、资金去向，形成平台有效的外部监管。同时，严格的信息披露机制能倒逼平台加强自律管理，规范自身经营行为，有效地把控好风险。

二、非银行网络消费金融

消费金融（Consumer Finance）是指为消费者提供消费品购买的信贷产品或金融服务。早在 20 世纪初，消费金融已在西方国家诞生，并逐渐在欧美发达国家形成了较为成熟的运作模式，成为金融市场的重要组成部分[①]。目前，我国提供消费金融服务的主体可分为银行、持牌消费金融公司、开展消费金融业务的互联网平台，三类消费金融模式的对比见表 5-2。银行开展的消费金融服务包括信用卡、消费贷款和汽车贷款等。持牌消费金融公司的金融产品是指向借款人发放以消费（不包括购买房屋和汽车）为目的的贷款。银监会在《消费金融公司试点管理办法》中对消费金融公司作了明确的界定，是指经银监会批准，在中华人民共和国境内设立的，不吸收公众存款，以小额、分散为原则，为中国境内居民个人提供以消费为目的的贷款的非银行金融机构。目前，全国共设立了 23 家消费金融公司，这 23 家消费金融公司可分为银行系和产业系，其中银行系占绝大部分。开展消费金融业务的互联网平台可分为三类，包括电商平台、支付平台和网贷平台，主要产品包括消费贷款、现金贷、商品分期等。

表 5-2 三类消费金融模式对比

平台	借款人条件	借款用途	担保	期限
银行	低	高	多为信用卡人群	长
消费金融公司	高	较低	主要针对长尾人群	短
互联网平台	高	较低	主要针对长尾人群	短

对于非银行网络消费金融，本节指的是互联网平台开展的消费金融服务。随着互联网发展战略的推进，互联网与消费金融的融合越来越深入，呈现出"互联网+消费金融"的模式，即互联网消费金融。所谓的互联网金融是指将互联网等技术应用于消费金融活动，促使消费金融业务的信息化、网络化。借助互联网平台开展消费金融服务有着诸多优势。互联网平台自带流量和场景优势，在场景拓展、获客模式、提高用户体验等方面有了很大创新，大大提高了消费金融服务的质量。按照对接端口的不同，可将互联网消费金融划分为以下三个模式。

1. 电商平台模式

电商平台模式是指电商利用自身的消费平台推出的消费分期服务。近年来，人们

---

① 智研咨询：《2017 年中美消费金融行业发展现状及发展趋势分析》，2017。

收入水平的上升带来生活质量的提升，消费需求旺盛带来了信用赊购消费需求的增长，在这样的背景下利用电商平台开展消费金融有诸多优势。首先，电商平台客户资源丰富，开展消费金融业务的市场潜力巨大；其次，电商平台可借助原有的购物平台来推出消费金融服务，既刺激平台的消费，又减少了开展服务的成本；最后，电商可在原有平台的基础上进行场景拓展，除了日常的购物，还可建立涉及教育、旅游等多个领域的场景生态圈。

国内比较典型的是京东商城2014年2月推出的京东白条服务，是首款互联网消费金融信用支付产品。用户在京东商城购物时可使用京东白条享受先消费后付款的消费体验，白条的用户享有最长30天的延期付款和最长24个月的分期付款。之后，京东白条从用户群体和服务内容上进行拓展。首先，在个人用户的基础上，白条将消费场景拓展至企业用户，针对企业推出了诸多定制化的消费金融产品。其次，京东白条还通过打通京东体系内的O2O（京东到家）、全球购、产品众筹，将白条的消费场景覆盖到装修、租房、教育、购车、旅游等多个领域。此外，在原有的京东白条的基础上推出了乡村白条、校园白条、旅游白条、安居白条、汽车白条和教育白条，并从赊购服务延伸到信用贷款。

京东白条的业务流程是客户先在移动软件端登陆个人的京东商城账户，选择京东白条服务，填写个人身份信息并绑定银行卡进行实名认证，然后商城根据客户填写的个人信息和以往的消费情况，对客户进行信用评估。根据信用评估的结果授予客户不同的信用额度，普通用户的最高信用额度为1.5万元。使用白条的购物范围不仅包括京东自营商品还包括部分第三方商品。京东白条的运作流程见图5-2。

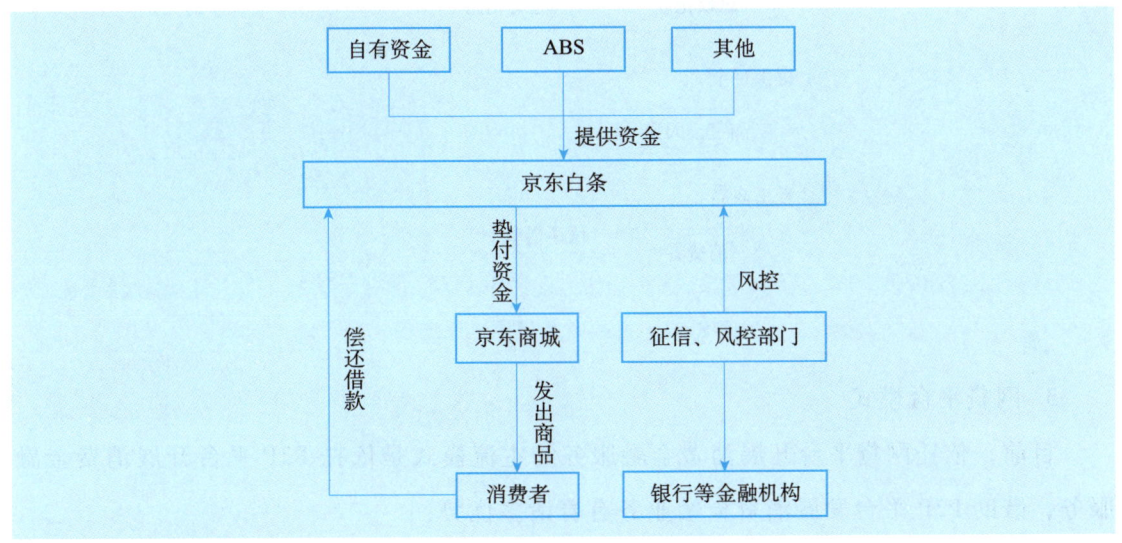

图5-2 京东白条模式运作流程

2. 支付平台模式

支付平台模式是指利用支付平台的数据优势和流量优势来开展消费金融服务。一般来说，支付平台是采取与外部消费平台合作的模式来开展金融服务，消费平台提供客户资源，支付平台来提供支付端口，借助其海量的数据优势有力地捕捉用户信息，开展消费贷款服务。

蚂蚁花呗是阿里巴巴旗下的蚂蚁金服于2015年4月推出的一款消费信贷产品，包括"花呗分期"和"花呗消费贷款"两类服务，本质上是一类无抵押信用贷款。花呗的受众主要是年轻用户，目前分期有3期、6期、9期和12期还款。用户在支付宝客户端申请开通无须提供任何资料，但必须开通芝麻信用分，根据由用户的履约情况和购物情况得出的芝麻信用分，用户可获得500~50 000元不等的消费额度。用户可使用花呗分期在淘宝和天猫商城享受先购物后付款的消费体验。目前，蚂蚁花呗除了阿里系的电商平台，还涉及外部40多个消费平台，其中既有电商购物平台苏宁、亚马逊等，又有生活服务类平台，如大众点评、美团等。与京东白条一样，蚂蚁花呗也具有低额度、低门槛、高频次的特点，其运作流程见图5-3。

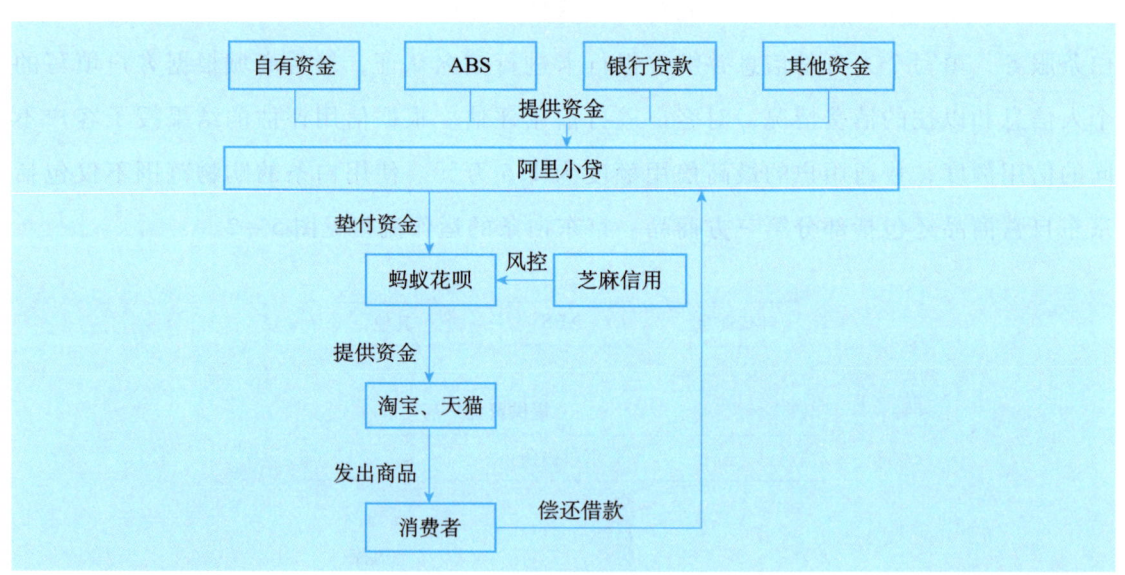

图5-3 蚂蚁花呗模式运作流程

3. 网贷平台模式

目前，依托网贷平台开展消费金融服务的主流模式是依托P2P平台开展消费金融服务，借助P2P平台发展消费金融业务有着诸多优势：

（1）P2P平台的资金可利用程度高。虽然银行开展消费金融服务资金充足，但消费金融的业务规模易受到存款规模、存贷比限制的影响。而消费金融公司开展消费金融服务主要是利用自有资金和借入资金,开展消费金融服务的资金成本相对较高。P2P 平台则打破了资金来源的限制,采用最低资金成本,利用互联网筹集众多分散投资者的资金。

(2) P2P 平台更为开放。P2P 平台的资金来源是分散的、广泛的,其客户和产品也是广泛的、多层次的、分散的,使得平台可拓展的消费场景广泛,产品种类丰富,能充分地满足客户的需要。

(3) 消费金融的资产有着借款人分散度高、单笔额度小的特点,使自融的可能较小,风险控制相对容易,更加符合 P2P 网贷行业小额普惠金融的特质。

P2P 分期购物模式是 P2P 消费金融的一个典型模式,是指消费者将所需的资金额度、购买物品及自身的资信状况等信息在平台上发布,投资者自行决定投资与否和投资额度,待投资标的筹资满额,该融资交易结束。随后,消费者按照合约规定按期还本付息。比较典型的有人人乐、人人分期等。其运作流程见图 5-4。

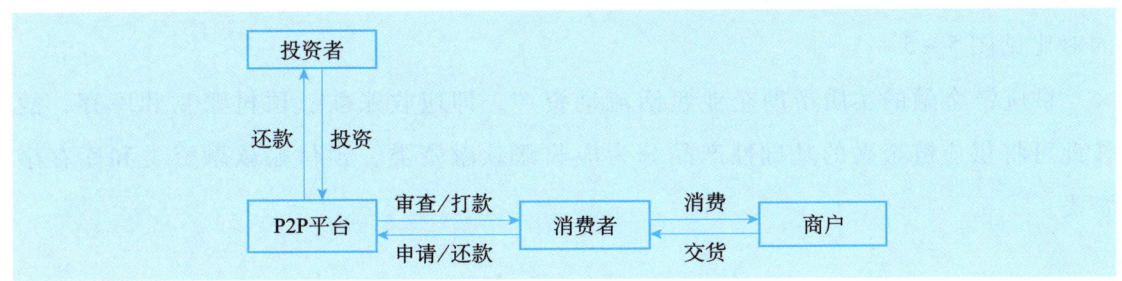

图 5-4 P2P 分期模式运作流程

资料来源:网贷之家。

三、非银行供应链金融

(一) 供应链金融

供应链 (Supply Chain) 是指产品的整个生产和流通过程中所涉及的原材料的供应商、生产商、销售商及最终的消费者形成的网络结构。从供应链的结构可以看出,每个节点上企业和企业之间是一种供给与需求关系。

供应链可分为内部供应链和外部供应链。内部供应链是指企业内部构成产品生产链条的各个部门,如原材料采购部门、产品生产部门及销售部门等。外部供应链是由企业外部的构成产品生产链条的相关企业，如原材料供应商、加工商、零售商和消费者等。一般而言，供应链包括信息流、物流、资金流和商流四个过程。物流是指货物流通过程，商流则是商品买卖过程，信息流是销售商和消费者之间关于商品信息的交流过程，资金流则是商品买卖成交后货币的流通过程。

供应链金融（Supply Chain Finance）是指围绕核心企业，管理上下游中小企业的资金流和物流来为整条供应链上的企业授信，灵活运用的金融产品和服务。供应链金融将单个企业的不可控风险变成供应链条上整体企业的可控风险，将宽货币转为宽信用，改变风险管理模式，既降低了银行的贷款风险，又降低了企业的融资成本。中小微企业是中国经济市场重要组成部分，但该类企业较难满足传统金融服务贷款融资的门槛要求，其发展运营受到约束。供应链金融服务的出现，围绕核心企业整合供应链条，以核心企业信用为链条金融服务提供重点，有效掌握上下游企业"三流"（物流、信息流、资金流）信息，优化了产业链条上的资金融通，降低了融资成本，有效提高产业链条整体运营效率，促进经济发展。供应链金融模式和传统融资模式的对比见图5-5。

供应链金融的实质帮助企业盘活流动资产，即应收账款、预付账款和库存，故按此可将供应链金融的基础性产品分为应收账款融资类、预付账款融资类和库存融资类。

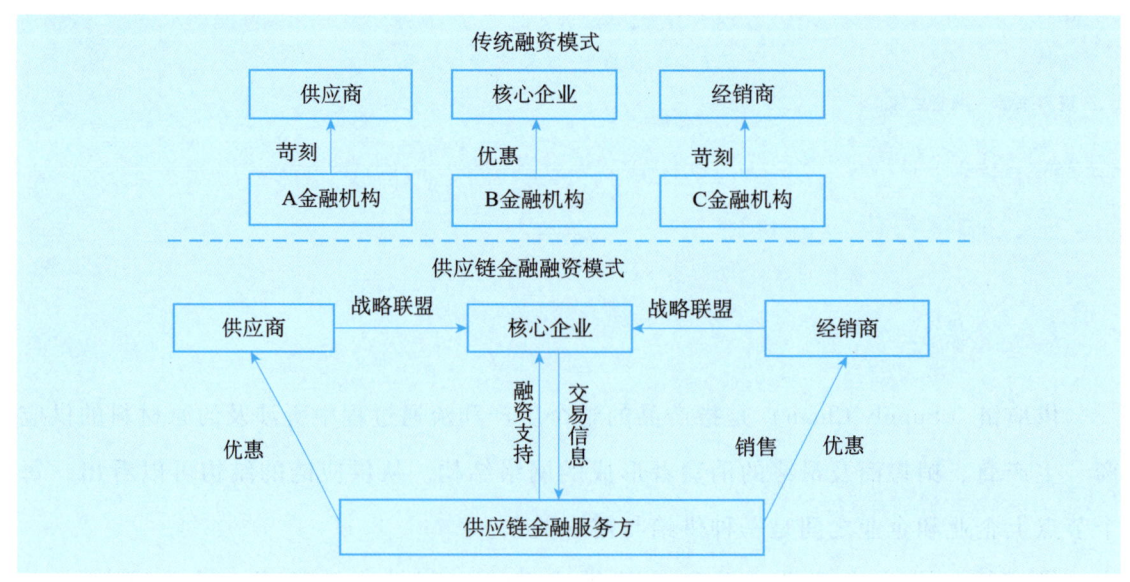

图5-5 传统融资模式和供应链金融模式的对比

资料来源：网贷之家。

1. 应收账款融资类

应收账款融资类是指在核心企业承诺支付的条件下,供应链金融的上游企业以未到期的应收账款(一般要求信用较好的核心企业的应收账款作为还款来源)作为抵押品与银行签订合同,在合同规定的期限和额度内,采取随用随支的方式,向银行等金融机构取得短期借款的一类融资方式。在这类融资模式下,核心企业是债务方,上游企业是债权方,并且核心企业对债权企业的融资进行反担保。应收账款融资模式常用于生产过程产品进入库存到分销阶段。若分销已经完成,但尚未完成收款工作,则适用于保理或应收账款质押融资;若融资目的是为了完成订单生产,则为订单融资,担保方式为未来应收账款质押,实质是信用融资。

2. 预付账款融资类

预付账款融资模式是指供应链的下游企业向金融机构贷款,将其预付给核心供应商,保证未来一段时间内货物的供应,下游企业分批提取货物并以未来取得的销售收入偿还金融机构贷款。同时,核心供货商将保单抵押给银行,一旦下游企业无法支付货款,供货商即对未提取货物进行回购。

预付类产品包含两种业务模式,一是下游企业将从银行处获得的贷款预付给核心企业,核心企业收到款项后发货给银行指定的仓储监管企业,然后仓储监管企业再按银行指令逐步放货给借款企业;二是核心企业自身承担监管职能,按银行指令逐步发货给借款企业,无须银行指定的物流监管企业,这就是所谓的保兑仓业务模式。保兑仓业务适用的情况有:

(1)采购商为了获得批量采购的折扣优惠,采取一次性付款方式,但厂家因为排产问题无法一次性发货。

(2)供销商为了平滑销售的季节性波动,在淡季向上游生产商打款,支持上游生产所需的流动资金,并锁定优惠的价格,然后在旺季分次提货用于销售。

(3)客户和上游企业都是异地企业,银行对在途物流和到货后的监控缺乏有效手段,通过保兑仓可以让买方、核心企业和银行同时收益。

3. 库存融资类

库存融资模式又称融通仓融资模式,是指企业以库存货物为抵押向金融机构贷款,由于银行等金融机构并不擅长库存商品的市场价值评估及监督管理,常常需要引入第三方物流机构对存货的价值进行评估。这类融资模式适用于缺乏应收账款和预付账款的企业,常用于产品由投入生产到进入库存阶段。一般来说,库存融资常分为现货融资和仓单融资，现货融资又分为静态质押和动态质押，仓单融资则分为普通仓单融资和标准仓单融资。

（二）非银行互联网供应链金融

传统供应链金融发展的最大障碍在于信息不对称。信息不对称会导致融资难、融资贵，对核心企业来说，上游企业融资困难会直接提升其采购成本，下游企业融资困难会降低其收款速度，进而降低整个供应链的效率。这样，核心企业的信用很难像其他企业传导，对企业而言贷款困难，而银行也不愿意放贷。随着"互联网＋"战略发展的深入推进，云计算、大数据等技术与供应链金融的融合不断加深，形成了"互联网＋供应链金融"的模式。互联网供应链金融的发展能有效地解决传统供应链金融面临的问题，如区块链技术可追溯、可留存的特点，使信息都能被记录、追溯，有效防止数据篡改问题；通过系统化操作、大数据分析，可对信息进行交叉验证，保证供应链上下游企业间贸易关系的真实性。互联网供应链金融的优势主要体现在以下两个方面：一是互联网技术的应用将供应链金融业务操作由线下转到线上，简化了流程，大大降低了业务的运作成本，提高了平台运作效率；二是大数据、区块链与人工智能等技术的应用有利于打破信息孤岛，实现多方信息共享，交叉验证，确保信息真实可信，有效解决了信息不对称问题。

根据运营主体的不同，目前我国的非银行互联网供应链金融包括互联网巨头类和P2P平台类。

1. 互联网巨头类

互联网巨头具有开展供应链金融业务的天然资源优势。基于电商平台庞大的线上线下客户资源和海量的用户交易信息，充分挖掘用户行为，有效地缓解了信息不对称问题，降低了借款人融资成本，并有效地控制了平台风险。目前，阿里巴巴、京东和苏宁等互联网巨头业务范围已纷纷渗入互联网供应链金融领域。这些互联网巨头凭借其在电商、物流、小贷等业务方面延伸的优势，通过加强上下游企业的联系与合作，以及不断修正模型来提高用户画像精度，精准分析用户行为偏好，有针对性地设计开发供应链金融产品。阿里巴巴就利用其在淘宝、天猫及支付平台的用户交易数据优势，通过与一些农业龙头企业合作来开展供应链金融业务。京东的优势则在于其电商平台的用户资源和自身发达的物流体系京东物流。目前，京东的供应链金融产品有订单融资、应收账款融资、京保贝等。京保贝是以京东自有资金来开展贷款服务，随借随贷，无须提供抵押品,其主要用户包括京东自营商家和一些外部客户,前者是指与京东有着长期稳定的合作关系的商家,对于后者则要求企业有整合的应收账款系统数据,并支持线上操作,其金融模式见图5-6。

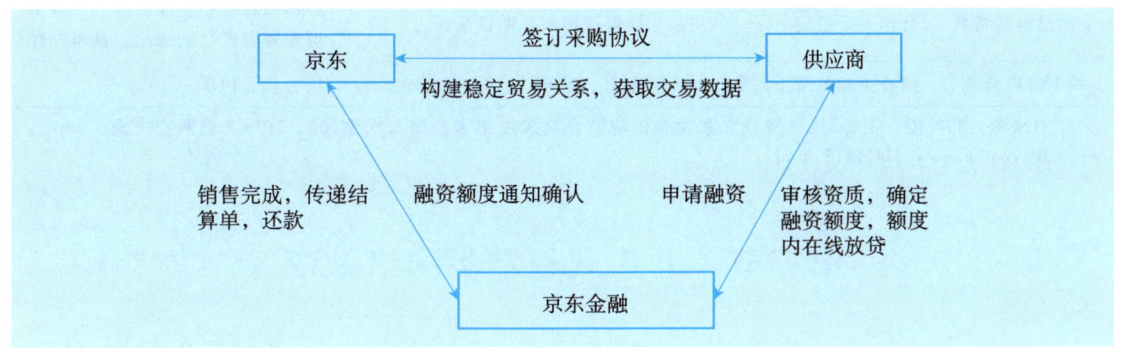

图5-6 京保贝供应链金融模式

资料来源:京东、网贷之家。

2. 网贷平台发展模式

网贷平台发展模式是指利用平台聚集来的资金为生产链上围绕核心企业的上下游企业提供融资服务。平台聚集的资金具有不同的时间偏好和风险偏好,能更好、更灵活地满足中小企业的融资需求,具有门槛低、审批效率高的特点。目前,平台的主要供应链金融产品是应收账款融资类。

根据对接资产端的不同,将网贷平台供应链金融贷款产品分为三类,第一类是平台对接核心企业,第二类是对接电商平台,第三类是核心企业自建平台[①]。平台对接核心企业是指平台与供应链核心企业合作开展供应链金融服务,上下游企业以应收账款或商业票据为抵押物向平台申请贷款,由核心企业提供担保,主要产品是上游企业的应收账款融资和下游企业的信用贷款。对接电商平台是指平台和电商平台合作,借款人可以以其电商平台的存货作为抵押在平台贷款,一旦借款人未能履约,电商平台则可销售存货来替贷款人履行还款义务,一般要求电商平台和平台属于同一个集团。核心企业自建平台利用平台资金来源广泛的特点,突破了核心企业模式利用自有资金规模有限的局限。自建平台的供应链金融模式包括上游供应商融资、下游经销商贷款及线下门店贷款,其区别见表5-3。

---

① 张叶霞、王春影:《网贷之家发布供应链金融深度报告:提六项建议》,2018。据网贷之家:http://www.wdzj.com/news/yc/3411813.html。

表 5–3　　　　　　　　　　　P2P 自建平台业务对比

业务类型	借款人条件	借款用途	担保
上游供应商融资	与核心企业签约，且供货持续、稳定	缓解供应商资金压力，保证为核心企业稳定供货	供应商在核心企业应收账款及其他变现资产会被冻结，甚至扣除
下游经销商贷款	合作关系稳定	缓解经销商采购资金压力	经销商在核心企业的返利及其他可变现资产会被冻结，甚至扣除
线下门店贷款	核心企业的线下门店	建店、运营	核心企业担保

资料来源：张叶霞、王春影：《网贷之家发布供应链金融深度报告：提六项建议》，2018。据网贷之家：http://www.wdzj.com/news/yc/3411813.html。

第三节　非正式权益类网络融资

一、股权众筹

（一）众筹与股权众筹

众筹（Crowd Funding），顾名思义，指向普通大众募集资金的一种独特的融资模式。这一概念最早被运用在欧洲文艺复兴后各类文学艺术的创作过程中，发起者通常具有较高的社会知名度，且投资过程兼具商业和慈善性质。例如，音乐家莫扎特就在 1784 年通过向潜在支持者募集资金才得以在金色大厅演奏自己谱写的三首钢琴协奏曲，而支持者的名字作为回报也被录入在协奏曲的手稿上。美国著名的自由女神像的基座修建也是利用众筹的理念，才解决了当时资金困难的问题。

施维恩巴赫（Schwienbacher，2010）最早将众筹定义为"通过互联网平台公开的信息发布，以捐赠或交换某种形式的奖励或投票权的形式预备资金"。莫里克（Mollick，2013）在上述定义的基础上突出了发起人和资助者的作用。发起人是资金需求方，资助者通常是以个人为主的网络用户，众筹平台在两者间发挥信息中介、信息撮合和适当增信的功能。信息技术、支付技术和大数据等金融科技的不断进步极大地降低了集资发起人和网络公众之间的信息传递和资金支付成本，才使众筹在互联网时代成为一种可行的"大众"性质的融资形式，也推动了普惠金融的发展。

根据研究机构 Massolution 的划分标准，网络众筹根据回报模式可以分成债券众筹、股权众筹、回报众筹、捐赠众筹四种，见表 5–4。每种模式都覆盖了众多垂直行业的创新项目，包括出版、餐饮、房地产、法律、金融、教育、科技、旅游、农业、汽车服务、软件服务、生活服务、体育运动、文化创意、游戏、智能硬件及其他。

表 5-4　　　　　　　　　　　　　四种众筹模式对比

众筹模式	回报形式	主要平台
股权众筹（Equity-Based）	资助者对发起人项目进行投资，并获得一定的股权，享受分红和投票权利（衍生出的收益权众筹不持有股权，仅享有股份收益权）	国内平台：京东东家、京北众筹、36氪众筹、云投汇、人投邦等； 国外平台：AngelList、Crowdcube、CircleUp
债权众筹（Debt-Based）	资助者对发起人项目进行投资，并获得一定比例的债权，未来获取利息收益并收回本金（即P2P，P2C）	国内平台：拍拍贷、人人贷、人人聚财、团贷网、点融网等； 国外平台：Lending Club
回报众筹（Reward-Based）	资助者对发起人项目进行投资，未来获得产品或服务（注：与团购不同，众筹强调对产品投产前的创意投资）	国内平台：京东众筹、淘宝众筹、众筹网等； 国外平台：Kickstarter，Indiegogo
捐赠众筹（Donate-Based）	资助者对发起人项目进行无偿投资	国内平台：微公益、轻松筹、水滴互助； 国外平台：Microplace、33needs

股权众筹根据是否公开众筹行为、是否针对特定对象又可以分为公募类和私募类。以我国为例，中国证监会和证券业协会将我国股权众筹划分为互联网公开股权众筹和互联网非公开股权融资两类[①]。公开股权众筹强调"公开、小额、大众"，即公募类股权众筹。非公开股权融资在现有的监管政策下，只能以非公开方式面向200人以内的特定人群募资，且对资助者有较高的资产净值门槛要求，即私募类股权众筹。目前我国仅对京东、平安、阿里巴巴三家发行了公募类股权众筹牌照，但是此三家均未有公开股权众筹业务上线，所以我国现阶段所有的股权众筹平台均属于私募类范畴。

股权众筹作为一种新型融资方式，主要应用于创新类中小企业的初期融资，可以视为传统风险投资（VC）和私募股权投资（PE）的重要补充和互联网延伸。但是股权众筹相较于后两者仍有不同的适用性要求，主要局限于处于种子期、尚未获得投资的企业，或者已经获得天使投资，但还需要进一步融资的创业企业。此外，股权众筹兼含传统VC/PE模式的股权增值退出机制与长期股权收益权两种获取回报的方法。

(二) 股权众筹业务模式

目前，全球范围内的股权众筹主要分为两种模式：All-or-Nothing模式和领投—跟投模式。

1. All-or-Nothing 模式

AON模式，也称为阈值机制，指项目发起人会根据项目实际情况设定最低融资金额

---

① 详细参见证监会《私募股权众筹融资管理办法（试行）（征求意见稿）》（2014）；央行等《关于促进互联网金融健康发展的指导意见》（2015）；证监会《致函各地方政府 规范通过互联网开展股权融资活动》（2015）；中国证券业协会《关于调整场外证券业务备案管理办法》（2015）等文件。

和融资期限。如果在规定期限内个体或机构投资者筹集的金额达到或超过最低限制，则宣布众筹成功，是否允许超额众筹需要项目方与投资方协商后决定是否扩大融资。如果募集金额低于最低限额，则宣告众筹失败，已募资金须全部退还投资者。AON 运作模式的具体流程见图 5-7。国外典型的 AON 型股权众筹平台为英国的 Crowdcube。

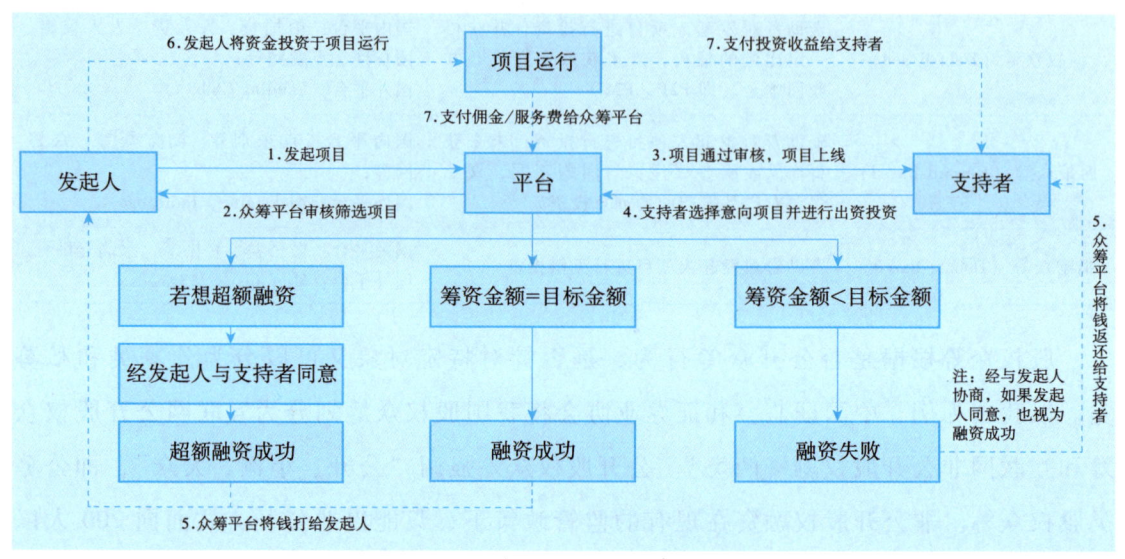

图 5-7 All-or-Nothing 股权众筹模式

资料来源：京北金融、上海交通大学互联网金融研究所。

2. 领投—跟投模式

领投—跟投模式，指的是由众筹平台指定专业投资机构或个人作为融资的领投人，领投人须对项目进行再一次的尽职调查，并出具领投理由报告后，可以引入跟投人，即一般投资者。与 AON 机制不同的是，绝大多数领投人须在总募集金额少于最低资金限制时自己补足剩余资金，以促成项目成功融资。在合投的过程中，领投人与跟投人入股融资企业通常有两种方式：一是以设立有限合伙企业的形式入股，其中领投人作为 GP（一般合伙人），跟投人作为 LP（有限合伙人）；另一种则是通过签订代持协议的形式入股，领投人负责代持并担任创业企业董事。领投—跟投运作模式的具体流程见图 5-8。

国外典型的领投—跟投型股权众筹平台为美国的 AngelList。该平台自身设有财团，专业投资者可以申请为领投人，而财团承诺给予领投人投资项目的一部分金额，并支付一定管理协调费用。投资成功后，首先偿还财团和跟投人的投资本金，在此之后获得的利润中 80% 分配给跟投人，15% 分配给领投人，5% 分配给 AngelList 平台[①]。而国

---

① 平安证券：《2016，股权众筹异彩纷呈之年》，2016。

内目前绝大多数的股权众筹平台均采用机构领投人—个人跟投人的运作模式。

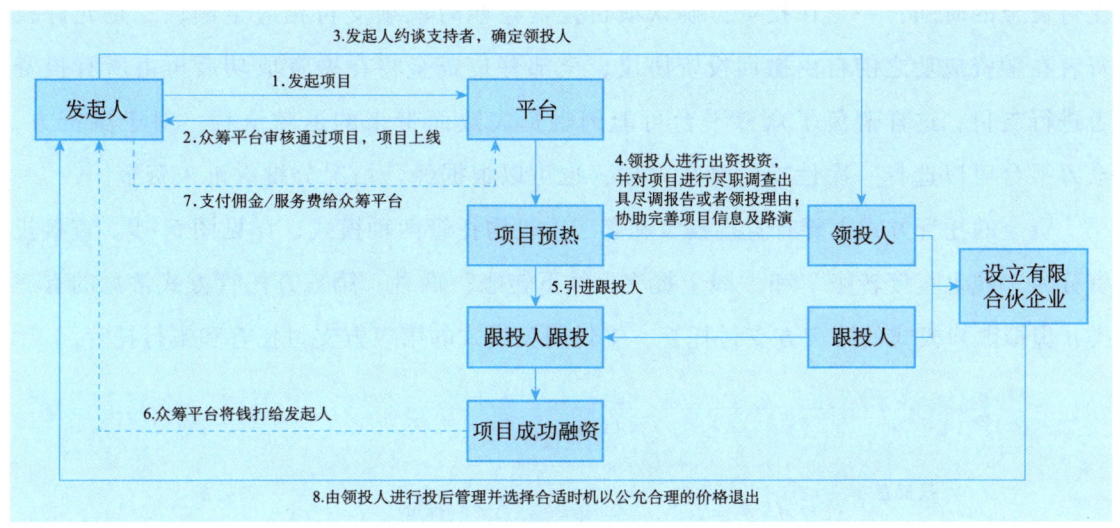

图 5-8 领投—跟投股权众筹模式

资料来源：上海交通大学互联网金融研究所。

（三）股权众筹平台运作

1. 业务流程

股权众筹的核心业务流程分为三个阶段：融资前准备阶段、融资阶段、融资后经营阶段。下面以领投—跟投模式为例，对众筹过程进行详细说明①。

（1）融资前准备阶段。先由融资方在平台上发起项目，再由平台根据自身的风控规则对所有融资方提交的项目进行初步筛选，最后由平台根据初步筛选的结果进行平台尽职调查和项目信息的展示。

（2）融资阶段。领投人根据平台展示的项目，对项目进行第二轮更加专业化的筛选与尽职调查，并就投资框架协议与项目发起人初步沟通。成功引入领投人后，平台开始引进跟投人、完成目标资金募集、组织投资者与融资方签订投资框架协议。此后，所有投资者将以有限合伙企业的方式入股被投公司，完成公司股权的变更。

（3）融资后经营阶段。由领投人担任公司重要股东并参与管理经营。所有股东可以在创业公司 IPO 或被并购时选择退出，也可协议在下一轮融资中拥有优先退出权。

2. 资金管理

股权众筹平台的资金管理分为流转和托管两部分。

---

① 小米新金融研究中心：《中国互联网股权众筹与非公开股权融资行业研究报告》，2017。

资金流转管理又分为投资方管理和融资方管理。对于投资方,平台可以选择让其支付资金的时间:一是在投资方确认项目投资意愿时就须支付相应金额;二是允许投资者在融资成功之前自由撤回投资协议,全部募集资金将在融资成功后再由所有投资者进行支付,这样避免了众筹平台可能因融资失败而带来的退款流程。对于融资方,众筹平台可以选择一次性支付募集款项,也可以根据经营情况分批次汇入资金。

资金的托管方式主要有直接投资和第三方机构托管两种模式,详见图 5-9。直接投资分为"线上直接转账"和"线上提交,线下转账"两种;第三方托管方式常见的有三类:虚拟账户模式的第三方支付托管,支付网关模式的第三方支付托管和银行托管。

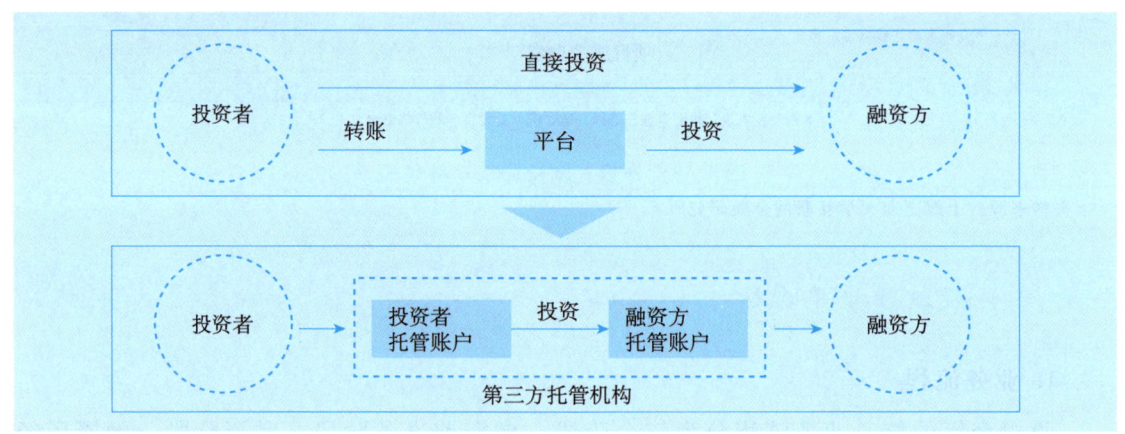

图 5-9 股权众筹平台资金托管模式

资料来源:小米新金融研究中心。

3. 盈利模式

目前,股权众筹平台主要的盈利模式有四种:第一,向项目融资方收取佣金,一般为募集资金总额的 1%～5%;第二,向项目发起方收取平台服务费用;第三,向项目投资方收取投资收益分成;第四,以股权的形式入股项目融资方,获取未来的经营利润分红。

专栏 5-2

案例:大家投

大家投上线时间为 2012 年,属于深圳市创国网络科技有限公司旗下股权众筹平台,目前已为众多项目融资近亿元。投资人单次跟投额度最低可以到项目融资额度的 2.5%,项目尚未引入 A 轮 VC 投资,融资金额在 2 万～1 000 万元人民币。大家投有两个模块,分别为初创版与启动版,具体规则见表 5-5。

表 5-5　　　　　　　　　　　　大家投业务模式对比

相关属性	初创板	启动板
项目融资额度	大于 100 万元人民币	等于或少于 100 万元人民币
投资人数量	不超过 50 人	不超过 200 人
单笔投资额度	不低于项目融资总额的 2%，向上取整单笔最低 3 万元起投	每个项目前 50 名投资者享有千元起投名额，每笔必须为千元的整数倍；第 51 名以后，投资额最少等于"剩余额度/最多剩余名额"
项目融资次数	最多可以有 2 次，每次间隔时间不低于半年	每个项目只能一次
项目估值	荷兰式询价	大家投平台审核
投资人持股	有限合伙（1 个）：领投人、跟投人共同成立 1 个有限合伙企业，以有限合伙企业的形式占股项目公司的股份	有限合伙（最多 4 个）：采取 1 套 3、1 套 2 或 1 套 1 模式后，再用 1 个母有限合伙企业入股项目公司。多个有限合伙企业的普通合伙人均为同一个领投人
资金中转	投资人付款采取先充值到投付宝账户余额（兴业银行监管），再通过账户余额付款流程	
投资人退出	通过大家投机构投资业务板块寻找合适的机构接盘；或者条件成熟时通过中国证券市场监测中心"私募报价系统"转让；或者等项目公司上新三板、创业板后再通过证券市场实现退出	等项目公司转为初创板并且融资成功后，按照初创板项目投资人退出渠道实现投资人退出；项目公司转为初创板之前可以通过创业者回购方式退出
转板安排	在大家投融资超过 500 万元人民币；符合新三板条件将推荐给合作券商辅导公司上新三板	融资完成满半年，产品上线并且有一定运营数据，有 3 人以上全职创业团队，项目季报上传及时规范、创始人诚信、项目财务数据等事项没有投资人投诉，可以转初创板继续融资
领投人制度	领投人基本职责：1. 领投人领投金额最低为项目融资总额的 5%；2. 领投人担任成立的有限合伙企业的普通合伙人；3. 代表有限合伙企业担任项目方公司的董事	领投人基本职责：1. 领投人领投金额最低为项目融资总额的 5%；2. 领投人担任成立的有限合伙企业（多个，最多 4 个）的普通合伙人；3. 代表母有限合伙企业担任项目方公司的董事
	尽职调查：1. 领投人负责尽职调查、大家投投资经理对尽职调查过程进行监督；2. 尽职调查报告按模板填写，领投人、创业者、大家投三方签字；3. 领投人负责与创业者就投资条款进行谈判，大家投提供协议范本，大家投投资经理负责对范本条款进行解释	
	领投人激励：遵循先返本，后分配收益的原则	
	收益分配方式：1. 总投资收益的 80% 由各投资人按投资比例分享；2. 总投资收益的 20% 为管理收益：领投人分享 10%，大家投分享 10%	收益分配方式：1. 总投资收益的 80% 由有限合伙企业（包括母有限合伙企业和子有限合伙企业）的自然人按照投资比例分享；2. 总投资收益的 20% 为管理收益：领投人分享 10%，大家投分享 10%

大家投采用的是领投—跟投的模式，通过审核的项目要经过领投人认领，之后由跟投人跟投，直至项目筹足资金，领投人与跟投人设立有限合伙企业，在签订《投资协议》后，平台将根据融资额与用途决定打款次数。该模式的创新之处在于设有有询价的认投，即项目估值询价的阶段，投资人可以对项目估值自主出价，经创业者同意后即代表成功认筹该项目，每个投资人对同一项目有两次询价机会，投资人对项目的询价最高估值不得超过融资额度的10倍（出让10%股份），最低不得低于融资额度的3.33倍（出让30%股份）。项目当前的估值取创业者同意的出价项目估值中最低的一个。大家投同时设有"风险补偿基金"，基金来源于投资人缴纳的100元认筹诚意金及投资人单个或集体退出项目时收益的2%。

大家投的盈利模式：融资成功后，大家投收取融资总额5%的居间费；投资人退出后，大家投收取总投资收益10%的利润。大家投业务流程见图5-10。

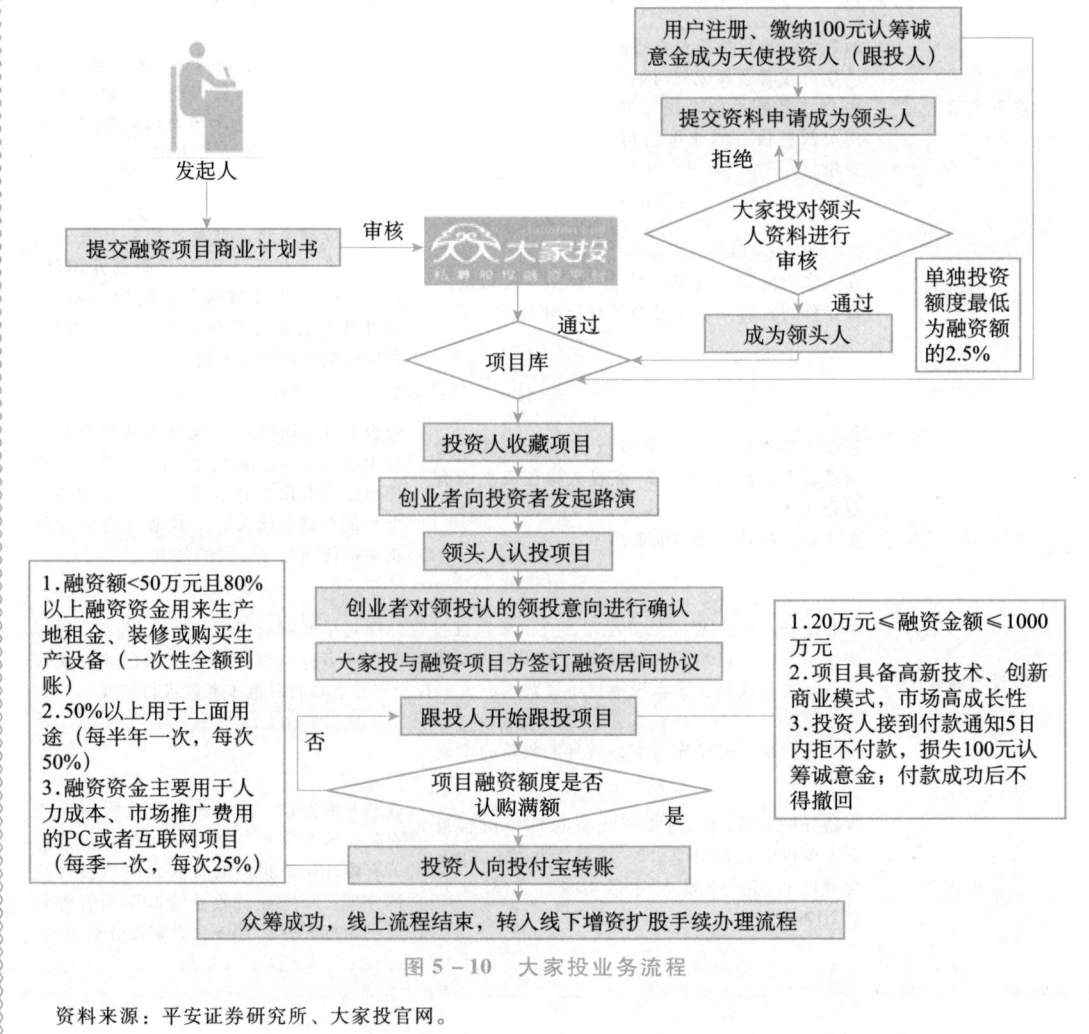

图5-10 大家投业务流程

资料来源：平安证券研究所、大家投官网。

二、私募股权基金的互联网化

（一）传统私募股权投资

私募股权投资（Private Equity，PE），是指以非公开的方式向特定少数投资者募集资金，以私募基金的形式对投资于非上市股权或者上市公司非公开交易股权，通过股权增值获取收益的一种资本运作过程。PE对投资者的可支配资产设置的门槛很高。

广义的私募基金包括私募证券投资基金、私募股权、创业投资基金和其他私募投资基金。其中，私募证券投资基金主要投资于上市公司公开发行的股票或债券，运作于资本的二级市场。

本节后文所提到的私募基金主要指投资于一级市场的私募股权投资基金和私募创业投资基金两类，两者的主要区别在于PE进场时间的不同。狭义的PE是对已形成一定规模、产生稳定现金流的成熟企业进行投资，这些企业往往位于创业中后期的C/D轮融资阶段。广义的PE则包括对企业种子期、初创期、发展期、扩展期、成熟期和Pre-IPO各个时期的企业进行投资，常说的天使投资、风险投资（VC）、PE均属于广义PE的范畴。

私募基金投资公司的一般流程与股权众筹流程大同小异，包括尽职调查、项目评估、设计交易结构、与企业谈判、确定投资细则、投资后管理、退出。但是与股权众筹模式的核心不同在于筹集资金的模式与时间：股权众筹的融资时间位于项目发布之后，由投资者直接对接项目发布方；PE通过基金对接创业企业进行股权投资，投资者通过购买私募基金间接持有企业股份，而基金公司的销售过程往往独立于其投资过程。

PE与股权众筹在获取投资回报的方式上也不尽相同，私募股权投资主要依靠股权增值退出机制获取高收益，而一般不享受其股权的收益权分红。私募股权投资的退出机制主要有四种模式：（1）IPO退出：即目标企业成功上市后在二级市场直接出售股份，获得股权增值收益；（2）兼并收购：在企业成熟时，将目标企业股份转让至第三方；（3）股票回购：目标企业或其管理层按照约定价格将公司股份购回；（4）清算：即投资失败，最理想情况下可收回成本，多为亏损。但是私募基金通常会投资于多家创业公司，由于股权增值收益巨大，只要保证少部分企业成功退出，就可以抹平其他目标企业的投资损失。因此，一般来说，投资者购买私募基金进行股权投资的风险要小于参与股权众筹时的风险,但是投资收益回报周期也更长。

世界最早的 PE 机构 KKR 由贝尔斯登的三位银行家成立于 1976 年,在随后 30 年间的交易总额达 2 630 亿美元,被誉为"华尔街野蛮人"。我国第一个 PE 案例发生在 2004 年,美国新桥资本用 12.53 亿元人民币购入深圳发展银行(现平安银行的前身)17.89% 的股权,而 5 年后深圳发展银行的资产规模翻了 3 倍,新桥资本获得了 6 倍的投资回报。此后我国私募股权基金的数量逐年迅速增加,融资规模可以与公募基金相抗衡。截至 2019 年 1 月,私募股权、创业投资基金管理人 14 685 家,管理正在运作的基金 35 385 只,管理基金规模 9.03 万亿元[①]。

(二) 传统私募基金运作模式

私募投资基金主要由三种组织运作模式:"公司 + 有限合伙制"模式、"公司 + 信托"模式和 FOF 模式。

1. "公司 + 有限合伙制"模式

"公司 + 有限合伙制"模式,是指私募基金本身为有限合伙制企业,而基金的委托管理人为公司,并由其进行股权投资。这一模式是最为普遍的股权投资基金操作方式,其组织架构参见图 5 – 11。

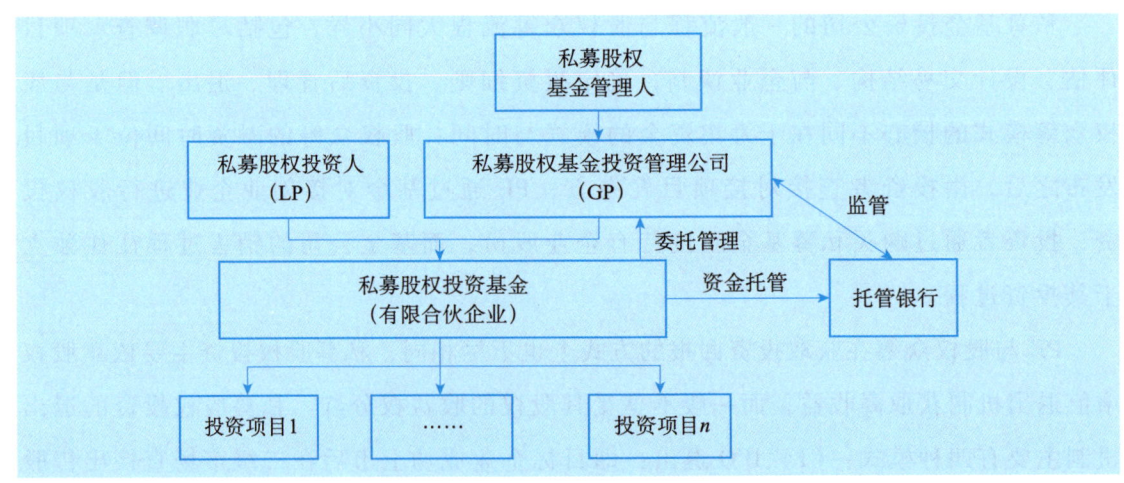

图 5 – 11 私募股权基金组织框架

有限合伙形式的私募投资基金由基金管理人作为普通合伙人(GP),直接进行资产管理与投资运作,对合伙制基金承担无限连带责任。而其他私募投资投资者通过购

---

① 数据来源:中国证券投资基金业协会。

买基金成为有限合伙人（LP），不执行合伙基金事务，只以其认购出资额对其承担有限责任，常见的 LP 投资者包括个人投资者、战略投资者、风险基金、杠杆并购基金、养老基金、保险基金等。

由于私募基金管理人作为自然人执行合伙基金的投资事务承担风险较高，为了降低管理团队风险，大多数私募基金管理者会设立投资管理公司，以有限责任制公司法人的形式作为普通合伙人与有限合伙人共同设立私募股权投资基金，从而建立起一道风险隔离墙。

此外，PE 投资基金会委托银行进行托管。募资期筹集的资金放在募集结算资金专用账户，由于此时资金尚未转入托管账户，基金管理人也无法动用。募资结束后，管理人会下指令将募集资金扣除认购费用后全部转入托管账户，方可开展后续投资业务。

2. "公司+信托"模式

"公司+信托"模式，是指私募基金管理人为投资管理公司，并通过信托计划取得基金所需的投入资金。这一模式主要运用在房地产类股权投资项目和部分需要快速运作资金的创业投资管理公司[①]。

这一模式中，信托计划通常由受托人发起设立，委托投资团队作为管理人或财务顾问，建议信托进行股权投资。此时，私募基金投资管理公司须持有不低于该信托计划 10% 的信托单位，可以参与项目跟投，但是不能对信托计划下的资金进行独立的投资决策。

3. FOF 模式

FOF（Fund of Fund）即母基金模式，通过设立母私募股权投资基金，进而参与投资于其他子私募股权投资基金中。这一模式广泛的运用在政府发起的产业投资基金或产业引导基金的运作中。FOF 模式具有两个明显的优势：

（1）降低投资风险。由于市场上各家私募基金团队参差不齐，各类创新企业数目庞杂、信息披露不足，投资于单个项目或单个私募基金的风险较大。私募母基金利用自身的资金优势和团队管理，选择合适的股权私募类基金进行投资，可以有效分散和降低投资风险。

（2）放大融资规模。举例说明，假如一个以有限合伙制形式发行的 PE 基金，总募集资金 2 亿元，私募基金管理公司作为唯一的 GP，则仍需 24 个投资者作为 LP 联合

[①] 用益研究：《私募股权基金的六种运作方式及获利模式解析》，2018。

出资。在此私募基金中 GP 出资总资金的 4%，即 800 万元，则其余 24 名 LP 的平均出资为：1.92 亿元/24 = 800 万元。此时，如果想要继续引入资产不足 800 万元但符合投资条件的投资者，那么就可以采取 FOF 的模式，再发行一只有限合伙制形式的 PE 子基金，作为前述母基金的一个 LP。该子基金须募集 800 万元，由私募基金管理公司作为 GP 仍出资 4%，即 32 万元，若仍须 24 个投资者作为 LP 联合出资，每位子基金 LP 平均出资仅为 32 万元。所以，采用 FOF 模式发行 PE 基金可以通过子基金的嵌套从而有效提升了扩大初始母基金融资规模的可能性。

（三）私募股权基金的互联网探索

与几乎完全互联网化的股权众筹模式不同，私募股权投资基金分割了基金的销售和投研过程。由于 PE 主要投资较成熟稳定的创业企业，其投资管理仍以线下运作为主，所以我国私募基金现阶段的互联网探索主要表现在融资过程，即基金的销售渠道上。

传统私募股权基金的销售渠道有两种：（1）线下直销，即基金管理公司自行寻找符合投资条件的投资者，签订基金销售和投资协议。这一模式主要应用于金融集团旗下的大型私募基金。（2）代销，指私募基金公司通过银行、券商、信托等具有基金牌照的第三方金融机构代为销售。由于绝大多数中小私募基金公司的知名度不高，只能选择通过代销的渠道销售基金产品。

然而，这两种传统销售渠道存在两大痛点，并造成私募基金行业的融资困境：（1）代销成本巨大：由于私募基金多，代销渠道少，私募基金销售的竞争非常激烈。私募基金获得的固定管理费和业绩报酬，有相当大的比例要分配给银行、券商、信托等销售渠道作为佣金。（2）投资者的搜寻时间长：传统私募基金的主要投资人为机构投资者和少数高净值个人投资者，在对投资者的竞争中，中小私募依然受到巨大的市场排挤效应，从而极大拉长了引进投资者的时间。

出于提高私募基金募资效率并降低募资成本的需求，私募基金销售渠道的互联网化主要存在两种模式：（1）私募基金自身建立线上直销渠道。目前仅有少部分背靠线上财富管理模式的私募机构搭建了自主运营网络平台，如韬映资本等。（2）由传统代销机构搭建综合性网络私募基金销售平台，实现渠道、产品、服务三位一体的互联网化。典型的平台有陆金所，东方财富网旗下的优优私募、私募排排网等。

三、网上财富管理

(一) 财富管理概述

财富管理是资产管理在资金端的表现形式,以资产配置为主要手段,匹配客户的风险偏好,从而实现财富的增值。具体来讲,财富管理以客户为中心,设计全面的财务规划,向客户提供现金、信用、保险、投资组合等一系列的金融服务,满足客户不同阶段的财务需求,帮助客户达到降低风险、财富增值的目的。

传统财富管理的理财投资模式为代客理财,主要依赖理财经理与客户的直接交流来了解客户风险偏好并配置资产。这一传统模式存在以下四个痛点[①]:(1)委托代理问题。尽管传统的代客理财模式下,理财经理也遵循现代金融学的资产组合理论为客户配置资产,但是受个人业绩压力的影响,可能存在较强的道德风险。(2)收费标准高且不清晰。传统理财顾问通常收取1%资产规模的管理费用,价格高昂且常常不公开具体费用构成。(3)投资门槛较高。传统财富管理主要服务于高资产净值人群,但是普通大众群体由于缺乏个人理财能力和知识储备,恰恰是财富管理应关注的主要客户群。(4)缺乏充分分散的全量资产。传统人工交流使得理财经理很难有足够的精力关注超过10只投资标的的动态走势,其配置的资产组合远远覆盖不了全量资产。

(二) 互联网财富管理概述

随着金融科技的不断发展,计算机、互联网、大数据、云计算、人工智能等技术的日新月异,财富管理模式也从传统理财模式逐渐走向智能化、普惠化、便捷化的互联网财富管理模式,极大地拓展了财富管理的服务需求、潜在用户规模和应用场景。中国互联网络信息中心(CNNIC)发布的《中国互联网络发展状况统计报告》显示,截至2018年12月,我国互联网理财用户规模达到了1.5亿,增长率高达17.5%,网民使用率为18.3%。互联网大型电商集团、传统金融机构、业务升级和转型的互联网金融平台,以及非金融实业企业设立的互联网财富管理平台均活跃在我国网络财富管理的市场蓝海上。

[①] 罗明雄等:《金融科技三大支柱》,中国财政经济出版社,2018。

(三) 网络财富管理模式与运营

依据财富管理的机器的使用程度和智能化程度将互联网财富管理分成三大类模式：主动型财富管理模式、人机结合型财富管理模式、被动型财富管理模式。

1. 主动型财富管理模式

主动型财富管理模式依然强调以人为中心的投资特征，依据某种技术规律、市场舆情，或者投资理财经理和专业人士的个人观点，进行资产配置，以追求金融市场的 α 收益。所谓 α 收益，就是投资收益中超出市场收益的部分，而获取这一部分收益主要侧重于资产的选择，依赖于投资者或代理投资者的专业能力。这一模式对机器的依赖程度较低，仅利用发挥互联网平台用户渗透、信息分享、线上交流等作用。主动型财富管理又存在自助化、社交化、顾问化三种商业运作模式。

（1）自助化财富管理模式。自助化理财模式下，用户根据自身财务情况和风险偏好，通过互联网"全品类金融超市"进行自助理财。与传统理财相比，这一模式通过互联网吸纳了更多位于"长尾部分"的中低资产净值客户进行大众理财投资，是我国目前最主流的互联网财富管理模式。国内的自助化财富管理平台则主要是由互联网巨头和传统金融机构牵头，利用自身在客户资源及技术上的优势切入财富管理、聚集各类金融产品、提供比价服务，根据用户情况进行筛选、匹配和推荐金融产品。典型的此类平台有蚂蚁金服、京东金融、陆金所和各种宝宝类金融平台。

（2）社交化财富管理模式。社交化理财模式以信息共享为核心，强调"跟投"的投资理念。具体来说，将职业或业余投资专业人士的投资业绩和持仓情况通过互联网平台分享出来，供普通投资者参考，或直接跟投相关资产或组合。这一模式本质上是使普通投资者间接地享受投资咨询服务。典型的平台，如雪球、金贝塔、股票雷达等都主要以提供投资策略风向与跟投服务及投资社交功能为主。

（3）顾问化财富管理模式。线上理财顾问平台通过互联网和移动互联网技术将传统投顾服务的服务对象延展至高净值以外的长尾用户。面向理财师的互联网理财顾问平台主要为理财师提供金融产品和智能化客户管理服务；面向投资人的平台则通过将传统的线下理财师互联网化，为投资者提供线上理财服务，或者是以"高佣金返还"等模式吸引理财师入驻，平台则撮合投资者和理财顾问。这类平台一方面解决了投资顾问由于技术条件、地理条件等的限制无法扩展其工作半径的问题，另一方面投顾服务门槛的降低使得非高净值人士也能够享受到理财顾问服务。

以"外滩云财富"为例,其财富管理模式如下:平台一方面实施严格的产品准入机制,对接信托、公募、保险等金融机构,挑选优质的金融机构进行合作,引入理财产品;另一方面对接第三方理财机构为其提供多种高附加值功能的创新交易方式,或者直接对接理财顾问为其提供丰富的产品,帮助理财顾问为客户进行投资建议、资产配置。对于注册的理财师,采取"培训+平台+产品"的模式,进行云学院的建制,对理财师进行3个月到6个月的专业培训。其财富管理模式运作图见图5–12。

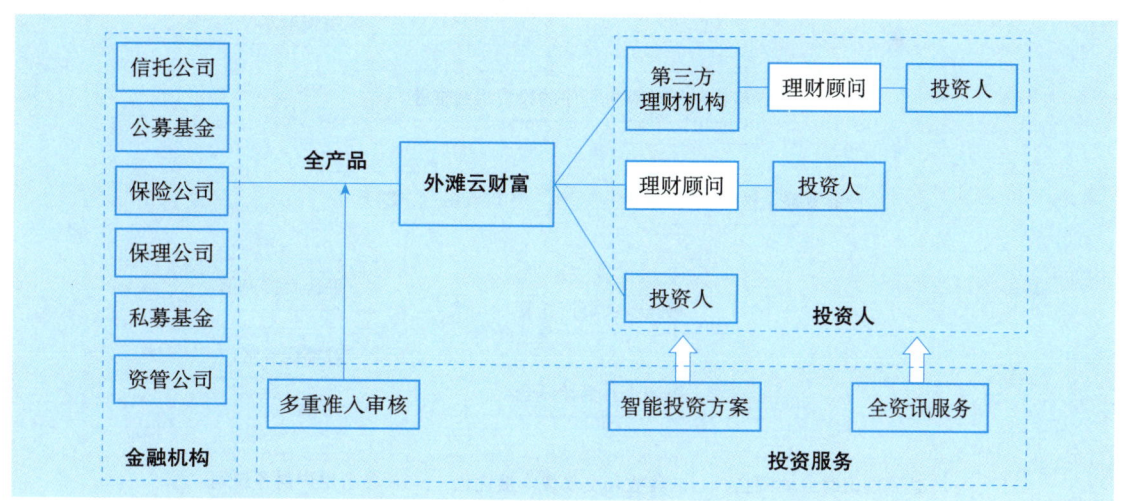

图5–12 "外滩云财富"财富管理模式运作流程

资料来源:易观智库:《2016年中国互联网理财市场报告》。

2. 被动型财富管理模式

被动型财富管理模式是一种结合人工智能、大数据、云计算等新兴技术,以及现代投资组合理论的线上全自动财富管理服务模式。该模式是智能投顾的主要表现形式。此类模式利用机器学习、人工智能等算法分析公司财报、宏观情况、市场情绪等各类信息数据,全程自动化收集分析用户画像数据以了解其风险偏好特征,进行智能化资产配置、实时跟踪和动态调整。

被动型平台的投资策略遵循被动投资的逻辑,即按照某个市场指数构建投资组合,并长期持有以获取稳定的 β 收益。所谓 β 收益,即各类资产随市场收益变动带来的收益。与 α 收益不同的是,β 收益的获取则更注重择时,依靠准确地把握市场大势、准确择时来获得超越大盘的收益。但是需要说明的是,从单纯追求 α 收益到主动拥抱 β 收益是市场有效性改进导致的,尽管在时间上有一定的先后顺序,但两类策略从长期来看是并存且互补的。

典型的此类平台如嘉信理财、蓝海智投、理财魔方等,其标准化流程见图5–13。

平台会先对投资者进行风险承受能力的评估，利用大数据、云计算等技术快速了解用户的投资风格偏好和投资收益预期等信息。随后的投资交易阶段，大部分智能财富管理平台将资产动态配置于全球各类 ETF（交易型开放式指数基金），实现资产组合类别和地域上充分的分散，有效降低资产组合的非系统性风险，获取长期收益。

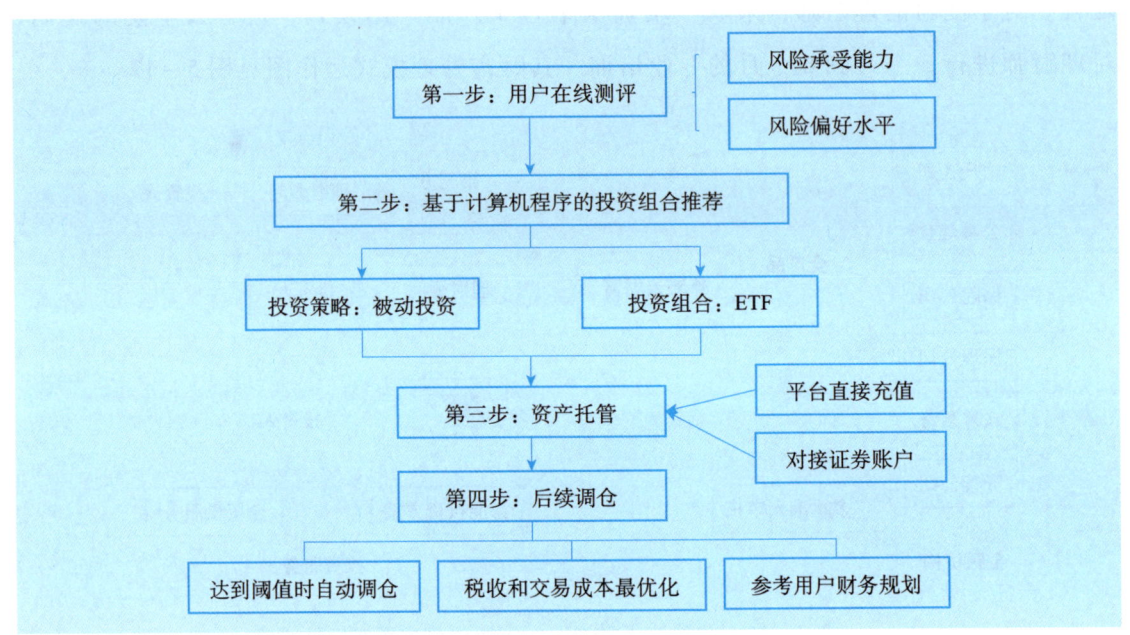

图 5-13　被动型财富管理平台标准化业务流程

资料来源：清华五道口金融评论、安信证券研究所。

3. 人机结合式财富管理模式

人机结合是指将互联网职能财富管理和传统投资顾问的优势相结合，为大众投资者进行理财服务。通过对理财客户的大数据采集，为理财规划师提供精准的用户征信和风险偏好信息；通过计算机资产配置建模，为理财规划师提供资产配置投资建议。这一模式受到传统金融机构的广泛青睐，成为其线上获客并回哺线下的主要方式。它们通过线上免费的金融工具吸引大量客户，同时获取用户金融交易数据，而后二次挖掘出适合的客户引流至线下，并提供有偿一对一专业服务，实现存量客户的有效转换。

本章小结

非正规金融是指不在中央银行和监管当局的监管范围内，不在官方金融统计上反映的金融活动。其作用包括缓解资金供求矛盾，促进资源的合理配置和金融体系的优化。非正规金融与科技融合的表现有科技性企业开展非正规金融服务和民间金融组织开展互联网金融业务,其中前者包括第三方支付、网络小贷、消费金融和供应链金融四种模式。非正规金融与科技融合的动因包括金融准入与监管约束、技术进步与普惠金融结合。

本章重要概念

非正规金融　纯线上借贷模式　债权转让借贷　担保借贷　非银行消费金融　非银行供应链金融　网络股权众筹　AON 模式　领投—跟投模式　私募股权投资基金　直销私募基金　主动型财富管理　被动型财富管理

本章思考题

1. 简述非正规金融产生的背景。
2. 非正规金融有哪些作用?
3. 金融科技和非正规金融融合的动因有哪些?
4. 互联网借贷的形式有哪些?
5. 我国非银行消费金融有哪些模式?
6. 我国互联网供应链金融有哪些模式?
7. 股权众筹 AON 模式与领投—跟投模式有何不同?请结合国内外众筹平台实际运作方式加以说明。
8. 私募股权投资基金的组织运作有哪些方式,为何进行网络直销的探索?
9. 主动型财富管理模式与被动型财富管理模式的区别体现在哪些方面?

本章参考文献

[1] 陈茜. 国内外 P2P 网贷平台运营模式比较 [J]. 齐齐哈尔大学学报(哲学社会科学版), 2018, 254 (4): 56-61+80.

[2] 郭卫东, 李颖. 网络借贷平台 P2P 模式探索 [J]. 中国流通经济, 2014 (6): 114-121.

[3] 平安证券. 2016, 股权众筹异彩纷呈之年 [DB/DL]. 2016.

[4] 钱雪松, 陈琳琳, 金芳吉. 非正规金融研究:评述与展望 [J]. 华中科技大学学报(社会科学版), 2018, v.32; 152 (4): 106-113.

［5］陶建宏，李琪瑞. 普惠金融研究综述及发展趋势［J］. 时代金融，2018 (36)：385－389.

［6］小米新金融研究中心. 中国互联网股权众筹与非公开股权融资行业研究报告［DB/DL］. 2017.

［7］易观分析. 2018中国借贷市场数字化发展专题分析［DB/DL］. 2018.

［8］尹优平. 金融科技助推普惠金融［J］. 中国金融，2017 (22)：90－91.

［9］用益研究. 私募股权基金的六种运作方式及获利模式解析［DB/DL］. 2018.

［10］智研咨询. 2017年中美消费金融行业发展现状及发展趋势分析［DB/DL］. 2017.

［11］周阳. 基于P2P平台的互联网消费金融分析［J］. 时代金融，2016 (15)：36＋48.

本章推荐阅读书目

［1］李建军. 互联网金融［M］. 北京：高等教育出版社，2018.

［2］徐忠，孙国峰，姚前. 金融科技：发展趋势与监管［M］. 北京：中国金融出版社，2017.

［3］伯纳多·尼克莱蒂. 金融科技的未来——金融服务与技术的融合［M］. 北京：人民邮电出版社，2018.

［4］罗明雄. 金融科技三大支柱［M］. 北京：中国财政经济出版社，2018.

第六章　大数据征信管理

 本章导读

随着社会信用体系建设的步伐不断加快，以及计算机和网络技术的不断提高，征信业的发展也需要适应大数据时代发展所带来的技术变革。征信机构在积累征信数据的同时，也需要提升自身的数据存储能力，丰富所积累数据的维度，提升数据分析挖掘、处理速度等各方面能力，大数据征信是征信机构的技术发展方向。

一方面，大数据从数据来源、数据准确性、数据应用场景和数据覆盖范围四个方面对传统征信模式进行了重构，从而诞生了新的大数据征信商业模式；另一方面，大数据征信的数据权威性和质量有待检验，征信机构独立性问题突出，个人隐私保护和信息安全存在风险隐患，信息共享机制不完善。上述问题均给征信监管部门带来了一定的挑战。通过本章的学习，可以更好地了解大数据征信的特点、商业运作模式、发展中突出的问题和相应的监管实践。

本章学习目标

通过本章的学习，可以掌握征信的内涵、发展历程及征信体系的概念，了解大数据对传统征信模式的重构；了解大数据征信的商业模式，掌握大数据征信的流程和运作；掌握大数据征信体系的主要发展模式，了解大数据征信给征信监管带来的挑战及各国监管实践。

第一节　征信与征信制度

一、征信概述

信用是市场经济运行的基础和核心。市场经济主要通过市场机制实现资源配置，随着交换关系的改进，交换关系逐渐演变成信用关系。信用关系作为一种独立的经济关系维系和支持着市场秩序。而征信机制是维系信用活动的一项制度安排，其产生、依附和服务于信用活动，是市场经济必不可少的组成部分。在经济领域，征信体系是信用经济的重要保障，它的发展扩大了信用交易的范围和规模，促进整个经济的运行更加有序，交易更加便捷。在社会领域，征信体系是社会信用体系建设的核心内容，有助于创新社会管理手段，提升整个社会的诚信水平。

（一）征信的内涵

当信用活动发展到工业革命时期征信才出现，后者衍生、服务前者。二者密切相关，因此，研究征信的含义离不开对信用的界定。作为经济学术语的信用指的是经济生活中的一种借贷行为，与商品经济具有密切联系。信用是以偿还和付息为条件的价值单方面运动。简而言之，对于现代市场交易活动而言，信用是一种建立在信任基础上的，不用立即付款就可获取资金、物资、服务的能力。信用最终通过信用主体社会关系的声誉、经济交易的授信额度、行为记录与评价等表现出来。

广义上的征信（Credit Reporting）是通过立法与执法、监督与管理、教育与研发等形式保障信用活动有序运行的一种服务。狭义上的征信，是指为防范信用风险而由独立的第三方提供信用信息服务。在外延上表现为独立的第三方机构通过采集、加工、保存和对外提供有关自然人、法人及其他组织的信用信息，并向信息使用者和其他有关各方提供的信息服务。广义的征信相对于狭义征信来说，除了信用登记和信用调查之外，还包括了信用评级等增值业务。

要准确把握征信的内涵，需要从以下六个方面进行解析。一是征信的内容是信用信息，主要是指个人、企业与其他组织在经济社会活动中的信用记录，包括在商务领域、金融领域、法律法规领域、社会交往领域及互联网领域的信息。二是征信活动的主体是独立的第三方机构，指提供征信产品和服务的独立于信息提供者和使用者的专门从事信用信息服务的机构。三是征信信息，其来源于信用信息提供者，包括银行、企业、政府部门及在互联网领域搜索的相关信息。四是征信信息的主体是个人、企业和其他组织。五是征信服务的对象是信用交易的参与者及政府部门，征信机构采集信息的目的不是自己使用，而是向其他机构提供产品和服务。六是征信活动的核心是信用信息共享，即采集到足够判断信息主体的信用状况，涵盖金融、商业、社会和司法等各个领域的信用信息。

征信具有多种分类方式，可以根据收集和处理信息主体类别、信息处理方式和业务类型、所有权的性质等不同属性进行分类。例如，按照信息主体的不同，可以分为个人征信和企业征信；按照业务方式不同，可以分为信用登记、信用调查和信用评级等；按照征信机构所有权或者经营者性质的不同，征信机构可以分为公共征信机构和私营征信机构。

（二）征信的起源与发展

传统的征信活动是由某一授信人在进行授信活动时独自对授信人的资信状况和履约能力进行的一种调查。征信活动具有临时性、随机性和主观性。征信结果一般为授信方自己所用。第三者征信或叫征信所征信，是从授信人联合共同调查受信人信用状况而独立出来的征信业务。征信所征信从出现到目前的成熟完善不过百余年的历史。由于近现代市场经济的发展，信用交易活动的数量和规模的不断扩大，以及信用结算方式的普及，使经济活动中信息不对称问题日益严重。为了促进信用活动的发展，必须由第三方机构即独立的征信机构来专门搜集和提供客观的、真实可靠的、可供有需求的授信方查询的各种信用信息，于是就出现了专业化的征信所征信。征信具体来说，就是通过采集、整理和分析自然人、法人和其他组织的信用资料，并以此为基础对外提供信用信息咨询、调查和信用评估等服务帮助客户判断和控制信用风险、进行信用管理的活动。

现代征信业起源于19世纪初英国伦敦的裁缝行业。最初目的是预防个人的债务违约，至今已有200多年的历史。以此为起点，征信行业的发展有三条不同的路径。第一条路径是沿着贸易领域的征信业务的发展，主要集中在企业征信业务方面，以美国邓白氏公司（Dun & Bradstreet）为代表，主要从事企业及其他组织的资信调查工作，服务于贸易领域的信用交易。第二条路径是为满足金融领域市场需求产生的征信业务，主要集中于消费金融、小额贷款等业务领域，为个人及中小企业等信息主体建立信用档案并提供征信服务，最早起源于在美国布鲁克林成立的一家个人征信机构，目前以艾克飞（Equifax）、环联（Trans Union）、易博瑞（Experian）和科瑞福（Kressdorf）为代表。第三条路径是由国家的中央银行和金融监管当局建立的公共征信机构，主要从防范系统性金融风险的角度出发，收集金融机构的信贷信息，用于监控银行业金融机构的信用风险，也为金融机构和其他政府部门提供基础的征信服务，以1934年成立的德国公共征信系统为代表，目前全世界已经有80多个国家具有公共征信系统。

（三）征信的目的和作用

征信活动服务的范围很广，例如，金融业、电信业、公共事业、政府部门等，从这些服务对象的不同角度出发，可以总结出征信的六个作用。

1. 防范信用风险，促进信贷市场发展

通过征信活动，查阅被征信人的历史记录，金融机构能够比较方便地了解企业和个人的信用状况，采取相对灵活的信贷政策，扩大信贷范围，特别是针对缺少抵押品的中小企业、中低收入者等边缘借款人。

2. 服务其他授信市场，提高履约水平

征信活动通过信息共享、各种风险评估等手段将受信方的信息全面、准确、及时地传递给授信方，有效揭示受信方的信用状况，采用的手段有信用报告、信用评分、资信评级等。

3. 加强金融监管和宏观调控，维护金融稳定

通过征信机构强大的征信数据库，可以按照不同的监管和调控需要，对信贷市场、宏观经济的运行状况进行全面、深入的统计和分析，统计出不同地区、不同金融机构、不同行业和各类机构、人群的负债、坏账水平等，为加强金融监管和宏观调控创造了条件。

4. 服务其他政府部门，提升执法效率

通过征信活动，使政府在依法行政过程中存在的信息不对称问题得到有效解决，为政府部门决策提供了重要的依据，这些依据主要是通过第三方反映出来的，信息的准确性比较强，有效地提高了执法效率。

5. 有效揭示风险，为市场参与各方提供决策依据

征信机构提供的信用报告和信用综合评价，可以有效反映企业和个人的实际风险水平，有效降低授信市场参与各方的信息不对称，从而得到市场的广泛认可，做出更好的决策。

6. 提高社会信用意识，维护社会稳定

征信活动有助于金融机构全面了解企业和个人的整体负债状况，从制度上防止企业和个人过度负债。有助于政府部门及时了解社会的信用状况变动，防范突发事件对国计民生造成重大影响，维护社会稳定。

（四）征信的原则和基本流程

征信的原则是征信业在长期发展过程中逐渐形成的科学的指导原则，是征信活动顺利开展的根本。通常，我们将其归纳为真实性原则、全面性原则、及时性原则和隐私保护原则。

1. 真实性原则

真实性原则，即指在征信过程中，征信机构应采取适当的方法核实原始资料的真实性，以保证所采集的信用信息是真实的，这是征信工作最重要的条件。

2. 全面性原则

全面性原则，又称完整性原则，指征信工作要做到资料全面、内容明晰。

3. 及时性原则

征信机构在采集信息时要尽量实现实时跟踪，能够使用被征信人最新的信用记录，反映其最新的信用状况，避免因不能及时掌握被征信人的信用变动而为授信机构带来损失。

4. 隐私和商业秘密保护原则

对被征信人隐私或商业秘密进行保护是征信机构最基本的职业道德，也是征信立法的主要内容之一。征信机构应建立严格的业务规章和内控制度，谨慎处理信用信息，保障被征信人的信用信息安全。

征信活动的基本流程包括四个部分：制定数据采集计划、采集数据、数据分析、形成信用报告。

（1）制定数据采集计划。制定数据采集计划是征信基本流程中一个重要的环节，一份好的计划能够有效减轻后面环节的工作负担。一般来说，数据采集计划主要包括采集数据项和采集方式。

（2）采集数据。数据采集计划完成后，征信机构应依照计划开展采集数据工作。

征信机构可通过多种途径采集信息，但并不意味着数据越多越好，要兼顾数据的可用性和规模，在适度的范围内采集合适的数据。

（3）数据分析。征信机构收集到的原始数据，只有经过一系列的科学分析之后，才能成为具有参考价值的征信数据。数据分析包括数据真实性、可信度和完整度的查证、运用信用评分模型进行信用评分及借助其他分析方法对征信数据进行全方位分析。

（4）形成信用报告。征信机构完成数据采集后，根据收集到的数据和分析结果，加以综合整理，最终形成信用报告。

二、征信制度的经济学分析

从经济学的角度来看市场经济的基础是交易，交易以契约为纽带。市场经济可以看作契约经济。遵守契约的交易构成了市场，给参与市场交易的每一个主体带来利益，而信用正是契约关系的灵魂。征信制度又是维系信用约束契约交易行为的一种约束机制，是解决交易双方信息不对称、减少道德风险和逆向选择的一项制度。

（一）征信制度与交易成本理论

交易成本理论（Transaction Cost Theory）能够解释征信制度存在的必要性，并对征信制度的建设起重要作用。交易成本是获得准确市场信息所需要的费用，以及谈判和经常性契约的费用，由信息搜寻成本、谈判成本、缔约成本、监督履约情况的成本、可能发生的处理违约行为的成本构成。

交易成本的来源构成了征信制度建设的需求基础。根据交易成本理论的观点，交易成本的产生是一种市场失灵的现象，是由人性因素与交易环境因素交互影响下造成的交易困难所导致的。交易成本来源可以归纳为六个方面，分别是有限理性、投机主义、不确定性与复杂性、专用性投资、信息不对称，以及气氛。有限理性是人在客观层面的属性，对于交易对手的相关信息难以掌握就会造成人的投机主义行为。人的活动在社会分工逐渐细化的基础上变得具有固定性和片面性。当人局限于自己固定的活动范围时，就会造成信息的严重不对称。这种信息不对称体现为信任危机，在交易过程中无法营造一个令人满意的交易关系，徒增不必要的交易困难和成本。这些交易成本的来源揭示了征信体制发展的必要性。信息的不确定性和复杂性，以及专用性投资可以通过征信发展下的制度安排化解，通过建立共享机制实现交易双方互通信息，消除信息不对称，从而减轻互不信任的状况，促进交易的正常进行。

(二) 征信制度的信息经济学分析

市场经济中，信用交易主体之间的信息是非对称的，这种非对称性使短期健全征信制度更具有必要性。信息不对称所造成的最大问题是"委托—代理（Principle-Agent）"问题，"委托—代理"问题是信息经济学的核心，即由信息不对称导致处于信息劣势方的委托人与处于信息优势方的代理人之间存在逆向选择和道德风险问题。前者是在交易发生之前，委托人在签订合同之前对代理人的信息不能完全掌握，导致获得低水平的产品和服务；后者是在交易发生之后，由于委托人获得由契约带来的保障，因此会有意或无意地造成"隐蔽行为"，采取"不道德"的行为使代理人承受损失。

信用主体双方之间存在着严重的"委托—代理"问题，会增加交易成本，导致严重的资源浪费。事前逆向选择所造成的成本包括：为寻找最合适的交易对象、查询所能提供的服务与产品所需要支付的成本；由交易双方不信任，以及有限理性产生的协商与谈判成本；对契约内容进行磋商所产生的契约成本。事后道德风险问题所造成的成本包括：为预防对方由于投机主义产生违背契约的行为，产生的相互监督的成本；在契约签订后，对方违背契约时，强制对方履行契约内容所产生的执行成本；完成交易后一方更换交易对象所产生的转换成本。

征信制度的建立能有效减少这两种类型的成本。通过公共或私营部门实现信用信息的共享，能够尽可能扩大代理人在签订合同前的"有限理性"，使其能够具备决策未来可能性的完备信息，进而减轻逆向选择问题。建立征信制度，完善征信体系对于信息双方主体起到约束作用，即在交易过程中违约风险大大降低，减少潜在的投机主义倾向，使得委托人监督成本降低，对代理人的行为形成有效的控制，代理人也会自觉约束自己的不正当行为，以防止造成委托人的损失。

(三) 征信的制度变迁理论分析

征信制度是一种制度变迁（Institutional Change）。根据新制度经济学派的观点，制度是至关重要的，对经济增长起决定性作用，有效率的制度能够促进经济的增长和发展，无效率的制度则起阻碍作用。人们把制度非均衡产生的完善和不断被替换的过程称作"制度变迁"，即当现有制度不满足经济发展需要的时候，人们就会促进制度的改革，直到改革的主导者和阻碍者双方博弈达到一种均衡状态，征信制度的发展即是一种制度变迁。

征信是市场经济发展到一定阶段的必然产物，它的创立、变更及随着时间变化而被打破的方式是一种制度变迁。征信制度的建设在执行过程中影响着市场经济的发展：一方面，征信体系的建设促使个体按照制度规则行事，有利于改善人们"有限理性"的行为，减少个体机会主义行为的倾向，使不守信用的人在信息公开化的约束下保持良好的信用，减少失信行为；另一方面，征信制度对提高个体行为规范性、减少交易成本有着重要的意义，减少交易过程中风险防范造成的不必要浪费，有利于促进健康的市场交易秩序，维护市场主体之间稳定的交易关系，进而提高市场经济运行效率，达到促进经济增长的目的。

三、征信体系框架

征信体系（Credit Reporting System）是指由征信机构进行信息采集、加工和对外提供产品和服务相关的法律法规、行业标准、机构体系、行业监管、市场规则和文化建设等要素共同构成的体系。征信体系的主要服务对象是信贷市场，具有惩戒失信、促进信贷和服务于监管的作用，同时又具有较强的外延性，服务于商品交易市场、劳动力市场及行政管理。

（一）法律体系及行业标准体系

征信法规制度和行业标准主要包括两部分内容，制度涵盖征信业务规则、机构管理、信息主体权益保护等法律、法规和部门规章；行业标准主要包括信息主体的标识标准、信用信息分类及数据格式编码标准，以及信用信息的安全保密标准。

（二）征信机构

征信机构是征信市场中从事信息收集、信息调查、信息加工、提供征信产品和服务的组织。征信机构是征信体系中最重要、最活跃的组成部分。它依据法律法规对信用信息进行采集加工，为客户提供征信产品和服务，参与和完成征信业务的全过程。征信市场伴随着征信机构的成立而诞生。征信机构的数量和质量决定了征信市场的发展程度，征信机构在整个征信体系中扮演着举足轻重的角色。

（三）征信市场体系

征信市场是市场体系的重要组成部分，包括信用信息服务的需求方、信用信息服务供给方、产品和业务模式及交易规则等因素，广义的征信市场也涵盖信用评级业务。

（四）征信监管体系

征信监管是为保护多数信息主体的利益实施征信法规，并以此促进信息共享、规范征信机构的行为，其主要目的是维护征信市场的正常秩序，促进征信市场健康稳定发展。与其他行业的监管类似，征信监管体系主要包括政府监管和行业协会监管。其中，政府监管不仅负责制定和实施法律法规、市场准入、税务、市场秩序和行业标准等事项，还要通过行业监管使个人隐私和商业机密得到保护。而行业协会是大多数征信机构自发组织的一种松散的自我管理组织。它既代表所有征信机构调节与政府主管部门的关系及协调与征信产品主要客户的关系，同时也要负责解决行业发展的主要技术问题，如征信技术标准、业务标准和业务规范等。

（五）征信文化和教育体系

征信文化和教育主要是指在征信活动中形成的信用文化，以及为提升社会信用水平而构建的宣传教育体系。伴随着信用经济和征信行业的发展，征信文化和信用管理的教育也在不断发展，一方面扩大信用管理的专业教育和职业教育，另一方面向社会公众广泛开展信用知识的宣传和教育，两者共同起着培育专业人才及提高公众信用意识的作用。

征信体系在服务于不同国家的经济金融发展过程中，经历了不同的发展路径。根据主导力量的不同，可以分为政府主导型、市场主导型及政府与市场共同推动型三种征信制度模式。虽然发展模式不同，征信体系的功能都经历了以下逐步拓展与提升的演进过程：

（1）征集的信息类型更加多样，逐步实现从信贷领域向证券、保险、电子商务、社交、公共缴费和司法等多个领域的拓展。

（2）征信机构的综合实力逐渐增强，逐步实现由区域性的机构向全国性、国际性机构的扩展。

（3）征信产品和服务更加多元化，逐步实现由基础的信用报告产品向信用评分、信用评级、风险预警、行业分析和宏观监测等增值服务方向的发展。

（4）征信服务渠道更加便利，逐步由单纯的现场服务和信函服务向互联网、移动终端、代理网点和自助查询设备等渠道的拓展。

（5）征信服务的覆盖范围，在其演进路径上呈现出从发达国家向发展中国家、从发达地区向落后地区、从信贷领域向其他领域的逐步延伸，表现出与金融发展同步的特征，即金融产品和服务的发展，推动着征信行业的发展。

第二节 大数据征信

一、大数据征信概述

互联网时代的到来和计算机技术的发展对现代征信业的发展影响巨大。以大数据为核心的征信，使现代征信业的内涵发生了质的变化。大数据征信（Big Data Credit Reporting）是指通过网上非定向地全面抓取各种数据，获取海量网络信息，从而实现对信息主体的信用轨迹和信用行为进行综合描述，以全面刻画信息主体的诚信度、行为合规度与践约度。大数据征信不仅为征信业发展提供了丰富的数据信息来源，拓展了征信渠道，同时也改变了征信产品的设计生产观念。

（一）大数据征信概述

大数据征信的基础是多元化、大体量、大样本的异构数据，其原理是通过将大数据、云计算等新一代信息网络技术运用到征信系统的数据搜集和信用评估等环节，对信息主体的行为习惯进行全方位、综合性地搜集整理，同时建立针对性的征信评估算法和模型，由该模型演算、倒推出信息主体的信用特征，最终得到较为精确的信用评估结果。大数据征信使用的数据涵盖传统的征信数据、消费或财务数据、身份数据、社交数据、经营数据，以及日常活动数据、特定场景下的行为数据等。

（二）大数据环境下的征信体系

1. 大数据征信的信息处理与整合

有别于传统的事先采集信息并加以整理贮存，需要时再提取的方式，大数据征信一般是在信息主体发起服务要求并确认授权之后再行开始征信调查,即征信具有特定性和唯一性。用户在首次使用大数据征信服务时,需要提交各种账户信息,大数据征信公司一般在较短时间内就能完成信息的检索、过滤和有效整合。大数据征信的报告一般包括两部分内容:一是信息主体的金融信息,如银行卡账单流水;二是用户在互联网上的"痕迹",大致分为信息主体的基本信息、消费信息及工作、生活常规性信息等。对于信息主体的金融信息,数据公司在得到用户授权后,会直接访问用户银行账户,对信息主体的金融信息进行抓取和整合。对于信息主体的互联网信息,分为三个层次。第一层是信息主体的公开数据,来源于用户的社交网络;第二层是用户主动提交的非公开数据,如账单、电商购物清单等;第三层是"黑名单"数据库,如信用卡中心的黑名单和小额信贷的违约名单等。

2. 大数据征信的商业模式

(1)美国 ZestFinanc 公司的"传统征信体系+大数据技术"商业模式。美国新兴互联网金融公司 ZestFinance 成立于 2009 年,是一家专门提供信用评估服务的机构,服务人群定位比较清晰:一是信用记录不完整或者不够完善的人群(约占总体的 15%),二是信用分数低而借贷成本高的人群。利用大数据技术重塑审贷过程,ZestFinance 为这些难以获得传统金融服务的个人创造可用的信用,降低他们的借贷成本。

ZestFinance 以大数据技术为基础采集多源数据,一方面继承了传统征信体系的决策变量,重视深度挖掘授信对象的信贷历史;另一方面,将能够影响用户信贷水平的其他因素也考虑在内,如社交网络信息、用户申请信息等,从而实现了深度和广度的高度融合。这里要强调的是,ZestFinance 并不是完全摆脱传统征信体系,在其进行信用评估时,传统征信数据要至少占到总数据的 30%。

ZestFinance 的信用评估分析原理,融合了多源信息,采用了机器学习的先进预测模型和集成学习的策略,进行大数据挖掘。首先,数千种来源于第三方(如电话账单和租赁历史等)和借贷者的原始数据将被输入系统。其次,寻找数据间的关联性并对数据进行转换。再次,在关联性的基础上将变量重新整合成较大的测量指标,每一种变量反映借款人的某一方面特点,如诈骗概率、长期和短期内的信用风险和偿还能力等。然后将这些较大的变量输入到不同的数据分析模型中去。最后,将每一个模型输出的结论按照模型投票的原则,形成最终的信用分数。

通过"传统征信体系+大数据技术"商业模式,ZestFinance 为难以获得传统金融服务的个人提供信用评估服务，同时，其业务也正在向信用风险管理的其他领域纵深扩展，创造一个又一个应用场景，如其推出的收债评分（Collection Score），具体应用在汽车金融、学生贷款和医疗贷款。

（2）中国大数据征信私营征信机构的"信用报告+增值服务"商业模式。中国当前的征信体系采用的是政府主导模式，形成了以中国人民银行建立的中央信贷登记系统为主体，以私营征信机构为辅的社会信用管理体系。目前，我国市场化征信机构建设刚刚起步，尚未形成完善的征信市场服务体系。中国的企业和个人征信发展是典型的市场需求驱动型发展模式，在没有健全的法律法规、没有优秀的实践先例的情况下，中国大数据征信私营征信机构均是根据市场需求和国际经验，以传统的"信用报告+增值服务"的商业模式来运营的，基于不同的数据平台，大数据征信私营征信机构可区分为以下几种发展模式（见表6-1）：

基于电商平台的大数据征信。由于大量用户在线上完成交易信息，电商平台积累了大量数据，它充分挖掘大数据的价值并建立信用数据库，将其应用于为小微企业提供贷款时的征信服务等。具有代表性的包括芝麻信用模式、京东金融模式。

基于社交平台的大数据征信。社交平台运用社交网络上的海量信息，如在线时长、登录行为、虚拟财产、支付频率、购物习惯、社交行为等，为用户建立基于线上行为的信用评级产品（包括信用报告和信用评分）和反欺诈产品，主要用作微众银行和其他合作伙伴的授信审批的依据。代表性的包括腾讯征信模式、闪银模式。

基于同业共享的大数据征信。由会员制同业征信服务平台在收集公开的数据信息和会员企业信用信息的基础上，提供风险预警监测、公共信用信息查询、征信平台数据共享、银行卡消费征信报告、反欺诈等服务。代表性的包括上海资信的网络金融征信系统（Network Finance Credit Reporting System，NFCS）、小额信贷行业信用信息共享平台（Microfinance Credit Information Sharing Platform，MSP）及中关村互联网金融信用服务平台。

基于网贷平台的大数据征信。网贷平台利用用户自主提交的传统征信数据，同时在互联网上抓取用户的电商交易数据、社交数据和政府公开数据，以及线上线下合作机构的数据，利用机器学习、金融云平台等大数据技术，并采取实地调查审核的方式，对用户的信用风险进行评估，为网贷平台的信贷产品提供授信支持。具有代表性的包括宜信模式、元宝贷模式、拍拍贷模式。

表 6-1　　　　　　　　　中国大数据征信私营征信机构发展模式

模式	举例	数据来源
基于电商平台	芝麻信用模式	依托淘宝、天猫、支付宝等平台
	京东金融模式	依托京东电商平台和物流平台
基于社交平台	腾讯征信模式	依托腾讯社交网络平台
	闪银模式	依托 SNS 社区（如微博、微信、人人网等）
基于同业共享	NFCS	依托 P2P 网贷平台，与 P2P 实现信息共享
	MSP	依托与小贷公司、担保公司等实现行业信息共享
基于网贷平台	宜信模式	依托用户自主提交的传统征信数据（如信用报告、教育水平、工资单等）
	元宝铺模式	依托授权电商后台数据
	拍拍贷模式	依托用户线上行为数据、社交网络信息等

3. 大数据重构传统征信模式

总体而言，大数据从数据来源、数据准确性、数据应用场景和数据覆盖范围四个方面重构了传统的征信模式（见图 6-1）。

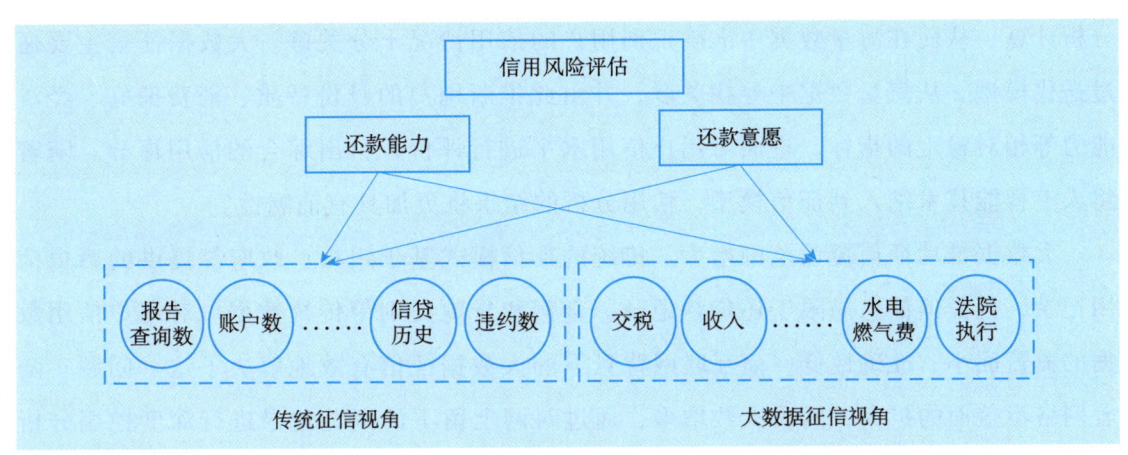

图 6-1　大数据征信与传统征信区别

从数据来源看，大数据技术推动了征信数据的可得性。传统征信数据主要来自金融领域、电信和水电煤气账单信息及政府公开信息，而在大数据时代，征信数据呈现出更加多元、层次多样和非结构性的特征，能够从不同的侧面和深度揭示信息主体的风险偏好和信用状况。首先，征信数据来源的广度和深度不断扩大，各类信息主体在互联网领域留下的海量信息经过交叉分析和索引处理后，可以加工成有价值的信息。其次，征信数据具有更多的层次性，不仅包括信息主体信贷、财务方面的信息，而且包括搜索、社交和购物等行为信息，能够更加稳定地揭示信息主体的行为信息，预测作用更强。此外，征信数据的采集类型更加多样化，不但包括传统的数字类数据，还包括信息主体的音频、视频和图片等半结构化和非结构化的数据，并且这类数据占比不断提高。在大数据征信的信用评估中，传统信贷数据的比重只占40%，有的信用评估中甚至不需要信贷数据。

从数据准确性来看，基于大数据技术的征信具有更高的准确性。传统信用评估模型更关注授信对象的历史信息，致力于对信用历史的深度挖掘。当信息主体的某些特质改变后，其信用情况可能也会发生改变，但在传统模式下很难有效甄别这一变化。大数据征信除了利用用户传统信息以外，对于用户当前信息能够有效进行实时追踪，获取用户实时的行为轨迹，并精准预测其未来的履约能力。此外，信用评估体系基于大数据技术，不仅采用机器学习模型，还使用多维度的变量。这样，一方面可以提高信用评估的决策效率，另一方面还能明显降低风险违约率。

大数据推动传统信用评分模式的转变，从而增加了大数据征信的应用场景。互联网时代征信数据广泛多维、实时有效的特点意味着海量的数据基础。传统的征信模式是基于结构化数据基础上的，而面对大量非结构性强的碎片化数据，如何存储和挖掘、分析计算，从而在海量数据中准确识别用户的信用情况十分关键。大数据征信主要通过迭代模型，从海量数据中寻找关联，并由此推断用户的身份特质、消费偏好、经济能力等相对稳定的指标，进而对用户信用水平进行评价，给出综合的信用评分。随着将人工智能技术纳入到征信模型，信用分析的结果将更加具有前瞻性。

大数据推动征信覆盖范围增大。传统的征信模式基于银行、政府等提供的历史信用记录，且征信信息局限于还贷款记录、金额和贷款类别等传统数据。对用户信用数据的覆盖面小、准确性低，而互联网背景下的大数据征信有效地解决了这一问题。随着网络覆盖面的扩大，网民人数增多，通过对网上留下的浏览记录进行深度挖掘分析能得到大量准确真实的信用信息，得到的数据分析结果能成为个人和企业金融风险的判断依据。

二、大数据征信流程

（一）大数据征信流程

大数据征信行业整体的信息流向及与之配合的产业相关方如图6-2所示。个人、企业和其他组织在经济、社会活动中产生各种行为，这些行为数据被各类金融机构、政府部门、企事业单位、互联网公司等上游数据生产者采集。通过一定的数据处理被中游征信机构采用，征信机构对这些数据按照某些模型继续加工和分析得到个体的征信情况。商业银行、保险公司等下游信息使用者在有业务场景需要时就会查询个体的征信情况。

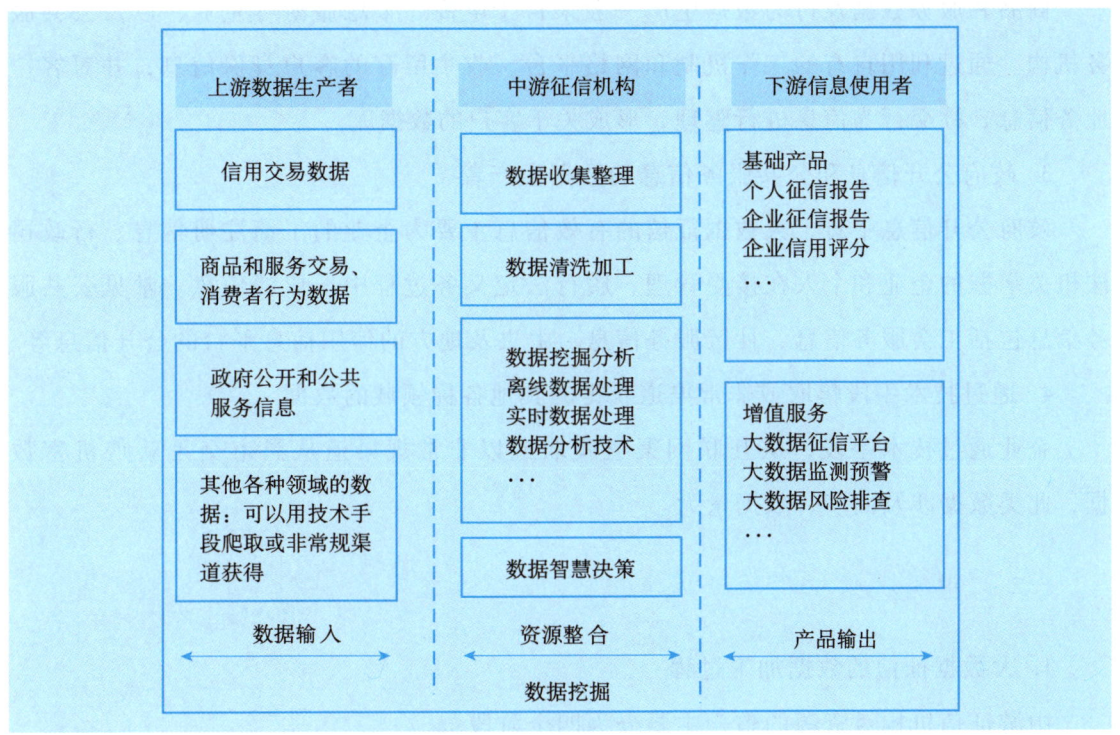

图 6-2 大数据征信流程框架

（二）征信大数据的上游生产者

1. 信用交易数据生产者

信用交易数据是指从事金融活动时所产生的数据，信用交易数据生产者主要是指金融服务机构，分为金融机构、类金融机构、互联网金融机构三类。

狭义的金融机构是指传统金融机构，包括商业银行、证券公司、保险公司、基金公司、资产管理公司、金融租赁公司、政策性银行等。这类信息交易数据生产者在长期业务开展中积累了大量数据，且数据的商业价值大。

类金融机构是除了传统的金融机构以外的投融资平台，包括小额贷款公司、融资性担保机构、融资租赁公司、商业保理公司、典当公司等。

互联网金融机构是基于安全、移动等网络技术，实现资金融通、支付、投资和信息中介服务等内容的，运用新型金融业务模式的机构。大数据时代下，互联网金融机构是未来最有发展前景的重要信用交易数据生产者，主要包括第三方支付、数字货币、众筹、P2P 平台、大数据金融、信息化金融机构、金融门户等几种发展模式。

2. 商品和服务交易数据及行为数据生产者

商品和服务数据及行为数据生产一般来自于电商、金融旅游等企业，以及公共服务机构。通过利用自有的工作机制和网络平台，收集留存的客户身份信息，并对客户业务信息、社交行为信息进行整理，形成关于客户的数据库。

3. 政府公开信息和公共服务信息的数据生产者

政府公开信息中对于大数据征信的有效信息主要为企业的工商注册信息、行政司法机关掌握的企业和个人在接受管理、履行法定义务过程中形成的信息。常见公共服务信息包括工会服务信息、社区服务信息、中央及地方的信用信息平台的公开信息等。

4. 通过技术手段爬取或非常渠道获得的其他各种领域的数据

企业通过技术手段，从互联网渠道爬取或以非常规渠道从黑市交易获得机密数据，此类数据涉及面广、数据量大。

（三）中游征信机构的数据加工

1. 大数据征信的数据加工过程

中游征信机构对资源的整合主要分为四个阶段：

第一阶段是对征信数据的收集整理，即对从上游各种渠道获得的数据进行收集、存储。

第二阶段是对数据清洗加工，即将第一阶段得到的数据做分类检索和过滤筛选，得到有价值的信息。

第三阶段是对数据进行分析，即利用离线数据处理、实时数据处理、数据分析技术等方法对数据深入地挖掘分析，提取出有效信息。主要通过迭代模型，从海量数据中寻找关联，并由此推断个人身份特质、性格偏好、经济能力等相对稳定的指标，进而对个人的信用水平进行评价，给出综合的信用评分等。这一阶段是数据处理的关键阶段。

第四阶段是对数据进行智慧决策，这是最具创造性的一个阶段，即利用提取出来的数据对未来事件进行风险预测，由此做出相应决策来防范或是降低风险。

2. 大数据征信的挖掘分析

根据上游数据生产可知，与征信相关信息的数据采集渠道、来源是多方的，数据结构更是多样化，因此，数据的挖掘分析方法也应该是与数据来源、类型相匹配的最优处理方式。征信大数据挖掘方法包括机器学习、神经网络、Page Rank 算法、人工智能等。征信大数据分析技术包括离线数据处理、实时数据处理和数据分析技术等。

（四）下游信息使用者对数据征信产品的使用

下游信息使用者对数据征信产品的使用分为基础产品和增值服务两类。基础产品包括个人征信报告、企业征信报告、企业信用评分；增值服务包括大数据征信平台、大数据监测预警、大数据风险排查。

下游的信息使用者常用的征信产品包括银行评级及其他评级报告、专项评价报告、信用咨询类服务、企业征信、金融机构服务等。该领域的产品主要为从事金融活动的相关方提供，如担保机构、小贷公司、保险公司、融资租赁公司等。经过征信机构判断、评价、分析后，甄别与防范在从事金融活动的过程中各种可能发生的风险，有利于帮助金融活动的相关方收集被调查对象真实有效的数据信息。

在政府领域，常用的数据征信产品有评级或评价报告、筹建咨询报告、征信调查服务、信用体系建设咨询等。该领域的产品主要服务于政府部门、行业协会等，不同产品对应政府相关部门的不同需求。例如，社会信用体系建设咨询产品，是征信机构结合信息化的技术手段为地方或行业社会信用体系主管部门所提供的规划编制、平台建设、体系设计等服务。

在商业或商务领域，常用的数据征信产品有评级或评价报告、投融资咨询报告、征信评价报告、供应链管理服务、系统开发等。该类产品是针对商业发展或商务合作开展的大数据征信服务。

在公共领域常用的数据征信产品有 PPP 咨询、社会信用产品应用咨询、社会责任报告、大数据排名等。该类产品应用于针对社会公众所提供的大数据征信服务。

在个人领域常用的数据征信产品有个人征信、个人贷款风险预测等。该类产品应用于针对个人所提供的大数据征信服务。

第三节 大数据征信的理论和主要模式

一、大数据征信的信息经济学分析

互联网金融具有正外部经济、范围经济和规模经济三重效应，创新了金融交易活动的组织形式，增加了便利性，重造了信息的传播方式并促进了交易成本的降低，从而提高了金融服务的效率和金融资源的合理配置。但是随着借贷融资范围的扩大，交易对象的数量会极大扩充，信息真实性的审核难度将加大，信息不对称问题在互联网环境下也将变得更加严重了。

（一）逆向选择和信号传递

按信息发生的时间划分，不对称信息可分为事前不对称和事后不对称，研究事前不对称信息博弈的模型称为逆向选择模型，研究事后不对称信息博弈的模型称为道德风险模型。其中，逆向选择是指在信息不对称条件下，信息优势方通过隐藏信息，在交易中牟取最大利益，给信息劣势方带来利益损失。逆向选择不会完全阻碍交易的进行，但是信息不对称的存在，会影响交易效率使交易无法高效率完成，甚至会导致市场失灵。

解决信贷市场上逆向选择问题的方法包括信号传递和信息筛选。信号传递指优质借款人主动向市场发出信号，将其拥有的信息传递给交易中缺乏信息的一方，并提供验证真实性的方式，从而消除交易中信息阻隔的现象，实现交易的帕累托改进。另外，通过沉淀借贷数据，征信机构可以对数据进行分析挖掘，使借贷方能够筛选出信用好的借款人，并把信用差的借款人从交易名单上剔除出去。

在传统征信模式下，相关信息由信用申请者主动提交，授信机构一次性审核，评估结果相对静态化。由于甄别信用申请者所提供信息真伪的成本较高，授信机构很难对相关信息一一核实，鉴于此，处于信息优势的申请者会倾向于伪造个体信息，来骗取高于自身真实水平的信用评估。而授信机构在察知这种情况后，会因无法辨别用户审核资料的真实性，而普遍降低信用申请者的信用评估结果，从而使征信的质量大打折扣。

大数据征信能弥补传统征信之不足，在解决上述问题方面拥有传统征信不具备的优势。一方面，大数据征信的数据来源非常广泛，不再局限于身份、工作、信用记录等认证材料，还加强了对申请个体网上购物、网上社交等零散数据的整合分析能力。大数据技术的应用让信用申请者在申报信息上作假变得更加困难，也让授信机构在征信过程中拥有了丰富的数据选择权和强大的数据挖掘分析能力。另一方面，大数据征信有丰富的使用场景，用户在这些场景下的网络行为数据会及时提供给授信机构，成为更新用户信用评估的新依据，使个人征信结果动态化。如此，投资人可以实时掌握借款人的真实信用评价，辅助其做出贷款决策及贷后管理工作。

（二）道德风险和声誉理论

信号传递解决了在事前可能出现的逆向选择问题，但还存在事后的道德风险问题。道德风险产生的根源是投资人在与借款人签订不完全契约之后，借款人将所得到的资金挪用到其他高风险投机活动中。由于存在信息不对称问题和非常高的事后监督成本，贷款人在较短时间内很难监控到借款人的这些违规行为。为了使自身利益最大化，处于信息优势的借款人会选择隐瞒投资人从事一些违规的高风险投机活动，进而损害投资人的合法利益。

声誉（Reputation）是信息不完全和契约不完全状态下，双方交易的信任基础。个人或企业的声誉可以被视为一种良好的意识形态资本，如果声誉资本足够大，行为主体意识到他人会根据信誉来决定是否信任并达成交易，那么该主体将会自觉建立和维护自身良好的信誉，而不是靠法律强制力来保障契约的履行，这就是声誉机制的基本原理。通过建立声誉机制可以使守信者得到利益激励，而不守信者受到惩罚。声誉机制包括双边声誉机制和多边声誉机制。双边声誉机制是指基于双边惩罚，在无限重复博弈和触发策略之下，参与者为了长期利益保持诚信的声誉。多边声誉机制则基于多边惩罚或集体惩罚。在信息和法律双重局限下，声誉机制是实现市场交易治理的重要机制。

传统征信只在传统借贷范围内建立信用，而随着大数据征信技术的不断发展，征信产品将从信息的初次挖掘向深层次挖掘发展，从而加快了信息传递速度，建立了行为主体关联网络。当网络上某一行为主体出现负面信息时，能够迅速识别风险并预警其他相关交易者，并根据风险情况量化预警等级。另外，大数据技术使征信数据的交叉验证成为常态，实现多主体联动机制，从而形成"一处失信，处处受限"的社会惩罚和威慑功能，有效地发挥了声誉机制的治理作用。

（三）长尾理论（The Long Tail）

美国经济学家克里斯·安德森（Chris Anderson）首次阐述了长尾理论，他指出，随着互联网技术的不断推进，商品的存储成本、流通成本急剧降低，流通渠道大大扩展，那些基数庞大、需求不旺盛的产品所共同占据的市场份额，完全可以和少数热销品的市场份额相匹敌，甚至更大。克里斯·安德森将多个种类的商品销量用产品数量、类型来分别表示，得来的需求曲线是向横轴末端不断延伸的，类似一条较长的尾巴，所以这个理论又被称为长尾理论。尾部产品虽然需求较小，但却数量众多，其市场份额完全能够媲美需求较大的头部产品。

传统金融在授信方面的门槛较高，也较为坚持"二八定律"，即认为80%的利润是来自20%的高净值客户。因此，在授信方面，传统金融也主要定位于这20%的信贷市场。传统信贷造成的信贷缺口，也正是互联网金融崛起的原因。大数据征信正是定位于这部分小微群体的行为痕迹特征进行分析，这部分借贷群体数量庞大，虽然单笔借款数额微小，但借贷总量却不可小觑。基于长尾理论挖掘和满足海量不被传统机构重视的需求，大数据征信有效整合了传统金融中的边缘市场和边缘客户，降低了交易成本和信贷的门槛。

二、大数据征信体系的主要模式

大数据征信可以理解为将大数据技术嵌入传统征信的数据采集、数据分析和信用报告三个基本环节中，并由此带来征信效率的提高和征信成本的下降，进而促进信用活动的进行与经济正常运行。大数据征信体系的建设也是在现有征信体系的框架下进一步拓展，以减少信用风险，确保各国国内和国际市场交易的安全。由于综合发展水平、经济、文化等差异的存在，不同国家和地区建立的征信体系各具特点。从征信机构的职能、征信系统的结构、数据采集、征信服务方式等方面考虑，世界各国征信模式可以分为以下几类：

一是市场主导型征信模式（私营征信模式）。该模式借助独立第三方向被采集对象收集信息数据，具有该模式特点的征信企业自负盈亏。政府的职能是推动行业立法规范和引导行业发展，并具有实施监督管理的权利。

二是政府主导型征信模式（公共征信模式）。这种模式的特点是以政府和中央银行共同建立的消费信贷登记系统为主，为中央银行、商业银行、政府金融机构等提供发放贷款的信息，这就决定了其不是为市场服务、不以营利为目的。此模式在中央银行收集和监督管理商业银行、金融机构、个人和企业信息，以及制定政策法规等方面发挥了重要作用。

三是同业共享型发展模式（会员制征信模式）。该模式引导会员加入行业协会，会员可以通过协会建立的信用信息中心基础数据库为自身提供征信服务。另外，会员在享受服务的同时，可以向协会的信息中心提供自己获得的个人和企业资料，所有会员的信息汇集在一起供所有会员共享，这种信息资源共享机制将信用信息中心变成信息共享平台，既提高了效率，又降低了成本。此模式下，协会向会员收取不同水平的费用，会员得到相应费用标准的征信服务。

这三种模式各有优劣，不同的国家根据自身情况选择符合自身条件的模式。美国和英国采取的是市场型的运作模式，并建立了一套完善的立法、监督管理和惩罚机制。德国、法国、比利时等国家和主要拉美国家采取的是公共征信模式。日本采取的则是会员制征信模式。

（一）市场主导模式（以美国为代表）

以市场为主导模式的私人征信体系主要是由在市场环境的主导下，以营利为目的，根据市场需求，自由发展设立的各种大大小小的征信机构组成。各类金融机构、贷款机构及其他信用信息使用者，自愿选择决定是否加入不同的征信平台。该征信体系具有市场化、资源性的特点。目前，美国是最典型的以市场为主导的个人征信体系。

美国征信体系模式突出"民营"，美国的征信服务机构都是独立于政府之外的民营征信机构（或称私人信用调查机构），是按照现代企业制度方式建立，并依据市场化原则运作的征信服务主体。美国的征信服务机构具有一些很明显的特征。在机构组成上，主要由私人和法人投资组成。它们的信息来源广泛，除来自银行和相关金融机构的信息外，还来自信贷协会和其他各类协会、财务公司或租赁公司、信用卡发行公司和商业零售机构等，而信息内容也较为全面，不仅征集负面信用信息，也征集正面信息。此外，这些机构面向全社会提供信用信息服务。

美国私营征信业发展的另一个突出特点在于，征信系统主要通过自律来实现顺利运转。但是，健全征信体系中的法律和法规框架、制定一些有效的纠纷解决方式并强化执行有利于抑制滥用或不使用信息的行为，美国在这方面的执法相对严格和透明。美国对征信的立法是由于20世纪70年代征信业快速发展所导致的系列问题而开始的，走的是一条在发展中规范的立法过程。现在，美国不仅具备了较为完善的信用法律体系和政府监管体系，而且与市场经济的发展相伴随，形成了独立、客观、公正的法律环境。政府基本上处于社会信用体系之外，主要负责立法、司法和执法，建立起一种协调的市场环境和市场秩序，同时其本身也成为商业性征信公司的评级对象，这样就保证了征信公司能确保其独立性、中立性和公正性。

美国没有成立专门的部门来监管征信行业，而是由多部门联合行业协会共同管理。虽然行业法律没有特别明确的监管职能规定，但美国的政府和行业协会在监管层面却发挥了作用。联邦贸易委员会是对征信机构的主要监管部门。一些行业管理协会，如美国征信业协会和国家信用管理协会等，通过教育与游说活动对征信机构的管理也起到补充与支持作用。在美国，征信业具有自我管理性质，征信机构具有较强的自律性和声誉效应。

针对互联网金融的发展，美国制定了《美国金融改革法》《电子资金转移法》《电子银行业务安全与稳健程序》等法案，并明确强调了将众筹作为企业直接融资的主要方式。为进一步完善大数据背景下的征信体系建设，美国的监管部门强调既有征信体系下各个部门和层级间进行相互协作，如P2P监管法律基础是证券监管法律、银行监管法律和消费者保护法律构成，第三方支付机构监管机构涉及财政部通货监理署、美联储、保险公司等多个部门。另外，美国联邦调查局和消费者金融保护局联合开通信件、电话、亲访等多种渠道，完善互联网金融消费者投诉平台，推进民间监管。

（二）政府主导模式（以欧洲为代表）

政府主导型的公共征信模式主要以德国、法国、意大利、西班牙等欧盟成员国为代表。上述国家均采用以央行建立的中央信贷登记系统为主体的社会信用管理模式，主要用于金融监管和服务商业银行的风险控制工作。央行负责建立信用信息局并搭建全国数据库；所有银行根据统一接口，依法强制向信用信息局提供征信数据。商业模式方面，这类系统或机构的收费原则是不以营利为目的，系统收费本着覆盖成本的原则。

欧洲各国公共信用信息系统之间最主要差距在于对贷款的最低规模要求、所搜集信息的类型和记忆功能设计，但这个门槛各国高低不同。概括起来，欧洲各国公共信用信息系统具有如下特点：

（1）从机构组成和主要职能看，它主要由各国的中央银行或银行监管机构开设，并由央行负责运行管理，目的是为中央银行的监管职能服务。

（2）从信用数据的获取看，公共信用信息系统强制性要求所监管的所有金融机构必须参加该系统，必须定期将所拥有的信用信息数据报告给该系统，但并不搜集所有的贷款资料，而只是在一个规定的起点上搜集信息数据。

（3）从信息数据的范围看，公共信用信息系统的信用数据既包括企业贷款信息，也包括消费者借贷信息；既包括正面信息，也包括负面信息。与市场化的征信机构相比，该系统的信用信息来源渠道要窄得多。例如，它不包括非金融机构的信息，对企业地址、所有者名称、业务范围和损益表及破产记录、犯罪记录、被追账记录等信息基本不搜集。

（4）从信用数据的使用看，许多国家对数据的使用有较严格的限制，数据的提供和使用实行对等原则。

（5）信用信息透明度高。各国都通过法律或法规形式对征信数据的采集和使用做出了明确规定。一般来说，采集和共享的信息包括银行内部借贷信息与政府有关机构的公开记录等，由于信用信息包括正面数据和负面数据，各国对共享信息的类型通常都有规定，一些国家如西班牙限制正面信息的共享。

欧洲公共征信系统的运作经验表明，强制性的信息分享机制促进了金融体系中信用信息的交换，克服了信息分享的法律障碍，降低了银行对其客户隐含的"信息租金"，刺激了金融机构之间的竞争，加强了中央银行或监管当局对金融机构的监管，增强了金融体系的稳定性。但是另一方面，由于政府不是市场经济中的商业主体，公共征信模式运行所需的投资和运维费用较大，需要政府一定的财力支持，而商业利益较小。

（三）同业共享型发展模式（以日本为代表）

同业共享型发展模式的征信体系是以行业协会为基础建立的不以营利为目的的信用信息体系。个人或个人信用信息在行业协会平台范围内，可供行业协会所有成员内部共享。日本是同业共享型发展模式（也称会员制）的典型代表，在日本，这种会员制征信发展模式主要体现在各种信用信息行业协会的存在。目前，日本的信用信息机构大体上可划分为银行体系、消费信贷体系和销售信用体系三类。相应的行业协会分别是银行业协会、信贷业协会和信用产业协会。

以银行业协会为例，全国银行业协会把日本国内的信息中心统一起来，建立了全国银行个人信息中心。信息中心的信息来源于会员银行，会员银行在与个人签订消费贷款的合同时，均要求个人义务提供真实的个人信用信息。这些个人信息中心负责对消费者个人或企业进行征信。该中心在收集与提供信息服务时要收费，以维持中心的运行与发展，但不以营利为目的。从银行业协会的运营机制和服务方式上看，同业共享型发展模式的征信体系主要有以下几个特点：

（1）在会员共识基础上构建行业征信服务平台，由独立经营的个人信用信息中心进行运营。个人信用信息中心不向非会员提供服务，运营经费来源于对会员的服务收费。

（2）个人信用信息中心制订会员章程，依据会员章程对会员的准入、退出和共享查询行为进行管理。所有会员享有平等的权利，承担同等的义务。

（3）会员间信用信息的共享采取"查询+数据报送"并行的方式，或者说是通过提供查询服务来采集数据的方式，这样可以有效地避免会员查询的随意性，提高共享信息的及时性。

（4）个人信用信息中心根据行业信贷业务的特点和风险控制技术要求，有针对性地对信息数据进行采集、处理，并按照统一的数据规范为行业会员提供共享查询服务。

（5）在会员获取的共享查询结果报告中不显示每条信息记录的来源机构，最大限度地保护会员各自的客户资源。

（6）个人信用信息中心除了提供会员间的信用信息共享服务外，还会从信息公开的信息源单位和第三方信息提供机构自主采集会员所需的其他个人信用信息，基本可以满足会员对信用信息服务的需求，并使会员的征信成本处于可控的范围内。

同业共享型征信模式的优势在于：通过行业协会组织建立，行业内会员比较容易协调，有利于稳定各方合作关系；通过明确会员的权利义务，可提高信用信息数据库质量。但同业共享型征信模式也存在以下劣势：信用信息不全面和不完整，难以满足征信机构对信用信息的需求；信用信息共享范围较小，仅限于向协会会员提供信用信息需求服务，经济效益和社会效益均较低。

第四节　大数据征信的问题与监管

一、大数据征信存在的问题

在大数据时代，数据处理能力得到大幅度提升。目前已有很多征信机构在数据处理方面采取多层次数据清洗、数据挖掘等先进技术，利用云平台，对系统中海量数据进行抽取与集成、分析、解释，在减少主观判断、提高预测信用主体的还款意愿和还款能力及反欺诈方面都有不错的应用表现。尽管成绩斐然，但总体上由于大数据征信业务起步较晚，与传统征信系统相比，大数据征信尚存在以下问题。

（一）数据权威性和质量有待检验

1. 大数据是否准确

大数据给信用评估带来了巨量的信息，但是巨量的信息中也有废料，涉及的地域和领域越多，产生的废料可能也就越多。大数据抓取技术很难实现对数据质量的保证，噪声数据和不完整数据很容易也被收录其中，噪声数据的过滤和清洗直接影响数据分析结果。根据2014年3月美国国家消费者法律中心（National Consumer Law Center，NCLC）对4家大数据征信公司的调查报告统计，大数据征信公司的信息错误率高于50%，有"垃圾进，垃圾出"之嫌。另外，从理论上看，大数据征信能够采集到信息主体的全部信息，并在综合多维度信息的基础上做出科学评价，因采集的信息全、评价的维度多，信息之间能够交叉验证，所以准确性也会较传统征信有大幅度提升。但在大数据征信兴起的初期，并不能达到这一效果，大数据征信的准确度还需要时间去检验。

2. 社交数据能否评估个人信用

用社交数据进行信用评价一直备受争议。传统征信的数据主要来源于金融机构和公共部门构成的数据循环，以银行信贷信息为核心，包括社保、公积金、环保、欠税、民事裁决与执行等公共信息，数据相对完整且权威性高。大数据征信采集数据的范畴主要来源于电商类平台、社交类平台及生活服务类平台等，涵盖网上交易数据、社交数据及互联网服务过程中生成的行为数据，这些数据多与借贷行为关系不大，权威性较弱，且各平台的数据完整性各有不同，因而能否作为判断信用主体信用状况的主要指标，尚待市场验证。此外，与实际还款记录不同，一个人的社交数据可以被人为操控，因而很多人为了获得良好的信用评价，可能会操控自己的社交数据。

3. 算法模型的有效性

互联网上的数据大多是杂乱无章的，甚至是残缺的，难以利用这些数据对信用进行可靠的预判，这就需要用先进的算法来挖掘数据。传统信用评分模型已经过几十年的发展，其有效性已经得到充分检验，而大数据征信才刚刚兴起。征信数据模型的精度提升必须建立在大数据有效、充分抓取及处理的基础上，需要不断地实践反馈和反复修正。由于应用时间较短，缺乏历史数据参考，现有的大数据模型大都基于规则制定，其中带有大量的传统征信规则，还是一种中间形态，大数据征信的优势难以突显。

与此同时，大数据模型还存在一些明显的缺陷，如在线获取的信息是否完整，社交数据与个人信用的相关程度，对网上不够活跃的客户是否会产生歧视等。

（二）大数据征信机构独立性问题突出

传统征信坚持独立第三方征信原则，征信机构是"市场中立"的，既不与信息提供者或信息使用者有直接的商业竞争关系，也不介入或影响信息提供者或信息使用者在各自细分市场的竞争。而大数据征信突破"独立第三方"的边界，征信机构数据的采集和使用多源于并应用于自身开展的业务，所得的信用评分可针对自身经营业务来进行客户分析和风险判断，但在其他应用场景的相关性和效用性则得不到保证，因而公信力备受质疑。不仅如此，非"独立第三方"大数据征信公司在数据商业用途中很有可能造成数据的滥用、泄露和消费者行为扭曲，带来信息安全隐患和消费歧视，或者损害个人征信权益。另外，征信机构无形中会获取一定的市场影响力，可能扭曲信息提供者和信息使用者的行为并对收费有操控力。

（三）个人隐私保护和信息安全存在风险隐患

随着云计算、物联网和移动互联网等新兴信息技术的快速发展，大数据技术已经渗透到生活的各个方面，信息处于随时被采集的状态。个人的信用信息和隐私的区分日益模糊，有时甚至相互转化。大数据某一维度的数据可能并不反映信息主体的信息状况，也不会侵犯个人隐私，但运用云计算技术对大数据进行多维度验证分析时，就可能涉及个人隐私问题。由于大数据征信模型的特点之一即为基于足够多维度的数据反推信息主体经济实力、财务状况，进而判断其信用状况，这个过程无疑将对个人隐私产生极大的威胁。此外，大数据会采集到征信领域中如指纹等禁止采集的信息。

除此之外，大数据能否安全保存采集到的数据也是其所面临的难题。一方面，随着数据量呈指数级增长态势，海量的数据导致安全防护的难度加大，尤其是数据的远程分布式处理大大增加了数据泄露的风险。另一方面，大数据由于其数据海量、价值量大，很容易成为不法分子攻击的目标。拥有着更多便捷信息获取渠道和更低违法违规成本的大数据征信领域，一旦海量数据被不法分子窃取、利用，不仅会造成经济损失，还会触及人身安全，甚至会影响社会稳定。

（四）信息共享机制不完善

信息数据是大数据征信机构业务经营的基础。如今，市场化的大数据征信机构都积极采集尽可能多的信息数据来提高自身竞争力。一方面，大数据征信机构虽然希望借助外部征信数据交叉验证来进行风险控制；另一方面，又担心通过与其他机构来共享客户资料和信贷信息数据，会失去自身积累的优势并导致优质客户资源的流失。而且更突出的问题是，各大数据征信机构的征信手段各异、采集标准和格式不同、管理体制等问题使各信息数据库之间形成一个个"信息孤岛"。由于各系统相互封闭无法进行正常的信息交流，信息的多口采集、重复输入及多头使用和维护影响了信息更新的同步性、一致性和正确性，阻碍了信息资源间的沟通与交流。分割状态下的数据不能形成有价值的信息，局部的信息不能提升为系统知识。信息共享机制不完善导致大数据征信机构征信效果大打折扣，信息采集和审核成本增加，甚至由于基于自身利益考虑，出现相互抢占资源、封锁信息等恶性竞争的局面。这很大程度上不利于整个征信市场的健康运作。

二、大数据征信监管

大数据征信正处于飞速发展中，与之相应的监管和政策的指定和实施相对滞后。已有的法律法规和监管条例并不适用于发展中的大数据征信行业，对于大数据征信的监管相对薄弱，监管方式与手段也较为单一，监管从业人员的知识结构及对大数据征信的熟识程度也亟待加强。此外，大数据征信行业在自律方面也远未成熟，目前尚没有行业联盟或者自律性组织协调相关从业机构规范经营、恪守底线，保护金融投资者和消费者的隐私及相关信息。大数据征信的监管为征信监管带来了新的挑战。

（一）征信监管的对象、内容和目标

征信监管是指征信监督管理部门对征信机构实施监督管理，规范征信机构经营行为，保障征信活动各方的合法权益，是征信体系建设中一个重要组成部分。征信监管体系包括相关法律法规行政监管及行业自律等内容，主要是通过体系内各要素共同发挥作用，保证征信机构正常运营，规范发展，有效发挥征信市场主体作用。

1. 征信监管对象

征信监管的对象主要包括以下三个方面：一是征信机构，二是金融信用信息基础数据库的运行机构，三是信用信息提供者和使用者。

2. 征信监管的内容

征信监管的主要内容包括机构、业务和人员的准入和退出、业务开展情况、内控制度建设和执行情况、信息采集和处理情况、投诉和异议处理情况、查询流程及使用合规性等，并以此推动形成良好的征信行业发展环境，促进征信机构规范经营，促进征信产品创新和应用，保护信息主体合法权益。

（二）大数据征信给监管带来的挑战

1. 传统的监管方法将难以适应大数据征信下的监管要求

目前，征信业的监管手段以现场检查和非现场监管为主。在大数据征信的条件下，虚拟化的信息搜索和整合及数据库的生成是其基本特点，而现场检查这一监管手段对此缺乏着力点。此外，非现场监管手段主要是要求征信机构定期汇报、呈送相关数据和文件，通过对数据和文件的形式性或实质性审查，达到监测、监管的目的。但在大数据征信条件下，这种监管方式缺乏时效性和连续性，监管难度较大，很难达到预期效果。

2. 现有法规制度框架对大数据征信缺乏有效约束

一是对大数据征信等业态的隐私保护不足。从各国监管实践来看，关于个人隐私的规定大多散落在不同的法律法规当中，目前还没有专门针对个人信用信息保护的法律法规。对于涉及个人隐私的数据，哪些需要保护、如何保护，缺乏明确的法律规定。二是现阶段大数据征信机构能否完全遵循征信业务政策面临考验。基于大数据征信本身的开放性和便利性，大数据征信机构批量采集信息的边际成本较低，容易突破已有征信业法律法规的边界。三是大数据征信评估的有效性需要充分权衡。每一个评估体系的建立需要经过两到三个验证、修正、再验证的封闭循环周期，才能逐步趋于成熟。传统信用评估模型已经过几十年的发展，其有效性已经得到充分检验；而大数据征信才刚刚兴起，模型的预测能力尚待考证。

3. 机构自治和行业自律没有发挥应有作用

一是大数据征信机构内部治理机制不健全。有效防范征信活动中的利益冲突是国际公认的征信准则，一些大数据机构利用自身掌握的大量信用信息开展有关征信服务，而在公司治理结构上没有设置严格的"防火墙"，容易产生操作风险和道德风险。二是大数据征信机构的网络安全与数据保护难度增加。随着数据的进一步集中及数据量呈几何级数的增加，对数据的处理与保护变得更加困难，网络维护不力导致的信息及网络安全风险较大，因黑客攻击、网络病毒带来的信息泄露风险时刻存在。三是行业自律体系尚不完善。由于大数据征信行业起步较晚，行业联合奖惩机制尚未建立，在一定程度上影响了法律法规和监管政策在监管当局与被监管对象之间的顺利传导。

（三）各国监管实践

1. 美国

美国没有专门的征信业监督管理部门，但联邦储备委员会、联邦贸易委员会等部门有权分别对征信行业实施监管。美国征信机构的准入退出完全由市场决定，不需要政府部门特别批准。由于美国征信体系发展模式是利益平衡的市场主导模式，美国主要通过立法将诸如隐私权等问题尽可能限制在较窄的范围内，通过立法回应社会关切的金融、医疗、儿童、消费者等不同层面隐私权保护后，把剩下的规制需求交给市场，并通过个案审查的方式加以保护。

美国在征信行业方面的《公平信用报告法》《隐私权法》《平等信用机会法》《金融隐私权法》等法律法规的颁布实施为信息主体权益保护提供了比较完善的制度支撑。针对大数据环境下的隐私保护，美国的《网络世界的消费者数据隐私：隐私保护和推动全球数字经济创新框架》中的《消费者隐私权法案》"尊重语境"要求数据主体间的"语境一致"，否则不产生消费者隐私权之权利。社会领域语境支持语境完整性理论，将隐私放在信息流动的恰当性上加以考察。信息流动是否恰当，社会语境完整性可以将语境限定为三个独立的参数上，分别是行为因素、信息类型、传递规则。总体而言，美国对大数据征信中隐私问题的监管，是通过比例原则区分隐私的程度来加以保护的，并综合考虑个人人际交往需求、市场需求和民主政治公共领域的发展，以符合市场发展规律。

2. 欧盟

由于各国多方面差异，欧洲征信行业没有统一的组织和运营模式，大多数欧盟国家都建立了以公共征信机构为主、私营征信机构为辅的征信体系模式，多数欧盟国家还建立了专门的征信监管机构对征信业进行监管。2016年，欧洲议会通过的《通用数据保护条例》（General Data Protection Regulation，GDPR）被称作史上最严格的数据保护法律，该法律于2018年正式实施，对全球个人信息保护产生了深远影响。

GDPR优先于欧盟各成员国国内法而统一适用，欧盟将个人数据保护与保护个人隐私等同起来。GDPR强调两大原则：一是重罚，二是"长臂"管辖原则。关于重罚，

GDPR规定了各种罚款的情况，考虑罚款的目的是促使数据控制者与处理者谨慎控制和处理数据，因此罚款采用一案一议的原则，追求有效性、适当性和惩戒性协调一致。关于"长臂"管辖原则，鉴于大数据时代的数据控制和处理无物理国界，因此GDPR采用属地原则和属人原则的模式进行规制。属地原则方面，无论数据主体是否在欧盟境内，只要涉及欧盟，管辖权即成立。属人原则方面，只要数据主体控制的数据涉及欧盟公民，管辖权亦成立。同时，GDPR规定了数据主体同意的明确性要求，强化数据主体控制和获取个人数据的权利，规定信息主体享有知情权、查询权、异议权等权利之外，特别指出信息主体还应享有"被遗忘权"，即当个人数据被处理，或者数据持有者已经没有合法缘由保存该数据时，信息主体有权要求相关机构删除其数据，以阻止该信息主体数据的进一步传播。

3. 日本

日本主要采用的是由行业协会牵头的会员制模式建立征信体系。会员制个人征信机构主要包括全国银行个人信用信息中心、信用卡信息中心及全国信用信息中心，作为补充，日本也有商业性征信机构，以帝国数据银行和东京商工所为主要代表。会员有义务向征信机构提供信用信息，禁止向非会员提供任何个人信用信息。

在日本，征信方面的立法主要包括《行政机关保有的电子计算机处理的个人信息保护法》《信息公开法》《个人信息保护法》等，从不同层面、不同角度对信息主体信息归档、信息使用与传播限制、信用数据准确性、数据异议处理等方面做出规定。在监管方面，政府部门直接干预较少，征信行业管理主要依靠行业协会的条例、规章等内部制度进行约束。

综合欧、美、日等主要发达经济体的征信体系建设实践来看，要实现对大数据征信的有效监管，一是需要比较健全的法规制度，征信参与各方的法律权利义务关系要覆盖信息采集、整理、保存、加工，并向信息使用者提供的整个过程，使征信机构的从业行为在法律法规的框架下运行。二是需要相应的机构履行对口的征信监管职责。无论是成立专门征信监管机构，还是由不同政府部门实施征信业联合监管，或是行业自律组织的同业管理，它们的职责都包括确保各项数据保护法律法规的严格贯彻执行，督促征信机构在信息采集、加工与处理过程中遵守相关规定。三是信息主体权益保护已成为共识。信息主体权益保护是制约征信业发展的重要因素，任何时候都应该得到法律法规的高度关注，维护信息主体知情权、异议权和更正权等合法权益的实现，是促进征信业健康发展的必要条件。

本章小结

征信是指为防范信用风险而由独立的第三方提供信用信息服务。征信体系是指由征信机构进行信息采集、加工及对外提供产品和服务相关的法律法规、行业标准、机构体系、行业监管、市场规则和文化建设等要素共同构成的体系。大数据征信是指通过网上非定向地全面抓取各种数据,获取海量网络信息,从而实现对信息主体的信用轨迹和信用行为进行综合描述,以全面刻画信息主体的诚信度、行为合规度与践约度。大数据从数据来源、数据准确性、数据应用场景和数据覆盖范围四个方面重构了传统的征信模式。世界各国的大数据征信模式可以分为市场主导型征信模式、政府主导型征信模式和同业共享型发展模式。与传统征信系统相比,大数据征信尚存在数据权威性和质量有待检验、大数据征信机构独立性不足、个人隐私保护和信息安全及信息共享机制不完善四个方面的问题,给监管带来了挑战。

本章重要概念

征信　征信体系　大数据征信　长尾理论　第三方征信原则

本章思考题

1. 征信机构在生成信用报告时需要遵循哪些原则?
2. 大数据对传统征信模式的重构体现在哪些方面?
3. 大数据征信体系的主要模式有哪些?
4. 大数据征信存在哪些问题?
5. 大数据征信给监管带来的挑战包括哪些方面?

本章参考文献

[1] 巴曙松,侯畅,唐时达.大数据风控的现状、问题及优化路径[J].金融理论与实践,2016(2):23-26.

[2] 黄卫东.互联网金融创新[M].北京:新华出版社,2015.

[3] 黄玺.互联网金融背景下我国征信业发展的思考[J].征信,2014,32(5):50-52.

[4] 刘海新. 大数据征信应用与启示——以美国互联网金融公司 ZestFinance 为例 [J]. 清华金融评论, 2014 (10): 93-98.

[5] 刘芸, 朱瑞博. 互联网金融小微企业融资与征信体系深化 [J] 征信, 2014 (2): 31-35.

[6] 卢苗欣. 大数据时代中国征信的机遇与挑战 [J]. 金融理论与实践, 2015 (2): 103-107.

[7] 龙海明, 王志鹏, 申泰旭. 大数据时代征信业发展趋势探讨 [J]. 金融经济, 2014 (12): 86-88.

[8] 苏志伟, 李小林. 世界主要国家和地区征信体系发展模式与实践 [M]. 北京: 经济科学出版社, 2014.

[9] 吴晶妹. 未来中国征信: 三大数据体系 [J]. 征信, 2013 (1): 4-12.

[10] 谢平, 邹传伟. 互联网金融模式研究 [J]. 金融研究, 2012 (12): 11-22.

[11] 杨扬, 周一愚, 周宗放. 基于文本大数据的企业信用风险评估 [J]. 大数据, 2017 (1): 44-50.

[12] 中国人民银行编写组. 中国征信业发展报告 (2003—2013) [R]. 2013.

宏观管理篇

第七章　金融科技与货币均衡

本章导读

金融科技的发展会直接影响货币的供给和需求，如比特币的出现直接形成了一个独立于传统货币供给的全新体系，又如移动支付的广泛应用改变了民众的持币行为，越来越多的人已经形成了"无现金"的生活习惯。这意味着金融科技的发展必然也会对货币均衡产生重要影响，而后者又与社会总供求均衡相互影响，进而影响到社会中的每个经济主体。那么，如何认识和理解近年来金融科技的新发展对货币需求、货币供给及货币均衡的影响？本章将回答这些问题。

本章学习目标

通过本章的学习，能够运用经典的货币需求理论分析以移动支付、第三方支付、互联网财富管理为代表的金融科技发展对货币需求的影响，以及电子货币、虚拟货币、数字货币流通对货币需求的影响。理解包括虚拟货币在内的当前金融科技发展对传统货币供给机制的影响，掌握电子货币对基础货币及货币乘数的影响。最后，结合金融科技发展对货币供给和需求两方面的影响，能够分析金融科技对货币均衡的影响，理解现实中出现的"货币迷失"、数字加密货币的价格起伏、货币统计口径调整等现象。

第一节　金融科技与货币需求

一、货币需求基本理论

（一）货币需求内涵与分析视角

在现实经济中，货币既是交换媒介，又是社会财富的一般代表。作为前者，货币发挥的是交换媒介职能；而对于后者，货币发挥的是资产职能。货币总需求是在一定资源（如收入、财富、国民生产总值等）制约条件下，微观经济主体和宏观经济运行对执行交换媒介职能和资产职能的货币产生的总需求。理解货币需求的内涵时，要注意把握以下两点：首先，货币需求是能力和愿望的统一体，即经济主体一方面必须有能力获得或持有货币，另一方面必须愿意以货币形式保有其资产。其次，现实中的货币需求，既包括对现金的需求，也包括对存款货币的需求。随着金融创新的发展，部分其他金融资产也纳入到货币的统计范畴，不过本章所分析的货币需求主要指传统统计口径下的现金和存款货币总和。

理论界对货币需求的分析视角主要有三个角度。第一，宏观和微观的视角。宏观视角研究一个经济体在一定时期内的经济发展与商品流通所需要的货币量，关注的是货币供求的均衡及其对市场价格的影响。微观视角研究微观经济主体在既定的资源制约下所需要持有的货币量，关注的是货币需求的动机和影响因素。第二，名义货币需求和实际货币需求的视角。名义货币需求研究的是微观经济主体或整个社会在一定时点所实际持有的货币数量；实际货币需求是指名义货币数量在扣除了物价变动因素之后的货币余额。可见，名义货币需求与实际货币需求的根本区别在于是否剔除了物价变动的影响。对于微观经济主体而言，关心的是货币实际购买力的高低而非名义货币数量的多少，即关注的是实际货币需求。但对于中央银行，研究名义货币需求总量对于其货币政策的制定和实施有着重要意义。第三，货币需求的总量和结构的视角。货币总量主要是测算一定时期内一个经济体的微观经济主体和宏观经济运行对货币的总需求，这是一国中央银行制定货币供给量的重要依据。货币需求的结构问题则可以从多种角度进行，如从货币层次结构角度，分析交易性货币需求和资产性货币需求在货币总需求中的比例；从主体结构角度，分析政府、企业、居民等不同经济部门对货币的需求；从区域结构角度，分析一个经济体不同地区对货币的需求等。

（二）货币需求理论脉络

20世纪以前，经济学家主要侧重于从宏观视角研究商品流通所产生的客观货币需求，重点研究一个国家在一定时期内的经济发展和商品流通所必需的货币量；20世纪以来，经济学家则主要侧重于从个人、家庭、企业等微观主体对货币的需求出发，分析这些微观经济主体持有货币的动因及影响因素、货币需求函数是否稳定等问题。微观视角的分析是解释货币领域种种矛盾和变异现象的重要依据，而宏观视角的分析所估算的货币需求总量可作为货币当局货币供给决策的重要参考，因此现代经济学家往往在建立微观货币需求模型之后，进一步分析该模型能否用于宏观分析。在货币需求理论发展演进中，以下几种理论颇具代表性。

1. 马克思的货币需求理论

马克思的货币需求理论集中反映在其货币必要量公式中。马克思的货币必要量公式是在总结古典学派对流通中货币数量研究成果的基础上，对货币需求理论从宏观角度的精练表述。以 M 表示货币必要量，Q 表示待售商品数量，P 表示商品价格，V 表示货币流通速度，则货币必要量满足：

$$M = \frac{PQ}{V}$$

马克思经济学从劳动价值论出发，商品的价值总额由劳动价值总量决定，货币流通次数由社会经济制度和习惯决定，因此，该模型强调的是商品流通决定货币流通的基本原理。

2. 古典学派的货币需求理论：两个著名的方程式

古典学派的货币需求理论又称为货币数量论，它强调货币数量与经济交易之间的关系，主要有两个版本的货币数量论学说。美国耶鲁大学经济学家欧文·费雪从宏观视角提出了交易方程式，表示为：$MV = PT$。其含义是流通中的通货存量（M）乘以流通速度（V）等于物价水平（P）乘以交易总量（T）。相应的货币需求表示为：$M_d = \frac{PT}{V} = \frac{1}{V}PT$。由于 V 受到经济社会中的文化、制度、技术等因素影响，在短期内可视为稳定的变量，因此短期内名义货币需求数量的决定因素主要是该时期全社会一定价格水平下的总交易量。

英国剑桥大学经济学家阿尔弗雷德·马歇尔和其学生庇古从微观视角提出了剑桥

方程式，又称为现金余额说，表示为：$M_d = kPY$。该货币需求函数是从家庭和企业微观主体出发，认为人们以便利和预防为目的而持有货币，货币持有量与其收入 PY 成常数比例 k。

上述两个方程式的区别主要在于分析视角的差异。交易方程式从宏观视角出发，强调货币交易职能，侧重于流量分析；剑桥方程式从微观视角出发，强调货币资产职能，侧重于存量分析。其中，剑桥方程式开创了货币需求的微观分析视角，后来的经济学家主要沿着这个角度发展货币需求理论。

3. 凯恩斯的货币需求理论

现金余额说已经开始考虑到利率因素对人们持币动机的影响，但并没有明确地将利率加入到货币需求方程中。作为马歇尔、庇古的学生，凯恩斯继承了他们的货币观点，并把它发展成一种新的理论——流动性偏好说，其突出贡献在于他对货币需求动机的剖析，并在此基础上将利率引入了货币需求函数，从而论证了利率对货币需求的决定作用，揭示了利率在货币金融理论体系中的枢纽地位。凯恩斯将资产分成货币和债券两类，债券的收益是利率，而货币的收益是0，人们之所以持有货币是因为偏好货币的流动性。具体来讲，他将人们持币动机划分为三类：一是交易动机，即人们为了满足日常支付交易的目的而需要持有一定数量的货币，因此而产生的货币需求称为交易性货币需求；二是预防动机，即人们为了应付不时之需而持有一定数量的货币，因此所产生的货币需求称为预防性货币需求；三是投机动机，即人们持有货币希望进行资产的买卖获得收益，称为投机性货币需求。凯恩斯认为交易性货币需求和预防性货币需求主要受收入水平的影响，是收入 Y 的增函数：$L_1 = L_1(Y)$；而投机动机主要受持有货币的机会成本——利率的影响，是利率 i 的减函数：$L_2 = L_2(i)$。因此，实际货币需求函数表示为：

$$\frac{M_d}{P} = L_1(Y) + L_2(i) = L(Y, i)$$

对应的货币流通速度表示为：

$$V = \frac{PY}{M_d} = \frac{Y}{f(Y, i)}$$

与古典学派认为货币流通速度稳定不同，凯恩斯认为货币流通速度受利率和收入影响，而这两个因素并不稳定，因此他认为短期内即使没有技术条件变化，货币流通也是不稳定的。凯恩斯的货币需求理论将利率因素引入到货币需求函数中，并否定了古典学派关于货币流通速度稳定的假设，在货币需求理论发展历史中具有重要的意义。

第二次世界大战以后，凯恩斯学派经济学家进一步强化了利率对货币需求的决定性作用。其中，美国经济学家鲍莫尔运用存货理论提出了平方根定律，他从人们保持适度的现金用于交易，而将暂时闲置的部分用以获利的角度出发，由于持币的机会成本取决于市场利率，从而得出交易性货币需求与交易量和资产变现的手续费成正向变动关系，而与利率之间存在反向变动关系的结论。美国经济学家惠伦、米勒和奥尔等人采用与鲍莫尔相同的研究思路，提出了立方根定律，该定律表明预防性货币需求与利率之间同样存在反向关系，而与货币支出的方差、资产变现的手续费成正向关系。1958年，美国经济学家托宾首次将资产选择引入货币需求分析，提出了资产组合理论，该理论在说明投机性货币需求与利率反向变动关系的同时，探讨了风险与收益的匹配，以及资产的定价与选择问题，发展了凯恩斯的投机性货币需求理论，并为微观金融学的发展奠定了基础。

4. 弗里德曼的货币需求理论

美国经济学家米尔顿·弗里德曼采纳了凯恩斯对公众货币需求动机和影响因素的分析方法，从微观视角出发，结合消费者选择理论，重新诠释了货币数量论的观点。他将消费者选择货币这种资产的影响因素分为三类。一是持有货币给人们带来的流动性效用（U），这是一种主观评价，主要受个人偏好的影响。二是收入或财富及财富的结构，弗里德曼认为收入或总财富是决定货币需求的首要因素，他用长期的永恒收入（Y_p）来衡量，它具有稳定性的特点，收入越高则货币需求越大。财富的结构也会影响人们的持币动机，这个结构主要指人力财富和非人力财富的比例，前者收入不稳定，人们持有更多的货币以备不时之需，而后者能够带来较稳定的收入，因此非人力财富占总收入的比例（W）越高，则货币需求越多。三是持有货币的机会成本，包括债券、股票等金融资产的收益率（r_b，r_e）、预期物价变动率（$\frac{1}{P}\frac{dP}{dt}$）、货币的收益（r_m）等。因此，弗里德曼的货币需求函数表示为：

$$\frac{M_d}{P}=f\ (Y_p,\ W;\ r_m,\ r_b,\ r_e,\ \frac{1}{P}\frac{dP}{dt};\ U)$$

弗里德曼的货币需求函数的突出特点是强调永恒收入对货币需求的重要影响，而弱化利率的作用。因此，他将上式简化为 $\frac{M_d}{P}=f\ (Y_p)$。对应的货币流通速度表示为：$V=\frac{PY}{M_d}=\frac{Y}{f\ (Y_p)}$。由于短期内永恒收入是相对稳定的变量，因此货币需求函数是相对稳定的、可预测的。相应地，货币流通速度也是相对稳定的，货币供应量的变动是影响物价水平的根本原因。这个结论与古典学派的货币数量论是相近的,因此,该理论也称为现代货币数量论。

二、金融科技改变货币需求

尽管货币需求的分析有多种视角,并且不同理论的观点可能存在极大的差异,不过凯恩斯关于货币需求的三动机的分析思路仍然适用于研究当前微观经济个体的持币行为,因此,本章将主要采用该思路研究金融科技对货币需求的影响。

(一) 移动支付对现金需求的影响

现金需求主要来自交易性需求。金融市场和网络通信技术等基础设施的发展,使得存款货币的使用便捷性不断提高,非现金支付的应用领域越来越广,从而不断挤占现金需求。此外,存款货币变现的交易成本也在不断降低,根据平方根定律可知,这将不断降低交易性的现金需求;但由于当前金融基础设施不能覆盖全部领域和所有人群,即在某些情况下,存款货币变现的成本较高,因此现金需求不可能降为0,现金仍然是当前经济运行必要的润滑剂。

在我国,现金主要用于居民小额消费支付、农村农副产品交易、地下经济和避税等领域[①]。相比存款货币,现金对社会群体具有最广泛的适用性,是商品交换中最普遍使用的交易媒介,适用于社会所有群体,与用户身份没有任何关联。非现金支付需要有银行账户、支付服务组织、支付工具、支付系统等结算条件,消费者还需考虑支付成本和使用技能等束缚。而不论社会阶层、年龄性别、知识技能等,所有公众都可以便捷地使用现金。现金也是安全性最高的支付手段,现金交易可以即刻实现权利与义务、责任与风险的转移,很少发生支付故障与信用风险,适用于任何时间、任何地点。相比之下,非现金支付十分依赖于信息网络系统,一旦发生网络故障,现金就成为公众最安全的应急支付。

金融科技的发展,特别是移动支付的广泛应用,打破了长期以来现金在日常消费支付领域的主导地位,移动支付已经渗透到公众日常消费、理财、小额信贷等众多领域,对线下小额现金支付已经产生了明显的替代效应,移动支付的总笔数和总金额都出现了大幅增长,而现金支付占支付总量的比例则出现了明显下降。

---

① 刘贵生、司晓玲:《现金的价值与生命力》,《中国金融》2018年;王信、郭冬生:《现金需求判断及影响因素》,《中国金融》2018年。

目前，我国移动支付对现金支付的替代主要集中在金融服务和网络通信技术等支付基础设施较发达的城镇地区，并且受教育水平越高、年龄越小的城乡居民对非现金业务的需求越高，会更多地使用移动支付业务，其现金需求下降更明显，他们的生活方式甚至已经进入到"无现金社会"状态。不过农村地区的部分居民和受教育水平较低、年龄较大的城乡居民因其所在地区的金融基础设施相对落后，或是出于对移动支付过程中的安全性和个人信息的隐私保护等存在顾虑，影响了其使用移动支付的积极性，现金支付仍是他们日常支付的首要选择。尽管随着支付基础设施的不断完善，农村地区的移动支付将会进一步减少现金需求。但像老年人、特别是偏远地区的农村老年人等特殊人群，他们很难改变支付习惯，这部分人群对现金的需求将长期存在。此外，由于现金交易具有支付条件要求低、匿名、无痕等特征，地下经济、避税和洗钱等非法活动对现金的需求较高，并且这些活动所涉及的现金往往具有大面额为主、金额巨大等特点[①]。

基于上述原因，现金需求仍将长期存在。如果不考虑非现金支付对现金支付的替代作用，根据平方根定律，当收入增长的速度快于存款货币变现成本的下降速度时，交易性现金需求的总量甚至还会继续增长。实际上，从统计数据上看（见图7-1），截至2018年底，我国 M0 的增速尽管已经出现了明显下降，但其绝对量仍呈现逐步增长的态势，预计短期内未来现金总量的上升与现金支付比较的下降仍将同时存在。

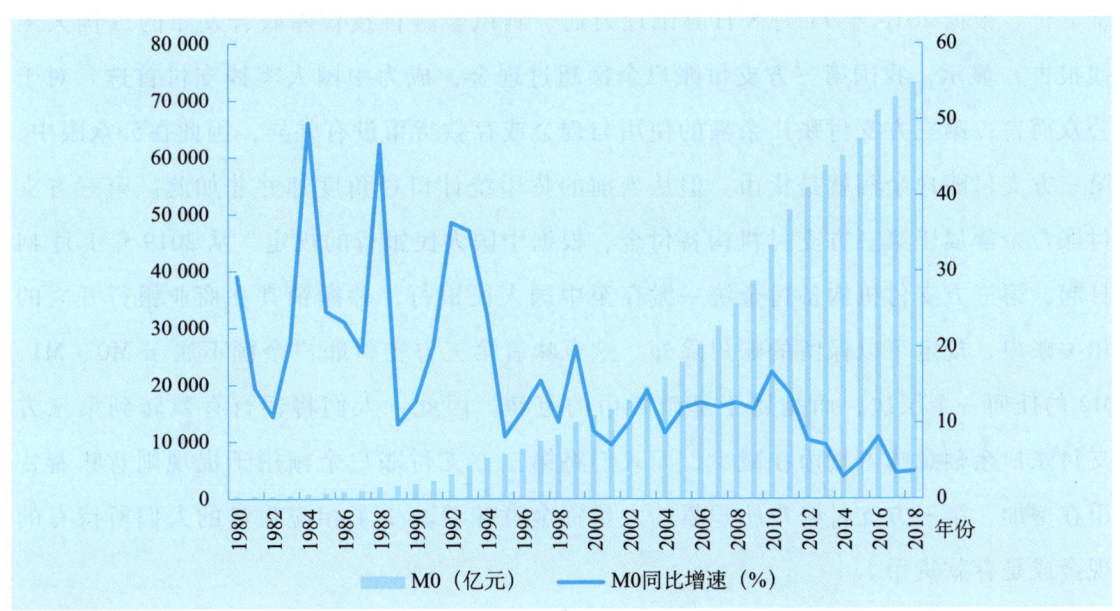

图 7-1　1980~2018 年我国 M0 总量及增速变化

---

① 王信、郭冬生：《现金需求判断及影响因素》，《中国金融》2018 年。

（二）第三方支付与交易性货币需求

第三方支付主要由互联网支付和移动支付构成，其中移动支付已经成为最主要的组成部分。在我国，以微信支付和支付宝为代表的第三方移动支付已经渗入了生活中的各个环节，我国移动支付的发展在很大程度上也是得益于第三方移动支付的快速发展。第三方支付的广泛使用对交易性货币需求的影响主要有两个方面。

第一，第三方支付的广泛应用会降低交易性现金需求，人们会选择以更高的比例持有存款货币。对于包含现金和存款货币在内的总的交易性货币需求，从全社会角度，根据货币流通公式 $MV = PY$ 可知，由于存款货币的流通速度比现金更快，这意味着当商品价格、数量不变的情况下，第三方支付的发展将使交易性货币需求的总量下降。

第二，第三方支付的广泛应用使当前第三方支付账户余额积累了大量资金，根据2019年的规定，这部分资金要统一缴存至中国人民银行，因此从货币统计口径的角度，这部分资金不属于货币，这也意味着它减少了货币需求。

实际上，同现金一样，第三方支付账户中的余额没有利息收益，主要用于满足交易动机。在金融服务和网络通信技术等支付基础设施较发达的地区，使用第三方支付比现金更加便捷，并且不存在假钱等风险，因此，很多人选择使用第三方支付而非现金支付。根据2018年11月8日腾讯理财通、腾讯金融科技智库联合发布的《国人零钱报告》显示，我国第三方支付账户余额超过现金，成为中国人零钱支付首选。对于公众而言，第三方支付账户余额的使用与现金或存款货币没有差异，因此在公众眼中，第三方支付账户余额就是货币。但从当前的货币统计口径角度却并非如此。第三方支付账户余额属于第三方支付机构备付金，根据中国人民银行的规定，从2019年1月14日起，第三方支付机构备付金统一缴存至中国人民银行，并撤销其在商业银行开立的相关账户，规定可以保留的账户除外。这意味着第三方支付账户余额不属于M0、M1、M2的任何一个层次，而是属于基础货币的范畴。因此，人们将银行存款转到第三方支付账户余额意味着货币在减少，而人们将第三方支付账户余额用于提现则意味着货币在增加，第三方支付账户所积累的大量资金意味着减少了相应数量的人们所持有的现金或是存款货币。

（三）第三方支付与预防性货币需求

第三方支付的广泛应用同样降低了预防性货币需求。

首先，第三方支付的广泛应用使人们更多地用非现金的形式来持有预防性货币需求，这有助于提高货币流通速度。从全社会的角度，在其他条件不变的情况下，货币流通速度的提高将会降低预防性货币需求。

其次，第三方支付账户中的余额可以直接用于满足预防性需求，这部分余额就挤占了传统统计口径下的货币需求。

最后，第三方支付模糊了不同层次货币之间的界限，使不同层次的货币实现快速、低成本地转化，使人们更愿意以收益率更高的理财产品形式来满足预防性动机，根据立方根定律可知，这将减少预防性货币需求。例如，目前余额宝当天可以实现1万元的提现（通常在2小时内到账），而其平均收益率要远高于活期存款，且风险很低，这就会吸引客户以余额宝的形式而非活期存款的形式来配置其资金。实际上，以支付宝为代表的第三方支付平台所推出的理财基金投资等金融业务的快速发展也迫使很多银行跟进推出了类似的能够快速变现的理财产品，这些理财产品同样也吸引了大量资金，这部分资金同样挤占了传统统计口径下的预防性货币需求。

（四）互联网财富管理与投机性货币需求

近年来迅速发展的互联网财富管理对投机性货币需求产生了明显的影响。一方面，互联网金融投资开发出了许多新的金融资产，并极大地降低了公众的投资门槛和投资成本，从而增强了公众持有投机性货币需求的愿望。另一方面，互联网财富管理也改变了人们所持有的投机性货币的形式，尤其是以余额宝为代表的许多"宝宝"类货币市场型基金产品利用互联网平台和资金垫付，可以实现快速赎回或是快速转化为其他投资，同时又保持了相较于银行存款更高的利息收益，因此会让人们更多地以货币基金而非银行存款的方式来持有投机性货币。

三、电子货币流通与货币需求

如第二章所述，目前关于电子货币的定义尚未统一，这里采用巴塞尔委员会的定义："电子货币是指在零售支付机制中，通过销售终端、不同的电子设备之间，以及在公开网络上执行支付的储值和预付支付机制。"这是狭义口径下的定义，可以理解为用一定金额的现金或存款从发行者处兑换并获得代表相同金额的数据，或者通过银行及第三方推出的快捷支付服务，通过使用某些电子化途径将银行中的余额转移，从而能够进行交易。根据该定义，电子货币不属于传统统计口径下的货币。

（一）电子货币与货币需求

电子货币对货币需求的影响可以从收入和利率两个角度来分析。

首先，从收入角度来看，在电子货币流通和使用后，电子货币将替代部分传统货币作为交易媒介，根据凯恩斯的分析，在国民总收入不变的情况下，人们为交易动机和预防动机所预留的货币量占名义收入的比例将减少，相应地，交易性货币需求和预防性货币需求也将减少，而更多的资金流到资金回报率更高的部门和行业，投机性货币需求的比例将上升。

其次，从利率角度来看，相比现金，部分电子货币有收益，并且电子货币的交易成本低于现金，根据平方根定律和立方根定律，这会降低交易性货币需求和预防性货币需求；与此同时，电子货币的广泛应用也使人们有更多的投资选择，会对利率的变化更加敏感，从而会增加投机性货币需求的持有。可见，电子货币的广泛应用和流通将降低交易性货币需求和预防性货币需求，但是会增加投机性货币需求。

（二）电子货币与货币流通速度

从货币流通速度来看，与法定货币不同，现阶段电子货币并不具备国家强制力，它更多反映的是在特定支付领域替代传统货币的一种更便捷、更高效的支付方式。因此，电子货币的广泛流通和使用，有助于加快货币流通速度，大大缩短了货币周转周期。

从货币流通速度稳定性的角度来看，根据凯恩斯学派的观点，交易性货币需求和预防性货币需求受国民收入和交易量的影响较大，因而其变化相对稳定，而投机性货币需求主要受机会成本和个人预期等因素的影响，由于市场利率的多变性和心理预期的复杂性、非理性，投机性货币需求具有多变和不稳定的特征。因此在电子货币流通和使用后，电子货币自身的收益性也成为影响货币需求的因素之一，加大了货币需求对利率的敏感性，特别是投机性货币需求的变化；并且随着交易性货币需求和预防性货币需求相对比例的下降、投机性货币需求比例的上升，货币总需求的稳定性下降，因而相应的货币流通速度变得更加不稳定、不可测。根据弗里德曼的观点，电子货币的流通和使用，意味着人们会面临更多的资产选择，电子货币收益率的变化成为影响货币需求的因素之一，因此会加大货币需求对利率的敏感性，不过由于决定货币需求的关键变量是永恒收入,因此货币需求仍然是基本稳定、可测的,相应的货币流通速度仍然保持相对的稳定性。

四、虚拟货币、数字货币与货币需求

虚拟货币对传统货币的替代主要反映在它是否能够发挥货币的各项职能,如果虚拟货币能够很好地发挥各项货币职能,它自然而然就能成为传统货币的有力竞争者,甚至替代者。不同学者关于货币职能的分析并不相同,但大致可以归纳为交换媒介和资产职能两种。交换媒介职能就是货币在商品交易中作为交换手段、计价标准和支付手段,从而提高交易效率、降低交易成本、便利商品交换的职能,这是货币最基本的职能。货币的资产职能是指货币可以作为人们总资产的一种存在形式,成为实现资产保值、增值的一种手段。我们将从这两大职能的角度来分析虚拟货币能否替代传统货币。

(一)网络虚拟货币与货币需求

这里网络虚拟货币指的是游戏平台和网络社交平台所发行的虚拟货币,如游戏币、脸书币等。这类虚拟货币既可以从游戏公司或网络社交平台购买,也可以在买家之间进行转让,主要用于购买游戏平台和网络社交平台所提供的虚拟产品或服务。此时,虚拟货币社会是一个封闭的虚拟社区,虚拟货币币值的升降只影响该虚拟社会,它对真实世界的影响与一般的产品和服务的出售没有本质区别,并不影响真实世界的货币需求。

(二)数字加密货币对传统货币的替代

从 2009 年比特币诞生,到 2010 年首笔实体交易完成,再到 2013 年美国官方承认了比特币的合法地位,以比特币为代表的数字加密货币自诞生以来,以其去中心化、匿名性、低交易成本等优势很快受到了大众的关注和市场追捧,并成为传统货币的竞争者。在不少欧美国家,人们既可以用比特币来购买包括微软、戴尔等在内的国际大公司的产品,也可以用比特币来缴税。截至 2018 年年底,美国俄亥俄州成为第一个接受比特币缴税的美国联邦州政府。尽管目前各国政府对数字加密货币的态度不一,并且各国政策都在不断调整中,但不可否认的是,在不少国家,数字加密货币已经可以用于购买现实世界的商品和服务，并且实现了与现实世界货币的双向兑换。不过关于数字加密货币是否能够替代传统货币，仍然存在很大争议。有人认为它是"货币替代品"，有人认为它只是类似货币的一种特殊商品，也有人认为这是哈耶克所提出的"货币的国家化"的实践。不过总体上，现有数字加密货币目前还不能完全发挥货币职能。

1. 交换媒介职能

首先是交换手段。尽管目前数字加密货币购买的商品种类相对有限，但不可否认的是，它在商品交换过程中同样发挥着"一手交钱，一手交货"的职能，因此数字加密货币可以发挥交换手段的职能。其次是计价标准。目前，各国强制流通的货币符号是各国货币当局发行的法定货币，由于数字加密货币价格波动很大，为避免出现劣币驱逐良币的情况，在实际使用中，数字加密货币更接近虚拟商品的属性，是一种"代币"，其价格与法币相兑换后再用来表现商品的价格，因此可以认为目前数字加密货币还不具备计价标准的职能，当然未来如果数字加密货币得到了广泛流通和应用，它也有可能发挥计价标准的功能。最后是支付手段。支付手段指货币作为延期支付的手段来结清债权债务关系，它的特征是价值的单方面转移，如偿还债务、财政收支、工资发放等。美国俄亥俄州政府接受用比特币来缴税，以及不时出现的个别公司（如移动支付公司 Square）选择可以用比特币支付薪水等现象表明数字加密货币能够发挥支付手段的职能，尽管其应用范围还十分有限。

2. 资产职能

货币的资产职能是指货币可以作为人们总资产的一种存在形式，成为实现资产保值增值的一种手段。与其他资产形式相比，货币最大的优势在于它的流动性。尽管目前不同国家对数字加密货币的政策态度不一，但普遍接受数字加密货币属于虚拟资产，受法律保护。但是，由于目前数字加密货币的使用范围还十分有限，其流动性与传统货币相比仍然有很大的差距。数字加密货币虽然作为一种新形态的货币出现，但却更多地因其价格的大幅波动而作为一种投资品的形式存在。未来如果数字加密货币发展稳定、价格平衡，有可能会有更多的人接受以数字加密货币作为货币资产的方式来持有它。

综合上面的分析可以看出，数字加密货币具备发挥所有交换媒介职能和资产职能的潜力，但目前只能部分发挥交换媒介职能和资产职能，因此，它对传统货币的替代也十分有限。尤其在那些对数字加密货币态度谨慎甚至持完全封杀态度的国家，数字加密货币基本上是作为一种投机性的资产而存在，很少，甚至无法发挥交换媒介这一货币最基本的职能，因而也无法替代传统货币。

（三）数字加密货币交易对货币需求的影响

数字加密货币的一个突出特点是去中心化，它基于互联网存在，独立于任何国家、任何政府、任何金融机构及企业，并且可以不受地域和国家限制，可以在全世界流通。这个特点使即使不少国家限制或者封杀数字加密货币作为货币形态在市场上流通，但仍然无法完全禁止数字加密货币发挥着货币的作用，并且在一些持开放态度的国家实现了与传统货币的双向兑换，这意味着数字加密货币可以对通过其与现实世界货币系统的联系直接影响传统货币需求。

由于不同动机的货币需求所体现的主要货币职能有所不同，而目前数字加密货币所具备的各项货币职能的大小有所差异，因而它对不同类型货币需求的影响也有所不同。

交易性货币需求主要是因为货币作为商品交换的媒介，人们为了购买商品或支付劳务，就必须持有一定的货币量，由此而产生的货币需求，主要体现的是货币交换媒介职能。根据前面的分析，目前数字加密货币能够发挥交换手段和支付手段的职能，但尚不具备计价标准的职能。但根据马克思的分析，货币的本质是一般等价物，在商品交换中用来表示其他一切商品的价值大小。换而言之，计价标准是货币最基本的职能之一，缺少这一职能无法成为货币。而相比传统货币，当前数字加密货币能够使用的范围和领域十分有限，无法成为"一般等价物"，因此它对交易性货币需求的影响非常有限。但如果未来数字加密货币能够获得大范围的流通和应用，能够用于绝大多数的商品交换，将会极大地减少交易性货币需求。

投机性货币需求主要是因为货币能够发挥资产职能而产生的货币需求。尽管很多国家拒绝数字加密货币的货币地位，但数字加密货币作为一种虚拟资产，还是受大多数国家的法律保护。不过，由于当前数字加密货币的价值波动剧烈，是一种极具风险的投资品，并不适合作为保值的资产选择，因此，数字加密货币对投机性货币需求的影响也很有限。在一些特定背景下，如某国法定货币存在较大通货膨胀，甚至是恶性通货膨胀时，由于数字加密货币相较于其他资产（如黄金、外汇等）在交易上更加便捷、成本更低，就有可能吸引公众选择数字加密货币作为其资产持有形式。近年来，发生恶性通货膨胀的委内瑞拉、面临高通货膨胀的阿根廷等国家，其大量国民就开始用比特币等数字加密货币而非法定货币来持有其资产,从而表现为投机性货币需求极少,而数字加密货币的需求上升。需要指出的是,较高的通货膨胀也会降低交易性货币需求和投机性货币需求,但由于受法律限制,法定货币仍然是国家强制流通的货币符号,因此对投机性货币需求的影响更大,而人们仍然必须要持有一定量的交易性货币。

预防性货币需求则同时体现了货币的交换媒介职能和资产职能。人们为应付不时之需,需要持有一定量作为交换媒介的货币,同时这部分货币又具有资产保值的功能。同样地,由于这两大职能的不完备,目前数字加密货币对预防性货币需求的影响还十分有限。但是,在发生高通货膨胀的国家,数字加密货币的出现则会明显减少预防性货币需求,其主要原因在于数字加密货币相比法定货币具有更好的资产保值功能,同时又能发挥一定的交换媒介职能。

第二节 金融科技与货币供给

一、现代货币供给机制

(一) 货币供给与货币供应量

货币供给是指一定时期内一国银行系统向经济中投入或收回货币的行为过程。货币需求在这个过程中得到满足。一国各经济主体(包括个人、企事业单位和政府部门等)持有的、由银行系统供应的债务总量就称为货币供给量。在纯粹的信用货币流通条件下,货币供给量主要包括现金和存款货币两个部分,其中现金是由中央银行供给的,表现为中央银行的负债;存款货币则是由商业银行供给的,体现为商业银行的存款性负债。货币供给量先是一个存量的概念,即一个国家在某一时点上实际存在的货币总量。现实中的货币供给量是按流动性从强到弱分层次进行统计的,反映在存款性公司(包括中央银行和商业银行)资产负债表一定时点上的负债总额,它是银行通过各项资产业务向经济社会投放出去的货币量。

(二) 中央银行与存款货币银行双层货币供给机制

现代信用货币制度采用"中央银行—存款货币银行"的二级银行体制,中央银行相对独立，主要负责提供和调节基础货币；以商业银行为代表的存款货币银行则通过吸收存款、发放贷款、转账支付等业务活动创造存款货币，由此形成了"基础货币—存款货币"的"源与流"双层货币供给机制。货币供给过程一般涉及中央银行、商业银行、存款人和借款人四个行为主体，其中起决定作用的是银行体系。流通中的货币都是通过银行系统供给的，货币供给与中央银行和商业银行的资产负债活动密切相关。在实行中央银行制度的金融体制下，货币供应量是通过中央银行提供基础货币和商业银行创造存款货币而注入流通领域的。

货币供给的基本模型可以写为：$M_s = B \cdot mm$。其中，M_s是货币供应量，主要由流通中的现金（C）和存款货币（D）构成。B是基础货币，又称高能货币或储备货币，是整个银行体系内存款扩张、货币创造的基础，通常由流通中现金（C）和商业银行体系的准备金（R）构成。在中央银行的资产负债表中，基础货币直接表现为负债，中央银行可以通过调整其资产负债表规模和结构来调控基础货币，进而影响货币供给。m是货币乘数，即货币供给量相对基础货币的倍数，可以表示为：

$$mm = \frac{M_s}{B} = \frac{C+D}{C+R} = \frac{C/D+1}{C/D+R/D}$$

式中的C/D为通货—存款比率，是流通中的现金与商业银行存款的比率，又称现金漏损率，反映了现金漏损的状况，主要取决于公众对持有现金的偏好。R/D是准备—存款比率，是商业银行法定准备金和超额准备金的总和占全部存款的比重。中央银行直接控制法定准备金率，商业银行根据自身经营情况自行决定超额准备金率。

银行体系供给货币的过程必须具备三个基本条件：一是实行完全的信用货币制度；二是实行部分比例存款准备金制度，商业银行才能通过其贷款业务来创造存款货币；三是广泛采用非现金结算方式，此时存款才能发挥货币的各项职能，因而才能被称为货币。商业银行创造存款货币的基础是中央银行提供的基础货币，并且存款创造过程始终受制于中央银行，因此，中央银行在整个货币供给过程中始终居于核心地位。但银行存款是货币供应量中占比最大的组成部分，银行自身的经营决策对于最终的货币供应量有着重要影响。从上面的货币供给公式中也可以看出，中央银行可以很好地控制基础货币和法定存款准备金率，但通货—存款比率和超额准备金率则由市场来决定，因此，中央银行无法完全控制货币供应量。金融科技的发展也会影响货币供应过程和中央银行的调控能力。

二、金融科技对货币供给机制的影响

（一）多层次货币供给机制

金融科技的快速发展对传统的中央银行与存款货币银行双层货币供给机制产生了深远的影响，不仅产生了以比特币为代表的数字加密货币，直接冲击了传统的信用货币供给体系，而且金融科技的发展使得部分金融工具的流动性得到了极大地提高，并被直接纳入货币统计范畴，这也使得部分非存款性公司直接进入了货币供给体系。此外，影子银行的快速发展也对传统货币供给机制产生了重要影响。

第一，目前虚拟货币已经能够部分发挥交换媒介职能和资产职能，对传统货币形成了一定的替代。而数字加密货币在发行、流通、交易等方面形成了一个独立于传统货币的全新体系，完全改写了传统的货币供给机制。

第二，货币市场基金公司进入货币供给体系。传统统计口径下的货币均由中央银行或商业银行提供，表现为二者的部分负债。而金融科技的发展使货币市场基金的流动性得到了极大地提高，因而被纳入到货币统计范畴，这意味着货币的供给者不再局限于银行系统，货币市场基金公司也成为货币的供给者之一。

在我国，上述变化主要受益于第三方支付的快速发展。第三方支付的广泛应用吸引了大量用户，而第三方支付平台又与许多基金公司合作，推出了众多基金产品，不仅极大地提高了基金购买、赎回的便捷性，而且大幅降低了基金的投资门槛，公众的投资意愿也大幅上升。在所有类型的投资基金中，货币市场基金的发展最为迅猛（见图7-2），这主要得益于以余额宝为代表的"宝宝"类产品的发展。余额宝自2013年6月30日正式推出开始，就以很快的速度在增长，最初天弘余额宝基金规模只有2亿元，但从2013年9月开始，余额宝就迎来了一个爆发期，从2013年到2018年一季度，除了个别季度出现负增长之外，其他季度都在迅猛发展。受余额宝的冲击或是启发，很多基金公司都推出了类似的"宝宝"类货币市场基金。数据显示，在2012年以前，货币型基金净资产与M0之比大多在10%以下，2013年9月起就开始迅速增长，并在2017年底超过100%，最高到2018年10月达到1.27倍（见图7-3），此后尽管有所回落，但基本也在1倍以上。可见，货币市场型基金产品利用互联网平台和资金垫付极大地提高了其流动性，并且其稳定的收益率受到了公众的喜爱，人们将更多的资金配置到货币市场型基金中，将其视作传统货币的替代品。因此，中国人民银行自

2018年1月起，将非存款机构部门持有的货币市场基金取代货币市场基金存款（含存单），纳入M2的统计口径。这意味着传统的中央银行与商业银行双层货币供给机制被打破，货币供给机制变得更加多元，货币供给主体不再局限于银行体系，货币市场基金公司也进入到货币供给体系。

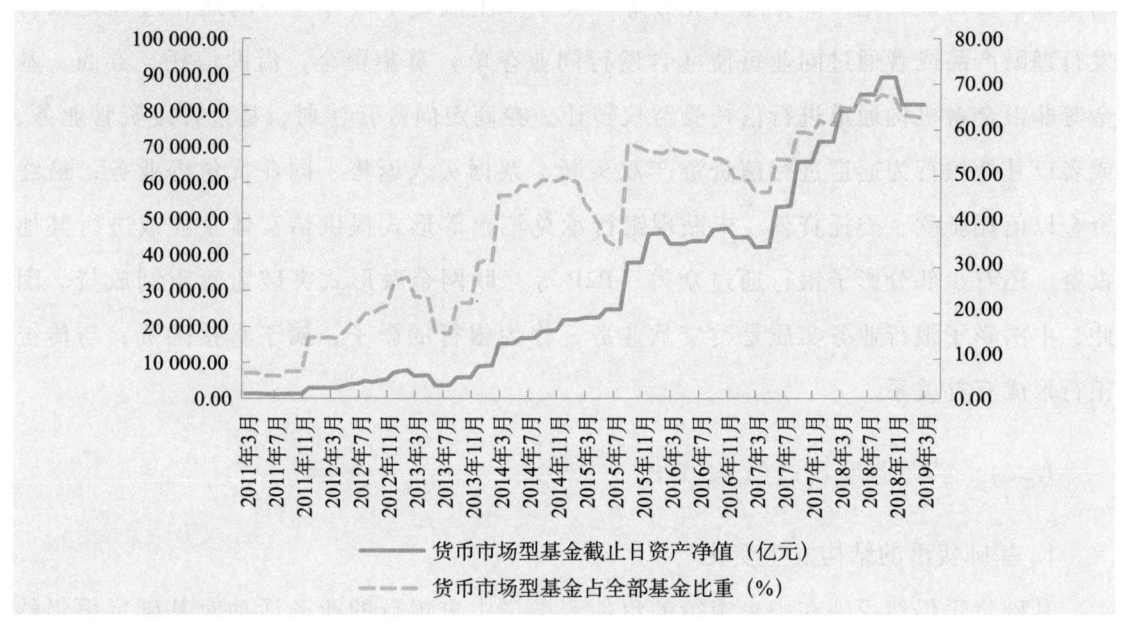

图7-2 货币市场型基金发展情况

图7-3 货币型基金资产净值与M0、M1之比

第三，作为传统银行体系的有益补充，影子银行的快速发展为市场注入了大量流动性，也直接影响着传统货币供给机制。根据2013年底国务院办公厅下发的107号文

《关于加强影子银行监管有关问题的通知》，中国影子银行主要包括三类：一是不持有金融牌照、完全无监督的信用中介机构，包括新型网络金融公司、第三方理财机构等；二是不持有金融牌照，存在监管不足的信用中介机构，包括融资性担保公司、小额贷款公司等；三是机构持有金融牌照，但存在监管不足或规避监管的业务，包括货币市场基金、资产证券化、部分理财业务等。其中，主流影子银行业务的运作过程是银行发行理财产品或者通过同业负债（含发行同业存单）募集资金，借助信托、券商、基金等非银金融机构通道进行信托受益权转让、券商定向资管计划、基金特定资管业务，或者以其他银行为通道进行信贷资产双买断、票据买入返售、同业代付等业务，最终资金以信托贷款、委托贷款、未贴现银行承兑汇票等形式提供给实体企业或进行其他投资。还有少部分影子银行通过众筹、P2P 等互联网金融形式突破监管限制放贷。因此，中国影子银行业务实质是类贷款业务，作为银行的影子，属于直接融资，与传统银行形成互补关系。

（二）存款货币创造过程变化

1. 基础货币的结构发生变化

基础货币仍然反映在中央银行的负债表中，中央银行的业务活动对基础货币仍然有着决定性的影响，但基础货币的结构发生了变化。首先，第三方支付的广泛应用会降低公众持有现金的意愿，从而会降低储备货币中货币发行的占比。其次，商业银行可以运用同业负债等创新业务来规避法定准备金要求，从而法定准备金比例降低，而超额准备金比例上升。再次，随着第三方支付的广泛应用，第三方支付机构迅速积累了大量客户备付金，在 2017 年以前，客户备付金是以支付机构的名义存在银行，第三方支付机构因此获得了大量利息收入。由于客户备付金规模巨大、存放分散，存在一系列风险隐患。因此，2017 年初，中国人民银行决定对支付机构客户备付金实施集中存管，并且该部分资金不计利息；后又进一步要求到 2019 年 1 月 14 日，支付机构的备付金全部集中到中国人民银行存管。这部分资金表现为中国人民银行负债表中的储备货币下的非金融机构存款。自此，基础货币的构成在原来的货币发行和准备金存款的基础上，增加了非金融机构存款一项。

2. 货币乘数的内生性增强

记非金融机构存款为 N，则基础货币 $B = C + R + N$。根据货币供给模型可知，传统货币供应量口径下的货币乘数为：

$$mm = \frac{M_s}{B} = \frac{C+D}{C+N+R} = \frac{C/D+1}{C/D+N/D+R/D}$$

金融科技的发展对货币乘数的影响有正反两个不同的方面：一方面，第三方支付的广泛应用使人们减少了现金的持有（即 C 降低），而第三方支付账户余额 N 大幅上升，甚至超过 C 下降的幅度，由于 N 不是商业银行的资金来源，无法用于创造贷款，因此对于商业银行而言，其作用类似于现金漏损 C，会降低银行信贷供给能力。从数值上看，N 的上升会降低货币乘数。此外，金融科技的发展降低了部分影子银行金融产品的投资门槛、提高了其流动性，因而吸引公众将资金配置到影子银行的产品上，减少了银行吸收的存款，但也满足了市场上部分融资需求，因而也减少了银行的贷款需求，从而减弱了银行存款货币创造能力，货币乘数变小。另一方面，第三方支付的广泛应用也会降低人们持有的活期存款，考虑到不少国家对活期存款的法定准备金率要高于定期存款，这意味着法定准备金率会降低，从而提高银行信贷创造能力。更重要的是，商业银行通过同业负债等业务扩大了资金来源，并规避了法定存款准备金的约束，这有助于降低其准备金率，增大其信贷创造能力，货币乘数上升。尽管不好确定二者的大小，但可以确定的是，金融科技增强了货币乘数的内生性，削弱了中央银行对货币供给量的控制力。

三、电子货币供给对货币供给的影响

电子货币扩大了货币的发行主体，其发行主体不仅包括中央银行、商业银行，还包括非存款性公司和非金融企业。电子货币对货币供给的影响主要表现在其对基础货币和货币乘数的影响。

（一）电子货币对基础货币的影响

首先，电子货币因其收益性和交易便携性会降低公众对现金的需求，因而基础货币中的通货 C 会减少。

其次，电子货币会降低法定准备金。电子货币的广泛流通和应用，会加大它对传统货币的替代效应，公众会将更多的资金配置到电子货币上，减少存款货币的持有，进而减少法定准备金的计提基数，从而减少法定准备金。此外，从银行系统的资产负债表上看，相当于公众存款变成了电子货币发行机构（包括金融机构和非金融机构）的存款。由于中央银行通常只对存款货币收缴法定准备金，而对同业存款、电子货币

存款没有准备金要求，这会导致总法定准备金率下降，进而减少法定准备金。

最后，电子货币会使超额准备金对市场利率更敏感，并降低超额准备金。电子货币对商业银行超额准备金的影响主要通过三个因素产生作用。一是市场利率。市场利率反映了商业银行持有超额准备金的机会成本，电子货币的广泛流通和应用有助于提高利率市场化水平，使商业银行对市场利率更加敏感，进而使商业银行的超额准备金持有量对市场利率更加敏感。二是商业银行获取资金的难易程度及资金成本的高低。商业银行作为电子货币的发行者之一，如果电子货币能够被市场广泛接受，这意味着当面临流动性不足时，商业银行可以借助高流动性、低成本的电子货币迅速、低成本地借入资金，这就降低了银行获取资金的难度和成本，因而商业银行会倾向于持有较低的超额准备金。三是公众的流动性偏好。如果公众偏好通货，则商业银行面临的提现要求比较高，因此商业银行不得不提高自身的清偿能力，多持有超额准备金。但在电子货币条件下，电子货币因其收益性和交易便携性会对公众的现金需求产生明显替代，因而有助于降低商业银行持有的超额准备金。

可见，电子货币广泛流通将会减少基础货币。不过有意思的是，在传统货币供给机制下，基础货币直接表现为中央银行资产负债表中的储备货币，中央银行的业务操作对基础货币总量有着决定性的影响。因此，当中央银行通过货币政策操作保持基础货币投放总量不变时，意味着电子货币在减少通货的同时，准备金总量增加了。此时，商业银行因为获得了大量流动性，将会扩大其信贷业务，从而创造出更多存款货币，存款基数的上升弥补了法定准备金率和超额准备金率的下降，最终表现为准备金总量的上升。如果中央银行并没有通过主动操作来影响基础货币，那么在电子货币条件下，商业银行会通过减少再贴现、再贷款等业务内生地造成基础货币的下降。

（二）电子货币对货币乘数的影响

首先，电子货币的广泛流通会使人们减少现金的持有，因而通货—存款比率（C/D）会下降，进而会提高货币乘数。

其次，电子货币会对存款货币产生替代作用，而电子货币发行机构在商业银行的存款所要求的法定准备金率低于公众存款，因而法定准备金率会降低，这有助于提高货币乘数。此外，相较于定期存款，电子货币对活期存款的替代效应更明显，因而会使活期存款占总存款的比率下降。考虑到不少国家对活期存款的法定准备金率要高于定期存款，这同样意味着法定准备金率会降低，进而也会提高货币乘数。

最后，由于电子货币的广泛流通降低了商业银行面临的挤兑风险，同时也降低了商业银行在流动性不足时获取资金的难度和成本，这有助于降低商业银行的超额准备金率，从而提高货币乘数。

可见，电子货币的广泛流通将会放大货币乘数效应。不过，考虑到此时商业银行对市场利率更敏感，这也意味着货币乘数稳定性在下降，即使中央银行能够很好地控制基础货币总量，货币供应量的内生性仍然会增强，这将加大中央银行控制货币供应量的难度。

综合上面的分析可以看出，电子货币对总量的影响存在两个不同方向的作用：一方面有助于减少基础货币，另一方面又会提高货币乘数。由于从货币市场均衡的角度看，货币的供求始终是相等的，结合上节对货币需求的分析可知，目前电子货币主要发挥着货币交换媒介的职能，它有助于降低交易性货币需求和预防性货币需求，但是会增加投机性货币需求。从数据上看，通常用 M1 来反映交易性货币需求和预防性货币需求，投机性货币需求用 M2 − M1 来刻画。对于当前中国经济发展现状，人们持有的投机性货币需求要远超于前两个需求，这意味着电子货币可能会增加总的货币需求，因而电子货币会提高货币供应量。但如果未来电子货币的快速发展和应用，使其也能很好地发挥货币资产职能，那么它对传统货币的替代将更加全面，这就有可能降低货币总需求，进而降低货币供应量。不过，无论什么情况，电子货币的发展都提高了货币供应量的内生性，加大了中央银行控制货币供应量的难度。

四、虚拟货币、数字货币对货币供给的影响

（一）网络虚拟货币对货币供给的影响

网络虚拟货币的发行者是游戏平台和网络社交平台等非金融机构，中央银行并不监管其发行行为，因此在理论上其发行的虚拟货币数量可以无限多。但由于这类虚拟货币只能用于购买虚拟商品和服务，可以视作可转手的产品或服务的购买，其币值的高低受其发行量及其与之对应的虚拟产品或服务的价值影响。在虚拟产品或服务的价值不变的情况下，网络虚拟货币发行量越大，其兑换法定货币的价格越低，并不会影响传统货币供给。

（二）数字加密货币对货币供给的影响

不同于网络虚拟货币，当前数字加密货币已经在一定领域执行了货币的职能，具

有近似货币的性质。由于目前很多国家对现有的数字加密货币还存在诸多限制,大多数公众对这些虚拟货币的接受度还处于较低水平,因此数字加密货币更多作为一种投机性的资产而存在,对传统货币供给体系的影响还十分有限。但不可否认的是,数字加密货币在发行、流通、交易等方面形成了一个独立于传统货币的全新体系,对传统货币供给机制提出了很大挑战。

1. 去中心化的货币发行机制对中央银行地位的挑战

在传统的中央银行—存款货币银行双层货币供给机制中,中央银行处于核心地位,它不仅创造基础货币,而且可以通过法定准备金政策等多种手段调控货币发行量。但数字加密货币的一个突出特点就是去中心化,这意味着中央银行无法控制其发行的数量,也无法对其做出法定准备金等要求,从而极大地限制了中央银行对数字加密货币所产生的货币供应量。

数字加密货币的出现和流通,从某种程度上已经对中央银行垄断货币发行权提出了挑战。根据上一节的分析可知,数字加密货币具备所有货币职能的潜力,而其去中心化的发行机制又可以使其能够很大程度地避免中央银行超发货币造成通货膨胀的可能性。在现实世界中,由于超发货币而引起高通货膨胀,甚至恶性通货膨胀的情况时有发生,以往在中央银行垄断货币发行权的情况下,民众通常只能忍受这种通胀增加的生活成本,但数字加密货币的出现使人们多了一种选择。数字货币在发行、流通、交易等方面形成了一个独立于法定货币、全新的货币体系,并且中央银行对这个货币体系的控制力明显弱于传统货币体系。此时,中央银行特殊的垄断发行权会被削弱,对货币供应总量的控制力也会减弱,其货币发行主体地位就会受到冲击。近年来,比特币等数字加密货币在发生恶性通货膨胀的委内瑞拉受到追捧就是一个鲜活的案例。

2. 数字加密货币的世界货币特征

在当前的国际货币体系中,绝大多数国家的货币通常只能在本国范围内使用,只有少数国家的货币,如美元、英镑、欧元等可以跨越国界,行使着世界货币的职能,在全球范围内流通,但这些货币在进行跨境交易时,会面临较为烦琐的手续和较高的手续费。更重要的是,现行的国际货币体系仍然面临着特里芬难题:随着全球经济化的不断发展,为满足全球贸易额不断上涨的需要,美国、英国等世界货币发行国必须要发行更多的货币供其他国家政府购买,这会造成这些国家国际收支逆差;而长期的国际收支逆差和货币超发必然会影响这些国家的信用,造成这些国家的货币贬值,引起通货膨胀,影响其世界货币的地位。当面临国内经济问题时,这些国家的货币当局有内在的扩张冲击，其他国家只能承担其造成的货币贬值的损失和风险，世界货币发行国的货币政策与其货币的国际地位相悖，是国际货币体系稳定面临的大挑战。

数字加密货币的出现给了世界货币一种新的设计可能。首先，数字加密货币去中心化的发行机制可以使其避免中央银行超发货币造成货币贬值的可能性，从而杜绝了因人为因素导致的货币危机。其次，数字加密货币的非负债性可以消除传统货币面临的特里芬难题，从而维持世界货币地位的稳定性。数字加密货币作为一种虚拟货币，是持有人的资产，但不是任何人的负债，在进行交易时无须任何人为其价值负债，这种性质类似于黄金，因此任何国家和政府都无须面对特里芬难题造成的困扰。此外，数字加密货币的发行量由计算机程序设计，可以突破黄金等金属货币数量天然受限的限制，从而有可能实现货币发行量与全球经济发展的相适应，保持其币值的稳定。最后，数字加密货币流通范围更广、交易更加便捷、手续费更低。数字加密货币基于互联网存在，其流通不受地域和国家限制，可以在任意一台接入互联网的客户端上进行交易和管理，用户在进行交易时无须通过任何资金结算中心或是中央清算机构，从而极大地提高了资金交易速度，并极大地降低了交易手续费。这种低成本、高效率的交易模式是任何一般国家主权货币都无法达到的，并且也有助于提高国际贸易的效率、降低交易成本。

需要指出的是，现有的数字加密货币（如比特币、以太币）还存在许多缺陷和诸多亟须解决的问题，基本不可能直接取代传统货币。但数字加密货币的特点却对传统货币供给形成很大的冲击，使其具备未来大幅发展的潜力，因此不少中央银行成立研究机构对其进行分析，探索或试验创建央行数字货币的可能性。

第三节 金融科技与货币均衡

一、货币供求均衡与总供求均衡

货币供求均衡，简称货币均衡，是指一个经济体在一定时期内货币供给与货币需求基本相适应的货币流通状态。货币均衡是一个由均衡到失衡，再向均衡恢复的动态调整过程。货币均衡的实现是相对的，并不要求货币供给量与货币需求量完全相等，而是一定程度上可以允许货币供求之间不一致，实际上是一种经常发生的，在货币失衡中暂时达到的均衡状态。

货币失衡主要有两种类型：一是货币长期供大于求，易导致通货膨胀；二是货币长期供小于求，则易导致通货紧缩。

（一）货币均衡与总供求均衡之间的关系

货币均衡是货币供给与货币需求相互平衡的一种货币流通状态，它既是社会总供求是否均衡的一种反映，又与之相互影响。

社会总供给是一个经济体在一定时期内提供的全部最终消费品和劳务的总和。货币不仅是社会再生产可持续进行的条件，也是总供给实现的媒介。经济体系中需要的货币量，取决于有多少实际资源需要通过货币实现其流转，并完成包括生产、交换、分配和消费这些相互联系的再生产流程。这是总供给决定货币需求的基本理论出发点。

总需求是一个经济体在一定支付能力条件下对生产出来最终消费品和劳务的需求总和，主要包括消费需求和投资需求。由于任何需求都是以一定的货币量作为载体的，因此货币供给决定并制约着总需求。货币供给的变动不仅会通过影响利率来影响投资需求，还可以通过信贷可获得性和股票市场价格等因素来影响投资需求，对消费需求和净出口也有着重要的影响。货币供给量的变化在保持国民经济持续、稳定发展和总供求均衡中起重要作用。货币供给过多，会造成总需求的膨胀，可能导致通货膨胀；反之则造成总需求不足，可能导致通货紧缩。

社会总供求均衡与货币供求均衡密切相关，从主导性作用来看：第一，总供给决定货币需求，决定了需要多少货币来实现价值，从而引出货币需求；第二，货币需求是货币供给的决定依据；第三，货币供给影响总需求，是总需求的载体；第四，总需求对总供给有决定性的影响。因此，货币均衡的两个基本标志，就是商品市场上的物价稳定和金融市场上的利率稳定。需要指出的是，上述四点强调的是一种主导性关系，现实中货币供求与总供求四个因素之间的关系是相互作用的。

（二）货币均衡的实现机制和影响因素

市场经济条件下的货币均衡需要具备两个条件：一是健全的利率机制。利率作为金融市场上货币的"价格"，既要能够灵敏地反映货币供求的状况，又要能够调节货币供求关系使之实现均衡。二是发达的金融市场，特别是货币市场，能够提供众多的金融工具供投资者选择，货币资产与其他金融工具之间可以便利而有效地互相转化，从而调节货币供求。

利率是货币均衡实现的重要条件。从货币供给角度，当市场利率升高时，商业银行的贷款收益增加，因此银行会扩大贷款规模，从而货币供给增加，反之则货币供给减少，可见利率与货币供给存在正相关关系。从货币需求角度，市场利率反映了公众持币的机会成本，利率越高，人们越会减少货币的持有而增持其他资产，因此货币需求与利率存在负相关关系。货币供求相等时即决定了均衡利率和均衡货币量。利率的高低会自发地调节货币供求，而如果中央银行货币政策操作等外部冲击改变了货币供给或货币需求，在市场利率机制的作用下又会恢复均衡，实现新的均衡利率和均衡货币量。

通过前两节的分析可知，金融科技的发展也会影响货币供求进而影响货币均衡。此外，货币均衡的实现还受到多种因素的影响，主要包括：第一，中央银行的市场干预和调控。这会影响货币供给进而影响货币均衡。第二，财政收支的基本平衡。由于中央银行不可能完全独立于政府，因此大规模的财政赤字通常会迫使政府向中央银行（间接地）借款，这会使中央银行为弥补财政赤字而增加货币投放，进而可能引发通货膨胀。第三，经济结构的合理性。一国经济结构如果不合理，就会出现某些部门和产品的供给不足或者过剩，最终会引起货币供求失衡。第四，国际收支的基本平衡。国际收支如果持续失衡，易引起金融市场和汇率波动，直接影响国内市场价格的稳定，影响基础货币投放，使货币供求关系发生变化。

二、金融科技对货币均衡的影响

（一）金融科技与"货币迷失"

中央银行货币政策有效的一个重要基础可以通过货币供给的变化来影响产出和价格，进而影响实体经济运行，其理论前提在于货币供给与产出、价格之间存在相对稳定的关系，即货币供求机制的相对稳定。但我国却存在货币供给增加与物价稳定，甚至与物价负增长并存的怪现象，又称为"货币迷失"现象、"中国货币之谜"。根据货币流通方程 $MV = PY$，按照货币主义学派的观点，货币流通速度相对稳定，那么货币供给量的增长率等于名义国民收入的增长率。但从实际数据上看，我国 M1、M2 的增长率却高于通货膨胀率与实际 GDP 增长率之和，换言之，超额的货币供给并没有造成通货膨胀。这种现象意味着单位货币对 GDP 创造的推动作用在逐渐减弱，可以用下降的货币流通速度来刻画（见图7-4）。可见，如果无法很好地解释这个现象，则会影响中央银行货币政策的有效制定。

许多学者从不同的角度解释了我国"货币迷失"现象，其中一个重要的角度就是金融发展的角度。根据前两节的分析可知，金融发展对货币供求有着双重影响：一方面金融市场的发展会大幅增加金融资产交易，从而提高了投机性货币需求；另一方面，金融发展又会通过各种金融创新降低交易性货币需求和资产需求，以及通过"金融脱媒"间接挤压银行货币创造，降低了货币总需求。长期来看，后者的影响最终会超过前者。因此，金融发展的前期易出现货币流通速度下降、"货币迷失"现象，但后期却会出现反转。改革开放以来，我国金融市场发展很快，到2002年10月，货币市场、资本市场、外汇市场、黄金市场等主要金融市场全部形成并有了一定规模，可交易金融产品的种类和规模大幅增加。从图7-4可以看出，在2002年底前，M1和M2的流通速度都出现了较快的下降，出现了明显的"货币迷失"现象。2003年以后，各类金融市场不断改革发展，各项制度建设也不断完善，不过目前发展水平与发达国家相比仍然较低。近年来，金融科技发展迅速，金融脱媒趋势明显，这有助于提高货币流通速度，逆转"货币迷失"现象。图7-4显示，2003年以后，M1和M2的流通速度仍有一定程度的下降，但下降速度明显变小；2016年至2018年，M2的货币流通速度甚至略有上升。需要指出的是，在图7-4的样本区间里，我国M2统计口径经历了多次调整，总体上统计口径不断变大，2018年1月更是将非存款机构部门持有的货币市场基金取代货币市场基金存款（含存单），纳入到M2的统计口径，突破了M2是通货加存款的传统范畴。如果把样本区间内的M2统计口径做前后一致处理，那么在后期金融科技逆转"货币迷失"的现象会更明显。

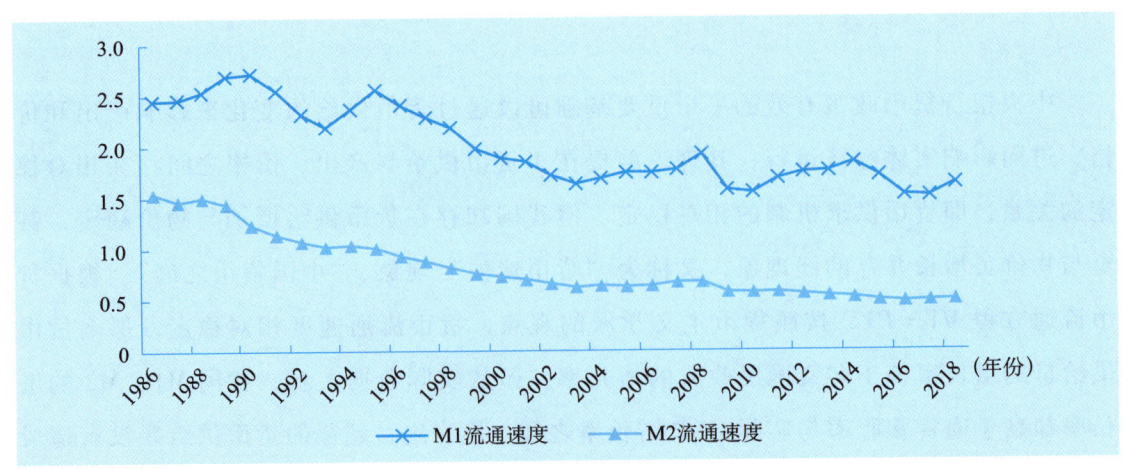

图7-4　M1、M2的流通速度（GDP/M1、GDP/M2）

（二）电子商务对 CPI 的影响

居民消费价格指数（CPI）表示的是一定时期内城乡居民所购买的生活消费品及服务项目的价格变动趋势和程度之间的相对数。作为衡量一般物价水平的基本指标之一，无论是官方统计，还是在经济研究分析中，CPI 都处于十分重要的地位，如果该指标数据失真，则会导致对货币供求状况发生误判，降低宏观经济调控的精准度。根据国家统计局公布的信息显示，当前 CPI 采用抽样调查方法抽选确定调查网点，按照"定人、定点、定时"的原则，直接派人到调查网点采集原始价格，价格调查点包括商场（店）、超市、农贸市场、服务网点和互联网电商等。这说明 CPI 统计已经考虑了电子商务因素的影响，不过具体调查的范围、赋予的权重是多少并未公布，学界及统计部门普遍认为当前 CPI 对电商的影响考虑不足。

电子商务不同于传统商务那样"一手交钱，一手交货"，买卖双方通常是线上交易，因此，付款与发货的时间不一致问题，实际商品与图文描述的一致性、退货导致的退款等问题都成为电商发展急需解决的问题。为此，电商公司推出的第三方支付成为解决上述问题的有效手段，随后电子商务在我国得到了快速发展。自 1998 年 3 月我国第一笔网上交易成功以来，我国已经成为电子商务领域的世界领导者，交易规模遥遥领先于其他国家。以淘宝、天猫、京东为代表的中国电商平台的业务已经涵盖了绝大多数日常消费品。统计数据显示，2018 年，全国网上零售额为 90 065 亿元，同比增长 23.9%。其中，实物商品网上零售额 70 198 亿元，增长 25.4%，占社会消费品零售总额的比重为 18.4%，对社会消费品零售总额增长的贡献率达到 45.2%，较 2017 年提升 7.3 个百分点。在实物商品网上零售额中，吃、穿和用类商品分别增长 33.8%、22.0% 和 25.9%。目前，电子商务仍在蓬勃发展中，未来占中国零售市场的份额将进一步上升。在此背景下，电商发展对 CPI 统计已经形成极大的影响，如果忽略电商因素，统计得到的 CPI 数据就有可能出现失真。

将电商价格纳入 CPI 计算不仅在理论上十分重要，而且在技术上也是可行的。相比传统的到实际网点的抽样式线下调研，利用互联网技术，可以相对更低的成本、更高的频率获得更全面的网络价格。因此，难点不在于数据的获取，而在于指标的修正或是更新方法。目前，美国、加拿大等部分国家已经将部分商品的互联网价格纳入官方 CPI 统计中，他们的成熟做法也能给我国 CPI 统计一些借鉴和参考。不过，具体如何将电商价格纳入主流统计体系，并予以全面统计核算，仍然需要系统的统计理论支持和统计方式的重大变革。

(三) 数字加密货币泡沫

数字加密货币的出现不过刚满 10 年的时间,但其价格的波动却极为剧烈。以比特币为例,2017 年全年价格暴涨近 14 倍,而 2018 年年底价格又暴跌至年初的 27.5%;2018 年最低价格仅相当于 2017 年最高价的 16.6%,二者相距仅一年的时间。在比特币之后,市场上又出现了多种类型的数字加密货币,吸引了大量投机客。据不完全统计,目前市场上的数字货币已经超过 1 000 种,总市值过千亿美元。但关于这些加密资产最后到底是真的会成为未来货币、不断发展并持续繁荣,还是 21 世纪的"郁金香泡沫"、庞氏骗局、洗钱的工具,目前在投资者、监管层和学界仍存在巨大争议。

支持者认为数字加密货币去中心化、无界性、可追溯性等特征使其可以免除通货膨胀风险,更好地发挥各项货币的职能,未来必将对现有货币体系造成颠覆性的冲击。反对者认为现有数字加密货币就是一个巨大的泡沫,终将以失败而告终,它们至少存在以下三个方面的挑战:一是数量上限带来的问题。由于货币设计的数量无法适应经济不断发展的需求,这必然将导致通货紧缩,从而抑制经济发展。历史上,黄金退出货币舞台的重要原因就是黄金供给数量不足,天然受限。二是技术风险。现有数字加密货币在自身的设计上存在漏洞,或者有被更优越算法超载的可能,这在某种程度上会威胁其自身体系的稳定性和安全性。而且作为虚拟货币,数字加密货币的存储、流通及交易全部基于网络实现,其电子钱包账户、交易平台等都可能受到非货币体系的冲击,进而对持有者的资金安全造成较大风险,而实际上数字加密货币被盗的案件时有发生,有些单次损失高达数亿美元。三是信心问题。数字加密货币具有去中心化的特征,不具法偿性与强制性等货币属性,其得以流通交易的基础是用户的信心,一旦出现问题,货币持有者可能转换为信用度更高的货币形式,原有的虚拟货币就会快速失去市场,甚至从此消失。

(四) 便捷跨境汇兑与货币均衡

伴随着各国对外贸易与跨境投资的快速发展,跨境支付成为国际化企业重要的支付方式。由于代理银行每天需要处理数百万笔跨境支付业务,中间环节繁杂、时间周期长,因而很难事先明确告诉客户要经过多少环节、需要支付多少手续费,再加之各国和地区跨境支付系统各不相同,使企业在跨境汇款业务中长期存在速度慢、查询困难、扣费不透明、支付信息难以完整传递等问题。

在银行跨境支付的服务能力难以满足客户日益增长的跨境支付需求的背景下，近年来，国际支付领域也积极地运用最新的金融科技来提升自身的服务能力，这些科技包括区块链技术、云计算技术、大数据技术等。例如，SWIFT 组织（环球银行金融电信协会）在 2017 年 5 月推出了全球支付创新 GPI（Global Payment Innovation）项目，该项目采用了分布式账本、云存储等技术，可以实现 GPI 银行之间的快速到账，银行扣费透明、汇兑信息无损，并且支付状态可以随时跟踪，极大地提升了跨境支付的效率。第三方支付机构蚂蚁金服则于 2018 年 6 月 25 日下午宣布全球首个基于区块链的电子钱包跨境汇款服务在香港上线，港版支付宝 AlipayHK 的用户可以通过区块链技术向菲律宾钱包 Gcash 汇款，耗时可以从以前的 10 分钟，甚至数天时间缩短到 3 秒钟。

金融科技使跨境汇兑更加便捷，降低了国际贸易成本，有助于促进经济全球化。但需要指出的是，跨境汇兑的便捷化也可能带来负面影响。它大幅提高了跨境资本流动的效率，当资本账户开放的情况下，这意味着资金可能会出现大规模的外流或是回流现象，这会导致国内货币供给的突然减少或激增，在其他条件不变的情况下，这将增加国内金融市场的不稳定性，甚至引起一般价格水平的变动，进而影响实体经济。目前，我国的金融市场和资本账户仍处在不断开放过程中，人民币国际化也在不断推进，国际金融市场上已经积蓄了一定量的人民币资金，因此，也存在人民币大幅外流或是回流导致国内货币供给突变的可能。

三、金融科技与总供求

金融科技的发展总体上有助于降低实体经济的融资成本，提高融资效率，进而增加社会总需求。但金融科技也会改变融资结构和货币层次，进而影响货币供给与总供求均衡的关系。

（一）金融科技对融资结构的影响

实际上，只有当金融结构相对稳定、融资支持渠道和方式相对稳定的条件下，货币供求对社会总供求的影响才具有较强的经济学含义。特别是在间接融资主导的金融体系中，银行新增信贷是实体经济获取资金的最重要来源，而银行新增信贷的扩张直接对应着货币供给量的扩张，因此，货币供给的增加意味着实体经济获取资金总量的增长，通常反映了消费需求或是投资需求的增加，因而社会总需求增加，均衡的社会总产出增加。金融科技的发展有助于提高直接融资占总融资的比重，而在一个直接融资规模快速扩张的社会中，实体经济可以不依赖货币的扩张就能获得更多的资金支持。

例如，设想一家企业如果以发行债券、股票或信托产品的方式获取了10亿元资金，那么该企业存款增加10亿元，而购买其债券、股票或是信托产品的投资者存款下降了10亿元，因此银行存款总量不变，货币供给不变。更进一步，如果企业用这10亿元偿还了原先银行的4亿元贷款，并将剩下的6亿元用于投资，那么投资者存款仍然下降10亿元，而企业存款增加6亿元，银行总存款下降4亿元。可见，随着金融市场的发展和直接融资比重的上升，实体经济完全可以在货币供给量不变，甚至下降的情况下获得更多的融资支持。

（二）金融科技对货币层次的影响

目前，各国中央银行的货币层次划分不尽相同，但在进行货币层次划分时都是以金融资产的流动性为依据。金融资产的流动性程度不同，则在流通中周转的便利程度不同，由此形成的购买力强弱不同，从而对商品流通及其他各种经济活动的影响程度也就不同。金融科技的发展不仅会创造出新的金融资产，而且会影响既有金融资产的流动性，因此，各国货币层次的划分也会随着时间发生调整。以我国为例，我国从1994年开始划分货币层次，按照流动性强弱，目前将货币划分为M0、M1和M2三个层次，此后中国人民银行对M2的内容进行了多次调整，在经过2018年1月的调整后，目前我国货币层次的具体划分内容为M0是流通中的现金；M1由M0加上单位活期存款和个人持有的信用卡存款构成；M2由M1加上单位定期存款、居民储蓄存款、证券公司客户保证金存款、其他存款和非存款机构部门持有的货币市场基金构成。

金融科技对货币层次的影响主要表现在以下两个方面：

第一，金融科技使传统货币在不同货币层次之间的相互转化变得更加容易，使各种货币层次之间的界限变得更加模糊。例如，在我国，随着金融市场和网络通信技术等基础设施的发展，特别是移动支付的广泛应用，活期存款的流动性大幅上升，甚至打破了长期以来现金在日常消费支付领域的主导地位，这就模糊了M0和M1之间的界限。此外，不仅是现金、活期存款具备即时的支付能力，定期存款也随着网络支付和互联网金融创新逐步具备了直接支付的能力，从而缩小了M1和M2之间的流动性差异。这意味着对金融资产进行货币层次划分的难度在增大。

第二，金融科技使更多金融资产具备了"货币"属性，拓宽了货币统计口径。传统的货币统计口径仅包括通货和银行存款，表现为存款性公司的负债，其中一个重要原因是银行能够充当支付中介，从而银行存款可以直接发挥交换媒介的职能，而其他金融资产却难以具备这个职能。但金融科技使不同存在形态的金融资产可以迅速、低成本地转化为银行存款，从而极大地提高了部分金融资产的流动性。例如，货币市场基金风险低、收益稳定，以开放式基金为主，采用"T+1"赎回模式，而且借助网络技术赎回的手续简便、费用低廉，并且部分货币市场型基金利用互联网平台和资金垫付，可以实现快速赎回，甚至直接用于支付——余额宝账户中的资金可以直接用于购买淘宝网的商品或用于线下实体店的扫码支付，这使货币市场基金的流动性大幅上升，"货币"属性越来越明显。正因为此，中国人民银行自2018年1月起将非存款机构部门持有的货币市场基金取代货币市场基金存款（含存单），纳入M2的统计口径。同样地，未来金融科技的发展也可能使其他一些银行体系以外的金融资产具备"货币"属性，从而也纳入货币统计范畴。但是无论如何调整，需要指出的是，目前各国货币层次的划分及计量都只能在一定程度上反映货币流通的状况，只能做到相对准确。

（三）大口径货币供给与总供求均衡

通过上面的分析，金融科技会改变融资结构和货币层次，从而使从历史数据中获得的传统货币供给与总供求的经验关系不再可靠，这将加大中央银行宏观经济判断和货币政策制定的难度，而且随着金融科技的快速发展，这个问题将更加严峻。目前，已经有不少研究者建议用大口径的融资指标——如社会融资规模（涵盖了银行信贷间接融资规模和金融市场直接融资规模）——来替代货币供应量，作为货币政策的中介指标，但这个指标存在着遗漏、重复计算等诸多问题。未来是否能够构建出一个更准确的大口径货币供给或是总融资规模指标，是一个值得探讨的问题。

本章小结

金融科技改变了货币需求的结构和总量。移动支付和电子货币的广泛应用减少了现金需求，第三方支付和电子货币的广泛应用减少了交易性货币需求和预防性货币需求，而互联网财富管理的兴起和电子货币的流通则会增加投机性货币需求。数字加密货币对货币需求的影响也十分有限，但它具备发挥所有货币职能的潜力，因而具有替代传统货币需求的可能。

金融科技对货币供给机制产生了深远的影响,以比特币为代表的数字加密货币,直接冲击了传统的信用货币供给体系,使部分金融工具的流动性得到了极大提高,拓宽了货币统计范畴,这也使部分非存款性公司直接进入了货币供给体系。

金融科技的发展早期有助于增加金融资产交易,从而提高货币需求,此时易出现"货币迷失"现象;后期则会通过各种金融创新、"金融脱媒"间接挤压银行货币创造,降低了货币总需求,从而逆转"货币迷失"现象。特别是第三方支付极大地推动了电子商务的发展,使 CPI 统计失真,从而可能影响宏观经济形势判断及经济政策的制定。借助金融科技,跨境汇兑便捷度大幅提高,这降低了资金的跨境流动成本,从而可能影响国内货币供给的稳定性,进而影响总供求。

本章重要概念

货币需求　交易性货币需求　预防性货币需求　投机性货币需求　货币供给　基础货币　货币乘数　货币迷失　货币层次

本章思考题

1. 第三方支付如何影响货币需求总量和结构?
2. 互联网财富管理如何影响货币需求总量和结构?
3. 电子货币的广泛流通和应用如何影响货币需求?
4. 数字加密货币如何影响货币需求?其未来前景如何?
5. 金融科技如何影响中央银行——存款货币银行的双层货币供给机制?

本章参考文献

[1] 刘贵生,司晓玲. 现金的价值与生命力 [J]. 中国金融,2018 (4):12-15.

[2] 孙启明,王浩宇,潘智涓. 比特币的世界货币特征探索 [J]. 北京邮电大学学报(社会科学版),2014,16 (1):31-37.

[3] 马文军. 电子商务对我国 CPI 统计的影响分析——以 2015 年 CPI 涨幅转换为例 [J]. 价格理论与实践,2016 (2):103-105.

[4] 伍志文. "中国之谜"——文献综述和一个假说 [J]. 经济学(季刊),2003,3 (4):43-74.

［5］徐捷. 用科技创新开启跨境支付新时代［J］. 中国外汇, 2018 (Z1)：76－77.

［6］胡再勇. 虚拟货币对货币供求影响的理论研究［J］. 南方金融, 2014 (10)：9－16.

［7］王韧. 经济开放、结构性冲击与货币供求机制变化［J］. 经济问题探索, 2017 (2)：12－21.

［8］王信, 郭冬生. 现金需求判断及影响因素［J］. 中国金融, 2018 (11)：81－82.

第八章 金融科技与货币政策

本章导读

金融科技的快速发展已开始对货币政策的基本框架有所影响，在可预见的未来其影响有望进一步深入。那么，我们如何认识理解金融科技的发展对货币政策的最终目标、中介目标、货币政策工具、货币政策的传导机制等方面会有哪些影响呢？本章将回答这些基本理论问题。

本章学习目标

本章在已有的货币政策基本框架分析基础上，厘清金融科技对货币政策的最终目标、中介目标、货币政策工具、货币政策的传导机制等基本要素的可能影响及影响机制。通过本章学习，可以进一步认识金融科技给现有的货币政策基本框架带来的影响变化及如何应对。

第一节　金融科技与货币政策目标

一、货币政策目标

货币政策目标是指通过货币政策的制定和实施所期望达到的最终目的，是中央银行的最高行为准则。中央银行的货币政策目标是分层次的，一般分为最终目标、中介目标和操作目标三个层次。货币政策的最终目标是中央银行执行货币政策预期要达到的最终政策效果，是一种长期的、原则性的、非数量化的目标，需要经过一个较长时间的复杂的传导过程。

当代我国货币政策的最终目标大致可概括为五个，即保持币值稳定、充分就业、经济增长、国际收支平衡和金融稳定。

（一）币值稳定

币值稳定是指中央银行通过货币政策的实施，使币值保持稳定，从而保持一般物价水平和汇率的基本稳定，在短期内不发生显著或急剧的波动。这个物价是指一般物价水平或者总体物价水平，而不是某种或某类商品的价格。通货膨胀是各国经济生活中经常遇见的问题，也由此引发种种经济问题。因此，抑制通货膨胀，保持币值稳定成为各国货币政策追求的首要目标。

（二）充分就业

充分就业是指任何愿意工作并有能力工作的人都可以找到一个有报酬的工作，对个人或家庭来说，实现就业非常重要。充分就业是宏观经济政策的重要目标。但是，充分就业并不是追求零失业率。由于摩擦性失业、结构性失业、季节性失业和过渡性失业的存在，一定程度的失业在经济正常运行中是不可避免的。因此，充分就业的目标是要将失业率降低到自然失业率水平。就业水平受经济发展的规模、速度、结果及经济周期的不同阶段等众多因素的影响，特别是在经济衰退、失业严重的时候，实行扩张性的货币政策，对扩大社会总需求，促进经济发展，降低失业率具有重要意义。

（三）经济增长

经济增长是指使国民生产总值的年增长率保持在一定水平上，避免停滞不前或者负增长。这是货币政策的重要目标之一。

（四）国际收支平衡

国际收支平衡有利于一国经济的健康发展，保证对外经济活动的正常进行。中央银行通过货币政策措施的具体实施，如调节利率、汇率等，可以改善贸易收支和跨境资金流动，解决或预防国际收支失衡问题。因此，保持国际收支平衡也是货币政策的目标之一。

（五）金融稳定

保持金融稳定是防范金融危机的重要前提。货币政策通过一般性政策工具和选择性政策工具的合理使用，可以调控社会信用总量，有利于抑制金融泡沫和经济泡沫的形成，避免泡沫的突然破灭对国民经济，特别是金融部门的激烈冲击，有利于保持金融稳定和防范金融危机，避免其进而传导至实体经济。

二、金融科技对金融稳定的影响

金融科技本质仍是金融。在金融科技快速发展的背后，金融风险也不断集聚、裂变，对金融体系和金融市场稳定性都会构成冲击。金融科技引发的金融脱媒、普惠金融化、去中介化现象无不影响着金融的发展，甚至在部分领域有替代银行等金融机构的可能性，对金融的稳定性造成了较大的冲击。随着互联网的第三方支付、移动支付方式的日益发展，传统商业银行将加速金融脱媒的进程，使商业银行的资金中介功能被边缘化。但是，金融科技也能够以其先天的优势实现去中介化，解决资金供求双方信息不匹配的难题，通过网络平台自行选择、甄别和交易。

在金融创新过程中，比特币和P2P平台作为互联网金融的代表性产品，吸引了社会的广泛关注，对金融市场的稳定性有一定影响。比特币是基于网络的、点对点的、执行特定算法创造出的匿名虚拟货币，其运行不需要央行或其他金融机构的支持或信用担保，而是使用分布式数据库管理货币发行和交易。这孕育着新的市场和盈利模式，也意味着新兴电子金融产品的进一步创新。但是由于其去中心化、不受监管、监管成本极低，极容易成为非法交易的最佳工具，增大了针对比特币业务的欺诈风险。虽然比特币促进了金融市场国际一体化，但是比特币的扩展会影响中央银行的供给机制和传导机制，并冲击基础货币的结构。比特币的出现为未来货币发展趋势提供了新契机，但是其对金融市场造成的冲击仍需持续关注。P2P借贷是指个体之间或个体与企业之间通过网络实现借贷，是基于互联网思维的金融。P2P借贷虽然是一种创新的金融组织形式，但也带来了新的风险。由于信息不对称，极容易发生非法运作风险，导致诈骗等一系列恶性事件的发生；并且P2P平台的信息缺失，使借款人信息审核存在一定的难度，导致借款人违约风险增大。一旦发生大规模违约，会使平台面临巨大的信用风险和声誉风险。P2P借贷对金融市场的稳定性有一定的冲击，这就要求监管机构引导P2P这样的互联网金融创新形式走健康发展道路。

第一，金融创新使货币供求机制、总量和结构发生深刻变化，对金融运作和宏观调控产生影响。在货币需求方面最明显变化就是传统统计口径下的货币需求的减弱，并由此改变货币结构，降低了货币需求的稳定性。在货币供给方面，由于各类非银行金融机构和复合性金融机构在金融创新中也具备创造存款货币的功能，货币供给主体增加；新型金融工具的不断涌现，使金融资产的流动性强弱已不明显，导致货币定义和计量日益困难和复杂化。这些因素将削弱中央银行对货币的控制能力与效果，容易导致货币政策失效和金融监管困难。

第二，金融科技很大程度上将改变货币的决策、操作和传导效果，对货币政策的实施产生一定的不利影响。金融科技带来的金融创新将降低货币政策中介指标的可靠性，给货币政策的决策、操作和预警系统的运转带来较大困难；同时，将削弱法定存款准备金政策和再贴现政策的作用力，减少可操作工具的选择性。此外，还加大了政策传导的不完全性，科技金融工具的出现使货币政策传导过程离散化、复杂化，使货币政策的制定更加困难。

第三，金融科技将增加金融业的系统性风险。一是，将加大原有信用风险。我国信用征信体系尚未完全建立，加上金融科技平台的开放性特点，债务人的信息披露责任难以得到有效约束，这将导致债权人与债务人之间的信息不对称，提高信用风险。二是，金融科技网络安全风险大。由于我国拥有自主知识产权的互联网信息安全保障技术仍较为薄弱，一旦遭遇黑客攻击，可能会导致用户的资金安全和个人信息安全。同时，还存在互联网营销推广和电信诈骗问题。三是，金融科技监管力度弱。目前，我国金融科技仍处于起步阶段，尚无明确的监管和法律约束，并且对于金融平台而言，违约成本低，从而导致整个行业面临较多的政策和管理问题。

金融科技是由技术驱动的金融创新，可能会创造出新的商业模式、技术应用、业务流程及创新产品，将会对金融服务的供给产生影响。金融科技迅速发展，金融科技运用不断增长，既需要关注技术创新，又要控制潜在的金融稳定问题。金融科技的发展既为金融稳定带来效益，也带来一定的风险。

三、金融科技对物价稳定的影响

我国传统的货币政策是以货币供应量为中介目标以实现稳定物价、促进经济增长等最终目标，而金融科技的发展将提高货币乘数、改变货币需求结构、增加货币流通速度，因此将对物价稳定目标产生影响。

第一，金融科技发展使货币乘数增大，影响央行对基础货币投放的控制。当金融市场仅有商业银行吸收存款、发放贷款时，货币供应源单一，对货币供应源调控相对容易，通常只需调控商业银行存款准备金率就可达到调控货币供给目的。但金融科技的发展和介入，使诸多新型金融机构突破原来不能吸收揽存的限制，可以利用网络平台直接将资金借给资金需求方，获得利息收益。相当于在央行之外又增加了一笔存款货币，新型金融科技机构将产生存款派生能力，使货币供应源主体发生改变。金融科技发展增加了金融市场中货币供应渠道（见图 8-1），削弱央行对货币供应调控的可控性，直接影响着货币政策目标制定的准确性及传导效率。

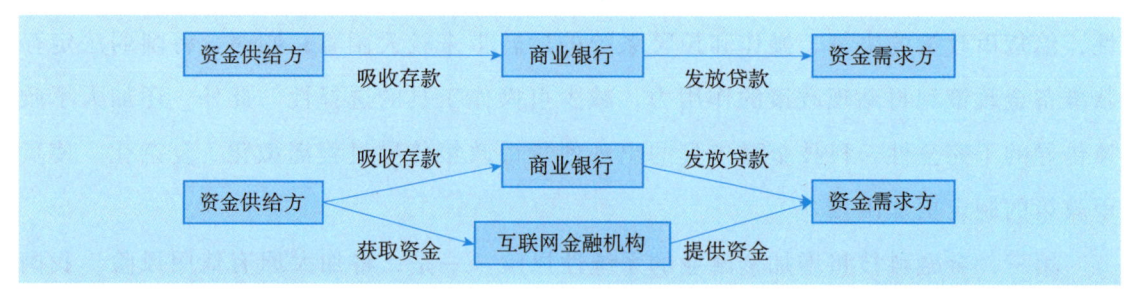

图 8-1 货币供应渠道变化

第二，金融科技的发展创新促进了投资性金融工具的产生和货币电子化的发展，对货币数量的可测性和可控性产生影响，导致货币需求稳定性下降，增加了中央银行制定货币政策的难度。金融科技发展产生的货币化程度较高的新型金融产品，不仅具有支付和变现能力，还具有投资功能，能满足人们的交易性需求和投机性需求。尤其是资产证券化工具，具备高流动性和高收益性，使用于投机需求的货币增加。同时，第三方支付的出现在很大程度上降低了人们对狭义货币的需求量。因此，金融科技的发展降低了人们的交易和预防需求，增加了投机性需求，由于杠杆率和高收益率并存，降低了货币需求的稳定性。

第三，金融科技发展将提高货币流通速度，在同样的货币增速下可能引发更高的通货膨胀。金融科技发展创新推出了大量货币性极强的新型金融工具，这些工具不仅满足了金融市场流动性需求和投机性需求，也明显提高了货币流通速度。网上支付，尤其是基于电商平台的中小额支付，不仅能够脱离传统金融机构束缚，而且明显降低了交易成本，加快了支付货币的流通速度。同时，第三方支付平台与金融产品紧密结合，可以让理财与支付交易同步进行（见图8-2），支付方式种类多样化程度间接引发公众对活期存款的需求锐减。

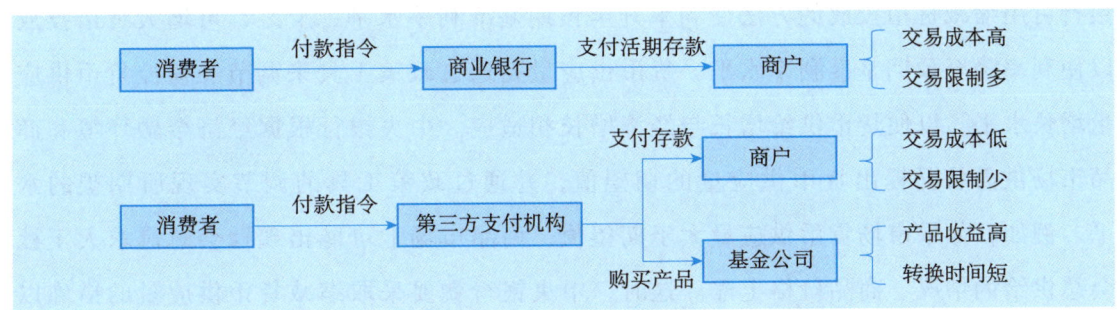

图8-2 两种支付形式对比

第二节　金融科技与货币政策操作指标和中介目标

一、货币政策操作指标和中介目标

货币政策的操作指标，是中央银行通过货币政策工具操作能够有效、准确实现的政策变量，如准备金、基础货币等指标。准备金是中央银行货币政策工具影响中介目标的主要传递指标，也是中央银行可直接操作的指标。准备金主要有三种计量口径：准备金总额、法定准备金、超额准备金。准备金的高低，反映了商业银行等金融机构的资金松紧程度。商业银行准备金越多，银行放款与投资的能力就越大，从而派生存款和货币供应量也就越多。基础货币是中央银行经常使用的一个金融指标，是商业银行准备金和流通中通货的组合，即包括商业银行在中央银行的存款，加上商业银行的库存现金，再加上社会公众持有的现金。除了准备金和基础货币之外，操作指标还可能有中央银行自行决定的利率，如再贴现率、再贷款利率、准备金存款利率、央行票据利率等。由于中央银行的货币政策操作主要在货币市场上进行，因此，这些指标基本上是可控的。

中介目标处于最终目标和操作指标之间，是中央银行通过货币政策操作和传导后能够以一定准确度达到的政策变量。通常认为货币政策操作指标和中介目标的选取要兼备可测性、可控性、相关性和抗干扰性四个基本要求。可作为中介指标的金融变量主要有利率、货币供应量等。利率作为中介目标，是通过政策工具来调节、监控市场利率水平，以达到中央银行的期望值。具体操作是根据经济金融环境和金融市场状况提出预期理想的市场基准利率水平，若实际利率水平低于预期的基准利率水平，中央银行可用缩减货币投放的方法使利率升至预期基准利率水平；反之，可增大货币投放以使利率降至预期基准利率水平。货币供应量是通过政策工具来调节、监控货币供应量增长水平，以便货币供给增长与经济增长相适应。中央银行根据经济金融环境和商品市场供需状况提出货币供应量的期望值，并通过政策工具的调节实现所期望的水平。例如，如果市场货币供应量大于期望值，商品市场上可能出现社会总需求大于社会总供给的情况，商品价格上涨。这时，中央银行就要采取缩减货币供应量的措施以达到期望值，实现市场均衡。除利率和货币供应量以外，还有一些中介目标，主要有贷款规模和汇率。贷款规模具有较好的相关性、可测性和可控性，但贷款规模的调控更多的是利用行政手段而非经济手段发挥作用，不利于市场机制作用的发挥。在一些对外经济依赖性大的小型经济体，或者实行本币与某国货币挂钩的经济体，货币当局往往选择汇率作为中介目标。

20 世纪 80 年代，我国沿用了改革开放前的做法，以贷款规模与现金发行作为货币政策的中介目标。但随着改革开放的深入与市场化金融运行体制的确定，货币政策的实施基础和环境都发生了根本变化。中国人民银行于 1998 年取消了指令性的贷款规模管理，而将其作为一种指导性的变量进行统计监测与调节。1994 年，《国务院关于经济体制改革的决定》明确指出，我国今后的货币政策中介目标主要有四个：货币供应量、信用总量、同业拆借利率和银行超额准备金率。2010 年 12 月中央经济工作会议和 2011 年政府工作报告提出"保持合理的社会融资规模"，社会融资规模成为我国货币政策监测的重要指标之一。

二、金融科技与货币政策中介目标有效性

中央银行在执行货币政策时,由于其具有滞后性和动态性,因而会借助一些能较快反映经济状况变化的指标,作为观察货币政策实施效果的信号,这就是货币政策中介目标。货币政策中介目标是货币政策工具与最终目标的中介环节,主要包括货币供应量、利率等变量。

(一) 金融科技使货币供应量作为中介目标的有效性降低

金融科技将削弱货币供应量的可测性和相关性。一国货币供应量由中央银行发行的基础货币和货币乘数决定。首先,金融科技使货币供给层次的划分变得模糊,各层次货币之间的转化变得更为迅速便捷。随着时间推移,电子货币的发展将会越来越成熟,计量也变得更加困难。另外,金融科技导致很多金融业态的边界不好界定,你中有我,我中有你,很容易导致重复统计或者统计遗漏。因此,监管和统计的数据就失去其准确性,使货币供应量与物价增长、经济发展等最终目标之间的相关性下降。

货币供应量的可控性也将被削弱。基础货币的供应量由中央银行控制,但是金融科技使货币乘数的变化趋于不稳定。货币乘数由超额准备金率、法定准备金率、通货比率等因素决定,随着电子支付的盛行,使流通中的通货数量减少,存款准备金也将减少,因而电子货币在导致现金漏损率减少的同时,货币乘数将随之增大。这就使货币供应在一定程度上脱离了中央银行的控制,直接影响货币政策制定的准确性。

(二) 金融科技增强了利率对最终目标的影响效果

金融科技增强了利率的可测性。金融科技以电子货币的大规模使用,加大了货币供给,并且提高了整个货币体系的电子化水平,因而增强了货币体系的透明度,政府机构、企业及普通个人都能通过各种信息化渠道了解到利率的最新变化情况。

金融科技增强了利率的可控性。金融科技的发展极大地提升了货币体系运转的效率,也使中央银行相关政策的传导更加快捷。电子信息渠道可以最快地将影响利率的政策传递出去,并通过市场参与者的快速反馈得到回应。

金融科技增强了利率与最终目标的相关性。金融科技的发展使市场的效率和竞争水平进一步提高，而利率是市场运行的结果，因而作为货币政策的中介信号指标将会更有效率，准确性更高。

第三节　金融科技与货币政策工具

一、货币政策工具

中央银行一般性货币政策工具是在市场经济条件下经常运用的传统工具，包括法定存款准备金政策、再贴现政策和公开市场业务，通称中央银行的"三大法宝"。

法定存款准备金政策是通过改变货币乘数来影响货币供给，即使法定存款准备金率调整的幅度很小，也会引起货币供应量的巨大波动。因此，具有作用力大、主动性强、见效快的优点，但也有其不足，例如，不宜作为中央银行调控货币供给的日常性工具，具有固定化的倾向等。中国人民银行自1984年专门行使中央银行职能后，开始实施存款准备金制度。1998年改革了存款准备金制度，合并了法定准备金备付金账户，将准备金调整为8%。此后，法定存款准备金一直调整，例如，2007年内调整了10次，2011年内调整了7次。存款准备金政策是我国中央银行货币政策操作中经常运用到的政策工具之一。

再贴现政策是指中央银行对商业银行持有的未到期票据向中央银行申请再贴现时所做的政策性规定。一般包括再贴现率的确定与调整、申请再贴现资格的规定与调整两方面的内容。中国人民银行的再贴现业务自1986年正式开办以来，由于我国商业信用不发达，票据发展滞后，在一个较长的时期内，票据贴现和再贴现的总量很小，加上再贴现利率与其他贷款利率一样由国家统一制定，政策效果小到可以忽略。但在1994年以后，中国人民银行加大了开展再贴现业务的力度，出台了相应的法规，全国再贴现业务发展较快。但自2002年以来，由于票据贴现市场的发展相对较慢，再贴现业务萎缩，难以发挥货币政策工具的作用。而2012年以后，再贴现业务对金融市场的作用越来越明显。

公开市场业务是指中央银行在金融市场上通过公开买卖有价证券来调节金融机构的准备金和基础货币，进而影响市场利率和货币量的政策行为。同前两种货币政策工具相比，公开市场业务有主动性强、灵活性强、调控效果和缓、震动性小、告示效应强、影响范围广等优越性。我国在1994年之前尚不具有公开市场业务操作的基础。1994年4月1日，我国正式在上海银行间外汇市场通过买卖外汇进行公开市场操作；1995年，通过中央银行融资券的买卖在本币市场开始尝试公开市场业务；1996年，以国债为对象进行公开市场业务操作。随着改革开放的深入和市场化程度的提高，公开市场业务的基础和条件日益成熟。1999年后，公开市场业务已经成为中国人民银行货币政策日常操作最重要的工具，在调控货币供应量、调节商业银行流动性、引导市场利率走势等方面发挥积极作用。

除了上述三大工具以外，中央银行有针对性地对某些特殊领域的信用加以调节和影响，以调节货币供应量。选择性货币政策工具主要有消费信用控制、证券市场信用控制、不动产信用控制、优惠汇率、其他货币政策工具。

二、金融科技与货币政策工具的有效性变化

金融科技不断创新改变了金融市场经济主体行为，使货币需求和资产结构处于复杂多变状态，货币政策传导易变、传导时间难以把握、不确定性增强，对货币政策效果判断亦带来困难。

（一）金融科技的发展削弱了法定准备金政策的效果

法定存款准备金是央行调节货币供给量的重要政策工具，但大量资金可借助金融科技渠道从商业银行流向非存款类金融机构及金融市场，从而不受存款准备金率约束。一方面，商业银行在金融业中的地位与作用将被削弱。非存款类金融机构分流商业银行资金来源，使商业银行活期存款数量大幅下降，存款结构发生变化。为了在激烈竞争中求得生存和发展，商业银行从传统存贷款业务转向多种业务并重，尤其加大了证券业务、表外业务及中间业务的比重；这降低了中央银行通过增减法定存款准备金数量来控制信贷规模的货币政策作用力，削弱了商业银行作为货币政策导体的重要性及其功能。另外，金融科技使货币创造主体多元化，干扰中央银行控制货币供给。央行控制货币传统方法主要依靠控制商业银行派生存款，但随着非存款类金融机构种类的增多及经营业务领域的不断拓宽，传统商业银行大量活期存款被这些金融机构所吸收，产生了大量央行控制外的派生存款，使中央银行通过调整商业银行准备金数量

来控制货币供给量的政策作用降低，存款准备金传导机制作用部分失效，货币政策控制效力减弱。诸如网络银行的出现，其迁移不会造成原有客户的流失，并且迁移费用相对较低，因此网络银行能够规避较为苛刻的准备金要求，削弱了准备金政策的效果。

（二）金融科技的发展削弱再贴现政策效果

再贴现率也是中央银行控制信贷规模和货币供给量的重要手段，再贴现政策包括规定再贴现条件和调整再贴现率两项内容，其作用大小与金融机构对中央银行再贴现的依赖程度成正相关关系。新型金融科技机构（如 P2P 网贷平台）具备交易成本低、信息透明度高、不受再贴现率政策影响的特点，从产生伊始就迅速抢占金融市场，为金融市场提供多元化融资渠道，使金融市场流动性需求可通过多种方式满足。这就间接减少了金融机构对再贴现政策的依赖，削弱了货币当局再贴现政策的作用，降低了政策的传导效率。

（三）金融科技的发展将强化公开市场业务的效果

公开市场业务是中央银行直接参与货币交易来控制货币供应量的重要手段。金融科技在引发金融机构资产负债结构变化的同时，又为公开市场操作提供了大量可供买卖的金融工具。金融市场主体在需要补充流动性资产或进行调整资产组合时就会更加积极地参与金融市场活动，日益依赖公开市场。这不仅在客观上配合了货币当局操作，而且有利于增强政策效果。

金融科技还将加强货币当局公开市场业务的告示效应。金融科技发展使市场信贷来源由单一商业银行放款走向多元化，众多金融产品之中政府债券作为基准债券收益率及价格，在金融市场中起着基准作用。因此，中央银行可以通过调控政府债券收益率及价格来影响金融市场中其他金融产品的收益率及价格，以达到调控货币供给量和信用总量，引导公众和金融机构对经济前景的预期。

（四）金融科技对选择性货币政策工具的影响

选择性货币政策工具是指中央银行针对某些特殊的经济领域或特殊用途的信贷而采用的信用调节工具，虽然选择性货币政策工具对国家经济运行的影响是局部性的，但是能够与一般性政策工具搭配使用，共同达到实现货币政策目标的目的。金融科技的运用充分发挥了技术革新对金融的赋能作用，移动互联网改变了金融的触达能力和便捷性,大数据改变了信息搜集成本和处理效率,借助云计算可有效推动金融基础架构和基础逻辑的变化,提供有效的新制度架构,让数据信息准确、可追溯,提升信息真实度、准确度,更好地实现信用的检测,有利于选择性货币政策工具的应用。

第四节 金融科技与货币政策传导机制

一、货币政策传导机制理论

(一) 古典货币数量论的货币政策传导机制理论

古典货币数量论主要包括以费雪为代表的现金交易数量论和以剑桥学派的马歇尔、庇古等为代表的现金余额数量论。现金交易数量论着眼于一定时期内用作交易的货币数量,而现金余额数量论则着眼于某一时点上停滞的货币数量。两者虽然采用的分析方法不同,但都认为货币数量变动只影响物价水平而不影响实际经济活动。

(二) 凯恩斯学派的货币政策传导机制理论

凯恩斯学派认为货币供应量的增减会影响利率,利率的变化则通过资本边际效益的影响使投资以乘数方式增减,投资的增减进而影响总支出和总收入。用符号表示为:

$$M\uparrow \longrightarrow r\downarrow \longrightarrow I\uparrow \longrightarrow E\uparrow \longrightarrow Y\uparrow$$

其中,M 为货币供给量,r 为利率,I 为投资,E 为总支出,Y 为总收入。

在这个传导过程中,货币政策发挥作用的关键途径有两条:一是货币与利率的关系,即流动性偏好;二是利率与投资之间的关系,即投资利率弹性。在凯恩斯学派的传导机制中,利率是整个传导机制的核心,货币供给量的调整必须首先影响利率的升降,然后才能使投资乃至总支出发生变化。如果货币供给量增加不能对利率产生影响,即存在流动性陷阱,则货币政策无效。如果投资的利率弹性非常低,利率的下降就不会对投资量有显著的刺激作用,货币政策的传导机制也就会中断。

(三) 货币学派的货币政策传导机制理论

货币学派认为利率在货币政策传导过程中不起重要作用。同时,货币政策传导过程比较直接和迅速,并不像凯恩斯学派认为的那样间接。货币学派认为,货币需求有其内在的稳定性,而货币供给是一个外生变量。由于货币需求函数中不包括任何货币供给的因素,因而货币供给的变动并不直接引起货币需求的变化。

当货币供给量增加时,由于货币需求并不改变,公众会发现他们实际持有的货币量比他们希望持有的多。超过意愿持有的货币,或被用于购买债券、股票等金融资产,或被用于购买实物资产。这种支出会影响资产的价格:

$$M\uparrow \longrightarrow A\uparrow \longrightarrow C\uparrow I\uparrow \longrightarrow P\uparrow \longrightarrow Y\uparrow$$

其中,M 为货币供给量,A 为金融资产,C 为消费,I 为投资,P 为价格,Y 为产出。货币学派认为,货币供给的变化在短期内会对实际产量和物价两方面均产生影响;就长期而言,则只会影响物价水平。

(四)货币政策传导机制理论的进一步探索

在凯恩斯学派和货币学派理论基础上,许多经济学家对货币政策传导机制作了更为广泛的探索。主要有托宾的 q 理论、信用传导机制理论、财富效应理论、国际贸易渠道理论等。

二、金融科技改变货币政策传导机制

金融科技拥有一系列显著特征,如产品创新快、信息不对称程度低、交易成本低、金融脱媒,这些特征必然会引起金融市场的巨大变革。货币政策主要包括目标选择、政策工具和传导机制三个方面的内容。其中货币政策目标选择包含中介目标选择(如长期利率、货币供应量和贷款量)和操作目标选择(如短期利率、商业银行存款准备金、基础货币);一般性货币政策工具指法定存款准备金率政策、再贴现政策和公开市场业务;在货币政策传导机制方面遵循间接传导路径,即"中央银行——金融机构——企业和居民户——国民收入"。由此可见,无论货币政策目标、政策工具,还是传导机制,均与金融市场密切相关,金融市场变革必然影响货币政策传导效果。

(一)金融科技与货币政策传导路径

在货币政策工具方面,网络借贷、互联网基金销售等金融科技业务,降低了各类金融资产之间的转换成本和时间成本,使金融市场对利率变得更敏感,有助于提高价格型政策工具的有效性。部分金融科技业务具有一定的货币创造功能，使传统货币层次边界变得模糊，盯住广义货币供应量的数量型货币政策效果会降低。在货币政策目标方面，目前传统金融机构纷纷开展金融科技业务、新型金融科技机构扩展市场，金融业的竞争不断加剧。金融科技渗入金融市场各个方面，改变金融市场结构，影响着企业/居民的金融行为，金融科技也可能通过算法技术及时调整商品和服务的价格，使价格变化更加频繁，致使货币政策传导途径发生变化，有可能导致货币政策初始目标与最终效果相偏离。货币政策的中介目标方面，伴随着互联网支付等电子化货币规模的快速扩张，将会减少流通中的现金数量，使货币乘数、流通速度及需求函数的估算，面临更多不确定性，从而降低了传统货币政策中介目标的有效性。

（二）金融科技与货币政策参与主体

对央行来讲，金融科技方兴未艾，人工智能、云计算、区块链等为代表的新技术在金融领域应用不断深入，推动金融业深刻发生变化，并逐步成为信用社会建设的重要力量。以数字货币为例，比特币等存在普及性问题、用户友好性问题、洗钱问题及消费者信心等问题，给央行货币政策的制定带来新的挑战。对商业银行来说，传统银行的存贷款业务受创，信用中介职能也在弱化，基于数字加密技术、去中心化的数字货币有可能直接改变金融市场的信息不对称问题。但同时，第三方支付、网络融资、互联网理财等互联网金融新业态，也从最初的弥补传统银行服务盲区，开始全面切入银行存贷款等各项业务和资产定价、风险管理等核心领域，金融科技从主要服务长尾群体，到逐步拓展高价值个人客户和企业客户。总体来看，金融科技对于政策主体既有机遇，也有挑战（见图8-3）。

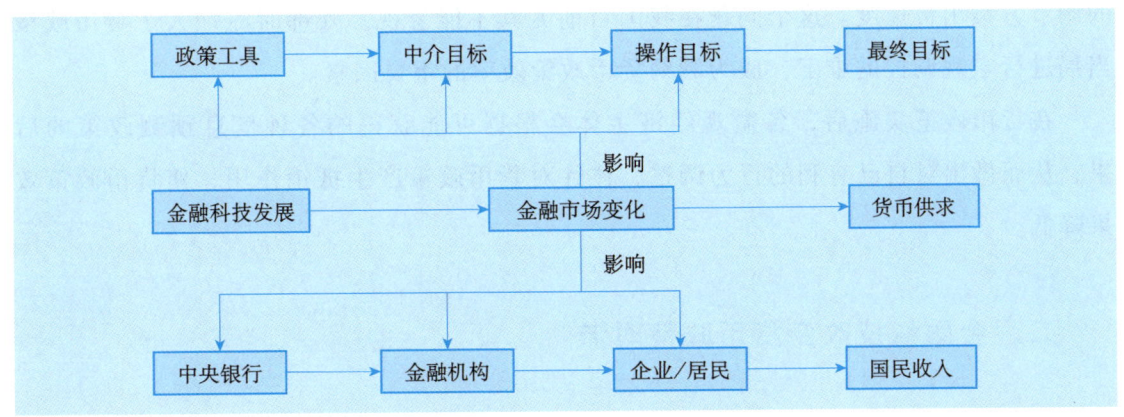

图8-3　金融科技对货币政策传导路径的影响

第五节　金融科技与货币政策有效性

一、货币政策有效性的内涵

货币政策有效性是指中央银行通过操作货币政策工具，通过良好的传导机制，较好地实现中央银行预期的最终政策目标。货币政策是否有效，主要看中央银行基础货币的创造及结果是否合理、货币政策工具和货币政策中介目标的选择是否恰当、货币政策工具作用于货币政策中介目标进而作用于实际经济变量的过程是否顺畅等。影响货币政策有效性的因素主要有三个，即货币政策时滞、货币流通速度和人们对货币政策的合理预期。

内部时滞指货币当局从根据经济形势而下定政策调节的决心，到具体政策方案出笼的过程，其长短取决于货币当局对经济形势发展的预见能力、制定政策的效率和行动的决心。在我国目前情况下，由于商业银行在信贷资金供给中处于主导地位，因此，由货币政策工具变动到中介指标变动之间的时滞主要体现在各商业银行存贷款业务对货币政策调节的反应方面。国家垄断银行业，金融市场欠发达，虽然从长时期看会降低资源配置效率，但从短期宏观调节来说，这种体制条件却常常能收到扩缩随意的效果，也就是说，这种条件下的货币政策内部时滞要相对短些。

外部时滞指货币当局选定的政策工具对货币存量进行调节进而影响总需求水平及目标变量的过程。在正常情况下，外部时滞总要长于内部时滞。外部时滞长短主要取决于两个因素：一是宏观决策者的反应能力，二是由体制、组织效率、对策水平决定的调节方案出台速度。这个问题在我国目前尤其不能忽视。外部时滞加大了货币政策当局进行宏观调控的难度，成为制约货币政策效率的重要因素。

在货币政策实施后，各微观经济主体会根据可能获得的各种信息预测政策的后果，从而做出对自己有利的行为调整，往往对货币政策产生抵销作用，使货币政策效果降低。

二、金融科技改变货币政策时滞

金融科技将降低货币政策的外部时滞。一方面，金融科技打破资金融通时空限制，降低金融资产转换的交易成本和时间成本，有助于价格型货币政策工具发挥调节作用。金融科技基于互联网大数据平台和先进IT技术，有效提高交易效率和清算能力。电子支付导致货币流通速度加快，减少了货币需求。金融科技提升货币流通速度、疏通货币政策传导渠道。金融科技的发展提高金融产品的交易速度和便利性。另一方面，金融科技加剧金融市场竞争，提升不同金融市场间的资金流动性，使金融市场对利率更敏感、利率期限结构更平滑、利率传导机制更顺畅。基于电商平台的互联网贷款等便捷信贷很好地扩大了客户群体，缩短了信贷审批时间，简化了信贷流程，影响货币流通速度。金融科技有助于提升基准收益率曲线的完备性和有效性，降低了资产转换和资产组合成本，减少系统中的交易摩擦，促进货币政策传导的畅通。

但是，金融科技的发展也增加了货币政策传导时滞的不确定性。由于金融科技更容易捕捉新的信息和变化，且传导快捷，对政策的实施形成反作用力，如果中央银行在制定政策时，没有预见到这种信息和变化，那么货币政策的最终目标必然会出现误差。同时，金融科技也使货币需求结构发生变化，交易性货币需求、预防性货币需求下降，投机性货币需求上升，削弱了货币需求的稳定性，导致传统货币政策传导渠道的梗阻效应扩大，传导效果受到干扰。

第六节　金融科技与货币政策转型

一、货币政策的类型

（一）数量型货币政策

数量型货币政策是指通过直接调控经济中基础货币的数量，影响和调节货币供应数量，进而调控宏观经济运行，基本由中央银行进行主导调控。数量型货币政策工具更侧重于对"量"或特定对象的直接调节。主要包括存款准备金、公开市场业务、再贴现与再贷款政策及信贷政策等。

（二）价格型货币政策

价格型货币政策是指通过资产价格即各种利率或收益率变化，影响微观主体的财务成本和收入预期，使微观主体根据宏观调控信号调控自身行为。价格型货币政策工具主要包括利率和汇率政策两种：利率政策指货币当局通过调整利率水平和结构，以影响社会资金需求，进而实现对货币政策目标的调控；汇率政策指货币当局通过调节本币与外币的比价水平，以调控进出口贸易及跨境资金流动，最终实现国际收支平衡等货币政策目标。

（三）两类政策比较

数量型货币政策可以直接调控经济中基础货币的数量，是直接调整工具；价格型货币政策是通过货币价格即各种利率来调控经济中基础货币的数量，是间接调整工具。在利率市场化的逐步推进过程中，从数量型向价格型的转变是货币政策必经之路，我国目前正站在这个转变的关键路口，因而把握经济的步伐，借鉴发达国家的经验，在货币政策工具的选择和运用上做到变通性、灵活性、适应性和针对性尤为重要。具体两类政策对比如表8-1所示。

表8-1 数量型货币政策工具及价格型货币政策工具

	数量型货币政策工具	价格型货币政策工具
调控工具	存款准备金率、公开市场、再贷款和再贴现等	价格变量（利率、汇率等）
调控目标	货币数量（基础货币、货币供应量）	资产价格变化，微观主体的财务成本和收入预期
调控方式	央行主导、经济主体被动	经济主体与央行互动
调整方式	直接调整GDP、CPI、固定资产投资增速等宏观经济变量，缺乏对微观主体行为的观测	间接调整宏观经济变量，注重影响微观主体预期来调整经济行为
观测重点	GDP、CPI、固定资产投资增速等宏观经济变量	微观主体预期及其经济行为调整

二、金融科技促使货币政策调控向价格型转变

金融科技使货币概念不断延伸，资产流动性差异日趋缩小，货币层次间的界限逐渐模糊，导致数量型货币政策工具收效渐微，金融科技逐步成为货币政策中介目标由数量型向价格型转变的有效润滑剂。

（一）金融科技降低数量型货币政策的有效性

数量型货币政策工具是指控制货币供应数量的调控工具，例如，上调存款准备金率可以冻结部分流动性，反之则增加流动性。价格型货币政策工具高效的前提是，央

行加强对市场均衡利率的调控能力，在健全完善货币市场基础设施建设的同时，理顺货币市场不同期限、结构利率的关联机制，疏通货币政策工具对均衡利率的传导途径。

金融科技的发展会降低数量型货币政策的有效性。一方面，金融科技的快速发展不仅使货币乘数存在不确定性，而且使货币交易需求变动难以估计，数量型货币政策工具面临一定挑战，操作难度更大。另一方面，部分金融科技业务有一定的货币创造功能，使传统货币的层次结构边界模糊，中央银行对广义货币供应量控制力下降，数量型货币政策工具效果会大打折扣。特别是现金部分的变化会更大，以支付宝和微信支付为代表的第三方支付对现金的替代作用十分显著，货币结构层次里面的 M0 部分有明显的变化。

（二）金融科技增强价格型货币政策有效性

价格型货币政策工具是指通过资产价格变化，影响微观主体的财务成本和收入预期，使微观主体根据宏观调控信号调控自己的行为，如调整利率、汇率，效果的好坏取决于中央银行对市场均衡利率的调控能力。

金融科技发展有助于提高价格型货币政策工具的有效性。一方面，金融科技打破资金融通时空限制，降低金融资产转换的交易成本和时间成本，有助于价格型货币政策工具发挥调节作用。另一方面，金融科技拓宽了金融市场的范围，为市场提供了大量可供买卖的金融工具，使金融市场容量增加，有助于利率市场化，进而使金融市场对利率的变动更加敏感，微小的利率变化都有可能导致金融行为和资金流向的变动，增强价格型货币政策工具对经济的调控能力。

（三）金融科技促使我国货币政策由数量型向价格型转化

我国在过去较长的一段时间内，通过以数量型为主的货币政策间接调控框架取得了较好的调控效果。然而，随着金融科技、银行表外业务等的飞速发展和市场化的不断推进，原有的 M2、信贷和社会融资规模等货币数量型指标已不能全面反映货币需求和融资状况，故而难以再满足充当货币政策有效目标的必要条件。

金融科技的发展促进直接融资比重提高，银行体系外的信用创造增加，导致货币供应量与实体经济的相关性减弱，通过货币供给量目标来实现经济增长的效果减弱；虚拟货币的发展也增大了体系外的货币供给，银行对货币供给的控制力度减弱。未来可能会从以调节货币供应量为主的数量型货币政策逐步转化为以调节利率为主的价格型货币政策。

本章小结

总体来看，本章通过论证金融科技对货币政策的影响，可以看到金融科技对货币政策的影响是深远的，对货币政策目标、传导等方面都有重要的影响。在金融科技快速发展的同时，一方面国家要出台相关的政策与法规，保证金融科技健康有序生长；另一方面也要积极发展金融科技，将科技的便利与金融的造血功能相结合，为国家的建设添砖加瓦。

本章重要概念

货币政策传导机制　货币政策中介目标　货币政策工具　时滞　内部时滞　外部时滞

本章思考题

1. 金融科技对金融稳定和货币政策有何影响？
2. 金融科技会给金融行业带来哪些有利影响，哪些负面影响？
3. 金融科技与货币政策工具有效性的关系是什么？

本章参考文献

［1］杨彬荃.货币政策传导机制存在的梗阻及其对策建议［J］.商讯，2018（17）：60-61.

［2］李若虹.浅谈互联网金融对货币政策的影响［J］.环渤海经济瞭望，2018（11）：28.

［3］王元平.互联网金融对货币政策的影响浅析［J］.现代营销（下旬刊），2018（8）：9-10.

［4］胡志九.我国货币政策的数量型调控与价格型调控转型［J］.改革，2018（8）：93-103.

［5］章安辰，裴平.互联网金融对中国货币政策中介目标的冲击［J］.经济问题探索，2018（8）：142-147+170.

[6] 刘京军. 货币市场基金的市场集中度影响了其风险承担吗？[J]. 金融研究, 2018 (7): 90-107.

[7] 耿可欣. 互联网金融对我国货币政策信贷传导机制的影响 [D]. 山西：山西财经大学, 2018.

[8] 陈慧慧. 第三方支付对中国金融安全的影响研究 [D]. 浙江：浙江大学, 2018.

[9] 孙杰. 第三方支付对我国货币供给影响的实证分析 [D]. 江苏：江苏师范大学, 2018.

[10] 田烨儿. 互联网金融对货币政策中介目标的影响 [D]. 山东：山东大学, 2018.

[11] 陈韶韵. 互联网金融对央行货币政策传导的影响及政策建议 [J]. 信息系统工程, 2018 (5): 26-27.

第九章 金融科技风险及其管理

本章导读

　　金融科技是一把"双刃剑",在提升金融功能、支持实体经济发展的同时,也带来了一些风险。由于金融科技风险具有较强的传染性、较大的破坏性、较快的传播速度、较高的复杂程度、较大的监管难度等特征,我们需要理解金融科技风险的形成原因和机制,掌握金融科技风险评估的方法,学会运用金融科技风险管理的手段,妥善监测、评估、防范与应对金融科技风险。

本章学习目标

　　通过学习本章内容,需要掌握金融科技风险的基本内涵、熟悉金融科技风险的分类与特征,了解金融科技风险对经济金融运行的影响,以及金融科技风险的评估方法,掌握金融科技风险管理的内涵与理念,了解金融科技风险管理的组织和机制设计。

第一节 金融科技风险概述

一、金融科技风险的内涵与特征

（一）金融科技风险的内涵

1997年诺贝尔经济学奖获得者罗伯特·默顿认为，所有现代金融理论都将风险作为核心。风险管理也是金融的三大基本功能之一。在金融科技学中，我们不仅要利用金融科技手段来管控金融风险，更要理解和防范金融科技本身带来的风险。

金融科技风险是在金融科技基础上引申出的概念，顾名思义，它是指金融科技企业（包括非金融企业及金融机构）在经营发展过程中，由于制度因素和非制度因素致使资金、财产和信誉遭受预期、非预期或灾难性损失的可能性。

金融科技具备金融与科技的双重属性。然而，金融科技的核心还是金融，科技仅仅是手段和方法。金融科技是利用科技手段来改善金融功能、提高金融效率的一种表现形式。因此，金融科技也将与传统金融面临同样的风险，包括流动性风险、信用风险、市场风险、操作风险和法律风险等。

科技是金融科技的重要载体，一切金融科技皆是以科技为手段。因而，科技创新所固有的不确定性特征亦是金融科技风险的重要来源。例如，区块链应用了大量密码学技术，属于算法高度密集的工程，出现错误在所难免。一旦爆发高级别的漏洞，可以说区块链整个大厦将轰然倒塌。科技本身的一些属性，使金融科技相对于传统金融增加了一些新的风险问题，主要包括技术风险、政策风险等。

除此之外，金融科技是人类发展与社会进步的前沿。金融科技背后的伦理问题也将为金融科技带来一些伦理风险。例如，大数据技术引致的个人数据隐私问题，人工智能对传统劳动力的替代性，大数据定价所带来的大数据"杀熟"等。科技进步将导致传统金融中的生产关系发生改变。金融科技所导致的社会关系变化，可能会使一些传统的伦理道德标准受到挑战，这也是与传统金融不同的新风险。

（二）金融科技风险的特征

金融科技是一把"双刃剑"，在提升质量、增加效率方面，金融科技有着不可或缺的优势，与此同时，金融科技所带来的创新型金融风险也不可忽视。金融科技风险具有传染性强、传播速度快、复杂程度高、监管难度大、破坏性强等特征。

1. 传染性强

在分业运营和分业监管的体制下，传统金融机构的风险相对较小，业务之间的风险相对独立，风险关联性较小。金融科技广泛运用互联网技术、分布式计算与分布式存储技术，导致业务之间的隔离减弱。互联网机构与客户之间互相交错、互相渗透，各金融业务种类间、金融机构间、国家间的风险相关性日益增强。金融科技风险如同计算机网络病毒一般，较容易在互联网中繁殖。因此，金融科技风险造成的预期损失、非预期损失和灾难性损失极易突破金融市场各业态的限制而传播。

2. 传播速度快

当代信息技术的发展，主要表现为计算效率更高、传输速度更快、存储容量更大。金融科技利用网络技术手段一方面能够远程快速处理金融信息，并且为客户提供更为便捷快速的金融服务。另一方面，由于网络化与便捷度的提高，金融风险的扩散速度也快速增加。

3. 复杂程度高

随着金融科技企业的快速发展，金融产品、业务、组织和服务等被深度融合，金融科技"混业经营"趋势逐渐增强。在此背景下，金融科技企业的金融信息挖掘、处理和传播导致互联网信息系统的网络复杂性增加，任何漏洞都会增加因金融信息泄密、失密而造成损失的可能性。

4. 监管难度大

在监管方面，平台运用金融科技手段让资金供求两端的交易支付线上化，导致金融业务失去了时间和地理限制，交易对象模糊、交易不透明，极大地增加了监管难度。在以第三方支付、网贷、消费金融等为主要模式的互联网金融平台，其数据与信息安全风险的交叉和隐蔽性风险较强，数据使用和保护不当将带来极大的风险。

5. 破坏性强

随着金融科技不断赋能传统金融业，平台逐渐依赖于业务数据化。与传统金融不同，金融科技具有数据高度集中的特点，一旦金融风险在短时间内突然爆发，进行化解的难度巨大。同时，其扩散面积和补救成本也随着数据密集程度而增加。此外，数据的高度集中也增加了发生系统性金融风险的可能性。

二、金融科技风险的形成

从引发风险的因素看,金融科技风险既有内在风险,也有外在风险;既有技术层面的客观因素,也有人的层面的主观因素。金融科技风险的影响因素主要包括技术自身的不成熟、金融市场的波动性、信息不对称及科技伦理四个方面。

(一) 技术自身的不成熟

金融科技行业的技术不成熟是内在风险产生的原因之一。金融科技行业较为依赖信息技术相关领域的软硬件设备,并以此来从事金融业务创新活动,其所面临的风险与具备的信息技术水平密切关联。由于不同金融科技企业的信息技术水平差距较大,部分企业的信息系统存在漏洞,信息安全存在隐患,容易受到黑客攻击,使客户的账户、资金和信息等被盗或泄露,从而使客户遭受损失。传统的信息安全问题主要包括网络病毒攻击、网络勒索等。当前,黑客式的攻击往往带有特殊目的,包括商业目的或者政治目的等。在大数据时代,数据安全成为更加重要的信息安全问题。利用技术漏洞窃取数据、在黑市上交易数据、数据跨境传输等,都成为数据安全的巨大隐患。

金融科技技术不成熟引致业务风险。有的机构在未经过严密测试和风险评估的情况下,盲目地追求所谓颠覆式技术,拔苗助长,急于求成,引发技术选型错位、资源浪费、安全事件频发等问题。特别是对部分尚处于发展初期的新兴技术,通过舆论和资本的过度炒作,可能会令它们沦为市场操纵、投机、诈骗的工具。实践表明,一些号称技术和数据驱动的所谓金融创新,实质上是利用制度规则相对滞后,游走在法律和监管的灰色地带。

金融科技技术不成熟引致信息安全风险。当前,信息安全形势异常复杂严峻,常规攻击持续演变,分布式拒绝服务、高级持续性威胁等攻击手段不断翻新,大规模有组织的网络攻击时有发生。这给金融网络安全防护能力带来了更高、更多的挑战。特别需要注意的是,金融科技在推动基础设施和金融服务线上化、开放化的同时,也增加了信息安全隐患。在传统通信环境下,金融风险如果发生,往往只是局限于某个营业场所或某个区域。但是,现在通过网络,特别是在移动网络的条件下,有可能牵一发而动全身,将风险因素迅速传染至其他机构和关联行业,乃至整个地区,甚至可能引发系统性风险。

金融科技技术不成熟引致数据安全风险。随着电子商务条件下购物、支付、理财等网络金融系统的不断丰富，一些机构也积累了海量的客户行为数据和交易数据，但因其信息系统管理水平和应对网络攻击能力未能同步跟上，其数据安全保卫能力存在不足，存在数据被集中泄露的风险。此外，由于网络数据复制的无限性和低成本，以及数字二次利用和传递的隐蔽性，金融科技领域数据过度采集、数据倒卖、一次授权、重复使用的违法违规行为屡见不鲜。

（二）金融市场的波动性

金融科技本身除存在内在脆弱性外，外部经济环境与传统金融风险的变化也是导致其发生风险的重要原因。外部经济环境的变化会对金融科技行业产生冲击，进而导致金融风险的发生。虽然，金融科技行业通过不断发展创新，开发出了各种金融产品和服务，然而，这些产品和服务通常与传统金融有着密切联系。以"余额宝"等"宝宝"类产品为例，该类产品通常可直接用于购物、转账和缴费、还款等消费支付，其本质上是一种货币市场基金，是网络支付平台与基金公司对接所形成的理财产品。因此，其必然也受到货币市场基金所面临风险的影响，如利率风险、流动性风险等。

外部经济环境的变化，会引发实体经济的波动，进而引起投融资主体发生损失，最终导致金融风险的发生。P2P网贷、网络银行、众筹等互联网金融模式与实体经济密切相关，其主要服务对象如小微企业、低收入群体等，较容易受到经济环境恶化的冲击。实体经济的下行可能会引发借款人投资回报下降，甚至亏损，进而导致信用风险等金融风险的产生。

金融科技也可能改变市场风险的特征，进而诱发更加严重的系统性风险。智能投资能够利用人工智能算法对各类市场波动进行有效预测，进而进行自动化地资产配置，包括适时买入、卖出各类资产等。随着投资者利用智能投资技术的增加，各类投资技术的趋同性将导致投资者行为的一致性加剧，进而使金融市场价格更频繁地出现暴涨暴跌。换言之，只有人工智能未能预测到的部分突发信息可能诱发市场波动，而当这种波动到来的时候，所有的智能投资者都将往同样的方向进行投资操作。金融市场波动特征的变化，进一步加剧了金融科技风险。突发事件一旦出现，金融市场可能出现崩盘，进而诱导金融科技企业也出现违约与倒闭风险。

（三）信息不对称

信息不对称（Asymmetric Information）指交易中的各类人拥有的信息不同。在社会政治、经济等活动中，一些成员拥有其他成员无法拥有的信息，由此造成信息不对称。在市场经济活动中，各类人员对有关信息的了解是有差异的；掌握信息比较充分的人员，往往处于比较有利的地位；而信息贫乏的人员，则处于比较不利的地位。不对称信息可能导致逆向选择（Adverse Selection）。

金融科技行业中广泛存在着信息不对称问题，它是诱发一些金融科技风险的重要原因。金融科技的本质是金融，金融科技活动的本质是信用关系的建立与存续。尽管我们常说，大数据技术实现了信息的快速传播与获取，使金融科技活动的参与者能够掌握大量信息，缓解了信息不对称问题，然而，新的信息不对称问题又将出现。例如，"大数据杀熟"问题。大数据杀熟是最近的热门词汇，它反映了商家利用大数据技术了解了客户的信息，然而，客户却无法了解商家的信息。事实上，金融科技主要解决了金融科技活动中力量较强一方的信息获取问题，力量弱势的一方仍然无法掌握足够的信息。例如，在商业银行中，银行充分了解了贷款企业的各类信息，能够有效地管理风险，然而贷款企业可能无法完全掌握银行的信息，从而导致企业未来出现管理风险、操作风险、续贷风险等。

与难以获取信息相比较，对信息视而不见是金融科技行业更加严重的问题。金融科技帮助投资者搜集了足够多的信息来辅助决策，然而投资者却并未有效地利用这些信息。廖理等（2017）的研究表明，人人贷平台上90%的贷款项目在8分钟之内就完成了融资。由此可见，大部分的P2P投资者并未有效利用信息来识别风险，而是根据第一感觉盲目地进行了决策。快思维往往是非理性的，收益率是影响这些投资者进行投资决策的第一因素，风险却并未进入他们考虑的范围。这种因投资者素质不足而造成的信息不对称，是金融科技无法改变的，必须依赖于投资者教育。

（四）科技伦理

科技伦理是指科技创新活动中人与社会、人与自然和人与人关系的思想与行为准则，它规定了科技工作者及其共同体应恪守的价值观念、社会责任和行为规范。科技是推动社会发展的第一生产力，也是建设物质文明和精神文明的重要社会行为，承担着社会责任和道德责任。从这点来说，在科技活动中遵守伦理规范是社会发展的需要，一切不符合伦理道德的科技活动必将遭到人们的异议、反对，被送上道德法庭，甚至受到法律的制裁。近年来，随着金融科技的快速发展，金融科技领域的伦理问题也受到广泛关注。

专栏 9-1

案例：AI 能否控制人类？

据《自然》杂志报道，2017 年 11 月中旬，《自然》杂志发表了一项突破性的医学研究成果：美国国防高级研究计划局（DARPA）资助的研究团队，设计出了一种由 AI（人工智能）控制的大脑芯片，该芯片可发送电脉冲，"控制"人类的情绪和行为。该项研究的成果可以应用于医学领域，通过将芯片植入患者的大脑中，患者的大脑活动可被实时监测。当患者发生情感性精神障碍（Mood Disorders）时，芯片会通过算法，发送电脉冲，刺激大脑特定区域，让大脑恢复健康状态。对士兵、退伍军人的抑郁症、创伤后应激障碍（PTSD），一些抗拒现有疗法的严重精神类疾病及老年痴呆症等，这都是一种具有巨大意义的新治疗方式。

AI 技术能够在没有医生在旁的情况下，让患者的大脑及时恢复健康状态。而且，这是一种以生理信号为基础的个人定制化的治疗，而不再只是凭医生的个人判断。这一技术对精神类疾病的治疗有极大的推动作用，然而，AI 实现对人类情绪控制的背后也存在着极大的风险和隐患。

2012 年，Facebook 曾联合康奈尔大学、加利福尼亚大学，对 70 万余名不知情的用户展开过一项有关"情绪感染"的测试。Facebook 通过后台算法对用户进行有差别性的内容推送，一些用户看到的主要是积极和快乐的内容，而另一些用户看到的主要是负面和悲哀的内容。研究表明，当实验结束时，这些用户的发帖行为已经发生了相应改变，那些每天看到积极内容的用户更有可能发布积极的消息，而那些每天看到消极内容的用户更有可能发布消极的消息。虽然 Facebook 宣称研究的目的是为了解用户的情绪，试图通过某种方式刺激用户发出积极的或消极的信息，但这项研究依然激起了公众的强烈不满，人们认为 Facebook 已涉嫌违反数据保护法，实现了侧面操控用户心情的目的。据澳大利亚一个 Facebook 的广告客户透露，Facebook 的人工智能分析依然如火如荼地应用着。它会根据用户特征和所发布的内容，给出诸如贴有"有不安全感""抑郁、压力大"等标签的年轻人有针对性地投放游戏、瘾品，甚至虚假交友网站的广告，从中获取巨大利益。

随着社交网络的越发兴盛，Facebook 这样的大型社交平台对群体情绪的影响不言而喻。2016 年美国大选期间，一家叫剑桥分析（Cambridge Analytica）的公司使用人工智能技术，针对任意一个潜在选民的"心理特征"投放付费政治广告；而投什么样的广告，取决于一个人的政治倾向、情绪特征，以及易受影响的程度。很多虚假的消息在特定人群中能够迅速传播、增加曝光，并潜移默化地影响人们的价值判断。

我们很难想象，如果 AI 的情绪识别和操纵技术被应用于股票交易、投资交易过程中，将会产生怎样的后果。正如斯蒂芬·威廉·霍金所认为的："人工智能崛起要么是人类最好的事情，要么就是最糟糕的事情。"

1. 机器控制人类

随着人工智能的发展，计算机可能自我学习和提升，甚至进行一些决策。那么，计算机是否会从被人类控制，转变为控制人类呢？Facebook 的例子告诉我们，放任人工智能在人类的生活中进行肆无忌惮的行为，可能会反过来影响人类的决策。自古以来，工具是被人所操纵的。计算机这种高性能的工具，也是服从人类给予的指令。以智能投资为例，人类为计算机设计了在某种条件下购买某种金融产品的规则后，计算机服从人的指令进行操作。从这个角度讲，计算机并不会控制人类。

虽然计算机没有意识，无法像人类一样思考，但是，如果人类为计算机制定的规则是存在漏洞的，就可能反过来受制于计算机的控制。例如，2018 年播音 737Max 的坠机事件，正是由于人类为计算机下达的错误规则，导致飞机的自动驾驶系统不断地进行"死亡俯冲"。即便驾驶员主动干涉计算机的自动程序，计算机的错误也无法得到修正，最终酿成了机毁人亡的惨剧。这种现象在金融科技领域中也可能出现。设想未来的智能财务管理助手帮助家庭管理财富时，也可能也会由于错误的规则，而激发了错误的决策，导致资金不能及时用于家庭的紧急支付，或者利用某些极端的行为准则来限制人类的消费行为。

诚然，关于人工智能控制人类的话题，仍然存在着争议。科技具有两面性，随着金融科技的发展，我们在利用金融科技的同时，也必须考虑金融科技的伦理问题，并在未来的金融科技运行中谨防人工智能的负面影响，做好应急预案。

2. 大数据隐私

大数据是金融科技时代的生产力，也是金融科技时代的一种新的资产。大数据主要记录了人们的各类消费、收入的资金数据，通话、移动、上网的行为数据，以及身份证号、职业等个人信息数据。大数据在为金融科技企业带来利润的同时，也遭受着人们的广泛质疑。尤其是个人隐私数据的泄露，使人们充满了恐慌和厌恶的情绪。

大数据行业鱼龙混杂，非法买卖用户数据一直是大数据行业内的潜规则，甚至有不少小公司完全靠收集和出卖用户数据为生。2018年11月，中国消费者协会曾经发布过一份报告，在接受调查的100个APP中，有91个"涉嫌过度收集个人信息"。那么，金融科技企业利用大数据来牟利，是否是对金融消费者合法权益的侵占？事实上，如果金融科技企业获取消费者大数据是为了提升服务质量，能够更好地、更有针对性地服务于消费者，那么，消费者应当以宽容的态度来面对这件事。但是，如果金融科技企业利用大数据进行伤害消费者权益的活动，那么，消费者就应当保护自己的信息。在金融科技企业面前，消费者是弱势群体，适当地立法将能够维护消费者的权益，保证金融科技企业更好地服务于消费者。

第二节　金融科技风险的影响与评估

金融科技是金融创新的重要驱动力，它不仅改变了金融服务的供给方式、金融功能的实现形式，甚至影响了整个金融市场的组织模式和整体面貌。作为不断革新、发展的新兴技术，金融科技也面临着一些挑战，潜藏着一定的风险，例如，用户隐私泄露的风险、技术本身不成熟带来的业务风险，以及政策和伦理层面的风险。了解金融科技风险的内容、影响和评估方式，对控制和管理风险具有重要意义。

一、金融科技风险分类

（一）技术风险

金融科技的技术风险是大数据、云计算、人工智能、区块链等数字技术不成熟而带来的潜在风险。金融科技的运行依靠的是科学算法、软硬件设备和互联网技术。算法的成熟程度、技术设备的可靠性、人员的技术水平均会影响金融科技手段的顺畅实施。如果金融科技存在技术漏洞，则会被人通过病毒等程序入侵到网络中，非法获取、篡改个人信息，窃取资金，危害公共安全。金融科技依赖的软硬件设备同样存在安全隐患。我国大部分高端芯片、基础软件均依赖于进口，这些软硬件设备具有潜在的信息安全隐患。

除此之外，技术的漏洞还有可能引发其他风险。盲目追求创新技术、颠覆式技术，并在未严格测试的情况下实施技术，很有可能会使技术沦为市场投机、操纵和欺诈的工具，使不法之徒利用技术游走在法律边缘。以互联网金融为例，互联网金融的基础是计算机网络，互联网系统的安全运行是互联网金融持续健康发展的保证。互联网技术性风险会对互联网金融交易中的资金安全构成威胁。由于网络及计算机自身缺陷或技术不成熟造成的停机、堵塞、出错及故障，以及通过病毒、黑客等人为破坏手段构成的网络软硬件瘫痪、信息泄露、被篡改等都有可能导致资金的截留或被盗。同时，互联网支付密钥的技术管理及 TCP/IP 协议的安全性也会影响互联网金融业务中的资金安全性。

金融科技行业除了金融业本身的数字特征外，还高度依赖于现代信息技术，所面临的技术风险较为复杂。主要表现在两个方面：

第一，技术选择风险。当前，各种金融科技发展变化很快，如果金融科技企业选择不合理的技术方案，则会引起相应的风险。其一，技术淘汰风险。面临日新月异的金融科技创新，选择不当的技术方案可能会较快过时，导致业务流程不顺畅，业务达成成本增加。与此同时，还会引起用户体验大幅下降，从而面临被淘汰的风险。其二，无法满足技术兼容性要求。如若选择的技术系统与客户终端的兼容性较差，将可能使业务的开展较为困难，甚至危及企业生存。

第二，技术安全风险。技术安全风险是指信息技术本身的缺陷、漏洞导致客户财产存在损失可能。金融科技的安全风险主要体现在以下四个方面：其一，技术泄密风险。为确保数据的完整、准确和不可抵赖等，金融科技运用各种手段加密，如若该手段被泄密或破解，则会引起严重的后果。其二，计算机病毒感染风险。互联网金融的运作主要依赖于计算机与网络，如若感染病毒，则可能会使网络瘫痪，甚至整个系统崩溃。其三，系统运行终端风险。如果系统服务器无法承受对大量数据的并发处理，则可能出现宕机等现象，影响平台的稳定性及业务的开展。其四，数据传输风险。金融科技数据在传输过程中可能会被窥探或截获，造成信息泄露，影响交易安全。

（二）业务风险

业务风险是传统金融业务风险在金融科技应用过程中的相应体现。金融科技一方面能够在一定程度上起到规避金融业务风险的作用。例如，银行利用大数据技术发放贷款，有助于准确评估企业偿债能力，以降低信贷风险。另一方面，金融科技也会放大金融业务风险。

1. 信用风险

信用风险指交易对方不履行到期债务的风险。在传统金融环境下，借方在借出款项前通常会掌握贷方较为全面的信息，以降低信息不对称性，缓解信用风险。随着金融科技的介入，债务关系变得更加复杂，信用风险水平也随之升级。以网络个人借贷为例，网络借贷从线下审批转移到线上审批，简化了业务流程，扩大了业务范围，满足了个人的借贷需求。但由于贷方缺乏个人征信信息，难以充分、准确地评估个人的偿债能力和违约风险，从而导致信用风险提升。

2013年以来，随着互联网技术的发展，P2P平台数量呈现爆炸式增长。2009年末，我国P2P平台不过9家；到了2017年1月，累计平台数量已经达到5 881家。作为中介服务机构的P2P平台的信用风险水平良莠不齐，存在较高的资金挪用可能性。这会使金融科技偏离正确的创新方向，扰乱正常的经济金融秩序。据统计，2013年P2P问题平台数量达到73家，而在2015年这一数据为1 022家，在2016年则高达1 432家（如图9-1所示）。从2013~2019年各省市P2P问题平台数及平均寿命的统计来看，问题平台的平均寿命大多为1~2年，其中，出现问题平台最多的省份为广东省，其问题平台平均寿命为1.97年，具体如表9-1所示。

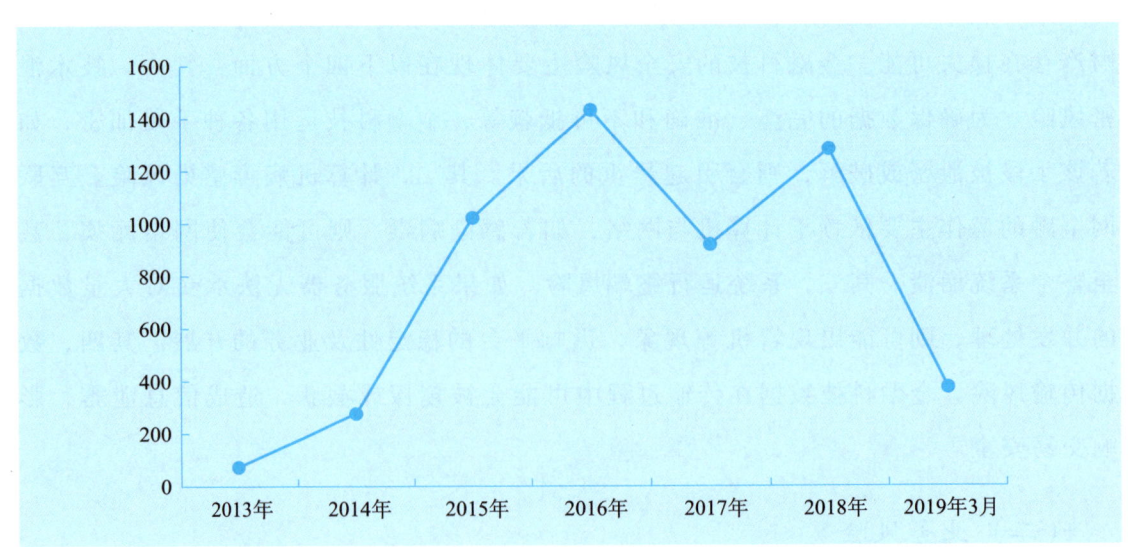

图9-1 2013~2019年P2P问题平台的时间趋势

资料来源：网贷天眼，https://www.p2peye.com。

表 9-1　　2013~2019 年各省市 P2P 问题平台数及平均寿命

省份	问题平台数	平均寿命（年）	省份	问题平台数	平均寿命（年）
广东	857	1.97	天津	65	2.07
上海	743	1.88	江西	60	2.19
浙江	728	1.74	云南	56	1.74
北京	639	2.36	广西	55	1.33
山东	601	1.21	贵州	49	2.29
江苏	273	1.53	辽宁	40	1.83
安徽	186	1.34	山西	29	1.38
湖北	147	1.91	海南	18	1.15
四川	133	1.73	黑龙江	17	2.14
河北	125	1.63	吉林	16	1.59
河南	110	1.60	甘肃	15	0.92
福建	107	1.75	宁夏	14	1.10
重庆	107	2.42	内蒙古	8	0.54
湖南	101	1.70	新疆	6	2.54
陕西	66	1.43	香港	4	0.25

资料来源：网贷天眼，https://www.p2peye.com/。

2. 市场风险

与传统金融业类似，市场风险也是金融科技运行中的常见风险。智能投顾、互联网理财产品、P2P 网贷等业态均会受到基础变量的影响。

一方面，利率和资本市场的变化会作用于理财产品收益率，从而对金融科技企业产生影响。对于一些既投资于债券市场，也投资于股票市场的金融科技服务及产品，股市的波动也会显著影响该产品的收益，可能导致投资者大幅损失。另一方面，金融科技顺周期特征及交易行为趋同可能加大市场波动。例如，智能交易虽然能够快速、准确地捕捉到市场的变化，但是这种典型的趋势跟随策略会强化市场当前的走势，从而放大市场波动。同时，由于大量的程序化交易，采用算法较为类似，其交易行为也将表现出高度一致性，特别是在极端情况下，这种在科技场景下的羊群效应将触发集中抛售，从而在极短的时间内给市场带来极大的冲击。

3. 操作风险

操作风险可能源于信息系统、人为错误、管理失误和外部影响。根据操作主体不同，可以分为金融科技内部控制风险和客户操作风险。

第一，内部控制风险。初创期的金融科技企业内部控制机制较不完善，多以金融产品创新为业务重点。在缺乏良好内控机制的状态下，金融科技企业可能在互联网账户的授权使用、风险管理系统及客户信息交流等方面出现安全操作方面的问题，影响内部系统运行的安全与稳定，并可能导致金融科技企业内部控制风险的发生。例如，一些金融科技活动可能会增加金融体系内的第三方依赖。例如，云计算服务可以由数量有限的几方提供，当出现运营问题时，一系列基于云的金融服务可能会受到重大影响。这些第三方越处于系统重要性构成市场连接的中心地位，其服务的中断（可能由于操作困难）越有可能构成系统性风险。

第二，客户操作风险。金融科技所衍生的金融服务及产品客户受众较广且缺乏专业人士指导，其操作过程的失误可能会引起直接或间接损失。此外，客户可能因为自身操作问题导致病毒或黑客入侵，带来资料被窃取、账户密码被盗等风险，或是进入钓鱼网站，陷入网络诈骗陷阱。更多地使用技术和数字解决方案可能扩大网络黑客攻击切入点的范围和数量，而网络攻击对整个金融系统的威胁则越来越大。不同机构存在薄弱环节的系统越是互相连接，金融活动对网络攻击的敏感性可能越高（例如，孟加拉国中央银行通过它们的内部连接 SWIFT 网络的事件）。

由于金融科技完全或主要依仗于技术系统，相较于其他金融业态，金融科技要更加重视操作风险。如若不然，则将会给金融机构带来巨大损失。2012 年 8 月 1 日，美国一家知名的量化交易机构骑士资本公司，由于其服务器升级过程中出现了疏漏，在当天开始后 45 分钟内向纽交所发送了数百万的错误订单，导致 150 余只股票出现了异常的大幅度波动，并引发了熔断。因此，科技的应用实际上加深了或者是扩大了操作风险。

（三）政策风险

金融科技作为新型的金融业态，可能造成的政策风险主要包括政策滞后风险和政策不匹配风险。

第一，政策滞后风险。由于金融科技是一种新兴业态，以往的政策无法涵盖金融科技所有领域，伴随金融科技出现的新现象和新问题致使现有法律法规难以适用。多数相关的政策都是在业务或产品推出较长一段时间后方才制定，有些产品更是游走于合法与非法之间的灰色地带，且金融科技本身的交叉性使立法过程比传统金融更为复杂，不确定性增大，如智能合约或机器人投资顾问。

第二，政策不匹配风险。传统的政策除了涵盖范围较少，包含金融科技相关业务外，其理念也与金融科技存在一定程度上的不匹配、不兼容，以致无法发挥有效的指导和监管作用。金融科技领域客观存在的跨界混业经营，对我国传统的分业经营、分业管理金融监管模式提出严峻挑战，尽管《指导意见》确立了"分类监管、协同监管"的基本原则，但是监管能力和水平仍然远远落后于金融创新的速度。并且，新推出的金融科技相关政策可能在早期与金融科技业态能够良好匹配，然而金融科技的发展较为迅速，相关政策可能又无法适应其新的发展，从而出现局部不匹配的问题。

此外，金融科技的实时性、互动性和无边界性打破了交易的时空限制，超出了一国监管机构的能力和范围，需要更广泛的国际协调与合作。例如，区块链已经提出了诸如跨管辖区域的数据隐私问题，以及在没有一家银行或实体是托管人的情况下识别资产位置的问题。

（四）道德伦理风险

随着互联网、移动互联网、物联网和各种遥感探测技术的发展，一个"一切都被记录，一切都被分析"的数据化时代已经到来，金融科技正是在这样的时代背景下应运而生。借助大数据、人工智能和区块链等技术的发展与应用实践，金融科技已经为我们的生活带来了显著的贡献，与此同时，也产生了一系列让人忧虑的问题。譬如，个人关键隐私信息的大面积泄露问题；又如，人工智能对传统金融岗位的冲击；再如，大数据和人工智能深度结合形成的新型数据独裁、价格歧视等问题。这些问题要求我们在伦理意义上仔细审视金融科技的发展。

传统金融道德风险的内涵存在广义与狭义的区别。狭义的金融道德风险指金融机构及其相关从业人员，在信息不对称的情况下，由于主观过失未能尽职尽责而导致金融资产损失的可能性。广义的金融道德风险指金融活动的参与者出于牟利的目的，利用信息优势或者工作之便违背金融交易规则，以致引发金融风险的行为。

金融科技运行中，典型的道德伦理问题即为价格歧视。价格歧视实质上是一种价格差异，通常指商品或服务的提供者在向不同的接受者提供相同等级、相同质量的商品或服务时，在接受者之间实行不同的销售价格或收费标准。经营者没有正当理由，就同一种商品或者服务，对若干买主实行不同的售价，则构成价格歧视行为。其中，一级价格歧视又称完全价格歧视，即销售者为每一位顾客及其所购买的每一单位商品制定不同的价格，因此，获取所有的消费者剩余[①]。在传统金融市场运行中，一级价

[①] 刘易斯·卡布罗：《产业组织导论》，胡汉辉、赵震翔译，人民邮电出版社，2002，第 157~162 页。

格歧视比较少见，但在金融科技业态中，通过技术手段，企业能够轻松地做到一级价格歧视，即通过对用户浏览记录、互联网行为等产生数据分析，为每一位消费者制定价格，获取所有的消费者剩余，其具体表现即为大数据"杀熟"。

北京市消费者协会的调查统计显示，有88.32%的被调查者认为大数据"杀熟"现象普遍或很普遍，认为大数据"杀熟"现象一般或不普遍的被调查者仅占11.68%，没有被调查者认为大数据"杀熟"现象不存在。此外，有56.92%的被调查者表示有过被大数据"杀熟"的经历。

专栏9-2

案例：大数据"杀熟"

随着大数据技术的日趋成熟，大数据技术的应用已渗透至人们生活的方方面面，企业也已开始利用大数据技术开展商业活动、创造企业价值。利用大数据技术，企业已实现了对用户的精准细分，能够根据每个用户的特征为其进行精准推送，或提供个性化需求。大数据技术的商业化运用同时也带来了一系列问题，例如，近年来涌现的大数据"杀熟"现象。

大数据"杀熟"现象并非近年来出现的新现象。早在2000年，美国电商巨头亚马逊就被发现实施了类似的"杀熟"策略。亚马逊将其销售的68种DVD碟片根据潜在用户的人口统计资料、购物历史、网络行为等信息，进行动态定价。这一歧视性定价策略使不同的用户看到的价格存在差异，大大提高了亚马逊的销售毛利率。但这一尝试很快被用户发现并投诉，亚马逊迫于压力终止了该策略，并承诺不再进行价格歧视。

大数据"杀熟"是一种歧视定价手段，它指商家利用大数据技术，对自身积累或来自于第三方的用户信息加以分类和处理，并对其中使用次数较多、对价格不敏感的客户实施加价，以达到利益最大化的差别化价格策略。随着大数据技术的普及，中国互联网企业也频繁被报道利用大数据技术"杀熟"。例如，滴滴出行被指系统会根据用户手机机型不同，对同一时间、同一行程进行差异化定价；携程被诟病"酒店同房不同价"。2019年3月27日，北京市消费者协会召开大数据"杀熟"问题调查结果新闻发布会，发布了大数据"杀熟"问题调查结果。根据调查结果，购物类APP、在线旅游及打车软件的"杀熟"情况最严重。

> 对于大数据"杀熟",有观点认为这是大数据技术发展的必然结果。大数据技术提升了互联网企业的市场力量和市场地位,企业能够根据用户信息和特征准确预测用户需求的强烈程度,这是以往传统技术和传统经营环境所不能实现的。依据预测出的用户需求水平,企业可以实现"一人一价"的完全价格歧视。
>
> 然而,大多数人依旧不认同"杀熟"的做法,认为此举损害了消费者利益,违反了公平原则,引发了公众的不满,应对反垄断法、价格法进一步完善,对大数据"杀熟"做法予以严禁。此外,大数据歧视定价的前提是获取了大量用户的个人信息。尤其是在保险、信贷等基于风险定价的领域,如果商家能够获取敏感的个人信息,往往会倾向于选择低风险的消费者,对高风险消费者索取高价或者排斥。在未经用户许可的情况下获取大量敏感个人信息,在一定程度上也侵犯了用户隐私,法律也应对用户隐私给予保护。

二、金融科技风险的影响

(一) 金融科技风险对居民的影响

首先,居民的消费受制于其可支配资源,金融科技降低了居民的融资门槛和成本,使居民逐渐养成超前消费的习惯。但金融科技风险的发生,可能会导致居民消费信贷条件的提高,从而缩小居民的可支配资金规模,最终对消费产生一定的抑制作用。其次,相比传统金融业,金融科技所面临的技术风险、操作风险更多,受到网络诈骗与黑客攻击的可能性更高,这使得居民资金的安全性降低,进而可能对居民的消费决策产生影响。最后,金融科技亦降低了居民的投资门槛,如余额宝、理财通等金融产品。然而,由于监管与法规的滞后,诸如 P2P 等平台公司出现了一系列风险,损害了居民的财产,并对国民经济产生负面影响。

(二) 金融科技风险对企业的影响

首先,金融科技具有低门槛特征,在一定程度上缓解中小企业融资难的困境。然而,由于中小企业资质较差,信用违约风险较高,金融科技企业可能面临较高的违约损失,并通过连锁反应对实体经济造成不利影响。因此,在某种程度上,金融科技风险又会降低中小企业获得信贷资源的可能性。

其次，除了对中小企业产生影响外，金融科技对于金融业也会产生影响。伴随着金融科技的发展，传统金融业也进行了一系列创新，如网上银行、理财等业务创新。然而，在创新过程中，银行的存款不断搬家，金融业资金来源越来越不稳定，"钱荒"时常发生。同时，金融机构与债券市场杠杆率不断上升，对金融稳定产生不利影响。因此，为防止金融、经济的不稳定，防止金融科技无序发展，需进一步加强金融业的监管。

（三）金融科技风险对金融市场的传染

金融风险传染可以界定为两类：第一类是由正常的相互依赖、相互合作而导致的基本面溢出。这类传染多发生于多国合作贸易和跨国金融等方面。第二类是由投资者行为与情绪导致的，不能归结于基本面的传染。

在金融科技领域，风险的传染主要包含两个层面。第一个层面是具有直接业务联系的金融科技企业之间或者金融科技企业和传统金融机构之间发生的传染。这个层面上的风险传染主要通过平台间，以及平台和机构间的业务关联关系进行传导。风险先在一个或一类机构平台上出现，然后通过资金业务关联传递到相关的金融机构，引起相关金融科技企业或者传统金融机构平台的风险暴露。第二个层面是在没有直接业务联系的机构与平台之间发生的风险传染。这类风险传染主要通过预期渠道或者信息渠道发生。具体而言，风险先在一个或一类金融科技企业出现，进而引起市场对风险发生的预期增强，导致市场参与者与投资者发生恐慌，增加市场参与者与投资者对其他没有直接关联的金融科技企业或传统金融机构发生风险的预期，最终可能导致投资者挤兑等后果，以及引起包括金融科技业态与传统金融业在内的整体风险暴露。

此外，金融科技风险传染也可以用金融网络理论来阐述。金融网络理论源于复杂网络。复杂网络指以一个系统内部的各个元素作为节点，节点之间通过在一定的规则之下构建成边，进而形成网络。与复杂网络类似，金融网络也有自身的节点与边。其中，节点指银行及对冲基金等金融机构，边指的是金融机构之间信用拆借、资产负债等关系。金融科技的混业经营特点及相关金融产品的不断创新，使金融科技体系及整个金融体系内个体之间的关联程度不断提高。与此同时，金融网络覆盖的范围不断延展，网络内部的关联结构亦趋于复杂。强大的金融网络将金融体系所有参与者的风险和收益紧密地联系在一起。网络结构的关联性越强，个体间的行为同质性越强，金融体系的顺周期性影响便会越强，系统性风险也会增强，从而风险被进一步放大，同时强化不同维度上系统性风险的相互影响。

三、金融科技风险评估方法

（一）技术风险评估

金融科技技术风险的衡量方式有四种。第一，技术故障率，包含信息系统故障率、可使用率和在用率。第二，安全事故数，包含信息系统安全事故统计数和重大信息系统安全事故统计数。第三，客户投诉率，指因技术事件引发的客户投诉业务量与同期总业务量之比。第四，技术风险损失率，指信息系统设备净损失额与信息系统设备购买价格或重置费用之比。

（二）业务风险评估

1. 流动性风险评估

流动性风险可利用流动性覆盖率、净稳定资金比率和流动性风险价值法进行评估。前两者是巴塞尔协议Ⅲ提出的衡量银行流动性风险的方法，可供金融科技企业参考和借鉴。

流动性覆盖率（Liquidity Coverage Ratio，LCR）旨在确保在设定的严重流动性压力情景下，能够保持充足的、无变现障碍的优质流动性资产，并通过变现这些资产来满足未来30日的流动性需求。流动性覆盖率＝优质流动性资产储备/未来30日的资金净流出量。流动性覆盖率的标准是不低于100%。

净稳定资金比率（Net Stable Funding Ratio，NSFR）是指可用的稳定资金与业务所需的稳定资金之比，旨在衡量长期流动性风险。净稳定资金比率＝可用的稳定资金/业务所需的稳定资金。净稳定资金比率的标准是大于100%。

流动性风险价值法是指采用调整后的风险价值来衡量金融机构市场交易流动性风险的定量方法。风险价值是指金融机构的单一或组合金融资产（产品）在既定置信区间内预期发生的最大可能损失。流动性风险价值法是一种复合的风险价值测定方法，它通过将某一类或某几类金融资产（产品）的基期（或常规，或市场平均）的流动性风险价值与其市场交易预期的风险价值进行加权平均，后求和得到此类或组合的金融资产（产品）市场风险总价值。

2. 信用风险评估

基于金融科技的基本特点及信用风险评估相关理论，金融科技的信用风险评估可以分为两种：基于历史数据和信用记录、基于财务分析。

第一，基于历史数据和信用记录。该方法主要是运用历史数据和信用记录，了解金融科技企业历史的违约概率、违约损失率、违约风险影响因素及违约者轮廓等方面的特征，从而利用这些信息来审视和度量信用风险的大小。此外，电商大数据、信用卡类大数据、社交网站大数据、小额贷款类大数据、第三方支付大数据及生活服务类网站大数据也均可被用于助力金融科技风险控制。

第二，基于财务分析。该方法主要将各项财务分析指标作为一个整体，系统、全面、综合地对金融科技企业的财务状况和经营情况进行剖析、解释和评价，从而了解该机构的营利能力、未来发展预期、财务连贯性和真实性，以及财务风险标识等信息。

3. 市场风险评估

目前，市场风险的衡量方法主要有风险价值法（VaR）（巴塞尔协议Ⅰ）、压力测试（巴塞尔协议Ⅱ）和敏感性分析（巴塞尔协议Ⅱ）等。这些方法也是巴塞尔协议提出的关于银行市场风险的衡量方法，普遍被海内外国家金融机构和监管部门接受和使用。金融科技市场是金融市场的一个分支，因此，可以使用上述衡量市场风险的方法来评估金融科技市场风险。

4. 操作风险评估

第一，单一指标衡量法。该方法选用毛收入作为单一指标，乘以固定百分比系数 α，计算出操作风险的资本金配置要求，即资本金配置要求 = α × 毛收入。

第二，标准化方法。标准化方法将金融机构业务活动划分为若干标准化业务种类，并各设定一项指标以反映该类业务的规模及业务量。另对每类业务设定以固定百分比系数 β，将其乘以相应的指标，即为该业务所占用的操作风险资本金配置要求。

第三，内部衡量法。内部衡量法类似信用风险中的内部评级方法，建议金融机构根据自身的内部损失数据，通过建立适当的风险管理模型来计算应提取的操作风险资本金配置要求。

第四，损失分布法。金融机构根据以往的内部数据，估计每一业务种类/风险分类的以下两个可能性分布：单一事件的影响和次年事件的发生频率。基于这两项估计数据，金融机构可计算累计操作损失的分布机会率。将所有业务种类/风险分类的风险价值（VaR）相加，即为金融机构的总操作风险资本金配置要求。

第五，极值理论法。操作风险的极值理论模型是专门用来衡量操作风险损失分布的尾部即损失极值的方法。它通过推导超过一定临界水平的操作风险损失的具体分布函数，得出一定置信水平下风险价值（VaR）的估计值和超过临界水平的损失的期望值，并以此作为提取操作风险监管资本的参照。

（三）政策风险评估

金融科技的政策风险主要与我国制定的监管政策有关。由于政策具有难以预判的特点，因而政策风险往往难以直接评估，我们需要借助一些其他手段间接评估。常用的政策风险评估方法有媒体指数法和德尔菲法。

大卫·贝克利用各国媒体中对经济政策的讨论程度来度量经济政策的不确定性。具体地，关于中国的经济政策不确定指数，他利用《南华早报》中含有"经济""政策"等一系列经济政策相关关键词的报道数占比，来衡量中国经济对政策的热议程度。类似地，我们也可以利用媒体报道中谈论有关金融科技政策的比重来度量金融科技的政策风险。

（四）道德伦理风险评估

道德伦理风险往往隐藏在金融科技活动背后，需要较长的时间才能显现和爆发出来。关于金融科技的科技伦理，甚至与人们所持有的的价值观有关。因而，没有统一的标准和定量的指标来评估金融科技的道德伦理风险，我们需要借助一些定性评估方法，例如，德尔菲法。

德尔菲法也被称为专家打分法，广泛运用于企业的管理过程中。该方法通过邀请该领域专家对有关问题进行评分，接着求解各项论断的平均得分来度量有关问题。利用该方法，我们对某家金融科技公司或某项金融科技业务的道德伦理进行总结与表述，邀请金融科技领域的有关专家对这些金融科技的道理伦理水平进行评分。那么，评分的平均得分就度量该项金融科技业务或金融科技公司的道德伦理风险评估。

第三节 金融科技风险管理

一、金融科技风险管理的内涵与理念

（一）金融科技风险管理的内涵

随着金融科技的快速发展与日益成熟，以及金融科技在金融领域的广泛应用，金

融科技风险也不断进入人们的视野。金融科技风险较快的扩散性和较大的破坏性要求我们对金融科技风险采取一定的管理措施。金融科技风险管理指有关主体采取一系列措施对金融科技风险进行监测、评估、防范和应对的活动。

按照层次分,金融科技风险管理的主体包括金融科技企业、行业自律组织、监管机构等。金融科技企业主要对自身产生的金融科技风险进行管理,对技术漏洞、业务风险及其道德风险进行监控与评估,将风险水平控制在较低程度。行业自律组织是为了协调各个企业之间的经营活动而自发组织起来的一种社会机构。行业自律组织在推进统计监测、信息披露、信息共享、标准规则、消费者权益保护等工作方面具有积极作用。金融科技风险的监管机构主要包括中国人民银行、银监会、各地方金融办等机构。监管机构对企业依法进行准入管理、日常监管,以防止企业进行技术套利,产生危害社会的风险。

金融科技风险管理的三类主体之间存在一定配合关系。金融科技企业在风险管理方面往往经验不足,面临市场冲击时会表现出"羊群效应",因此需要受到行业自律组织和监管机构的管理;监管机构对金融科技企业的风险进行直接的监督管理;行业自律组织对金融科技企业起到督促引导的作用,同时能够积极配合监管部门进行风险整治。

金融科技风险管理的内容主要包括监测、评估、防范与应对四个方面。金融科技风险的监测主要指金融科技风险管理主体通过系统和持续地收集金融科技业务的数据及相关信息,并进行综合分析和及时通报的活动。随着与科技手段的不断结合,金融风险呈现出更强的隐蔽性和更快的扩散速度,对金融科技风险的监测不应拘泥于传统手段,金融风险管理主体还需通过大数据等技术对风险进行实时、动态监测,并及时预警,避免风险的扩散。金融科技风险的评估主要指在金融科技风险事件发生之前,金融科技风险管理主体辨识金融科技活动的风险类型,分析风险特征,描述风险发生的可能性和发生的条件,并评价风险将造成的价值损失程度。金融科技风险的评估不仅涉及业务层面的风险,还需对技术风险和道德风险进行关注。金融科技风险的防范主要指有目的、有意识地通过风险管理活动来阻止、防范风险损失的发生,削弱损失发生的影响程度。金融科技风险的防范可以从技术漏洞、业务内容和道德标准等多个层面入手,以达到消除或减缓风险发生的目的。金融科技风险的应对主要指在确定了金融科技风险主体存在的风险的基础上,对风险概率及风险影响程度进行分析,根据风险主体对风险的承受能力而制定的回避、承受、降低或者分担风险等相应防范计划。

金融科技风险管理的措施和手段包括组织法规构建、机制设计、风险管理技术等。首先，法规构建从根本上产生了抵御风险的作用。一方面，企业要重视金融科技风险，构建起防范风险的规章制度，将风险发生的可能性降至最低。另一方面，监管部门需进一步建立与完善金融科技监管的法律法规。例如，制定金融科技信息安全行业标准，提高金融科技企业的安全准入门槛，同时还要明确金融科技企业的法律地位、金融监管部门及政府的监管职责、金融科技行业的准入和退出机制。

其次，机制设计能够在运行过程中确保降低风险发生的概率。由于科技手段的特殊性，传统的金融风险管理机制已难以适应当下金融科技风险的特征，监管部门亟须为金融科技行业设计更为适合的新机制。例如，建立更加完备的账户和资金流转监测，严格身份识别、交易审核、大额对账等；建立风险预警应急措施，对涉嫌非法集资、集资诈骗、洗钱等违法违规行为做到早预警、早处理、早报告，一旦发现应采取清收措施，并快速启动司法保护程序，有效防范法律风险。

最后，风险管理技术是金融科技风险管理顺利实施的保障。金融科技风险管理不仅需要依靠法规和制度的建立，还需要依赖于更为高超的风险管理技术。在操作层面，金融科技企业需要提升金融科技技术水平，实施安全规范的操作，防范系统故障、黑客攻击、病毒植入等技术风险。在信息管理层面，金融科技企业需配合监管机构实现信息共享，防范利用高科技手段进行的非法集资、集资诈骗、洗钱等犯罪活动。在技术层面，各个金融科技风险主体都应不断更新技术，运用先进的大数据挖掘、区块链等技术，建立信用评估体系和风险预警模型，有效防范信息泄露等产生的法律风险。

（二）金融科技风险管理的理念

金融科技风险管理应遵循整体性优先、监管及时、协调创新和安全关系的理念。

首先，金融科技风险监管应遵循整体性优先的理念。在面对金融科技风险监管问题时，监管主体应"守住不发生系统性金融风险的底线"。优先关注系统性金融风险防范是因为系统性金融风险与我国经济发展密切相关，防范和化解系统性金融风险是中国金融市场发展及监管工作的核心主题。监管部门应对一些重要的金融科技企业进行风险的重点监控，防止因这些企业的破产或巨额损失导致整个金融系统崩溃，或对实体经济产生严重负面影响。

其次，金融科技风险监管应遵循监管及时的理念。金融科技风险具有较高的外溢性和扩散性。随着金融与科技的不断融合，金融创新产品周期越来越短，产品覆盖能力越来越大,传播速度越来越快。在这一情况下,一旦金融科技风险发生,将会产生严重的影响。因此,金融科技风险监管应注重及时性,将金融风险监测机制常态化,加快监管平台的建设,对风险进行实时监测、评估,并及时进行风险预警,防患于未然。

最后,金融科技风险监管应注重金融创新和安全两者关系的协调。科技为金融创新注入了新的活力,大大推动了金融发展。金融科技风险管理主体在进行风险管理过程中要严守金融安全的底线,但也不能扼杀金融创新的活力。这就要求金融科技风险监管主体紧密关注金融科技行业的发展动态,准确鉴别具有潜在风险的监管规则,调整和修正有损金融产品创新的漏洞与缺陷,在实践中不断尝试。

二、金融科技风险管理组织与机制设计

(一) 金融科技风险管理组织

1. 金融科技监管部门

金融科技监管部门是金融科技风险的主要管理组织。2015年7月18日,中国人民银行、工业和信息化部、公安部、财政部、国家工商总局、国务院法制办、中国银行业监督管理委员会、中国证券监督管理委员会、中国保险监督管理委员会和国家互联网信息办公室联合印发了《关于促进互联网金融健康发展的指导意见》(银发〔2015〕221号,以下简称《指导意见》)。《指导意见》按照"依法监管、适度监管、分类监管、协同监管、创新监管"的原则,确立了互联网支付、网络借贷、股权众筹融资、互联网基金销售、互联网保险、互联网信托和互联网消费金融等金融科技主要业态的监管职责分工,落实了监管责任,并明确了业务边界。《指导意见》属于多部门共同制定的法规,旨在鼓励金融科技的创新、发展、营造良好的政策环境,规范从业机构的经营活动,维护市场秩序,协同推进发展普惠金融,鼓励金融创新与完善金融监管,引导并促进金融科技这一新兴业态健康发展。具体而言,金融科技风险的主要监管部门分工如下:

中国人民银行,简称央行,是中华人民共和国的中央银行,中华人民共和国国务院组成部门。在国务院领导下,制定和执行货币政策,防范和化解金融风险,维护金融稳定。2019年2月,中央机构编制委员会办公室发布《中国人民银行职能配置、内设机构和人员编制规定》,明确了中国人民银行负责统筹互联网金融监管、评估金融

科技创新业务的主要职责。这意味着中国人民银行对金融科技的监管要上升为常态化的日常监管机制，并承担对未来诸如金融科技等金融新兴业态的评估和监管职责，体现了金融监管的前瞻性。

中国银行保险监督管理委员会，简称中国银保监会或银保监会，成立于2018年，是国务院直属事业单位，其主要职责是依照法律法规统一监督管理银行业和保险业，维护银行业和保险业合法、稳健运行，防范和化解金融风险，保护金融消费者合法权益，维护金融稳定。银保监会是银行与保险公司的直接监管部门，因而也是银行业和保险业金融科技创新的直接监管者。在2018年11月发布的《中国银行保险监督管理委员会职能配置、内设机构和人员编制规定》中，银保监会的创新业务监管部具有"承担银行业和保险业金融科技等新业态监管策略研究等相关工作"的主要职责。

中国证监会是国务院直属正部级事业单位，其依照法律法规和国务院授权，统一监督管理全国证券期货市场，维护证券期货市场秩序，保障其合法运行。2018年9月，证监会正式印发《中国证监会监管科技总体建设方案》，明确了监管科技1.0、2.0、3.0各类信息化建设工作需求和工作内容，标志着证监会完成了监管科技建设工作的顶层设计，并进入了全面实施阶段。

2. 金融科技行业自律组织

除了金融科技的监管部门之外，行业自律组织也是金融科技风险管理组织的重要组成。2015年12月31日，经国务院批准，民政部通知中国互联网金融协会准予成立。协会旨在通过自律管理和会员服务，规范从业机构市场行为，保护行业合法权益，推动从业机构更好地服务社会经济发展，引导行业规范健康运行。协会单位会员包括银行、证券、保险、基金、期货、信托、资产管理、消费金融、征信服务及互联网支付、投资、理财、借贷等机构，还包括一些承担金融基础设施和金融研究教育职能的机构，基本覆盖了金融科技的主流业态和新兴业态。

中国互联网金融协会主要职责为按业务类型制定经营管理规则和行业标准，推动机构之间的业务交流和信息共享；明确自律惩戒机制，提高行业规则和标准的约束力；强化守法、诚信、自律意识，树立从业机构服务经济社会发展的正面形象，营造诚信、规范发展的良好氛围。

金融科技的规范、健康发展，既离不开政府监管，也离不开行业自律。政府监管和行业自律相互支撑，有利于降低监管和市场运行的成本，提高监管效率并促进市场创新，也有利于提升金融科技市场整体运行的安全性和有效性。

(二) 金融科技风险管理机制设计

1. 金融科技风险管理机制的定义

金融科技风险管理机制是指管控主体以特定的金融科技机构及其关联方为对象,在发起设立、业务模式和市场行为等方面,予以局部或具体的指导、监督、检查、协调、控制和处置等管理行为的体系化制度。

2. 中国金融科技风险管理的主要机制

中国金融科技风险管理主要机制分为内部管控机制与外部管控机制。内部管控机制指金融机构针对其内部有效管理制定和实施的一系列保障性规章制度,从而获得生产效率和稳定经营秩序。根据不同细分领域,内部管控机制又可分为业务、营销、财务、人力资源、组织机构、信息管理系统,以及其他包括内审、保密、消防在内的安全控制等方面管控机制。有时,金融机构内部管控机制也会涉及其公司治理机制、决策机制等方面。建立企业内部管控机制的理论依据是"内部控制理论"。该理论源自系统科学的控制论和系统论、经济学的委托代理理论,以及管理学的管理职能理论中关于控制职能部分的各种相关理论。

外部管控机制主要包括金融安全网、互联网技术安全标准、行业市场准入、消费者权益保护和合作担保五个方面。

第一,金融安全网。金融安全网是指为了保障金融安全,由中央银行、金融监管当局和银行同业组织共同组成的具有公共性质的安全保护系统。广义的金融安全网包括审慎监管、存款保险和"最后贷款人"制度。狭义的金融安全网仅指存款保险和"最后贷款人"制度。金融安全网可以通过行政措施、法律手段和经济政策等措施,救助因金融危机而遭受严重损失的金融行业或金融机构,从而有效防范对金融机构的挤兑,抑制风险传播造成的金融恐慌(米什金,2010)。

第二,互联网技术安全标准。由于金融科技广泛采用现代信息技术和网络技术,具有虚拟与现实交互联通的特性,与传统金融形成重大区别,也使得金融科技面临较为独特的技术风险。防范技术风险是金融科技管控机制面临的重要问题。因此,应该构建系统的、可行的、具有充分技术保障的互联网技术安全标准。

第三,行业市场准入。金融领域的行业市场准入是指金融管控部门为防范不正当竞争,维护市场竞争秩序,保护金融行业既得利益,对金融行业的新进入者采取限制性资格评审的制度措施。金融行业的准入限制性资格条件通常包括金融机构(平台)

的资质与以往违法性记录；从业人员的资质、从业经历和人员数量限制；资本及最低限额；风险评估等级和风险管理体系；内部控制制度；外国资本与本国资本在投资总额或资本结构中所占比例限额等。

第四，消费者权益保护。根据金融消费者权益保护理论，金融消费者的权益包括知情权、受教育权、自由选择权、隐私权、受服务权、受益权、财产安全权、投诉权和获得赔偿权。金融科技消费者保护相比传统金融更为复杂与特殊。《指导意见》首次提出了"金融消费者权益保护"的理念，强调从消费者教育、信息披露、格式合同条款监督、多元化纠纷处理机制、个人信息保护、不实宣传与捆绑销售禁止等方面，对金融科技消费者权益进行保护。

第五，合作担保。合作担保指寻求第三方担保以分散金融风险的做法，主要分为两种：政策性合作担保和市场性合作担保。政策性合作担保机构由国家支持的第三方担保机构与借贷或投资类金融机构构成，两方共同为客户提供资金借贷与担保服务，以支持国家重点行业和政策性扶持行业为主。市场性合作担保机构由市场担保公司、贷款人和借款人组成，主要面向城镇中小微企业和农村合作社组织等。金融科技机构的合作担保对象多为后者。

三、金融科技风险管理技术

（一）金融科技风险管理技术的定义

金融科技风险管理技术指的是针对金融科技领域的特定风险所采用的风险管理技术。互联网金融管控技术指在既定的管控体制和管控机制中，管控主体以特定的互联网金融机构及其关联方为对象，在其发起设立、业务模式、市场行为等方面予以局部或具体的指导、监督、检查、协调、控制和处置等管理行为的标准或合规操作程序与步骤。

（二）金融科技风险的主要管控技术

1. 防火墙

所谓防火墙，指的是一个由软件和硬件设备组合而成，在内部网和外部网之间、专用网与公共网之间的界面上构造的保护屏障。防火墙主要由服务访问规则、验证工具、包过滤和应用网关四个部分组成，是一个位于计算机和它所连接的网络之间的软件或硬件。中国人民银行等十部委发布的《关于促进互联网金融健康发展的指导意见》第二部分规定，要"建立必要的防火墙"。

2. 风险源识别

风险源识别，又称风险辨识，指的是金融机构、第三方服务机构和金融管理部门使用一定技术手段，获取和分析潜在风险信息，对风险源进行识别，对其性质加以判断，对可能造成的危害和影响提前进行预防，以确保系统的安全和稳定。

3. 信息披露

中国人民银行等十部委发布的《关于促进互联网金融健康发展的指导意见》第二部分规定，要向客户充分披露服务信息，但不得夸大支付服务中介的性质和职能。《指导意见》第三部分第十五条规定，从业机构应当对客户进行重复的信息披露，及时向投资者公布其经营活动和财务状况的相关信息，以便投资者充分了解机构运作状况，促使从业机构稳健经营和控制风险。

4. 风险提示

风险提示又称"风险告知"，是对金融消费者的一种保护性措施，指的是金融机构在开展金融业务之前，应以醒目的方式将金融业务潜在风险告知客户。《指导意见》第二部分规定，要向客户清晰地提示业务风险。《指导意见》第三部分第十五条规定，从业机构应当向各参与方详细说明交易模式、参与方的权利和义务，并进行充分的风险提示。要研究建立金融科技的合格投资者制度，提升投资者保护水平。

5. 行业自律

2014年12月18日，中国证券业协会发布《私募股权众筹融资管理办法（试行）（征求意见稿）》。该办法第一章第四条规定，中国证券业协会为股权众筹融资行业的自律组织，负责对其进行自律管理。第六章第二十五条至第二十七条专门规定了股权众筹融资行业的自律管理事项，包括市场监测中心备案管理信息系统应记录行业市场信息，并与中国证监会、中证协实现数据共享；中证协对会员单位实施自律检查等。

《指导意见》第三部分第十九条规定，加强互联网行业自律，充分发挥行业自律机制在规范从业机构市场行为和保护行业合法权益等方面的积极作用。中国人民银行将联合有关部门，组建中国互联网金融协会。协会要按业务类型，制定经营管理规则和行业标准，推动机构之间的业务交流和信息共享。协会要明确自律惩戒机制，提高行业规则和标准的约束力。强化守法、诚信、自律意识，树立从业机构服务经济社会发展的正面形象，营造诚信规范发展的良好氛围。

除上述几点之外，预防和管理金融科技风险的方法还有防网络病毒软件、风险预警、现场检查、非现场检查和社会监督等。

本章小结

本章首先探讨了金融科技风险的内涵与特征，介绍了金融科技风险的形成原因和机制；其次，分类介绍了金融科技风险的内容和特点，阐释了金融科技风险对经济金融运行的影响，并讨论了金融科技风险的评估方法；最后，探讨了金融科技风险管理的组织、技术与机制设计。

本章重要概念

金融科技风险　金融科技风险管理　科技伦理

本章思考题

1. 金融科技风险的成因是什么？
2. 金融科技风险如何影响了经济金融运行？
3. 如何管理金融科技风险？

本章参考文献

［1］中国人民银行等十部委. 关于促进互联网金融健康发展的指导意见［EB/OL］. 2015，http：//www.gov.cn/xinwen/2015-07/18/content_2899360.htm.

［2］杨东. 监管科技：金融科技的监管挑战与维度建构［J］. 中国社会科学，2018（5）：69-91+205-206.

［3］胡滨，郑联盛. 金融科技倒逼监管改革［J］. 中国经济报告，2017（9）：91-94.

［4］伍旭川，刘学. 金融科技的监管方向［J］. 中国金融，2017（5）：55-56.

［5］阎庆民. 银行业金融机构信息科技风险监管研究［J］. 新金融评论，2013（2）：142-178.

［6］徐忠，孙国峰，姚前. 金融科技：发展趋势与监管［J］. 金融博览，2017（9）：98.

［7］小杰伊·威尔逊. 金融科技：FinTech 定义未来商业价值［M］. 王勇、段炼等. 北京：人民邮电出版社，2018.

［8］克里斯·斯金纳. FinTech，金融科技时代的来临［M］. 杨巍、张之材、黄亚丽. 北京：中信出版社，2016.

第十章 金融科技创新与监管

本章导读

在监测 P2P 网贷平台非法集资的活动中,以区块链和大数据、智能算法等技术为基础开发的"冒烟指数"发挥了重要作用。"冒烟指数"是监管机构和监管科技企业合作开发的风险预警指数,通过区块链的多节点,打通各个网站和软件应用的 API。通过连接在财经网站、社交舆论媒体、工商税务网站、P2P 网站、法院、贴吧等网络地址和线上 cookies,在分布式数据库中存储,然后进行数据清洗、集成、变换、规约等过程,整理出结构化、关联化的数据,利用算法模型进行分析,得出"冒烟指数"。分数越高,意味着可能存在非法集资的风险越大。北京市金融局、北京市互联网金融协会,协同公安部门一起,运用"冒烟指数"对 e 租宝等网贷平台进行实时动态监测,成功预测了 e 租宝的风险并提前部署,控制事件的进一步扩散。

本章学习目标

通过本章学习,掌握金融科技创新的特点,了解金融科技监管方式,了解人工智能、大数据、区块链在监管科技中的应用方式,掌握监管科技的内容与应用。

第一节　金融创新的技术与制度基础

一、金融创新的内涵

现代社会，一切重大经济价值、经济增长均与创新有关，金融创新推动了金融发展，并促进了整个经济进步。从 20 世纪六七十年代开始，西方金融领域出现了一系列重大而引人注目的新事物，诸如，1966 年美国出现大额存单，1970 年出现浮动利率债券，这是债券市场的重大变革，1971 年美国开始使用证券交易自动报价系统，1972 年芝加哥商业交易所推出货币期货交易等。新技术、新市场、新工具、新交易、新服务令人目不暇接，这场变革源于美、加、英等发达国家。80 年代中后期，伴随着金融开放和自由化程度的加深，发展中国家也纷纷踏上了创新之路。进入 90 年代，金融则表现出前所未有的新局面，各种金融创新风起云涌，已经或正在改变着金融业乃至整个经济体系。与此同时，西方学者将创新理论引入金融研究之中，逐步形成了金融创新理论。何谓金融创新？北京大学陈岱孙、厉以宁主编的《国学说史》根据熊彼得经济创新的定义将金融创新定义为在金融领域内建立"新的生产函数"，"是各要素的新的结合、是为了追求利润机会而形成的市场改革。它泛指金融体系和金融市场上出现的一系列新事物、新的金融工具、新的融资方式、新的金融市场、新的支付清算手段及新的金融组织形式与管理方法等内容。整个金融业的发展史就是一部不断创新的历史，金融业的每一次重大发展，都离不开金融创新。信用货币的出现、银行的诞生、支票制度的推广等是历史上重要的金融创新"。简言之，金融创新是各种金融要素的新结合，是为了追求最大利润而发生的市场改革[①]。

二、金融创新的技术基础

技术是推动金融创新的前提和基础，提出这一理论的主要代表人物是韩农

[①] 朱淑珍：《金融创新理论述评》，《东华大学学报（自然科学版）》2002 年第 3 期，第 129~131 页。

(T. H. Hanuon)和麦道威(J. M. McDowell)。该理论认为,新技术的出现及其在金融方面的应用,是促成金融创新的主要成因。特别是电脑和电信设备的新发明在金融业的应用,是金融创新的重大因素。

20世纪初,金融业务尚处在十分落后的水平,因各种经济交易而发生的借贷结算,只能通过交通工具运送货币来完成。瑞典的经济学家威克塞尔(WicRsell)认为,货币运行速度不可能超过邮政火车或轮船这些用来运送货币的交通工具的速度。而今天,国际债权债务关系无论距离多么遥远,都可以在几分钟内迅速完成。

近年来,在金融业务电子化进程中最引人注目的是金融机构参与国际互联网络的开发。随着互联网络全球使用率的迅速上升,在互联网络上的商业活动和金融活动也逐渐增多,互联网络简便快捷;网上信息丰富全面和入网费用逐渐降低的优势吸引着越来越多的金融机构参与到互联网络中。新技术成果在企业的广泛运用,大大降低了创新的平均成本,从而能够充分发挥创新的规模优势,提高规模报酬,相对增加金融创新的收益。这是全世界普遍热衷于金融技术创新的重要原因。此外,技术进步还为金融创新开辟了新的资金来源或业务机会,创造出新的市场,给金融家提供了寻求潜在收益的机会和途径,激发了多种与电子技术相关的创新。

早期研究技术创新对经济发展贡献的是美籍奥裔著名经济学家熊彼特(J. A. Schumpeter)。1912年,熊彼特在《经济发展理论》一书中,首次提出了创新理论。他认为,所谓创新就是建立一种新的函数,即把一种从来没有过的生产要素和生产条件的新组合引入生产体系。熊彼特把这种组合归为5种情况:一是引进新产品或提供一种产品的新质量;二是引进一种新技术或新的生产方法;三是开辟一个新的市场;四是获得原料或半成品的新的供应来源;五是实行新的企业组织形式。创新不同于发明,它是一个经济概念,而不是技术概念,熊彼特认为,创新可以通过模仿和推广来促进经济的发展。当一个企业通过创新而获得经济利益之后,其他企业会由于有利可图而进行模仿,继而在整个行业形成一股创新浪潮,使整个行业获得普遍发展。一个行业的发展又会推动其他行业,乃至整个社会经济的发展。创新浪潮的出现,会造成银行信用和生产资料需求的扩大,形成普遍的经济高涨,当创新所带来的盈利机会趋于消失,企业对银行的信用和生产资料的需求就会减少,于是经济收缩。当新的创新浪潮出现,又会出现新的经济高涨,高涨之后,又会有新的收缩。如此循环,使经济也因此从繁荣走向衰退,又从衰退走向繁荣,社会经济便会不断向前发展。熊彼特关于新技术的发明、应用和推广是经济发展和企业循环的主要原因的论述,为金融创新理论及其发展奠定了理论基础,但其本人未述及金融创新,也没有研究技术创新对金融创新的贡献问题。

最早真正从技术创新角度研究金融创新问题是韩农和麦道威。经过实证研究,这两位学者发现20世纪70年代美国银行业新技术的采用和扩散,与市场结构的变化密切相关,从而认为新技术的采用是导致金融创新的主要因素。评价一种学说价值的一个主要方面,在于看它是否提供了前所未有的东西。那么,从金融学说发展史的角度考察,是韩农和麦道威首次提出技术进步是促成金融创新的主要成因。殊为遗憾的是这两位经济学家的研究仅限于自动提款机,而未涉及电信设备方面技术革新与金融业创新的相关性研究,如网上银行,Swift系统等,导致他们对金融创新的研究不够系统和全面。当然,这有经济发展处于不同时期等诸方面的原因。尽管如此,韩农和麦道威的研究为进一步深化金融创新理论研究提供了基础,并拓展了更为宽广的空间。

近年来出现的信息革命应用于金融业的结果,大大提高了金融服务的效率,降低了金融业的经营成本,并加速了金融全球化的进程。可以认为,技术进步的加快,在成为金融创新主要原因和基础的同时,也可能带来新的风险[1]。

三、技术改革推动的金融创新

金融创新实际上是与制度结合在一起的。传统分析方法把资本、劳动力、技术作为影响经济增长效率的三个关键因素,没有考虑过交易费用和产权问题,交易费用被假设为零。新制度经济学对这个假设提出了挑战,科斯提出并分析了交易费用和产权的关系问题,以此为基础阐述了制度在经济变迁中的作用。制度经济学认为,人类的天性有"机会主义倾向",即人是自利的,一有机会就可能偷懒、说谎、投机取巧,试图破坏规则、钻空子;同时,人在经济活动中,又存在信息不对称和信息不完全。基于上述两点假设,制度经济学认为,有效的制度安排可以降低交易成本,减少偷懒、说谎等机会主义现象发生的概率。这是现代经济学理论分析的一个重大贡献。诺思则在科斯的基础上更明确地肯定制度对经济增长的决定作用。他认为:"有效率的组织是经济增长的关键。有效率的经济组织需要在制度上做出安排和确立所有权,以便造

---

[1] 朱淑珍:《金融创新理论述评》,《东华大学学报(自然科学版)》2002年第3期,第129~131页。

成一种刺激,将个人的经济努力变成私人收益率的活动。"法律制度是具有国家强制约束力的一种制度安排。

金融创新必须要有更大的自由,有更大的激励措施,使金融市场主体尽最大能力赚钱。但这又是一柄双刃剑,一方面是带来风险问题;另一方面市场主体会不遗余力地进行剥削,会给国家、社会、投资者和存款人造成很大的伤害。因此,金融创新不能离开法制的框架,法制应该与金融创新同步进行。亦即任何意义的金融创新,都必须从制度方面加以诠释才有真正的效力,制度上的改革已成为最为关键的一步。就我国而言,金融创新首先要通过主体制度创新,改革国有商业银行,使其成为国家控股下的股份制商业银行。通过在法律前提下的改革和创新,建立金融控股集团和适应市场经济的新兴金融主体;通过股份制改造,解决金融资本和金融资产配置的优化问题;通过建立产权清晰、权责明确、政企分开、管理科学的现代企业制度,完善金融机构的法人治理结构,实现所有权、经营权、监督权的相对分离和相互制约,保证各级管理者能够及时和负责任地维护所有者的利益。其次,要建立金融行为创新制度和金融工具创新制度,实质上就是建立竞争制度。最后,要创新监管制度,建立适应金融国际化发展要求的金融监管法律制度、金融监管组织体系和金融监管工具体系,完善风险评估系统和提高对风险及时反应的管理水平,将金融监管的重点从资本充足率转向以风险管理为主,并授予审慎监管者足够的资源和法律权力①。

第二节　金融科技创新发展

中国的金融科技行业正处于快速发展期,且在行业内的某些领域已经获得了领先地位。从行业分类来看,大数据、云计算、物联网、人工智能和区块链技术等都是金融科技的重要内容,在数据的采集整理、分析和应用方面,中国金融科技将拥有相对较大的发展空间,数据的价值有待进一步挖掘。

在互联网大数据技术和人工智能技术的支撑下,在平台化、移动化、场景化和精准化的助力下,金融科技创新与发展能有效解决传统领域里的诸多问题,真正能以客

---

① 陶广峰:《金融创新的制度机理》,《现代经济探讨》2006年第12期,第18~21页。

户为中心，为广大消费者量身定做各种个性化的金融产品与服务，并能大大提升金融产品与服务质量的效率。

未来的金融科技创新将会重构整个金融体系。目前的"金字塔、层级制、标准化和流程化"金融体系是基于工业社会的基础架构而建立起来的，但是，在移动互联网时代的信息社会，共享金融和共享经济新模式崛起，分布式的网络化结构和去中心化将成为未来发展的趋势。

一、金融科技创新的内涵与特点

（一）金融科技创新的内涵

随着"互联网+"战略的不断深入，云计算、互联网、大数据等先进信息技术得到了重大突破，同时实现了现代科技创新和金融需求的有效结合，使我国金融业发展迸发出了巨大的创新动力。

金融科技创新是指将互联网技术作为辅助手段并合理地运用于金融领域，促进金融行业的发展[1]。金融科技创新的核心内容是以日新月异的网络信息技术对金融产品和服务模式进行革新，将人工智能、物联网等先进技术与金融行业的营销模式结合，创造出新的金融产品、服务和业务模式[2]。从实践角度来看，金融科技既包括智能分析、智能投顾等金融技术，也包括新型支付清算、网络信贷等对传统金融机构产生巨大冲击的服务模式。

（二）金融科技创新的特点

1. 数字化

大数据、区块链等技术推进数字货币替代纸币、电子账本替代纸质账本，身份识别和综合性信息逐步替代资质评级的过程，在信用社会体系中发挥重要的基础性作用。

2. 智能化

通过大数据、云计算和人工智能等技术手段，实现投资分析、信用评级、风险评级、投资报告自动生成等金融活动，智能获客和智能投顾等业务广泛开展。通过这些

---

[1] Lee S H and Lee D W, "Fintech-conversions of Finance Industry Based on ICT," *Journal of the Korea Convergence Society* 6, No. 3 (2015): 97—102.

[2] Puschmann T, "Fintech," *Business & Information Systems Engineering* 59, No. 1 (2017): 69—76.

新型工具和服务,金融服务业能够更精准地量化客户体验的反馈机制,简化产品和服务流程,更准确地响应预期客户的需求,开创简单易用、具备高消费者参与度的产品与服务。

3. 普惠化

把最新的信息技术融入传统金融服务业的信息处理和投资决策中,这既是传统金融业最关键的营运环节,也是人力成本最为昂贵的环节,以往只有少数重要客户才能享受[①]。随着金融科技创新的发展,越来越多的市场主体将享受到金融服务所带来的便捷。

4. 标准化

借助客户预警、欺诈识别、智能监测、互通互联等技术,可以有效提升金融科技监管的能力与效率,使每一类金融活动成为一个标准化的模块,有效防范金融风险,大幅度提高金融科技工作效率,保障金融科技运作安全。

(三)金融科技创新的影响

金融科技重点关注以大数据、云计算为代表的先进技术的应用与普及,以及其对提高金融服务效率的作用。因此,金融科技创新可以改善我国金融市场服务效率不高、创新能力不强、资源配置落后等问题,从而满足多群体对各种金融服务及产品等的需要,促进实体经济发展(见图10-1)。

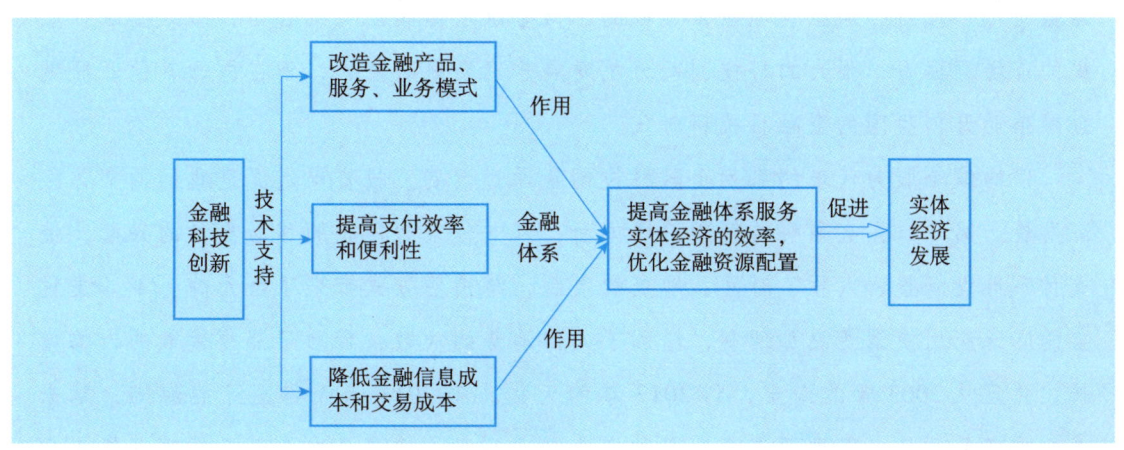

图10-1 金融科技创新对实体经济的促进机制

资料来源:庄雷、王烨:《金融科技创新对实体经济发展的影响机制研究》,《软科学》2019年第2期,第43~46页。

---

① 莫非、赵大伟:《科技重塑金融:Fintech实践与展望》,中国金融出版社,2017。

金融科技创新影响实体经济发展的机理主要体现在金融科技利用先进技术对金融体系进行改进和优化，提升其服务实体经济的效率和作用，进而支持实体经济发展。一是，金融科技创新凭借其先进的技术支持，完善金融机构的服务功能，有效优化金融市场体系。二是，金融科技进步使金融活动不受时间和空间的限制，信息成本和交易成本大大降低。三是，金融科技使资金供给方和资金需求方能在一个更加公平、合理和透明的市场框架下进行资金的配置，从而更有利于形成市场供求双方满意的均衡利率。该均衡利率将影响投资和储蓄，储蓄又直接影响消费，而消费和投资是促进实体经济发展的重要动力。因此，金融科技可以提高金融体系服务实体经济的效率和作用，更好地将资金配置到促进实体经济发展的制造业、生产性服务业等领域，以推动实体经济的良性发展。

专栏 10-1

案例：蚂蚁金服

2014年成立的蚂蚁金服是我国首批接触金融科技创新领域的企业之一，位居科技部《2017年中国独角兽企业发展报告》中的独角兽企业估值第一。蚂蚁金服利用多年电商业务积淀过程中对用户消费行为、习惯、偏好等信息的分析和挖掘，又引入大数据、云计算等先进技术，形成了芝麻信用来衡量用户的信用水平，并逐渐将业务范围覆盖至支付、理财、贷款、风险管理等方面。从最初的支付宝到如今涵盖支付、理财、风险管理等多领域的小微金融服务集团有限公司，蚂蚁金服以敏锐的市场洞察力、强大的科技创新力及发展普惠金融的意识，正在引领其他互联网金融企业开创我国的金融科技新时代。

以蚂蚁金服为代表的系列金融科技创新通过消费、投资渠道促进我国的实体经济发展。第一，在金融科技刺激消费方面，以支付宝为代表的移动支付的兴起，使支付不再受场景、人物、时间、地点的限制，给消费方式带来了巨大的变革。支付宝的广泛应用使消费更加便利，增加了人们消费的次数，带动了消费数额的大幅增长，并且从2003年的淘宝，到2012年的天猫，到2014年天猫国际的海淘，越来越注重产品质量，促进了消费升级和产业制造升级。第二，在金融科技刺激投资方面，从2010年创造性地开发支付宝为电商提供担保，到2013年的余额宝等，蚂蚁金服利用科技创新实力，依靠云计算、大数据等先进技术和芝麻信用为载体的信用体系支撑着理财、融资、保险、众筹等业务开展,为投资者提供了多元化的投资渠道,为更多普通民众提供高效的金融服务。所以,蚂蚁金服利用金融科技创新手段促进企业发展,一方面,通过电子商务缩减了交易的中间流程,例如区块链技术使交易过程变得透明又可追溯,提高整个供应链的透明度,使小微企业能更多地获得科技的红利,带动小微企业的创新活力。另一方面,便利的网络金融支付体系降低了交易成本,带动了商贸物流的发展及人们的消费热情,促进消费经济的发展。因此,从蚂蚁金服的成功案例可以认识到金融科技创新对经济增长的推动作用(见图10-2)。

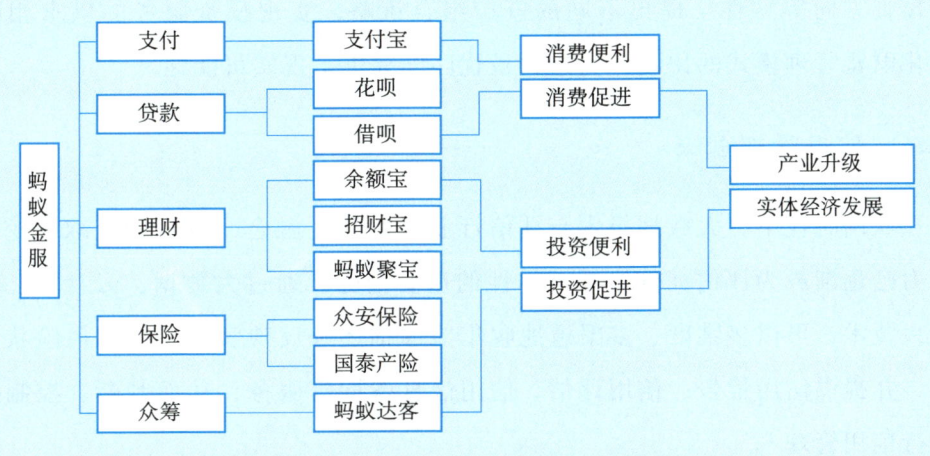

图 10-2　蚂蚁金服创新的影响机制

资料来源:庄雷、王烨:《金融科技创新对实体经济发展的影响机制研究》,《软科学》2019 年第 2 期,第 43~46 页。

二、金融科技创新表现

金融科技领域的创新主题主要包括支付创新、借贷创新、财富管理创新、信用管理创新、监管技术创新。

(一)支付创新

随着科学技术的发展,网络支付产业链不断延伸,支付方式从传统的现金、纸质票据、银行卡支付,拓展到网上支付、二维码支付、手机支付、传感支付等新型支付。市场参与主体和支付服务产品的不断扩大,重新构建了支付清算领域的生态圈。

（二）借贷创新

网络借贷是指利用云计算、大数据等互联网技术，通过互联网平台实现资金供需双方的合理匹配，降低融资门槛，将资金直接或间接地借给用户和小企业。网络借贷带来了更多发展机会，同时也加强了资金流转，从而提高资金利用效率。

（三）财富管理创新

在财富管理的过程中，最优管理模式是针对不同投资者的期限、盈利、损失承受能力、投资方向等特性，提出不同的资产组合策略，实现投资服务的供求相匹配[①]。而数字化财富管理模式的出现，为这种最优匹配提供了现实可能性。

（四）信用管理创新

在互联网时代下，大数据技术与征信行业开始深度融合，数据的获取、挖掘、分析等能力已逐渐成为评估征信体系可靠性的重要指标。通过大数据、云计算、深度算法等新兴技术，可以多维度、多渠道地收集能够描述和反映客户特征和风险状况的数据信息，并提供信用报告、信用评估、信用信息咨询等服务，从而判断、控制信用风险，进行信用管理[②]。

（五）监管技术创新

监管沙盒是适应金融科技创新规律和发展动向的监管新范式，能够有效促进金融科技创新和风险管控的动态平衡，从而实现金融安全性、效率性和普惠性的协调。建立监管沙盒机制的目的，是在有效保护金融消费者权益和抑制风险外溢的前提下鼓励与促进金融科技创新。监管沙盒具有以下几个典型特征[③]。

首先，虚拟沙箱是以云计算为基础的解决方案，创建一个真实或虚拟的安全环境，对创新产品和服务模式实现低成本的快速实验。企业在不进入真实环境的情况下，利用公共数据、其他公司通过虚拟沙箱提供的数据来进行测试。没有消费者利益受损的风险，也不会对金融系统造成任何伤害。

其次，通过测试能够反映出创新的本质，及时发现并规避产品缺陷和风险隐患，

[①②] 莫非、赵大伟：《科技重塑金融：Fintech 实践与展望》，中国金融出版社，2017。
[③] 王晓燕：《防范金融科技创新风险的思考》，《西部金融》2017 年第 10 期，第 95~97 页。

有利于提高风险评估的有效性，为决策制定提供依据。

再次，测试的底层逻辑是保护消费者利益和支持真正的金融创新，例如提升服务品质、促进金融效率、缓释金融风险、实质性的业态突破等。

最后，对金融科技创新公允对待，执行一致的公平与透明措施。所有的创新者都可以进行尝试，在测试阶段不采取强制性管理。

三、金融科技创新的动力

（一）需求拉动

随着移动互联网的快速发展，数以亿计老百姓的衣、食、住、行等日常生活场景迅速转移到各类互联网终端上的 APP，衍生出大量全新的金融需求，造就了一个以普通大众为中心，以小额、碎片化、高频需求为主，规模庞大的个人金融市场。利用以大数据、云计算、人工智能、区块链等最新技术，改变传统个人金融服务的信息采集来源、风险定价模型、投资决策过程、信用评级体系等，能够更好地满足线上个人金融市场的需求，进一步促进消费升级，也成为助推人民美好生活的金融驱动力。

互联网创新改变了我国居民的生活方式，个人生活场景的全面线上化态势应运而生，如此又催生了全新的金融需求。包括大数据、区块链、人工智能、云计算在内的金融科技手段，在满足全新线上个人金融需求方面，发挥着越来越重要的作用。

通过金融科技的技术工具变革，推动我国金融体系的创新，以此更好地服务我国居民的生活，是引领我国居民个人消费升级的有效手段，最终可以促进我国经济的高质量增长。

（二）技术推动

金融科技正在运用大数据分析技术、人工智能、认知计算、机器学习和分布式技术等前沿科技进行革新，将传统的银行、证券和保险业务进行分解，以期提供高效率、高附加值、低成本、更便利的产品和服务，从而大大降低交易成本，提升整个金融行业的运转效率[①]。

金融大数据技术具有以下四个特征：一是海量数据；二是数据类型多样化，包括

---

① 莫非、赵大伟：《科技重塑金融：Fintech 实践与展望》，《中国金融出版社》，2017。

数据、文字、图片、声音和影像等不同形式；三是储备能力强，理论上依存空间可以做到无限大；四是数据传输速度呈加速度递增。而以云计算为基础的金融计算有以下三个特点：一是计算速度快，未来计算速度将由每秒钟十万亿次，提高到每秒百万亿次；二是计算方法多，金融统计与计算包括现代金融统计学不断开发的新算法、新工具；三是计算能力强，能够对数据、文字、图片、声音和影像等不同类型数据进行清洗加工、研发数据图谱，对不同数据进行综合计算与分析。人工智能将在投资评估、风险分析及智能投顾等金融科技领域取得重大突破并广泛应用，从而推动金融服务业取得重大进步。

（三）规避监管

"约束诱导理论"认为金融机构面对来自外部和内部的双重管制约束，必须通过不断提供新的金融产品，运用新的金融交易方式及革新现有管理办法，才能摆脱金融管制，实现金融机构利润的提高[1]。此外，也有学者运用动态博弈模型分析金融创新问题，认为金融创新是金融机构为了脱离金融监管的制约和管制而产生的，由此提出了金融创新的"规避管制理论"[2]。该理论认为金融监管机构为了控制可能发生的金融风险，会逐渐加强对金融机构的监管力度，将其视为隐形税收，认为这种隐形税收降低金融机构的利润，而金融机构则通过创新活动规避金融机构的管制，实现利润的增加。所以金融机构具有不断进行金融创新、规避金融监管的内在强烈动因。

无论是"约束诱导理论"，还是"规避管制理论"，都认为如果金融机构面对的金融监管过于严格，便需要进行金融创新。所以，金融创新领域创新的推动因素之一就是合理地规避现有的严格金融监管，获得高额的创新收益。

第三节 金融科技监管

金融科技在提高金融资源的可获得性、便利性和覆盖率的同时，其跨市场、跨业务、跨时空的运作特征不仅使信用风险、流动性风险等传统金融风险变得更加隐蔽，

---

[1] Silber, W. L., "The Process of Financial Innovation," *American Economic Review* 73 (1983): 956—976.
[2] Kane, E. J., "Accelerating Technological Innovation and the Decreasing Effectiveness of Banking Regulation," *Journal of Finance* 36 (1984): 355—368.

而且导致信息科技风险、网络安全风险、数据安全风险等新风险更加突出，容易引发风险的交叉传染和跨界蔓延，进而加剧整个金融体系的脆弱性和不稳定性，这对现行的以机构监管为主的分业监管框架提出了挑战。为顺应金融科技高速发展的新趋势和新动向，需要加快制定金融科技发展规划，加强配套制度建设。尤其需要为应对金融科技创新带来风险集中和交叉传染的复杂局面营造兼顾金融科技创新和有效风险管控的监管生态环境。各国监管机构纷纷尝试建立金融科技监管的专门制度安排，在现行的监管框架下调整监管方式和机制。

一、金融科技监管的必要性

（一）金融与技术融合创新风险

金融科技加深了金融业、科技行业及提供市场基础设施的企业之间的融合，在增加了整个系统的复杂性的同时，也创造出更多的风险因素。如前面章节所述，金融与科技融合所带来的风险有以下四个方面的特征：一是风险的隐蔽性、匿名性，加上风险传导速度快、范围广，可能引发系统性风险；二是数据风险与信息安全风险交织概率增大；三是技术风险凸显；四是监管套利风险。

（二）金融科技加剧金融脆弱性

金融科技的发展是一把"双刃剑"，在促进经济增长、提高居民生活质量等的同时也给金融业带来了更多风险，加剧了金融的脆弱性，具体表现在以下四个方面[①]。

首先，金融科技在促进金融发展、优化金融供给的同时，并不能降低金融的固有风险，反而可能将风险放大或以新的形式展现出来。金融、技术和网络风险很容易产生叠加与聚合效应，使风险传递得更快、波及面更广。

其次，金融科技的创新性容易产生合规风险和操作风险。金融科技企业依靠试错性创新，会使一些不够成熟的产品被推向市场，并很容易借助网络效应放大风险，造成大规模的资金损失。

再次，互联网环境具有无边界特点，业务环节比较模糊，金融消费者得到的金融服务可能只是一个单一结果，但其背后却包含着多个金融机构的分工协作和复杂整

---

① 傅强：《监管科技理论与实践发展研究》，《金融监管研究》2018年第11期，第32~49页。

合。如何准确划分和认定金融产品和服务背后多个合作主体的法律责任和风险责任，并使其受到相应的监管约束，仅仅依靠传统监管手段难以解决。

最后，随着大数据技术在金融领域的广泛应用，数据使用不当和隐私保护不足问题日益突出。即使数据在收集过程中进行了"去身份化"处理，当数据量达到一定程度时，仍可以通过技术手段对身份标志进行复原。如果不加强监管，金融消费者很可能在其知情权和隐私权受到侵害时尚不自知，而主要基于形式合规原则的传统监管模式和信息保护手段在这方面则存在明显的短板，迫切需要使用新的技术手段来提高监管的有效性和效率。

（三）防范科技自身风险的需要

金融科技强调金融和科技的结合，核心是大数据、区块链、云计算和人工智能等科学技术的应用，而在互联网时代，技术本身就蕴含着巨大的风险，具体表现在以下四个方面[①]：大数据面临数据窃取、非法添加和篡改分析结果、个人信息泄露、数据存储安全等风险；区块链面临网络公开不设防可能导致信息源复杂且不可控、去中心化不利于合法隐私的保护等风险；云计算面临共享技术、不安全的程序接口、数据损害等风险；人工智能面临系统性风险大幅增加、技术失控等风险。

二、金融科技监管的内容

（一）网络支付监管

1. 明确监管主体，完善监管机制

由于第三方网络支付平台在业务办理及功能等方面比较复杂，是一种比较烦琐的电子支付方式，所以在法律监管的过程中，对监管主体及监管机制都需要进行明确，并形成一个由上到下的、系统的法律监管形式。

由政府对监管机制统筹管理，参照金融行业的监管方式，交由中央银行统一管理，并成立专门的法律监管单位，完善和明确第三方网络支付机构的主体和机制，加大对第三方网络机构清算业务的监管力度，提升第三方网络支付的安全性和可靠性。例如，在网络监管方面，可以由中央银行统一制定和管理第三方网络金融机构的准入资格，

---

① 刘志坚：《2017 金融科技报告：行业发展与法律前沿》，法律出版社，2017。

并要求第三方平台缴纳一定数量的信用保障金,并要保证经过严格的制度审核后方能发放支付业务许可,对第三方平台实现全方位的监控。

2. 降低和消除沉淀资金风险

第三方网络支付机构还需要有效解决资金沉淀问题,防止第三方网络支付平台独占或随意支配沉淀资金。根据相关要求,第三方网络支付平台需要设置专门的账户,确定存储和滞留在平台的沉淀资金及具体交易资金的归属权①。

3. 加强第三方网络支付平台的法律监管力度

在第三方网络支付平台的法律制度制定中,可以依据国外的相关立法经验,在已有法律规定中完善细则;在非银行金融机构的法律条款中,设置专门的第三方网络支付机构法律细则,为第三方网络支付平台的运行提供有效的法律参考。

(二) 网络借贷监管

1. 建立网贷风险监测预警系统

建立以互联网和统计技术为基础的风险监测预警系统,定期发布 P2P 网贷平台黑名单、白名单或预警名单,让真正高信誉、低风险的网贷平台脱颖而出,为投资者选择可靠的平台提供依据,同时及时将劣质平台的真实情况告知投资者,降低 P2P 行业的信息不对称现象。

2. 落实网络借贷实名制

实名制作为一种提高信息透明度的手段,对于规范企业和个人支付借贷行为、明确自身责任具有重要作用。实名制对于 P2P 网络借贷行业的规范同样具有借鉴意义,将个人借贷评分状况与身份证挂钩,对信用评分状况差的个人取消其借贷资格,保障投资者的资金安全。

3. 提高市场准入门槛

目前,我国对网贷行业设置的准入门槛比较低,这就会导致部分营业资质低、运营能力差的企业进入网贷行业,从而使各平台间的水平良莠不齐,不利于整个行业的长远有序发展。因此,应该设立平台注册资本的最低要求,保证平台自身有一定应对风险的能力,从而降低借贷者的风险;再者就是明确平台管理及工作人员的任职资格,加强其专业技能的管理,规范平台的内控机制。

---

① 王欣:《第三方网络支付监管中的问题和对策研究》,《山西农经》2019 年第 2 期,第 165 页。

4. 加强网贷平台信息披露监管

加强网贷平台的信息披露，保证平台信息透明度，有利于使资金供求双方及时、准确地了解网贷平台的现存状况，做出更精准的判断；同时又便于监管者制定有针对性的监管措施。该项制度不仅要求网贷平台定期公开其风险信息，更要求网络借贷的监管者能够精准甄别所披露信息的质量，并实施定期评估，从而推动网贷行业的健康有序发展。

（三）众筹监管

1. 明确监管主体和分工协调，避免监管重叠和盲区

由中国人民银行牵头负责对各类互联网金融产品的监管顶层设计和发展规划，证监会负责股权众筹模式的监管，保监会负责涉及投资连结险的监管，工信部负责对众筹网站资格的备案，公安部负责网络诈骗与非法集资监管等。在涉及跨行业、跨部门的监管时，由中国人民银行负责协调统一，从多角度加强和统一监管，降低监管成本，提高监管效率，避免出现监管重复。

2. 设置行业规则与底线，引导行业健康发展

对众筹规则和流程做出明确规定，界定众筹融资与P2P网络借贷的区别，将涉及货币回报、债权债务关系的网络融资统一划入P2P网贷范围，防止众筹融资踩踏非法集资红线。对于股权众筹，积极制定监管规则，通过限定融资上限、最高投资人数、融资方式等指标，界定其与证券发行的区别，防止其变成非法证券活动，并密切关注平台的经营范围，谨防平台向"自营"方向发展，非法吸收投资者资金。

3. 建立信息披露及风险评级制度，保护投资者利益

建立信息披露制度，规定奖励类平台必须按一定格式披露产品信息，对产品质量、发货期限、资金投向做出承诺，及时更新产品生产进度、资金使用状况、物流变动信息，并结合生产实际对消费者做出风险提示。股权类平台需披露项目的融资范围、投资风险、投资人资质要求，定期公布项目融资总额、股东变动状况及公司财务报表。两类众筹平台自身需要定期披露经审计的财务报告，明确说明投资者风险、业务流程、各参与机构的关联关系等，以增加行业透明度，保护投资者利益。同时建立或加入互联网平台风险评级制度，由专门评级机构对众筹平台进行评级，定期向社会和投资者公布评级结果，发布风险警示，以保护投资者切身利益[1]。

---

[1] 徐韶华、何日贵、兰王盛、高翔：《众筹网络融资风险与监管研究》，《浙江金融》2014年第10期，第10~15页。

(四）数字货币监管

目前，美国、日本及韩国是全球三大主要数字货币交易市场，且在数字货币监管方面也进行了积极探索，归纳他们及其他国家在数字货币监管方面的典型做法，主要包括以下几个方面[①]。

1. 通过立法明确数字货币的法律地位

目前，日本是唯一通过立法明确数字货币法律地位的国家。由于受到较为严格的金融监管限制，日本金融科技发展在全球曾处于落后地位，加之经济增长动力不足、人口老龄化等负面因素，日本在金融科技方面开始寻求转变，对数字货币等金融科技前沿的发展采取较为积极的态度。2016年5月25日，日本参议院全体会议通过了《资金结算法》修正案，已于2017年4月正式实施。该法案明确了数字货币作为支付手段的法律地位，但也提出数字货币有别于法定货币，应将其看作一种资产。

2. 通过对数字货币相关交易的中间服务商进行监管，进行风险隔离

目前，各国政府普遍采取对数字货币交易所及为数字货币交易开立相关账户的金融机构进行监管的措施。日本对数字货币交易所实行牌照式管理，日本金融服务管理局已为16家数字货币交易所颁发了经营牌照许可。美国纽约州、康涅狄格州等也要求州内运营的数字货币交易所申请相应的许可证。韩国对是否针对交易所执行严厉的监管政策尚在犹豫，主要对为交易所提供账户服务的银行进行监管；此外，韩国还要求数字货币交易实行实名制管理，目的是加强银行反洗钱等方面的合规性，提高数字货币交易的透明度。我国采取的主要措施是禁止比特币等数字货币的交易及发行，并出台了一系列防范比特币风险、规范代币融资等方面的规定。

3. 对数字货币相关交易及机构进行征税

从监管实践来看，各国税务部门多将数字货币看作资产，对其进行征税。2017年，日本国家税务局裁定，通过数字货币交易获得的资本收益列为"杂项收入"，根据总收入的情况进行征税，税率在15%~55%不等。韩国宣布对数字货币交易所征收24.2%的税费（22%的企业税和2.2%的地方所得税），这与现行公司税收政策中的征税要求一致。美国国税局宣布数字货币属于资产，需要对其长期资本收益进行征税。对数字货币进行适当征税能够在一定程度上抑制投机行为，为数字货币的币值稳定提

---

① 陈健、赵雪：《数字货币发展现状及其监管的国际经验与启示》，《中国物价》2018年第11期，第44~47页。

供了制度保障。

金融危机之后,全球监管当局对金融机构的监管逐渐收紧,金融机构遵守监管法令的成本增加。为了满足监管要求,避免巨额罚款,很多金融机构引入科技手段,促进自身满足监管能力的提升。许多国家监管部门需要充分利用 IT 技术提高现有监管流程效率,对新金融产品、模式实现"穿透式管理",确保这些金融科技业务的合规性,成为当前复杂金融环境下的监管新思路。根据 Federal Financial Analystic 预测,全球对监管、合规、政府软件的需求将在 2020 年达到 1 187 亿美元①,由此可见监管科技有望成为金融科技创新的新蓝海。

目前,什么是监管科技,还没有一个公认的严格定义。国外监管当局、研究机构及国际组织从不同角度对监管科技的内涵进行描述和解释。英国金融行为监管局(FCA)将监管科技定义为"利用新技术促使达到监管合规要求"。国际金融协会(IIF)将监管科技描述为"利用新技术以高效和有效解决监管及合规要求"。

三、监管科技的逻辑

(一)金融科技监管与监管科技的关系

金融科技的飞速发展需要全新的监管范式。作为传统金融监管体系和合规管理框架下应对金融科技创新的有效监管策略,监管科技是基于金融科技创新衍生出的新型监管手段。监管机构将人工智能、加密技术、生物识别技术、应用程序编程接口、区块链和云应用等新兴技术手段应用于金融科技监管中,推动监管政策、监管要求、合规准则的数字化,旨在提高监管部门的监管效率,降低金融机构的合规成本。

金融科技监管是指针对金融科技的一系列监管规则及监管技术,落脚点在监管;而监管科技则是运用新兴技术对金融行为进行监管,既包括对金融科技的监管技术,也包括对传统金融的监管技术,落脚点在技术。金融科技监管与监管科技在具体表现形式上不尽相同,各有侧重又有所重叠。

(二)监管科技建设的必要性

全球金融危机后,复杂的、预先指令的大范围监管导致监管者与被监管者合规与

---

① 莫非、赵大伟:《科技重塑金融:Fintech 实践与展望》,中国金融出版社,2017。

监管成本高昂。为回应越来越复杂的监管，需要在数据回报、汇总与分析上更加颗粒化、精确化和高频化，监管科技建设必不可少[①]。

首先，根据巴塞尔协议Ⅲ的资本和流动性监管要求，英美、欧盟和其他地方的压力测试与风险评估，以及 G20 对场外衍生交易的报告要求，还有金融稳定委员会的要求，与多德法案和欧盟的欧洲市场基础监管要求的内容有冲突。攀升的监管压力提高了合规成本，企业需要通过监管科技来降低成本。

其次，很多不同市场的监管碎片化给金融机构增加了新的合规压力。虽然，全球决策者在推动相似的后危机改革，但执行这些改革的要求和规则在不同市场却大相径庭。监管上的重叠与冲突促使金融机构采取监管科技来优化合规管理。

再次，后危机监管的快速发展带来了未来监管要求的不确定性，要求金融机构增强对合规性监管的适应能力，利用监管科技让金融机构通过互动的模型与实验，确保其在变化的环境中保持合规性。

最后，监管者自身更加积极主动地探索采用监管科技来确保金融机构符合监管要求。利用监管科技可以帮助监管者近距离、实时地了解创新产品、复杂交易、市场操纵、内部欺诈与风险等，进而提高监管的附加值。西班牙国际银行认为，金融行业的监管科技集中于人工程序的自动化和分析报告程序、数据质量的提高、大数据的创造、全过程的数据自动分析和使用，以及有益报告的产生并发送给监管者用于促进关键的企业决策。

（三）监管科技助力金融科技

在分业经营、分业监管格局下，我国目前金融科技不仅加大了金融机构的合规难度和合规成本，也留下许多监管盲区，这些正是监管科技可以解决的痛点。

建立在人工智能、云计算、机器学习等技术上的监管科技更加依赖数据资源的聚合分析，通过构建合规审核评估模型、客户适当性分析评测模型等，实现对金融机构及其业务的数字化监管。基于数据分析、数据预测、数据决策等全方位数据应用，提升监管水平和效率。监管科技进一步弱化了监管机构的人工审核评估机制，更加强调风险评估和监管审核流程的数据挖掘、整合、分析和预测，注重利用新技术对金融机构信用风险、操作风险、流动性风险等进行智能化监测，从而能够敏捷感知金融风险

[①] 道格拉斯·阿纳、亚诺什·巴伯斯、罗斯·伯克利：《金融科技、监管科技及对金融监管的重新定义》，《国际金融》2018 年第 8 期，第 61~67 页。

态势，及时跟进风险处置和缓释措施。通过监管流程的数字化，提升监管的时效性、针对性，促进金融科技稳健发展。

四、监管科技的技术应用

监管科技通过人工智能、机器学习、区块链、云计算等现代科技与监管合规体系进行深度融合，为监管机构及金融机构、金融科技企业提供以技术为核心的监管解决方案，有效实现金融安全与金融效率的平衡协调。金融科技的典型技术应用主要有以下三个方面。

（一）人工智能与监管科技

机器学习特有的数据挖掘算法能够整合和分析高度复杂、非线性、非结构化、低质量的数据，通过统计分析方法的改进和更新，可以为风险管理和压力测试构建更加精确、可靠的运算模型，提供更加科学、合理的数据预测结果和决策支持。例如，借助人工智能对金融机构和金融科技企业内部行为进行监测，以识别隐瞒、欺诈和渎职等违法违规行为。人工智能作为智慧金融创新发展的核心技术，在监管科技领域应用的前景广阔。具体来看，主要有以下应用场景[①]。

首先，将人工智能系统和产品嵌入监管流程的各个环节，通过发挥其全局优化计算和在线实时监测的优势，快速、准确地识别和应对系统性金融风险，提高监管合规水平。例如，"智能合规官（AICO）""机器人辅助合规手册（RACH）"等人工智能典型应用场景，可以辅助金融机构和金融科技企业进行合规审核和持续合规评估。该类应用系统将线下、间断、分散的人工合规流程，切换至在线、连续、集中的智能化模式，通过实时监测风险数据、监管数据，及时发现和捕捉违规操作和风险隐患，并进行风险提示和预警。

其次，在数字化监管协议基础上引入人工智能。该类应用场景的出现可以帮助监管机构对监管规则、合规准则进行标准化解读和专业化解释，减少人工解读造成的理解歧义和解释错误，提高监管合规的科学性和准确性。

最后，将指纹识别、虹膜识别、面部识别等生物识别技术与人工智能深度结合。该类应用场景促使监管机构及金融机构、金融科技企业以更加科学有效、安全便捷的

---

① 蔺鹏、孟娜娜、马丽斌：《监管科技的数据逻辑、技术应用及发展路径》，《南方金融》2017年第10期，第59~65页。

方式验证客户身份，满足"了解你的客户（KYC）"的法规要求，提高客户适当性分析评测的精确性。

（二）大数据与监管科技

大数据具有数据体量大、类型多、速度快、真实性高等特点，监管当局如果仅仅依靠传统技术手段，将无法及时有效地挖掘数据价值。监管科技使用云计算、数据湖、数据处理引擎等大数据技术，使金融机构和监管当局能够高效地收集、索引、存储、处理复杂的数据，并捕捉传统分析方法无法获取的有用信息。大数据在监管科技领域的应用主要包括以下三方面的内容①。

首先，利用大数据技术把海量数据中碎片化的信息进行归纳总结，提炼出一些新的模式和算法，从而映射到不同的监管产品设计当中去。例如，应用大数据技术的科技监管，可对私募基金、典当、上市公司等不同行业和业态进行细分产品的评分和评级，并对它们现运行的金融产品资产进行评价，同时也可实现欺诈行为的客观评价。

其次，利用大数据技术对企业进行全新画像，通过有效识别分析和挖掘涉金融企业的行为特征，可以推动对涉金融企业的有效监管。例如，在数据治理方面，采用大数据技术，可以找到服务于金融监管的诸多数据源，将其清理成服务监管的变量，再依照小贷公司、私募基金、担保机构及互联网金融公司等不同业态的不同变量，用大数据算法来计算变量可能会对监管产生的影响。

最后，通过大数据技术生成的 FIR 金融风险分，去预测、分析金融机构和涉金融企业的违约概率和非法集资的可能性。例如，一些违规的涉金融公司，招聘大量低学历的营销人员，却给出极高的工资，这种反经济的异常行为，可能存在洗钱的可能性。通过金融风险分的日常监测分析，可以预测企业是否有异常点存在，进而对其进行有效监管。

（三）区块链与监管科技

区块链本身蕴含的实时动态在线、分布式总账本、全网广播等思想内核，使其天然地与金融高度契合，并且在金融监管、反洗钱、金融风险控制等细分领域有着突出的表现。在区块链以"全息"化的结构连接所有节点的同时，各个节点都实时上链，并且一个节点的信息增删修改，需要全网超过51%的节点确认后在所有节点的区块包

---

① 曾途：《大数据助力监管科技》，金融时报2017年12月26日第003版。

中进行修改。区块链的这种跨时空连接、全网记录和自信任机制，能够有效提高监管效率。区块链在监管科技领域的应用主要包括以下三方面的内容①。

首先，区块链保障监管数据安全透明。在区块链技术背景下，在区块中记录的信息通过加密算法和哈希函数进行保存，每个区块与前一个区块间都有唯一的哈希值。由于哈希函数的不可逆性，前后区块之间也是不可逆的，按照生成的时间先后顺序以时间戳的形式标记。已经记录上链的信息在区块链中全网广播，所有区块节点中都有备份，都可以看到通过其他节点上链的信息，仅仅修改某个节点区块的数据无法实现修改的目标。由于区块链的防欺诈、难以篡改和可回溯查看的优势，用区块链记账的金融机构数据和监管数据将更加安全透明。相比传统金融监管要求金融机构上报一系列文件材料，需要进行烦琐复杂的会计和审计、尽职调查、出具法律意见书等程序，耗费大量的人力、时间和财力成本，以区块链构建的监管科技平台可以实时存储企业数据和监管政策，企业定期把公司报告、财物报表等上链，也可以在区块链上进行信息披露和发布行业公告，一旦信息上链不可修改，可以有效减少实践中出现财物造假、获取内幕信息的问题，监管机构可以及时得到真实数据，也可以随时进行查看和复核分析。

其次，区块链打造新型信任机制和线上监管。区块链信任是基于算法、技术产生的，技术、算法乃至建立在数学问题上的奖励机制具有中立性和客观性，人们自然会相信其逻辑的自洽和真实性，这实现了信任的重构。在传统金融监管存在的问题中比较明显的就是监管者和被监管者之间缺乏信任，监管机构往往"一放就松，一管就死"，市场主体、金融科技初创企业钻监管漏洞，进行监管套利的现象较为常见。在二元金融体制下，地方金融监管部门和中央监管部门之间也缺乏良好的信任机制，中央的政策能否有效传导到地方，以及地方如何执行、执行的程度，都影响着监管政策效果的发挥。基于区块链的监管平台的打造，有利于促进监管机构和被监管方在线上交流互动，及时沟通计划和动向，开展线上研讨、论证，增强金融监管生态中各方主体的信任。

最后，区块链合约促进监管政策智能化。以智能合约为代表的区块链2.0，将智能合约置于分布式结构的上层，用编程式的合约规制经济关系。智能合约也可以应用到行政规制的金融监管领域，通过以假设条件、事实和结果三段论的逻辑结构来构建监管政策。智能合约具有良好的兼容性和延展性，可以根据实际情况进行调整和迭代。因为底层框架是稳定不变的，在这个基础上修改逻辑层和应用层的代码，其成本将比

---

① 黄震：《区块链在监管科技领域的实践与探索改进》，《金融经济》2018年第19期，第38~39页。

监管层从无到有制定法律法规，以及增删修改现有法规的成本更低。由于在代码层和技术层做出的变动，对金融机构产生的直接效果更明显、约束力更强，通过底层合规和技术合规推动金融机构智能化调整并符合监管规范，可能是未来区块链智能合约发展的趋势之一。另外，由于智能合约降低了监管当局的政策法规成本，监管机构和监管科技企业将能根据金融机构的动态和风险情况，灵活调整监管阈值，以编程化、数字化的法规、部门规章及软法代替制定成文的监管政策和文件，在智能化过程中促进动态合规，让监管科技和监管政策能够智能化应变、协同化调整。

本章小结

金融科技（FinTech）作为金融与科技深度融合的新业态和新模式，在全球范围迅速兴起、备受瞩目。金融科技以数据科技为核心驱动力，凭借智能性、便捷性、高效性的优势快速切入传统金融领域，对促进金融资源供求的有效对接和平衡匹配、优化金融服务组织流程、推进金融新业态和新模式迈向更高阶段起到了积极作用。随着科技的发展，金融科技领域的创新主要体现在支付、借贷、财富管理、信用管理及监管技术方面，而且创新呈现出数字化、智能化、普惠化及标准化的特点。

金融科技作为金融创新与科技创新相互融合的产物，横跨多个金融子市场和金融子行业，混业经营及综合化运作特征明显。金融科技的跨界化混业经营也使风险关联性大幅升高，增加了系统性风险发生的概率，目前以机构监管为主体的分业监管模式无法适应金融科技的跨界化发展，难以形成有效的监管协调机制和风险管控协作处置机制，所以金融科技监管必不可少。在发展我国金融科技监管的同时，也应该学习其他国家地区对于金融科技领域监管的先进实践。

金融科技的飞速发展需要全新的监管范式。作为传统金融监管体系和合规管理框架下应对金融科技创新的有效监管策略，监管科技是基于金融科技创新衍生出的新型监管手段，也是现阶段发展金融科技必不可少的一个环节。

本章重要概念

金融科技创新　财富管理创新　监管沙盒　监管科技

本章思考题

1. 金融创新的动力有哪些？

2. 金融科技创新对实体经济的影响有哪些？是否只有促进作用？

3. 金融科技在信用管理方面的创新有哪些表现形式？

4. 为什么要加强金融科技监管？

5. 现阶段监管科技可以发挥怎样的作用？

本章参考文献

［1］Lee S H，Lee D W. Fintech-conversions of Finance Industry Based on ICT［J］. Journal of the Korea Convergence Society，2015，6（3）：97－102.

［2］Puschmann T. Fintech［J］. Business & Information Systems Engineering，2017，59（1）：69－76.

［3］莫非，赵大伟. 科技重塑金融：Fintech 实践与展望［M］. 北京：中国金融出版社，2017.

［4］庄雷，王烨. 金融科技创新对实体经济发展的影响机制研究［J］. 软科学，2019，33（2）：43－46.

［5］刘志坚. 2017 金融科技报告：行业发展与法律前沿［M］. 北京：法律出版社，2017.

［6］王晓燕. 防范金融科技创新风险的思考［J］. 西部金融，2017，（10）：95－97.

［7］Silber，W. L. The Process of Financial Innovation［J］. American Economic Review，1983（73）：956－976.

［8］Kane，E. J. Accelerating Technological Innovation and the Decreasing Effectiveness of Banking Regulation［J］. Journal of Finance，1984，（36）：355－368.

［9］傅强. 监管科技理论与实践发展研究［J］. 金融监管研究，2018（11）：32－49.

［10］王欣. 第三方网络支付监管中的问题和对策研究［J］. 山西农经，2019（2）：165.

［11］徐韶华，何日贵，兰王盛，高翔. 众筹网络融资风险与监管研究［J］. 浙江金融，2014（10）：10－15.

［12］陈健，赵雪. 数字货币发展现状及其监管的国际经验与启示［J］. 中国物价，2018（10）44－47.

[13] 王维全. 国际金融科技发展和监管趋势及对我国的启示 [J]. 安徽科技, 2018 (12): 32-34.

[14] 胡婕. 国际金融科技监管梳理及趋势研究 [J]. 杭州金融研修学院学报, 2019 (1): 63-66.

[15] 高宏伟, 王晓英. 国际金融科技监管实践及对我国的启示 [J]. 西部金融, 2018 (2): 22-26.

[16] REGULATORY GUIDE 257. Testing Fintech Products And Services Without Holding An AFS Or Credit Licence [S]. Australian: Australian Securities &Investments Commission, 2017.

[17] 道格拉斯·阿纳, 亚诺什·巴伯斯, 罗斯·伯克利. 金融科技、监管科技及对金融监管的重新定义 [J]. 国际金融, 2018 (8): 61-67.

[18] 蔺鹏, 孟娜娜, 马丽斌. 监管科技的数据逻辑、技术应用及发展路径 [J]. 南方金融, 2017 (10): 59-65.

[19] 曾途. 大数据助力监管科技 [N]. 金融时报, 2017-12-26 (003).

[20] 黄震. 区块链在监管科技领域的实践与探索改进 [J]. 金融经济, 2018 (19): 38-39.

[21] 孙国峰, 赵大伟. 监管科技的挑战与破局 [J]. 中国金融, 2018 (21): 19-20.

[22] 宋洋, 徐英东, 张志远. 互联网金融创新与监管双赢: 规避和管制的博弈分析 [J]. 社会科学研究, 2018 (4): 25-31.

[23] 魏成龙, 罗天正. 互联网新时代的金融科技创新红利 [J]. 金融科技时代, 2018 (10): 6-12.

[24] 杨东. 监管科技: 金融科技的监管挑战与维度构建 [J]. 中国社会科学, 2018 (5): 69-93.

[25] 靳燕. 监管科技在国内外的发展现状及启示 [J]. 金融科技时代, 2018 (11): 16-18.

[26] 王大贤. 金融科技与监管科技方兴未艾 [J]. 金融科技, 2018 (1): 44-45.

[27] 朱淑珍. 金融创新理论述评 [J]. 东华大学学报 (自然科学版), 2002 (3): 129-131.

[28] 陶广峰. 金融创新的制度机理 [J]. 现代经济探讨, 2006 (12): 18-21.